U0471831

王卡 汪桂平 主编

中国本土宗教研究

STUDIES OF
CHINESE
INDIGENOUS RELIGIONS

【第一辑】

社会科学文献出版社
SOCIAL SCIENCES ACADEMIC PRESS (CHINA)

《中国本土宗教研究》 编辑委员会

目　录

创刊前言 …………………………………………………………………… 王　卡 / 1

名家论坛

再论道教的神仙信仰 ………………………………………………………… 熊铁基 / 3
老子与中国哲学的突破 ……………………………………………………… 王　卡 / 8
清代委羽山道教略述 ………………………………………………………… 尹志华 / 15
七元散辉，冥慧洞耀
——礼斗法的历史与近代抄本中的斗科 ………………………………… 谢世维 / 25
侯善渊思想浅析 …………………………………………………… 〔日〕山田俊 / 50
摄召追魂
——宋元道教拔度科仪中的“破狱”法事 ……………………………… 姜守诚 / 68
图中春秋
——永乐宫重阳殿壁画中的法派意图 ……………………………………… 赵　伟 / 106

经典解读

道教灯仪的来源与发展初探 ………………………………………………… 陈文龙 / 121
金龙驿传，上达九天
——道教投龙简仪源流略考 ………………………………………………… 易　宏 / 132

中古道教仪式中的两种辩论活动及其渊源
——以两件敦煌遗书资料为中心 …………………………………… 曹　凌 / 174
东晋、南朝时期道经的出世及相关问题 ……………………………… 王皓月 / 187

历史钩沉

南宋时代道士之头衔
——经箓的法位与“道法”的职名 ………………………〔日〕酒井规史 / 221
论元朝道教事务管理政策的形成和内容 ……………………………… 林巧薇 / 238
《清会典》中所见张天师 ………………………………………………… 张维祺 / 264

田野调查

中国民间宗教与佛教关系新探 ………………………………………… 李志鸿 / 283
明代全真龙门派的传承与分布 ………………………………………… 张　方 / 304

研究动态

如何描述道教 ……………………………………………………………… 王宗昱 / 321
追思与反思　问学与问道
——谨以此文纪念王卡同仁 ………………………………………… 孙　波 / 332

创刊前言

王　卡*

一　概说

首先我们要明确本刊中所说的“中国本土宗教”，是指儒教、道教，以及中国民间的宗教性信仰实体，包括汉族地区民众传习的非官方宗教、部分少数族群的原始宗教，等等。广义上也可包括受到本土宗教影响而中国化的佛教宗派（如禅宗、净土教、瑜伽教等）。这些宗教都是以中国传统思想文化为基底形成的“神道设教”社团或祭祀膜拜群体。这些以中国文化为基底的“宗教”——尤其是儒教和道教所信的“天道”——是具有虚如性的至上理念和宇宙本源。它既是虚无的理体，又是实在的大全；既是无形名无位格无意志的“自然法则”，又是有化身有感应有善念的道德之根。它是有神论的，又是无神论的；是宗教性的，又是世俗性的。因此可定义它为“虚神论”，以区别于来自西方的神学概念。

鲁迅先生曾说过“中国的根柢全在道教”。我认为他所说的“道教”，应该诠释为儒、道二教共有的天道信仰。当代哲学家金岳霖曾指出：世界上各大文明区（西方、印度和中国）都有它的中坚思想，每一文明区的中坚思想都有它的最崇高概念，“中国思想中最崇高的概念似乎是道”。因此我们可以说，天道信仰是中华文明的精神源泉、核心理念和文化根基。在历史悠久的中国传统思想文化中，始终存在两条主要的脉络：以孔孟思想为核心的儒家学说和儒教，是中国文化的正统；而以老庄思想为代表的道家学说和道教，则是中国文化的另一主干。儒道互补，再加上中国化的外来佛教，共同构成了几千年来中国传统文化中三教鼎立的基本格局。它们曾对中国古代社会的政治制度、宗教信仰、学术思想、文学艺术、医药科技等各个领域，产生过最重要的影响。

不仅是中国人，西方学者也是这样看待中华文明的。马克斯·韦伯以《儒教与道教》为书名，描述了中国的传统社会体制和思想文化。亨廷顿等人将中华文明称

---

* 王卡，中国社会科学院世界宗教研究所研究员，1956 年 12 月出生，2017 年 7 月因病去世。

作“儒教文明区”，有别于基督教、印度教和伊斯兰教等文明区。当代宗教学家汉斯·昆将世界诸大宗教分为“三大宗教河系”。除两河流域宗教体系、印度河－恒河宗教体系外，第三大体系就是在黄河、长江流域产生的儒教与道教，以及受中国文化影响而产生的日本神道教。[①] 以上各位都认为中华文明有自己的本土原生宗教，是一个有宗教也有圣典的自生自发的独特文明。

二　儒教及其虚神信仰

中国本土宗教是在中华文明的历史上逐渐形成的。以儒教而论，最迟在商周时期（约公元前15～前8世纪）的文献，如甲骨卜辞、青铜铭文，以及《尚书》《仪礼》等原始儒家经典中，我们就能发现华夏文明中自古就有崇奉“天”或“上帝”为最高神的宗教信念，以及相应的祭祀礼仪、政治体制、道德观念和社会习俗。殷商时期，这一宗教还是比较原始的“祭祀－占卜”型宗教（巫教）。西周初，儒家崇奉的先王（文王、周公等）将这个宗教发展成为伦理型宗教，确立了以“尊天、敬德、保民”为纲领的宗法性政治伦理和礼乐体制。周王室的祖先被尊为天神，其子孙则被奉为“天子”，因获得“天命”而统治天下。自西周和秦汉以来，中国历代王朝的统治者登基执政，都必须先行祭天、祭祖之礼，以宣示其君权神授的合法性。“宗庙社稷”因此而成为指称合法政权的代名词。具体操作这个宗教祭祀礼仪及道德教化的人属于王官和儒士阶层。古书云：“儒，相礼者也”，又称儒者为“师”，就是说儒士原本是操作祭祀礼仪和道德教化的专家。后来他们又成为辅助天子和侯王执行政务的各级官员或备选生员。据《周礼》记载：西周的官僚机构“六官”中，已有管理宗教祭祀活动的“春官”。直至明清时代，仍将管理祭祀事务和佛、道二教的礼部列为朝廷六部之首。由此可见，中国不仅自古以来就有“宗教”，而且是高度政教合一、全民信教的国家。尊奉天帝（神主），效忠天子（国主），祭祖孝亲，是中国传统宗教的根本信条。秦汉以来的国家祭祀制度（公祭天地山川和祭孔等）、假神道之名施行道德教化和考选官吏的教学体制（如察举和科举制），几乎全民上下共同遵行的宗祠祭祖活动，是支撑这个中国宗法性宗教（即儒教）的根本制度。因此，儒教

---

① 神道教是否源于中国本土宗教，在日本学者中存在争议，仅有福永光司等少数学者肯定神道教源于中国的道教。

绝不仅是一种信神的观念和思想学说，它也是一整套涵括国家治理和伦理教化的实践体制。它是形塑中华文明传统的实质性的“宗教”，是安顿中国人身心和思想信仰的精神家园。没有这个伟大的“宗教”，中华民族将无以立足于世界民族之林，中国人民的文化自信也就成了无源之水、无本之木。

关于这个中国主体宗教的名称，古人有称为“巫教”者，有称为“礼教”者，有称为“孔教”或“圣教”者。最常见的还是称作“儒教”。当代也有学者（如牟钟鉴）称之为“中国国家宗教”或“宗法性伦理宗教”。但有意思的是，自古以来实际操作着这个祭祀礼仪和道德教化活动的王官和儒士阶层，其中多数人拒绝承认儒教是一种“宗教”。汉语中的“宗教”一词，原意是指儒教的宗祠祭祀和道德教化体制。明清时期又被用来指称中国化佛教的两大门派（宗门即禅宗，教门即净土宗）。后来有人借用此词对译西语“Religion”（基督宗教及闪族系宗教），并引申为泛指非西方文明的其他宗教。在中国官方文献中，将儒教之外的佛、道、耶、回等教门归并为“宗教”，始于清末宣统年间刘锦藻主编的《清朝续文献通考》。该书中将儒教称作“圣教”（圣人孔子创立的国教），认为道教和那些域外传入的宗教，根本没有资格与中国的圣教比肩而立。

这种儒家官僚文人鄙视宗教的“儒教非宗教”观念，或许与儒学传统上对天神信仰的“虚如性”有关。春秋时期的儒家圣人孔子，对殷周宗教所尊奉的天神或上帝，抱有一种似信非信的实用态度。《论语》所谓“夫子不言〔心〕性与天道”“子不语怪力乱神”“夫子敬鬼神而远之”“祭如在，祭神如神在”云云。这些话语表明孔子对天神或上帝的实在性和灵异性，抱持既不否认也不言说的态度，而更注重假借神的名义来对世人实施道德教化。《易传》所说“圣人以神道设教”，就是这个意思。这种默认天神“如在”，可敬畏而不可言说的信念，奠定了后世儒教兼具宗教性和世俗性的人文特征。

据冯友兰先生《中国哲学史》所说，中国哲学思想有“天人合一”的特征，但儒教经书中“天”的含义是混沌复合的。它至少有三重意思，即客观实在的自然之天，抽象的义理法则之天（道），最高的神即天帝或上帝。这个概念与西方文化中将上帝与自然、造物主与被造物截然分离的情形是根本不同的。因此，17 世纪欧洲著名神学家莱布尼茨，称中国人信仰的宗教（儒教）是一种“自然神学”。既然“天”的含义混沌复杂，人们对天的诠释就有了灵活性。例如汉儒董仲舒提出的天人感应论，宣称“天不变道亦不变”，强调天神的至上性、恒常性和灵异性（当然也未完全否认其自然性），汉代的官方儒学因此更近似宗教神学。宋明以来的新儒学（理学或心学），则更多强调天的义理性和自然性，创造了近似西方哲学的本体论思想体系。宋儒周敦颐、张载、朱熹等人的新儒学，主张太虚有理有气，理与气一动一静，循环往复，自然生成此世间的一切事物和法则。他们所说的太虚、理、气，都是兼具虚无性与实在性的概念。有意思的是，新儒家学说虽然吸收了佛、道二教的许多信念和修持功夫，但极度排斥佛、道二教的宗教性信仰，斥之为“异端外道”。因此，新儒学被明代来华的耶稣会士龙华民指斥为“彻底的无神论”。但无论“自然神学”还是“无神论”之说，都有西方神学家对中国本土宗教信念的误解。

其实儒教作为一种兼具神圣性与义理性、亦宗教亦人文的思想学说，在其漫长的历史发展中是有变化的，不同时代儒教的宗教性和世俗性或强或弱。殷周时期的“儒教”（天帝教）是宗教性最强的信仰，其天命神学与列国时代的古希腊宗教和古犹太教没有实质的差异。春秋战国是中国“哲学突破”、理性上升的时代。当时孔子、孟子、荀子等人改良天帝信仰和王官之学而创立的儒家学说，其宗教性沉降而伦理性增长，近似古希腊苏格拉底的哲学思想。汉代董仲舒之后的儒教官方经学强调天神的至上性和灵异性，因此汉学更近似宗教神学。而宋元明清的新儒学则是中国思想史上宗教性最少而哲理性最强的思想体系。

近代以来，中国思想界受西方基督宗教和世俗化思潮的双重影响，儒学内部发生了分化。部分官僚文人（如康有为）为了变法图强、“保种保教”，试图将儒教改良为类似西方宗教的国教。至今在中国港台地区和东南亚国家（如新加坡、印度尼西亚）的华人社会中，“孔教”还是一种有人信奉的合法宗教。但是总体来看，近代从西方传入中国的思想文化，是以世俗化为特征的“科学与民主”思想占着上风。因此无论是受欧陆和俄国影响的社会主义派还是受英美影响的自由主义派的中国知识分子，大多反对将儒学宗教化，也不承认儒教是一种宗教。他们的观点与明清理学家的儒教非宗教观相同，但前者基于儒教高尚神圣而否定其为宗教，后者则意图贬损乃至颠覆以儒教为主的中国传统文化。当支撑着官方儒教的国家祭祀制度和科举教育及选官制度，在 20 世纪初的政治革命进程中彻底崩溃后，儒教作为一种兼具宗教性和世俗性的官方意识形态，一种高度政教合一的中国特色的“准宗教”，也就不可避免地随着帝国政体的覆灭而走向了衰亡。

新中国成立以来，儒教没有被确定为国家承认的合法宗教，并且一直受到苏联传来的“战斗无神论”的猛烈冲击。直至改革开放获得成功后的今天，已成为“文化游魂”的儒教才迎来些许复苏的春意。这一时期关于儒教是不是一种宗教的争议在中国学术界——尤其是宗教学界——时起时伏。除任继愈先生及其弟子们主张儒教是宗教之外，大多数中国学者仍然坚持儒教非教说。最近数年，中共中央提出了传承中国优秀传统文化的倡议。儒家书院在各地纷纷恢复，儒学教育和学术研究引起中国社会的关注。其中有部分研究儒教的学者又捡起康有为儒学国教化的主张，试图让儒教重回庙堂。但是他们的愿望是不可能实现的。儒学是不是一种宗教在学术界可以继续讨论，但儒教复兴的关键是现代化而非宗教化，尤其不能国教化。这是因为在现代性法治社会中，即使儒教被某些公民视同宗教，它也只能是某些公民个人的信仰，而不能被奉为国家的宗教性意识形态和政教体制。“政教分离”是现代性宪政国家的基本原则，宗法制时代已经永久消失了。

三　道教的一元多神论

除儒教之外，道教也是中国传统文化中重要的宗教。儒教学者（如韩愈）曾将自己的道统追溯到孔子开教之前夏、商、周三代的“先王之教”。道教则将自己的源头追溯到更古老的华夏始祖黄帝时代的“古之道术”（语见《庄子·天下》篇）。其实这两家都是中国上古时代传统宗教文化（天帝教或古道术）裂变后的新生事物，二者是同源异流关系。相传老子还是孔子问礼的老师。

春秋时期，道家先师老子以其深刻的智慧，发现在纷纭复杂、变动不息的事物和现象背后，存在一个稳定地支配着事物发展变化的自然法则，并倡导人们以这个法则作为观察世界、认识真理和治国修身的指导原则。老子把这个普遍法则命名为“道”。老子所说的“道”，既是虚无理念和自然法则，又是能生育长养万物之母，有与始祖神相似的功能。汉代的黄老道家学者，强调道是“万物之母”或无形的“造化者”，用元气的阴阳分合来论述大道从无到有从而生成万物的功能和程序。这样虽然有助于人们对道的理解，但也容易混同自然造化与天神上帝创世的区别。东汉以后孕育产生的早期道教的神学家，传承和改造了黄老道家的宇宙论，将老子所说的无形的自然法则改作实有的至尊神灵，教诫信徒要奉道守戒，修仙得道，从而形成了独特的宗教信仰观念和教团组织。

道教的形成是从神化老子开始的，哲学家老子被道教尊奉为太上大道君（神格化的道）的降世化身和传教祖师。道教徒为此编造了大道君化身老子，降世传教的系列神话故事。老君化身故事中被渲染最多的是大道君托胎李母而降世，至函谷关讲授《道德经》，然后西出秦川不知所终。6～7世纪的道教典籍中，讨论了与此相关的神学问题。这个问题起于佛、道二教辩论，僧人要求道教徒解释，先天自然存在而且无生无灭的太上大道君，与托胎降世而有生有灭的肉身老子究竟是何关系？这是个道教版的“道成肉身”问题，旨在说明大道君与其化身老子的同异关系。探讨这个问题的神学意义，类似基督教神学中讨论圣父（耶和华）与圣子（耶稣基督）的关系。道教学者吸取佛教的三身说（佛祖有法身、应身、报身）及辩证逻辑，巧妙地回答了这个问题。大意是说，老子既是不生不灭的本体尊神，又是托胎李母而生的肉身圣人。本尊的老子道身自在常存，不生不灭，却能托胎李母而生育肉身，西出秦川而灭除形迹。但老子的肉身虽有生有灭，其道性或神性却无始无终。道身老子与肉身老子是不一不二的关系。就这样，道教徒用玄之又玄的辩证逻辑，回答了这个“道成肉身”的问题。

其实人类历史上的宗教神学是有多种类型的。有多神论的宗教（原始宗教）、一神论的宗教（闪族系宗教）、二元论的宗教（古波斯宗教），乃至无神论的宗教（例如佛教）。而中国道教或许与南亚印度教的信仰类似，是崇奉“一元多神”的宗教。这类宗教的神学突破了原始宗教的万物有灵论，但又保留了膜拜多神的信念和仪式。它们的特点是相信在诸神之上或之前，还有一个自古就有并且永久常存的宇宙创造者，或生成天地万物的虚无本源。它不仅是创生宇宙万物实体的本源，也是一切神灵和一切法理的源头。在印度宗教中它被称作“梵”（Brahman），或译“梵天”。在中国的道教中它就是老子所说虚而无形的自然之道，或曰“道炁”。因此道教尊奉和礼拜的神灵，如太上大道君，或三清，或玉皇，以及名号无量众多的天神地祇，与一神论宗教所信奉的至上神（上帝或真主）不是同一层次的概念。道教徒礼拜的“神”不是初始的创世者，而是道炁演化出来的次生者。它们没有上帝或真主的至上性，因此也就没有作为唯一信仰对象的排他性。在道教的“一元多神”体系中，包括太上大道君、三清、玉皇在内的诸多天神地祇和仙真鬼怪，都是有人格有灵性有形像（平面图像或立体造像）的法身存在，犹如现实世界中存在肉身的君主和各级官僚、庶民乃至一切众生。而作为诸神和众生本源的一元道体或道炁，则是无形无名不生不灭的妙有妙无或不真空。在道教图像（如宋元之际问世的《老君八十一化图》和内丹修真图）中，画一个空白的圆形来象征终极道体的虚无性。明代赵撝谦发明象征儒家太虚天理的太极图（阴阳鱼图）之后，道教也采用此图作为本教所奉无而不无的道体的象征符号。因此，道教信仰的一元多神实质上还是与儒教相通的“虚神”。

四　中国本土宗教的包容性

中国本土宗教的“虚神”或“一元多神”信仰，近代以来常被人们误解为中国的传统信仰缺乏纯粹性和超越性。有些学者（如蔡元培）因此认为中国没有原生的宗教，只有伦理和美育。也有不少人说中国本土宗教和民间信仰都是“封建迷信”。这种否认和贬低中国本土宗教信仰的论调，至今仍有流传。其实中国虽然少有（并非没有）一神论的宗教（Religion），但绝非没有信神的观念和神道设教的社团及其体制。只是我们所信的不离自然的“天道”，与西方人信奉的超自然神的含义有所不同而已。

中国本土宗教的“虚神”信仰并非一无是处，至少有如下的优点。

其一，中国的宗教信念以人为本，而非以神为本，因此具有天人合一的人间性。“天人合一”既可指自然与人的合一，也可指神道与人的合一（即天人感应）。总之都是以人作为天人关系的主体。儒教所谓“天心自我民心，天意自我民意”，就是这个意思。道教相信道炁化生的诸神能降世垂化，福佑众生；人也能通过修炼养生和积累功德而飞升成仙。这就开辟了一条依靠自力自为实现个体生命回归宇宙本源的超越之路，而不必一味依赖上帝的恩宠来获得救赎。

其二，中国宗教的虚神和多神信仰有更多的包容性，而较少有闪族系一神论宗教或苏联战斗无神论的排他性。虚神论既是有神又不是有神论的，既是无神又不是无神论的；而是兼容和融通了本无与全有、虚空与实在、真谛（真如）与俗谛（假有）内涵的混沌复合的概念。中国传统宗教对有神与无神、神的实在性和灵异性问题，秉持辩证的虚如观；对涉及形上学即神学或哲学的根本问题，不持定见，不多言说，有无双遣，虚实两忘。如果不得不说到天神或道体，那么应该说：道之为物，惟恍惟惚，虚中有实，实而若虚；非有非非有，非无非非无，如在如不在，真如本如如。虚神如数学中的虚数，又如物理学中的量子和引力场，实而若虚，虚而有用。它展示了人类假设未知世界的虚如理念，来解决已知世界实在问题的智慧，扩展了我们表述未知世界与已知世界相互关联的论域。有神或无神只是一个信与不信的问题，不是实证科学所能证验的问题。当代科学早已从经典物理学时代进入了相对论和量子学的时代。人类对亚原子世界的量子波尚且测不准，更无能力言谈超自然神灵的有或无。

因此，无论执持肯定神还是否定神之说，都是一种独断的“定见”。执持定见不符合中国传统文化的真精神。对这个根本问题沉默是金，淡忘为宝。我们可以借用中国本土宗教的辩证智慧来化解争议。虚神论的最大优点就在于它能包容不同的宗教或非宗教信仰。宗教信徒不一定都会拒斥无神论，无神论者也不必然要反宗教。实际上，世俗性的无神论或虚神论比极端化的一神论更能包容各种排他性的宗教信仰，保障多宗教国家公民信教或不信教的自由。一旦我们化解了执持有神或无神的定见，就可消除某些外来宗教或非宗教信仰的排他性和战斗性思维，引导人们更多关注宗教的道德教化、慈善救济和培植文化认同感等实际的社会功能，为共建人类命运共同体奠定坚实的文化基础。

历史上，中国的儒教和道教都曾以其包容性的信仰，融合了来自域外的宗教，从而形成了中国宗教多元一体、和谐共生的格局。无论来自何方的神灵，中国宗教徒都可以把它们接进自己的庙宇神殿，分享信众供奉的香火。佛教最初传来时，就因有儒教和道教的接引而实现了中国化。当然，佛教的教义教制也被中国宗教吸收融合，对中国人的道德伦理、思维模式和生活习俗有重要影响。尽管历史上曾有过儒教排佛和佛道争论，但儒佛道三教之间从没有发生过惨烈的宗教战争。宋元明清时期，在中国民间还创建了许多主张“三教合一”的非主流教派，如白莲教、罗祖教、黄天道、弘阳教、三一教、八卦教、先天道、瑜伽教、香花教、一贯道、刘门等，形形色色，不一而足。其品类杂糅、有正有邪，但其教义教制大多吸取了儒道两教的天道观念和佛教道教的修持法术。中国少数民族地区，尤其是华南和西南地区的苗、瑶、僮（壮）、彝、土家等族群的原始宗教信仰（巫教），其教义教制和仪式法术，普遍受到儒道佛三教不同程度的影响。北部草原上和东北地区通古斯语系的一些族群（匈奴、鲜卑、契丹、女真、蒙古、满洲等族），原本都信奉性质相近的原始宗教（通称萨满教）。但他们在进入中原地区建立起地方性或全国性的政权之后，其宗教信仰和生活习俗不同程度地发生了“汉化”改革。主要原因也是受到儒教和佛道二教的影响。此外，历史上从域外传入中国的佛教之外的各种宗教，如古波斯宗教（祆教、摩尼教、景教）、回回教（犹太教、伊斯兰）、基督宗教（天主教、基督教、东正教）等，在进入中国后都受到中国本土宗教——尤其是儒教的强势影响和化导，或多或少出现了“中国化”的现象。有些教门（如波斯宗教和犹太教）甚至被完全融入了中国人的宗教信仰之中。

总而言之，传统中国曾经是世界上宗教文化富集度最高的文明大国，不亚于中东、南亚等多宗教文明地区。近代以来某些西方化、苏俄化学者所谓中国人没有宗教信仰的说法，是完全不符合历史事实的错误话语。无论过去还是现在，中国普通民众历来都享有较高的宗教信仰自由度。信教或不信教、皈信或改信某一种宗教，或同时兼信多种宗教，都是个人可以自主选择之事。这样就形成了中国人宗教信仰的融通性和世俗性特征。因此当近代中国从传统向现代社会转型时，所谓“世俗化”问题没有构成严重的障碍。当代中国人走出国门时，也比较容易融入当地的文化和习俗。这些事实都应归功于中国本土宗教信仰和传统文化的包容性和融通性。正因为我们有儒道佛三教，尤其是儒教这个主体信仰的存在，中国才能不失本位地包容和融合各种本土和外来宗教，保持多元一体的宗教文化格局。这是我们今天应该多加思考的历史经验。

今天，我们所处的世界已进入全球化时代，中国与各国在政治、经济和文化上的交流日益频繁，其中也有中国本土宗教与世界其他宗教文明的交往和沟通。通过交流我们才能更好地展示自己，同时也更清楚地认识自己和他人的文化特质，为共建人类命运共同体做出贡献。我们创办这个刊物的目的，就是希望促进对中国本土宗教历史和现状的学术研究，为马克思主义宗教观的中国化，为建设中国特色社会主义的宗教学理论，略尽绵薄之力。

2017 年 5 月

撰于北京

名家论坛

再论道教的神仙信仰

熊铁基

内容摘要： 道教至少应该在战国时期已经形成，魏晋神仙道教的提法不当，神仙是道教的核心信仰，道教一开始就有神仙信仰。民间道教、上层道教的提法也应再斟酌。与神仙信仰有关的某些内容，如长生、洞天福地等，至今仍可以借鉴。

关键词： 神仙信仰　道教

作者简介： 熊铁基，华中师范大学历史文化学院教授。

再论道教的神仙信仰有二意。其一，20 世纪 80 年代以来论述道教神仙信仰的著作不少，有比较完备的系统著作，也有相当精细的学术论文。例如，2001 年出版张兴发道长的《道教神仙信仰》，2007 年出版范恩君道长的《道教神仙》，还有香港蓬瀛仙馆的“道教神仙”系列丛书，等等。20 世纪 90 年代还有专门的研讨会举行，集中出现了一批很有参考价值的论文。所以现在讨论这个问题是“再论”之意。其二，关于神仙信仰还有一些问题值得进一步思考和讨论。以下就几个问题谈点想法。

首先，20 世纪 80 年代后期，学术界逐渐形成了一种共识：道是道教的最高信仰，神仙信仰是道教的核心信仰。李养正的《道教概说》、卿希泰主编的《中国道教史》等都有这样明确的表述。这是很确切的，也是很有意义的。没有神仙信仰就不是道教。相反，信仰神仙的教派就应该是道教，这是笔者近两年特别强调的。众所周知，20 世纪 80 年代以来，大多数情况下，说道教形成于东汉后期。笔者认为这个看法实在应该改变了。道教如何形成，为何形成，形成的标志是什么，都是应该重新讨论和认识的。笔者认为，至少战国时期的方仙道就已经是道教，和汉末的黄老道、太平道、五斗米道、天师道乃至全真道等一样，是道教的不同派别。这些问题，笔者在这两年发表的《论道教的名与实》《论道教的杂而多端》等论文中都有所阐述。进一步还可探讨的是，方（方士、方术之方）、仙、道还会有一个更早的产生和发展的过程。

其次，关于神仙道教，较长时间以来笔者想过“神仙道教”这个提法问题。据笔者所知，这个问题与王明先生有关，王明先生对道教研究的贡献是有目共睹的，他的《太平经合校》《抱朴子内篇校释》等著作，是研究者手头必备之参考书。“神仙道教”的提法，在他的著作中也是比较突出的。笔者想不必为尊者讳，讨论一下这个问题。一般提“神仙道教”未尝不可，但把它说成与道教的发展有关，如认为魏晋以后才叫神仙道教，甚至是上层人士的道教等，这就值得讨论了。“民间道教”如果不信神仙，能够称道教吗？道教中当然会有上层与下层，而且上层人士（领袖人物）始终是起主导作用的，上层领袖人物当然也会有少数起于民间、起于基层的，但大多数是社会的上层人士。那么，是以领袖人物还是以信众来分上层道教和民间道教呢？

再进一步可以思考：历朝历代的统治者与道教的关系，这是一个客观存在的问题，与道教发展的关系也十分明显，但如何梳理与论述还是可以做些讨论的，汉代“民间道教的兴起”“道教在魏晋时期的分化”“道教在魏晋时候向上层的发展”等表述是否可以再斟酌。如果至少战国时已有了道教，那么秦皇汉武的信神仙与道教发展有什么关系？东汉宫中祀黄老浮屠，与道教发展有何关系？这些，是不是与笔者所说的“道教的名与实”有关？秦皇汉武信神仙、希望成仙，同时相信和依赖的人——方士（是不是道士?），东汉之祭祀老子，是不是把老子当成“道祖”？这些似乎都应该是道教发展过程的一些重要现象。

另外，葛洪“反对民间道教”这个问题该怎么说，在《抱朴子·内篇》中，葛洪的确对打着道教招牌的许多“不良”现象（这是后世乃至当今都有的）进行过“批判”，主要文字有：

> 世间自有奸伪图钱之子，而窃道士之号者，不可胜数也。（《抱朴子·内篇·勤求》）

> 俗所谓道率皆妖伪，转相诳惑，久而弥甚，既不能修疗病之术，又不能返其大迷，不务药石之救，唯专祝祭之谬，祈祷无已，问卜不倦，巫祝小人，妄说祸祟，疾病危急，唯所不闻，闻辄修为，损费不訾，富室竭其财储，贫人假举倍息，田宅割裂以讫尽，箧柜倒装而无余。或偶有自差，便谓受神之赐，如其死亡，便谓鬼不见赦，幸而误活，财产穷罄，遂复饥寒冻饿而死，或起为劫剽，或

穿窬斯滥，丧身于锋镝之端，自陷于丑恶之刑，皆此之由也……淫祀妖邪，礼律所禁。(《抱朴子·内篇·道意》)

葛洪也有“妖道百余种，皆煞生血食”的说法，还有对“虚名道士”、“杂散道士”(《勤求》)、“浅薄道士辈”、“凡庸道士”等的批评。我们可以看出，葛洪所批判的是两大类人：一类是打着“道士”招牌的“妖伪”，骗人钱财，害人性命，并非真正的道士；另一类是“浅薄”“凡庸”之道士，也是害人的。当然，所有这些都在“民间”，但由此就能得出“反对民间道教”的结论吗？或者可以说有清理门户之意，求的是“真道”“善道”，与上、下层并无直接关系。下层也有“真道”，他对李家道的论述就比较客观。他在《道意》篇中写道：“独有李家道无为为小差”，“依（李）宽为弟子者恒近千人。宽弟子转相教授，布满江表，动有千许”，承认李家道是一个影响很大的教派。

葛洪不得不“委屈论之”。但是“天下非无仙道也，宽但非其人耳”。这似乎并非反对民间道教，看不出上层与下层之分。

葛洪《抱朴子·内篇》主要讲长生求仙之理和术，“道家之所至秘而重者，莫过乎长生之方也”(《抱朴子·内篇·勤求》)，反复从多方面论述“神仙不死”。说葛洪对道教的神仙理论有总结性、理论性的认识和阐述那是肯定的，然而，要说他创立神仙道教似乎有些勉强。他的“仙论”也是在前人（如刘向《列仙传》等）论述的基础上进一步讨论的。

再说我们还可以看葛洪之前的神仙信仰情况，早已形成的可查可考的道教之派别，都是信仰神仙的。方仙道的事十分明显，就是信海外神山有神仙，同时也积极寻求长生成仙。黄老道祭祀黄帝、老子，理当是神仙信仰。天师道这方面的情况，是有待考索的。但是葛洪本身就承认他们是有神仙信仰的，他把天师道的创始人张道陵写入了《神仙传》，并且具体记述他如何修道成仙的一些事实，开头写道：

张道陵者，沛国人也。本太学书生，博通《五经》，晚乃叹曰：“此无益于年命。”遂学长生之道，得黄帝九鼎丹法，欲合之，用药皆糜费钱帛。陵家素贫，欲治生，营田牧畜，非己所长，乃不就。闻蜀人多纯厚，易可教化，且多名山，乃与弟子入蜀，住鹄鸣山，著作道书二十四篇，乃精思炼志。

下面还有“柱下史”“授陵以新出正一明威之道”等神话传说和张道陵如何修炼的事迹。笔者认为，葛洪写的这个“传”必有事实根据，包括记述一些有意造作的传说，有一定的参考价值。张道陵“学”和“传”他的长生之道，这是一些正史之类的史书所忽略的。应该说天师道也是以神仙信仰为核心信仰的。而从《想尔注》和其他记载看天师道对道教最高信仰——道的阐述，还有更重要的贡献、这也是天师道在当时影响很大、受对手重视（佛道之争）的原因。

以上简要的讨论想说明，一些似乎成为“定论”的说法，还是可以进一步探讨的，道教的核心信仰——神仙信仰如何发展，在道教发展过程中应如何认识和把握，应该再讨论。

再次，神仙信仰贯彻始终，到今天也是很有意义的。现实是从历史中走过来的，道教离开自己的神仙信仰就毫无意义了，而这个核心信仰不仅应该继承，而且可以说应该弘扬。它的含义、理论都可为现实、为人类服务，也许这个说法有“功利”之嫌，却是事实。

哪些可以弘扬？说起来简单明确，但又非常深奥，且需作很大的努力。

健康长寿是人们的口头禅，也是人类幸福生活的重要内容之一。神仙信仰的目的就是长生成仙，成仙如何理解是一个可以进一步讨论的问题，但人们日常所说“快活似神仙”“活神仙”“老神仙”等，已经不停地在下定义了，笔者写过《人皆可以为神仙》，也是这种意思的表述之一。

长寿、长生，人究竟可以活多久。事实是，人类的平均年龄已经由一二十岁、三五十岁到六七十岁了。一百二十也好，或更多一些也好，人类是可以努力的，而如葛洪所说，道教之“至秘而重者，莫过乎长生之方也”。道教有长生之“方”。长生之方是值得深入研究探讨的，从葛洪的论述看，张道陵就曾践行“黄帝九鼎丹法”，“合丹”，“丹成”。在《抱朴子·内篇》中他具体论述、讨论了不少长生之方，这就是所谓丹鼎派，靠医药来保长生，有似今日之保健品之类。

道教的长生之方另一大派即内丹派，讲心性修炼，现在从西方到国内有不少人从心理学的角度讨论人的疾苦和健康问题，这应该与我们道教的内丹学有密切关系，内丹学还不是一个简单的心理学问题。“导引”这个中国的长生之方，与神仙信仰关系十分密切。

当前，另一个可以继承和弘扬的有意义的大问题就是，道教神仙信仰中的“洞天福地”。笔者写过一篇《洞天福地是生态文明的样板》，就是参与讨论这个重大问题的。

洞天福地是神仙管理的，也是神仙建设起来的，从唐代始有十大洞天、三十六小洞天、七十二福地的说法，实际远不止那些，后来更有有名的武当山、崂山等许多洞天福地。洞天福地是最理想的“宜居”之地，开辟和建设它就秉承道教的“清”“幽”二字精神，顺应和保护自然，这是当今生态文明建设完全应该借鉴的。

对当前的意义还应该有一些，例如葛洪的成仙之道，他把是否“积善立功”当作成仙的必备条件之一。其《对俗》篇的文字说得特别突出：

> 为道者以救人危使免祸，护人疾病，令不枉死，为上功也。欲求仙者，要当以忠孝和顺仁信为本。若德行不修，而但务方术，皆不得长生也……人欲地仙，当立三百善，欲天仙，立千二百善。若有千一百九十九善，而忽复中行一恶，则尽失前善，乃当复更起善数耳。故善不在大，恶不在小也。虽不作恶事，而口及所行之事，及责求布施之报，便复失此一事之善，但不尽失耳。又云，积善事未满，虽服仙药，亦无益也。若不服仙药，并行好事，虽未便得仙，亦无可卒死之祸矣。

这样的神仙信仰，使人人向善，岂不对当今世界有十分现实的意义。

道教本身、道教内部、道教徒，在今天应该如何践行神仙信仰，这是更重要的一个值得研讨的大问题。

文行至此，卑之无甚高论，但思考的这些问题应该是有一定意义的。

老子与中国哲学的突破

王　卡

内容摘要：在中国思想史上，老子首先提出和阐释了“道”的理念，以道生万物、道法自然的宇宙观，取代殷周天命神学观念，为中国学术思想突破原始宗教神学的桎梏、上升到哲学层面奠定了理念基础。这在世界文明发展史上具有极为重大的意义。老子所说的“道”，既是无，又是有；既非无，亦非有；无是假无，有非实有。道非物而能生物，道无名而可以“强为之名”。这是老子对西周天命神学加以改造而提出的一个具有中国特色的哲学本原论概念，与西方哲学有所不同。中国的“哲学突破”方式也与古希腊哲学突破有所不同。

关键词：老子　道　道家　哲学突破

作者简介：王卡，中国社会科学院世界宗教研究所研究员。

一　老子及其学术思想要点

老子是道家学说公认的创始人。据《史记·老子列传》等书记载，老子姓李名耳，字伯阳（一字聃），史称老聃。楚国苦县（今属河南鹿邑）人。他曾做过周王朝的柱下史，是管理王室藏书的官吏。其年岁略长于孔子，相传孔子曾去周王朝向老子请教有关礼制的问题。老子生活的春秋末年，天下战乱频繁，社会制度正发生急剧变革。老子看到王室日益衰败，遂离周隐去。传说他西游至函谷关（今河南灵宝，一说散关），遇见关令尹喜，尹喜请为著书立说。老子遂著书上、下二篇，五千余字。因其书“言道德之意”，后世奉为《道德经》。

作为道家思想的奠基人，老子书中最早提出：宇宙间的天地万物，都来源于一个神秘玄妙的母体——“道”。老子所说的“道”，具有自然无为，无形无名，既看不见摸不着又不可言说的特性；它是天地开辟之前宇宙混沌混一的原初形态，又是超越一切有形事物的自然法则。大道无形无名，却蕴含着一切有形事物生成发展的玄机。老子说："道生一，一生二，二生三，三生万物。万物负阴而抱阳，冲气以为和。"① 就是说：从空虚无形的道生出混沌的元气，元气分为阴、阳二气，阴、阳二气交感冲和而化生天地万物。战国秦汉以来的道家学者，大多以这种阴阳气化论宇宙观解释老子的道论。但在主流派的元气生成论之外，也有一些其他的解释，如太一生水说等（详见后文）。

老子把"道"看作神秘的世界本源，因此不主张人们学习具体的知识，被各种纷纭复杂的外部现象所迷惑。他主张人们去直接体认隐藏在不断变化的事物背后的道理和法则。体认的方法是闭目塞听，绝圣弃智，涤除玄鉴，致虚守静。即闭塞感官与外部事物的接触，放弃主观成见，使内心清静无染，达到自我与虚无自然之道完全融合的"玄同"境界。

老子思想中包含辩证法的因素。老子看到美恶、祸福、有无、难易、高下等矛盾对立方面有互相依存的关系，并且认识到事物发展变化过程中物极必反、对立面相互转化的道理。事物的变化运动，循环往复，最终仍然复归于静止不变的道。所以老子说："致虚极，守静笃。万物并作，吾以观其复。夫物芸芸，各复归其根。归根曰静，是谓复命。"（16 章）

老子书中与道并称的另一概念是"德"。德是道的功用和品格。道与万物和人的最大区别，就是道有生育长养万物的大功而又不自居其功。道如慈母，其生养万物是自然无私的行为，而非有意的作为。道施恩于万物而不求报答，也不因有功而欲图主宰万物，因此而得到万物的尊敬。老子说："道生之，德畜之，物形之，势成之。是以万物莫不尊道而贵德。道之尊，德之贵，夫莫之命而常自然……生而不有，为而不恃，长而不宰，是谓玄德。"（51 章）这种玄德与俗人矜持微功求取权势名利的"下德"根本不同。此外，大道的品德还有清静素朴、少私寡欲、忍辱不争等。老子说："吾有三宝：一曰慈、二曰俭、三曰不敢为天下先。"（67 章）

老子的政治理想是回到古代小国寡民、风俗纯朴、人民自足常乐、与世无争的原始社会状态。他不同意儒墨两家倡导的尚贤有为政治原则，认为这是造成道德和礼法沦丧，使人民争夺难治的原因。他主张有道者（圣人）应依据自然和道德法则来治国修身，遏制贪欲，贵柔守雌，清静无为。

---

① 《道德经》通行本第 42 章，以下引文同此，以河上公本为准。

总而言之，老子作为思想家的最大贡献，是在纷纭复杂、变动不息的事物和现象之中，发现了某种稳定的、支配事物发展变化的自然法则；并且以这个法则作为人们观察世界、认识真理和治国修身的指导原则。老子把这一普遍法则命名为“道”。由他首先提出的道生万物、道法自然的思想，在哲学上究竟属于唯心主义还是唯物主义？这个问题在近代——特别是新中国成立以来的学者中存在着截然不同的看法。之所以会出现这样的分歧，是因缺乏对中国与西方哲学基本特征的全面认识。因此，为了准确评价老子哲学的特点及其意义，有必要将其置于人类文明发展史的广阔背景中，作一番比较研究。

二　老子思想的伟大意义

据西方近现代某些学者，如德国学者马克斯·韦伯、哲学家雅斯培尔斯、美国社会学家帕森斯等人的看法，在公元前一千年之内人类文明发展的历史上，曾经有一个文化大发展的“轴心时代”。在这一时期，希腊、以色列、印度和中国等欧亚大陆的古代文明社会，曾经先后不约而同地出现了宗教和哲学的突破性发展，使人类社会从原始文明进入高级文化阶段，并形成了各自特殊的文化传统。所谓“哲学的突破”（或称超越的突破），即人类对宇宙的本质和自身生存的处境产生了一种合理性的认识，对世界及人生的意义有了新的解释。这种新的世界观突破了从前笼罩着人们精神世界的原始宗教神学，以合理性的自然法则和普遍性的神学观念取而代之，从而使人类的认识上升到前所未有的哲学的高度。在这一过程中，社会上形成了相对独立的知识阶层，他们承担起创造新思想和新教义的职责。其中有些伟大的思想家和宗教家，他们的学说对后来人类精神文化的发展，有着极其深远而巨大的影响。

以古希腊而言，哲学的突破表现为人们对自然的秩序及其规则和意义产生了明确的观念，带来了追求普遍性规律和永恒理念的要求。苏格拉底、柏拉图和亚里士多德的出现是希腊哲学突破的高峰，他们的学说赋予西方文化崇尚理性认识的基因。以色列的突破以早期《圣约·旧约》经典中摩西约法的故事为历史背景，其突破的方式是“先知运动”。以色列的先知们突出了上帝是普遍的唯一的造物主的观念，将耶和华从犹太民族之神转化为全人类的上帝。上帝不仅创造了整个宇宙万物，而且以自己的形象创造了人类，作为实现其意旨的工具。“超越的上帝”主宰万物和人类，以及人类两重性的观念（即人类既完全依赖上帝，又承担着实现上帝意旨的使命），从此便贯穿于犹太教、基督教，以至伊斯兰教的基本教义之中。此种宗教观念与希腊哲学思想相结合，构成了西方文明的文化基础。在古印度出现的“突破”，表现为新兴“沙门思潮”对婆罗门教义的挑战，产生了佛陀、大雄等伟大的宗教家。新出宗教学教义的中心观念是业报与灵魂转世说，并视经验世界和实际人生为“虚幻”的观念。随之而来的是佛教和印度宗教中各种寻求个人解脱的方法。

中国文明区的哲学突破，则表现为殷周时代以诗书礼乐为内容的王官之学（或称古之道术），在春秋战国时代因礼崩乐坏而分裂，出现了官学下移、诸子百家争鸣的格局。在这一过程中兴起的文士阶层，确立了“士志于道”的观念，以认识和实践“道”作为自己承负的责任。这种精神在道家、儒家、墨家、法家等学派都有表述。据余英时先生研究，中国古代的哲学突破有两个显著特征。其一是中国的哲学突破较为温和，多数学派立言论道都采用“托古改良”的方式，强调其学说与以往文化传统的渊源关系。其二是“人间性”，即强调天人合一，重视对人间社会秩序的安排，有重视政治教化和伦理实践的倾向。① 李泽厚先生则用康德哲学的概念，称中国哲学的特征是“实践理性”的。

强调天人合一的观念，最早起源于中国上古时期的国家宗教。殷人已有天帝或上帝主宰宇宙万物的信仰，以及祭祀天帝及氏族祖先的制度。周人改造殷人的天帝观念，提出“以德配天”的思想，认为只有合德之君才能得到天命，永保统治臣民和疆土的权力。这样就将宗教、道德与政治结合，形成了以“尊天、敬德、保民”为纲领的思想体系。冯友兰先生认为，西周天命神学中“天”的概念，实际包含三重意义：一是指有意志有人格的至上神，二是指客观自然界之天，三是指抽象的理性法则之天。这三重意义含混不分，未达到纯粹的哲学理念层次。到了春秋时期，这种宗教性的天命观动摇了。《左传·昭公十八年》载郑国执政者子产说：“天道远，人道迩，非所及也，何以知之?”这表明当时人们对天的信仰产生怀疑，不再盲目相信天与人之间存在必然的感应联系。与子产同时的孔子也对天神持慎重态度，“子不语怪力乱神”。人们认识到作为解释世界统一性最终依据的“天”，不应是有人格有意志的神灵，而应是某种可以合理解释的、非宰制性的自然法则或理念。老子所说的“道”，更接近于合理性的最高概念。

在中国思想史上，是老子首先提出和阐释了“道”的理念，以道生万物、道法

① 参见余英时《士与中国文化》第1章，上海人民出版社，1987。

自然的宇宙观，取代殷周天命神学观念，为中国学术思想突破原始宗教神学的桎梏、上升到哲学层面奠定了理念基础。这在世界文明发展史上具有极为重大的意义。现代著名哲学家金岳霖先生在其《论道》一书中曾有论述：

> 每一文化区都有它底中坚思想，每一中坚思想有它底最崇高的概念，最基本的原动力。现在这世界底大文化区只有三个：一是印度，一是希腊，一是中国。它们各有它们底中坚思想，而在它们底中坚思想中有它们底最崇高的概念与最基本的原动力……中国思想中最崇高的概念似乎是道。所谓行道、修道、得道，都是以道为最终目标……不道之道，各家所欲言而不能尽的道，国人对之油然而生景仰之心的道，万事万物之所不得不由、不得不依、不得不归的道，才是中国思想中最崇高的概念，最基本的原动力。①

鲁迅先生《且介亭杂文》中说："中国的根柢全在道教……以此读史，有许多问题可迎刃而解。"英国汉学家李约瑟先生也在《中国的科技与文明》中指出："中国人的特性中很多最吸引人的地方，都有来自道家的传统。中国如果没有道家，就象大树没有根一样。"他们的意思与金岳霖先生相同，都充分肯定了道家与道教在中国传统文化中的重要意义。

三　老子思想与西方哲学的异同

需要注意的是，前节引述鲁迅所说的"道教"，李约瑟所说的"道家"，其实都具有宗教性与哲学性双重含义。这意味着作为中国学术思想核心理念的"道"，与西方两希文明（希腊哲学、希伯来宗教）存在理念上的歧异。歧异产生的原因或许在于，轴心时期中国与西方文明的哲学突破方式有别。道家思想对西周天命神学的改造，如同儒家学说对礼乐文化的改良一样，是"温和"而不彻底的。道家思想并没有像希腊哲学那样，在突破希腊宗教之后形成一套纯粹的哲学理念。道家也没有完全否弃西周神学的天人合一观，演变为希伯来类型的超越性宗教，信奉"绝对它在的造物主"。如果以西方哲学和宗教作为衡量标准，道家与道教是亦哲学亦宗教的混合

① 金岳霖：《论道》，商务印书馆，2015，第17～18页。

型思想体系。

老子所说的“道”，是有与无、本与末、动与静、体与用对立统一的理念。“有”就是存在，既指各种直接呈现在自然界的具体物象，也泛指社会领域的各种人事。但是与之相对的“无”并不意味着“非存在”。无只是无形无名，是隐藏在有形事物之中，语言所不能表达、感觉所无法把握，而又包涵并支配着一切有形事物的“全有”、“常在”或“先在”。老子说：

> 道可道，非常道；名可名，非常名。无名，天地之始；有名，万物之母。故常无，欲以观其妙；常有，欲以观其徼。此两者同出而异名，同谓之玄。玄之又玄，众妙之门。(1 章)
>
> 有物混成，先天地生。寂兮寥兮，独立而不改，周行而不殆。可以为天下母。吾不知其名，字之曰道，强为之名曰大。(25 章)

由此可见，老子对“道”做出的界定，是有与无、物与非物的统一体。道是常无，又是常有。所谓“常无”，意思是道无形体无名称，不是一个具体存在的事物，而是与万物（群有）不同的假设名词。但是这个“常无”又是“天地之始”“万物之母”“众妙之门”，是可以生成群有的无。老子说：“天下万物生于有，有生于无。”从能生育长养万物的功用来看，道又是“常有”，是先天地而存在的混成之物，恍惚之物。因此，道既是无，又是有；既非无，亦非有；无是假无，有非实有。道非物而能生物，道无名而可以“强为之名”。有与无“同出而异名”，都是对“玄”的指称，玄就是道。这是老子对西周天命神学加以改造而提出的一个具有中国特色的哲学本原论概念。

道家思想与西方哲学的不同，归根到底是由于中国和西方哲学所关心的基本问题不同，中国的“哲学突破”方式也与古希腊哲学突破有所不同。西方哲学——特别是唯心主义理念论是一种纯粹理性的本体论哲学。这种本体之学探索的基本问题是一般与个别、思维与存在的关系问题。“存在”是一个纯粹抽象的理念，是指寓于万物殊相中的共相，个别中的一般。这个共相或一般究竟是指什么？是精神性还是物质性的？人们对此问题有不同的回答，因此形成了不同哲学派别。在西方哲学发展过程中，唯物论和唯心论的区分是明显的。这是因为西方人的思维方式立足于分而不是合，主体与客体、理论与实践都有分离的特征。在西方文明中，哲学是“爱智慧”

的学问，宗教信仰则担当道德教化的功能。

中国的学术思想属于另一种类型。中国学者关注的基本问题不是一般与个别的关系，而是天与人、道与物的关系。中国的“哲学突破”具有温和性的改良特征。老子所说的“道”，虽然与西周天命论的天神观念有所不同，但没有彻底摆脱大祖母的意象。道虽然没有天神的位格形象和主宰万物的意志，但保留了能生物和应物变化的功能。从无形象无意志来看，道是无；而从能生物能应物变化来看，道是有。这种有无、体用不分的万物生成本原，是中国特色的“道体”理念。它不是西方哲学中纯粹抽象的本体论理念。

总而言之，道家所谓本体是本末之本、体用之体。本与末、体与用、道与物是合而不分的关系。本不离末，末不离本；体不离用，用不离体。这种浑然一体的思想学说，既改造又继承了西周神学天人合一的思维模式。老子所谓“道德”，既是一种自然的法则，也不远离神圣的法则；既可发展出表现深刻智慧的哲学思想，也可衍变为担当道德教化的宗教信仰。从老子思想中还能引申出独特的人生观、养生学和政治学说。老子是中国当之无愧的哲学之父。

清代委羽山道教略述

尹志华

内容摘要： 浙江黄岩委羽山，为道教十大洞天中的第二大洞天。山中道观不知始建于何时，宋元以来屡有兴废。明末清初，委羽山道教十分衰微。乾隆年间，由知县发起，修葺了大有宫，但其时委羽山道教仍默默无闻。直到嘉庆年间杨来基住持大有宫后，委羽山道教才得以中兴。晚清时期，委羽山道教弘衍颇广，在浙南地区形成了庞大的道教网络。

关键词： 清代　委羽山　大有宫　中兴　弘衍

作者简介： 尹志华，1972 年生，哲学博士，中央民族大学哲学与宗教学学院副教授。

委羽山，俗名俱依山，亦称翠龟山、龟兹山，位于今浙江省台州市黄岩区南约二公里处。山中有大有空明洞，为道教十大洞天中的第二大洞天。[①] 据载，周代有刘奉林在此修炼得道，驾鹤轻举，鹤坠羽山上，遂名委羽山。山中道观不知始建于何时。南宋绍兴（1131～1162）中，黄岩县令李端民“始择道士董大方主之”。董大方以符水治疾，颇著灵验，邑人重之，于是大兴殿宇，“始变荆榛为胜地”。[②] 淳祐（1241～1252）中，朝廷应主领西太乙宫道士王中立之请，赐委羽山观额为“大有宫”。[③] 元末委羽山道观被毁，明代重建。明末清初，位于羽山之西的大有宫毁于兵燹。康熙十五年（1676），当地士绅延请僧人在大有宫废址兴建天皇寺，而将空明洞前的委羽山观改为大有宫。官府为了使第二洞天的道脉延续不断，下令拨天皇寺田产给道人为香火资。乾隆十八年（1753）知县杨廷芳发起修葺大有宫，至乾隆二十二年（1757），

① （唐）司马承祯：《天地宫府图并序》，载《云笈七签》卷 27，中华书局，2003，第 609 页。

② （宋）陈耆卿：《赤城志》卷 20，载《四库全书》史部。

③ （清）嵇曾筠等监修、沈翼机等编纂《〔雍正〕浙江通志》卷 231，载《四库全书》史部。

由知县刘世宁完成。[①] 可见，从明末到清朝乾隆年间，委羽山道教一直衰微不振。乾隆年间虽然修葺了大有宫，但未有高道住持，委羽山道教依然默默无闻。直到嘉庆年间杨来基住持大有宫后，委羽山道教才得以中兴。晚清时期，委羽山道教弘衍颇广，在浙南地区形成了庞大的道教网络。

一　杨来基中兴委羽山

杨来基是清初高道王常月一系的传人。据民国29年（1940）《续纂委羽洞天邱祖龙门宗谱》（下简称《委羽宗谱》）卷2《世系图》，从王常月到杨来基的传承谱系是：王常月→谭守诚→詹太林→盛清新→陆一纯→徐阳明→杨来基。[②]

按，王常月→谭守诚→詹太林，这三代的传承，在北京白云观藏手抄本《龙门传戒谱系》[③] 中有明确记载。教外文献也可证实。清康熙年间彭定求撰《詹维阳律师塔铭》载，詹太林（号维阳子，1625～1712）“慕茅山为仙宗奥府，往寓郁冈之乾元观。时当昆阳王律师（即王常月）金陵（即南京）行道之后，其嗣心月谭律师（即谭守诚）以先生为入室高弟，付龙门派第九传”。[④] 彭定求在《詹维阳律师塔铭》中载詹太林弟子多人，其中就有盛清新。[⑤]

盛清新、陆一纯二人事迹不详。《委羽宗谱》说，盛清新，字问中，号信阳子，不知何许人也，康熙丙戌（四十五年，1706）正月十五日传度陆一纯。陆一纯，字素鹤，号宾阳子，嘉兴当湖人，乾隆戊辰（十三年，1748）十二月传度徐阳明。[⑥]

徐阳明，号浣尘子，松江华亭（今上海松江区）人。少即好道，喜逍遥名山大川间。至太湖之洞庭西山，瞻陆一纯仪范，敬拜为师。相随四载，转往松江细林山，募铸洪钟，后历朝名山大川，登天台山，谒桐柏宫。晚年住持临海县百步溪紫阳宫。

① （清）王维翰辑《委羽山续志》卷1《宫室》，《中国道观志丛刊续编》第19册，广陵书社，2004，第169页；光绪二年刊《黄岩县志》卷37《杂志·寺观》，成文出版社，1975，第2900～2907页。

② 王松渠等纂《续纂委羽洞天邱祖龙门宗谱》（下简称《委羽宗谱》）卷2《世系图》，民国29年（1940）浙江黄岩委羽山刊本，第1页。

③ 该手抄本为卷轴，卷首题名《太上律脉龙门正宗》，正文标题则为《龙门传戒谱系》。内容为全真道龙门派第一代至第二十一代传戒律师简历。卷末载第二十一代律师陈明霦于己未（1919）春三月开坛传戒。文中以“我师”称呼陈明霦，则该卷轴应为1919年受戒弟子所书。中国道教协会研究室编《道教史资料》（上海古籍出版社，1991）收录其中第六代至第十九代律师简历。

④ （清）彭定求：《南畇文稿》卷10，《四库全书存目丛书》，集部第246册，齐鲁书社，1997，第775页。

⑤ （清）彭定求：《南畇文稿》卷10，《四库全书存目丛书》，集部第246册，齐鲁书社，1997，第776页。

⑥ 王松渠等纂《委羽宗谱》卷2《世系图》，第1页。

生平精究《道德经》《南华经》，擅礼斗吞符驱邪之法。[①]

杨来基，号国宁子，黄岩县东乡横林人。幼年聪颖，家贫，躬耕自养。父母既葬，飘然有世外想，遂云游名山洞府。一日，偶过邑之栖霞宫，遇徐阳明，知其乃真师，遂执弟子礼，求讲《道德经》、《南华经》和《悟真篇》，以及龙门说偈四句。后道业精进，凡驱邪祈祷之事，屡有征验。邑人感之，送匾曰“甘霖普济”。退而栖居委羽山空明洞。[②] 嘉庆十九年（1814），重建大有宫正殿五楹。[③] 杨来基曾重刊道教中流传的著名内丹图谱《修真图》。[④]

《委羽宗谱》卷1所载宣统元年（1909）陈孔升撰《纂修龙门法派谱序》，谓杨来基于嘉庆元年（1796）正月望日传度，大阐玄门香火；而民国29年（1940）蒋宗瀚撰《续纂道统征文事略》和陈撄宁撰《重修委羽山大有宫宗谱序》，则说杨来基于嘉庆元年正月大开戒门。传度与传戒恐非一回事，真实情况待考。

按，《委羽宗谱》卷2载有杨来基十四位徒弟之名，分别是：王复净、郑复清、蔡复莲、程复光、吕复贤、翁复泉、翁复元、陈复朴、张复淳、沈复勤、郑复通、蒋复瀛、王复冠和徐复乾。

杨来基的十四位弟子，被称为十四房，其中一房王复净、四房程复光没有再传，其他十二房弟子则均有传人，在台州各县弘衍道脉，并传播到永嘉等县（今属温州）。

杨来基弟子中陈复朴最为知名。同治九年（1870）刊刻的《委羽山续志》，对陈复朴的生平有简略叙述，谓：陈复朴号春谷，太平县（今温岭市）人。道成，能知未来事。一日，对其徒说，明日几客至，负白米数斗。至期果然。后往来海内诸名山，踪迹无定。著有《归真要旨》三卷，藏大有宫。[⑤]《委羽宗谱》卷1载黄岩郑文易撰《陈春谷真人传》，所述陈复朴生平，则较详，谓：陈复朴俗名志华，生于乾隆二十年（1755）。幼而好道，不近名利。年未弱冠，潜至黄岩羽山洞。父兄知之，迫其归，屡不从，遂云游海内名山洞府，遇有道即师之。尝五朝九华，七谒南海，三至五台。后梦父母病重，返家侍养。大球岭为台州和温州之间的通道，险峻崎岖，行人苦于跋涉。陈率道众治平之。远近咸感其诚笃，师从者众。及父母逝世，复游终南梅

---

① 王松渠等纂《委羽宗谱》卷1《第十二代浣尘阳明自述》。

② 王松渠等纂《委羽宗谱》卷1《第十二代浣尘阳明自述》后附杨来基传。参见（清）王维翰辑《委羽山续志》卷2《仙道》，《中国道观志丛刊续编》第19册，第179～180页。

③ （清）王维翰辑《委羽山续志》卷1《宫室》，《中国道观志丛刊续编》第19册，第169页。

④ 参见郑洪《道教〈修真图〉版本系统及流传情况》，《宗教学研究》2017年第2期。

⑤ （清）王维翰辑《委羽山续志》卷1《宫室》，《中国道观志丛刊续编》第19册，第180～181页。

花观，著《易数八十一卦》，注《悟真》《参同》《清静》等经，均有卓识。与人交接，谦逊淳厚。冬夏衣一单衣。数日不食，不饥不寒。能知未来事。复返家乡，往来委羽、桐柏间。嘉庆九年（1804）复出游。《委羽宗谱》卷1所载民国29年（1940）黄绍镐撰《陈复朴真人传》，则把陈复朴与《金盖心灯》所载陈春谷视为一人。按，《金盖心灯》卷5有《陈春谷律嗣传》，谓：春谷陈生，名阳真，字太朴，原名朴，又号栖云子，生于乾隆癸未（1763）。台郡富家子也。年十七，遇方一定（字熔阳）于委羽山，后又谒孙来明于桐柏宫。又入金盖山，师事闵一得。羽化于嘉庆乙丑（1805）。[①] 两相比较，陈复朴与陈阳真虽然都号春谷，但一个是复字辈（龙门派第十四代），一个是阳字辈（龙门派第十二代），且生年亦不同，故二者应该不是同一人。陈复朴传徒陈本岩、王本法等6人。陈本岩传徒李合泰、吴合印等8人，王本法传徒任合庆、金合宗等12人。任合庆系太平县人，创建该县莞田岭三清观及长屿山紫云洞。金合宗创建凤山头松云宫。[②]

杨来基弟子张复淳，传徒柯本茂、林本还等7人。[③] 其中林本还之徒夏合通，系太平县人，于该县青屿山创建会元宫，又在大溪旸山头建朝阳宫。[④]

杨来基弟子翁复元，传徒章本旭等2人。章本旭，号超阳子，浙江乐清人。事母最孝。学道于委羽山，潜心修炼，尤精医理。年九十余，鹤发童颜。太平县进士黄浚有《游羽山》诗，其中两句说"山中道士皆修养，超阳章老尤萧爽"。[⑤] "超阳章老"就是指章本旭。章本旭曾从委羽山废纸中捡出明代胡昌贤（字伯举）编纂的六卷本《委羽山志》，为保存委羽山史料做出了贡献。[⑥] 章本旭传徒王合江、黄合勋等6人。[⑦]

二　晚清时期委羽山大有宫一系全真道脉的繁衍

晚清时期，全真道龙门派盛行于浙江台州和温州地区。这两个地区的全真道士，大多出自委羽山大有宫一系。因为徒裔繁衍甚众，宣统元年（1909），乐清县道会叶

---

① （清）闵一得：《金盖心灯》卷五，《藏外道书》第31册，巴蜀书社，1994，第264~265页。

② 王松渠等纂《委羽宗谱》卷2《世系图》，第4~7页。

③ 王松渠等纂《委羽宗谱》卷2《世系图》，第7~8页。

④ 王松渠等纂《委羽宗谱》卷2《世系图》，第8页。

⑤ （清）王维翰辑《委羽山续志》卷二，《中国道观志丛刊续编》，第19册，第183页。

⑥ 王棻：《重钞委羽山志》，《柔桥文钞》卷七，《清代诗文集汇编》第707册，上海古籍出版社，2010，第688页。

⑦ 王松渠等纂《委羽宗谱》卷2《世系图》，第3~4页。

明达倡议纂修《委羽宗谱》，设局于乐清紫芝观，由陈日如负责纂修。此次纂修，共修大宗谱五部，分藏黄岩县委羽山大有宫、乐清县宝台山紫霞观、乐清县东皋山紫芝观、乐清县五雷山青云观和永嘉县梧埏镇（今属温州市瓯海区）福胜观；房谱三本，分藏永嘉县胜美尖福清观、平阳县万乐观、里安县太平山。民国29年（1940），委羽山大有宫原监院蔡理鉴与时任方丈蒋宗瀚又发起续纂《委羽宗谱》，由王松渠负责编辑。此次续纂，共修宗谱47册，分藏黄岩、临海、温岭、永嘉、乐清、平阳、玉环、鄞县、里安等县的道观中。

据《委羽宗谱》，晚清时期委羽山道士最著名者为沈永良。此人传奇色彩颇浓，被时人视为佯狂玩世的得道者。据载，沈永良，俗名岐山，字凤芝，别号醉颠。黄岩县人。体干丰伟，秉性冲淡。幼孤贫，母命习工匠，郁郁不得志。成年而母殁，投身行伍。亦非所愿，不久即退伍，至天台山桐柏宫出家，拜金教善为师。后遍游名区，在南岳遇异人，得传内丹秘诀。从此佯狂玩世，饮必醉，语必颠。自此号醉颠，又号颠魔。众则以“沈魔头”呼之。终岁一衲，不知寒暑。城市深山，随缘栖止。又好与儿童嬉戏。人问之，曰：“得此方全天真之乐趣耳。”值大雪，草木尽白，独沈永良所卧处，无点雪。以此，人颇诧异之。初未读书，而所谈多史传间事。至于讲《周易》，论《参同契》，义精理奥。曾作诗曰：“衣裳破碎千针补，不受尘埃半点魔。醉卧白云瓢作枕，醒来犹唱钓鱼歌。”时与所知者曰：“酒能败德，尔等宜戒。吾所饮酒，与人不同。”曾预言县城北门火灾，后应验。又以功力治人危疾，得愈。同治五年（1866）羽化。①

“活神仙”沈永良的出现，对委羽山道教声誉的弘扬显然有着极大的促进作用。

沈永良的徒弟褚圆图也颇有其师之仙风。褚圆图，字蒙炼，天台人。初以卖药为生，后至委羽山，拜沈永良为师。学道垂二十年，返家乡，行乞于途，得钱必买酒。饮酒必醉，醉必骂，骂不择人。人问道士为何骂，则舍其所骂，转骂问话之人。人若不给钱，必骂之；或多与之钱，亦必骂。天台山最高处曰琼台，台有仙人坐窝，四周皆悬崖绝壁，无路径。褚圆图坐其中月余，始下山。郡人某讲《道德经》于八仙岩，他日过天台，遇褚圆图，能一一指出其错误。其人大悚服，欲更与之言，褚去不复顾。同治十三年（1874）羽化。②

① （清）王维翰辑《委羽山续志》卷2《仙道》，《中国道观志丛刊续编》第19册，第181～182页；王松渠等纂《委羽宗谱》卷1《沈永良真人事略》（陈攖宁撰）、《沈醉颠真人传》（伍止渊撰）。

② 王松渠等纂《委羽宗谱》卷1《记褚圆图道士事》。

委羽山道士还有精通眼科医术者。据载，有四川道士习医术，精眼科，云游至大有宫，张永继从之学，得眼科之精奥。施医济众，凡数十年，远近受惠，实非浅鲜。羽化时年七十余。传徒沈圆辉和林圆晓。后委羽山道士以眼科著称者，不乏其人。[①]

委羽山道士以医术惠及乡邻，显然为委羽山道教增添了美誉。

委羽山道士对地方公益慈善事业也做出了力所能及的贡献。如凌圆佐认为内功须兼外行，每遇善举，力行不怠。曾独创茶亭有三、募建大石桥有二。[②] 又如王圆法，遇道路破坏、桥梁朽损，无不尽力募修。遇茶亭乏人，常捐资施茶，济行人之渴。[③] 又如光绪十五年（1889），平阳县疫病流行，道士薛明德日夜沿街拜祷，祈求神仙庇佑一方平安。[④]

有的委羽山道士名闻京城。如叶明达（1855～?），道号中和子，乐清县人。拜李圆密为师。与其师共同开创宝台山紫霞观，前进落成，师羽化，叶明达续建二进大罗宝殿，并造三进斗阁。又刊刻《玉皇经》等经板，印刷流传。光绪二十九年（1903）赴镇海渊德观受戒。京师五城总道会司赏知，行文报举为乐清县道会，奉部给照领戳。民国2年（1913）重修剑峰观。民国21年（1932），天台山桐柏宫传戒，任监戒大师。[⑤]

委羽山道士凌圆佐因道高德劭，被雁荡山净名道院迎请为方丈，开坛传戒。凌圆佐（1828～1911），道号会默子，临海人。早年常患胃病，久治不愈，诸医束手。十八岁时，一日正襟危坐，似见一道装长者赐以灵丹，服之病愈，如梦初觉。自思与道有缘，不敢自昧前因，乃立誓不婚，弃儒入道，至委羽山拜张永翰为师，与沈永良真人（号醉颠）相友善。沈永良出言，时含玄妙，他人不解，凌圆佐听之，默契秘旨，益励志清修，静坐无间。远近道士慕其道深行广，德劭年高，迎请为雁荡山净名道院方丈。光绪二十六年（1900）登坛传戒，讲座宏开，颇极一时之盛。[⑥]《委羽宗谱》记载委羽山一系道士前往受戒者有数十人。

清末，镇海县渊德观、乐清县羊角洞也曾传戒。光绪二十九年（1903），镇海县

① 王松渠等纂《委羽宗谱》卷4《张永继炼师小传》，卷2《世系图》，第10页。
② 王松渠等纂《委羽宗谱》卷1《凌方丈先师事略序》。
③ 王松渠等纂《委羽宗谱》卷4《王圆法宗师传》。
④ 王松渠等纂《委羽宗谱》卷4《薛明德宗师行略》。
⑤ 王松渠等纂《委羽宗谱》卷4《中和子叶大道判序》《叶明达大师小传》。
⑥ 王松渠等纂《委羽宗谱》卷1《凌方丈先师事略序》，卷四《凌方丈创建广福宫记》。参见任林豪、马曙明《台州道教考》，中国社会科学出版社，2009，第363～364页。

渊德观方圆根律师（法名方明根）传戒，次年（1904），方圆根律师再次传戒。光绪三十四年（1908），乐清县羊角洞王律师传戒。宣统三年（1911），镇海县渊德观周律师传戒。这四次传戒，委羽山一系都有一些道士前往受戒。[①] 虽然尚不能确定方圆根律师、王律师和周律师是否属于委羽山一系，但其传戒表明清末全真道在浙江东南地区的兴盛是毋庸置疑的。

杭州玉皇山福星观方丈蒋永林曾先后在光绪八年（1882）、十一年（1885）和二十二年（1896）开坛传戒。据《委羽宗谱》，委羽山一系道士于光绪八年赴杭州玉皇山受戒者有永嘉县胜美尖福清观道士周至良。此人后于光绪二十六年（1900）任雁荡山净名道院传戒律坛保举大师。[②] 光绪十一年赴玉皇山福星观受戒者有太平县（今温岭市）修真观道士王圆法，平阳发春观道士薛圆顺、薛明德和鲍明忠等。[③] 据杭州玉皇山福星观光绪丙申（1896）坛《登真箓》记载，光绪二十二年赴玉皇山福星观受戒的委羽山一系道士有邓理言、陆至和、洪永鉴、叶圆增等十余人。[④]

清末委羽山一系的道士，知名者尚有以下几人。

邓理言（1847～?），临海县人。中年至委羽山出家。光绪二十二年（1896），赴杭州玉皇山受戒。[⑤] 光绪二十七年（1901），乐清羊角洞开坛传戒，任纠仪大师。喜云游，每遇奸顽，则以德启化其性灵；逢强徒，则以道诱掖其归正。[⑥]

金理筌（1857～1935），字竹泉，世居天台县，书香累代，为一方望族。科考下第，遂起弃尘念，至委羽山大有宫，师事陆至和，潜心研究《道藏》。庚子（1900）变后，知大数已非，乃决心出家，遂至雁荡山净名道院领受三坛大戒。嗣于天台山遇异人，亲受真诀。和光混俗，终身不令人知。到处云游，不矜异行，唯好睡，往往至六七日不醒。于民国24年（1935）羽化于天台桐柏宫。著有《清静经注解》，印行于世，另有《玉皇心印经注》，未及完稿。[⑦]

陆至和（1864～?），黄岩县人。早岁出家，拜委羽山大有宫道士柯明良为师。性至孝，奉母一同修道。光绪二十二年（1896），赴杭州玉皇山受戒。[⑧] 后历任镇海

① 王松渠等纂《委羽宗谱》卷2《世系图》，第148、155页。
② 王松渠等纂《委羽宗谱》卷2《世系图》，第50页。
③ 王松渠等纂《委羽宗谱》卷2《世系图》，第66、66、79页。
④ 见杭州市图书馆藏杭州玉皇山福星观光绪丙申坛《登真箓》。
⑤ 杭州玉皇山福星观光绪丙申坛《登真箓》载邓理言为第17号戒子。
⑥ 王松渠等纂《委羽宗谱》卷4《邓理言大师小传》。
⑦ 王松渠等纂《委羽宗谱》卷4《金竹筌炼师传》。
⑧ 杭州玉皇山福星观光绪丙申坛《登真箓》载陆至和为第103号戒子。

渊德观、乐清羊角洞各戒坛证盟、监戒大师。为天台百步溪紫阳道院住持。时该院年久失修，陆至和募化重建。又修理百步岭道路，方便行人。复募缘修葺委羽山南三余闸之永福宫。“他如修造桥梁，施舍药材之事，不一而足。”既修外行，又重内功，打坐炼功，数十年如一日。①

方至通（？～1926），道号敏达子，平阳县人。幼丧父母，寄养舅父家。淡于世务，早怀出世之想。舅父欲招赘为婿，乃潜往玉龙山水帘洞出家，拜吴明善为师。多方访道，得传丹诀。在紫云洞建造斗姆阁。工竣，静修十年。至民国2年（1913），赴镇海渊德观受戒，考取第一名。是年秋，受邀担任平阳东岳观住持。民国6年（1917）重建大殿，兼修斗阁、两廊。观中经济困难，乃变卖自家产业，为道观置腴田十三亩。事毕，入关静坐三年。至晚年，清修益精进。民国15年（1926），无疾坐化。②

华理勋（1871～？），号占尘。玉环县人。投乐清县白龙山青云观，拜师至赓为师。云游访道，历十四载。遇异人，微契丹奥，兼通医卜星算，犹精堪舆。终日谈丹书，不绝于口，盖志在引诱后学。门下徒裔颇盛。光绪二十二年（1896），至杭州玉皇山福星观受戒。③ 后镇海渊德观、委羽山大有宫分别传戒，受聘为证盟大师。又开创蓉成观，重振东蒙山。至民国29年（1940）编纂《委羽山宗谱》时，年近古稀，主办圜堂，劝化道俗。④

蔡理鉴（1881～？），字心斋，别号龟道人。浙江太平县（今温岭县）人。父至敬，入道紫皋枕流宫。侍父出家，居雁荡山道松洞。光绪二十六年（1900），随父回本县，栖居仙化洞。光绪二十九年（1903），赴镇海渊德观受戒，考取第三名。嗣任瑞安集真观住持，又任鄞县佑圣观、镇海渊德观等处监院。民国19年（1930），任委羽山大有宫监院。募缘重修殿宇，至民国22年（1933）竣工，观貌焕然一新。同年请蒋宗瀚律师在该观开坛传戒，四方来受戒者甚众。民国29年（1940），约蒋宗瀚同修《委羽山宗谱》。修道精进，曾先后闭关十二年。擅绘画，山水人物，无不工妙，尤精松鼠。喜吟咏，刊于温岭者，曰《芝圃唱和集》，刊于大有宫者，曰《羽山

① 王松渠等纂《委羽宗谱》卷4《陆至和炼师传》。

② 王松渠等纂《委羽宗谱》卷4《方至通宗师传》。

③ 杭州玉皇山福星观光绪丙申坛《登真箓》载华理勋为第66号戒子。

④ 王松渠等纂《委羽宗谱》卷4《华占尘大师传》。

听松图题咏》。[①]

委羽山一系的道士传衍颇众，在浙南地区形成了一个庞大的道教网络。康豹的研究表明，“自天台山桐柏宫至平阳东岳观都是这个网路的一部分，它甚至扩充到上海、杭州、湖州等地方”。[②] 兹略举委羽山道士传徒情况，以见一斑：薛圆顺（1795～1886），平阳县人。传徒薛明德、郑明住等10人。[③] 薛明德（1865～1930），道号敦正子，平阳县人。[④] 传徒郭至阳、吴至荣、石至鹤等29人。[⑤] 王圆法（1842～1922），道号松林子，太平（今温岭市）人。[⑥] 传徒章明桂、童明云等9人。[⑦] 林圆丹（？～?），号耀灵子，温岭人。弟子有吴明善、蔡明全等。吴明善传徒方至通、林至金等8人。[⑧]

晚清时期，委羽山道士在浙南地区新建、重建不少宫观，如：凌圆佐创建黄岩县广福宫，[⑨] 王圆法创建太平县（今温岭市）鹅冠山修真观，[⑩] 蔡至敬重建太平县（今温岭市）神童门仙化洞宫观（改名庆云宫），[⑪] 薛圆顺重建平阳县发春观，[⑫] 薛明德募建平阳县河东山堂斗阁（改观名曰全真观），[⑬] 方至通创建平阳县紫云洞斗姆阁，[⑭] 叶明达与其师李圆密创建乐清县宝台山紫霞观，[⑮] 朱宗祥与师弟林宗填创建乐清县纯阳观，[⑯] 周至良创建永嘉县胜美尖福清观，[⑰] 等等。由此也可窥见其时该地区全真道的兴盛情况。

对于全真龙门派在台州、温州地区的盛传，民国29年（1940）陈撄宁在《重修

---

① 王松渠等纂《委羽宗谱》卷4《蔡大师传》（王松渠撰）。

② 康豹（Paul R. Katz）：《由〈委羽洞天邱祖龙门宗谱〉来看近代江南道教网路的发展》，发表于2010年11月13日至14日在台湾南台科技大学召开的“近现代中国城市道教史国际研讨会”。感谢康豹教授惠赐论文。

③ 王松渠等纂《委羽宗谱》卷2《世系图》，第66～79页。

④ 王松渠等纂《委羽宗谱》卷4《薛明德宗师行略》。

⑤ 王松渠等纂《委羽宗谱》卷2《世系图》，第66～77页。

⑥ 王松渠等纂《委羽宗谱》卷4《王圆法宗师传》，卷2《世系图》，第17页。

⑦ 王松渠等纂《委羽宗谱》卷2《世系图》，第94～100页。

⑧ 王松渠等纂《委羽宗谱》卷2《世系图》，第136～144页。

⑨ 王松渠等纂《委羽宗谱》卷4《记文》之《凌方丈创建广福宫记》。

⑩ 王松渠等纂《委羽宗谱》卷4《王圆法宗师传》。

⑪ 王松渠等纂《委羽宗谱》卷4《蔡至敬炼师传》。

⑫ 王松渠等纂《委羽宗谱》卷2《世系图》，第66页。

⑬ 王松渠等纂《委羽宗谱》卷4《薛明德宗师行略》。

⑭ 王松渠等纂《委羽宗谱》卷4《方志通宗师传》。

⑮ 王松渠等纂《委羽宗谱》卷4《叶明达大师小传》。

⑯ 王松渠等纂《委羽宗谱》卷4《朱宗祥炼师传》。

⑰ 王松渠等纂《委羽宗谱》卷2《世系图》。

委羽山大有宫宗谱序》中认为杨来基开创之功不可没。他说，杨来基于嘉庆元年正月“大开戒门，玄风丕振，教化盛行，迄今阅一百四十年，代代传薪，枝枝衍秀，四方徒众，源远流长。其创始也艰辛，其贻谋也深厚，不有当年，安能今日！杨真人之功可谓钜矣”。①

① 王松渠等纂《委羽宗谱》卷1。

七元散辉，冥慧洞耀

——礼斗法的历史与近代抄本中的斗科

谢世维

内容摘要：本文从《葛仙公礼北斗法》的醮祭仪式，与《太上玄灵北斗本命延生真经》来探讨道教的北斗醮仪，后者是北斗信仰的经典化与道教化，而两者宗教实践的核心在设醮启祝北斗，并在本命日修斋醮。这种实践逐渐形成北斗醮的基本形式。本文接着讨论元明时期兴起的“告斗法”。告斗法是一种以神格化北斗为对象的朝礼科仪，以章奏仪式形态为仪式结构，其目的为朝礼北斗九皇，因此本质是一种礼斗法。文章最后讨论近代江南抄本当中的几种礼斗科仪书。本文主旨在分析北斗科事，因此将以三种北斗仪式抄本作为分析重点。本文分析科仪书为《破曹北斗灯科》、《北斗延生醮科》与《地司告斗玄科》。此三种正代表北斗醮仪与告斗法的民间实践，具有地方特色与近世道教的特质。

关键词：礼斗　醮仪　告斗法　道教仪式

作者简介：谢世维，台湾“国立政治大学”宗教研究所教授。

一　早期的北斗信仰

北斗信仰起源相当早，先秦时期出土墓葬当中就已经有北斗图像，但是宗教上的意义不是很明确，学者尚无很清楚的诠释。[①] 而北斗很早就与符咒有所联系，东汉出土墓葬当中就存有北斗符图。学界公认比较明确的北斗符是陕西长安县三里村的陶瓶

---

① 最具代表性的是距今五六千年的濮阳溪水坡45号墓，其墓主北面足下有一蚌壳堆成的三角形与两根人胫骨构成的北斗形象。

朱书解除文与邵家沟木牍中的符图。[①] 邵家沟右上方图形已被学者确认为“北斗君”的“七星符”。[②] 类似的七星符或图也在别的东汉遗址中发现。[③] 三里村的陶瓶符图与邵家沟木牍上的“七星符”接近，瓶上也有“北斗君”的“七星符”。下方写着“主乳死咎鬼，主自死咎鬼；主市死咎鬼，主星死咎鬼”，左侧为符字。这两组符当中，三里村的符旨能辨识出门、尸、出、鬼四字；而邵家沟木牍上的“七星符”的符可以辨识出“鬼”等字。[④] 尽管学者如王育成对东汉道符有许多推论，而这些出土符文确实与北斗信仰有关，也可以推断先秦已经有北斗相关的信仰，而东汉北斗信仰已经被运用于符文当中，但是相关仪式内容并不明确，学者还无法重构其中与北斗相关的仪式。[⑤] 从目前所保留的汉代谶纬文献当中，我们可以看出当时已经有北斗星神管辖世人年命夭寿或福的观念。[⑥]《春秋佐助期》：“七星之名，并是人年命所属，恒思诵之，以求福也。”[⑦] 北斗主掌世人年命的观念在六朝的道教文献当中发展为南斗注生、北斗落死的观念，六朝道经《女青鬼律》《赤松子章历》等都有这些概念。而东晋末的《度人经》则明确界定五斗的职司，经中说道：“东斗主算，西斗记名，北斗落死，南斗上生，中斗大魁，总监众灵。”[⑧] 不过，这些文献并没有显示有一个针对北斗而进行的仪式。

在文献上，比较明确有关北斗的仪式可见之于《抱朴子·内篇》。《杂应》篇提及北斗字有辟兵的功能。[⑨] 而《登涉》篇则具体提道：“有《老君黄庭中胎四十九真秘符》，入山林中，以甲寅日丹书白素，夜置案中，向北斗祭之，以酒脯各少少，自

---

① 1957 年陕西长安县三里村一处东汉墓葬发现七件朱书陶瓶，所出陶瓶朱书分别为“永光十六年十二月庚戌”（东汉和帝，104 年）、“建和元年十一月丁未朔”（东汉桓帝，147 年）。其中出自耳室的一件陶瓶，瓶腹有长篇朱书解除文。参见陕西省文物管理委员会《长安县三里村东汉墓葬发掘简报》，《文物参考数据》1958 年第 7 期，第 62 ~ 65 页。

② 原发掘简报释为“符君”，刘乐贤正确指出：“符”字应为“北斗”两字，见刘乐贤《邵家沟汉代木牍上的符咒及相关问题》，氏著《简帛书术文献探论》，湖北教育出版社，2002，第 280 ~ 296 页。

③ 谢明良：《关于七星板》，《民俗曲艺》179，2013，第 1 ~ 21 页。

④ 王育成参考《抱朴子》里人“身中有三尸”的说法，认为三里村这组符字的大意是：“主管四咎鬼的北斗君，镇解墓门，防三尸出为鬼……”王育成：《文物所见中国古代道符述论》，《道家文化研究》第 9 辑，生活·读书·新知三联书店，1996，第 275 页。

⑤ 王育成认为，这些貌似屈奇诡异的符字，其实是由从咒文或其他经文摘录出来的文字组成，用简省或缩写的形式来表示道符的宗教意义，类似后世文章关键词记录的意味。

⑥ 罗焱英：《道教星神司命考述》，《道教与星斗信仰》，齐鲁书社，2014，第 873 ~ 879 页。

⑦ 〔日〕安居香山、〔日〕中村璋八辑《纬书集成》，河北人民出版社，1994，第 821 页。

⑧ 《元始无量度人上品妙经四注》，《正统道藏》，2. 54a ~ 2. 54b。

⑨ 《抱朴子·内篇》，第 269 ~ 270 页。

说姓名，再拜受取，内衣领中，辟山川百鬼万精虎狼虫毒也。”① 其主旨是在说明《老君黄庭中胎四十九真秘符》的入山辟虎狼精怪功能，以及使用这道符的仪式。这段文字已经说明需向北斗进行祭祀，其仪式偏向醮仪，但是这是针对秘符而进行的仪式，很难说是一个北斗的醮仪。因此笔者认为这仪式虽然是个醮祭仪式，但是严格讲不是针对北斗的醮祭仪式。

六朝存留的道教经典当中，保留较多的是与北斗相关的存思之法，其中大多与上清经典相关，包括《北帝七元紫庭延生秘诀》《河图九星箓》《上清河图内玄经》等。但是这些与北斗相关的存思文献当中，并没有比较具体的北斗醮祭仪式。

另外，《魏书·崔浩传》记载：“浩父疾笃，浩乃剪爪截发，夜在庭中仰祷斗极，为父请命。”② 从简短的叙述当中透露这是个人性的祈斗请命的仪式，似乎已经具有礼斗仪式的元素，但是仪式内容与程序不明。《隋书·经籍志》有云：“夜中于星辰之下，陈放酒脯、饼饵、币物，历祀天皇、太乙，祀五星列宿，为书如上章之仪以奏之，名之为醮。”这是比较清楚有关醮与星辰的关联，但是这是祭祀天皇、太乙以及五星列宿，是一种总体性的醮祭仪式，也不能算是针对北斗的醮仪。以上所提到的文献显示早期北斗信仰的多元性，部分材料显示北斗与世人年命的掌管有关，但是仪式内涵则相对模糊，有待进一步的材料厘清。

二 唐宋之际的礼斗仪式

学术界对于北斗科仪与相关经典有许多的研究，包括 Herbert Franke、Henrik Sørensen、Christine Mollier。③ 这些学者相当关切道教北斗经与佛教北斗经的关系与传布，北斗相关经典与信仰传布极广，学者尤其关注其在韩国、日本及国内的西藏、内蒙古、新疆等地的流传。这部分学者也还有争议，例如《佛说北斗七星延命经》与道教经典的关系还不甚清楚。但是经过笔者仔细考察《佛说北斗七星延命经》前面的符图与《北斗七元金玄羽章》当中的七星符在形式上是很接近的，这证明这两者

① 《抱朴子·内篇》，第 308 页。

② 魏收撰《魏书》，中华书局，1974，第 812 页。

③ See Herbert Franke, “The Taoist Elements in the Buddhist Great Bear Sutra,” *Asia Major*, 3/1, 1990, pp. 75 – 111; Henrik Sørensen, “The Worship of the Great Dipper in Korean Buddhism,” in Henrik Sørensen, ed., *Religions in Traditional Korea*, Copenhagen: Seminar for Buddhist Studies, pp. 75 – 150; Christine Mollier, *Buddhism and Taoism Face to Face*, Honolulu: University of Hawaii Press, 2008, pp. 134 – 173.

之间有传承关系，值得继续探究。[①] 本文以道教北斗科仪文本为主，有关佛教北斗科仪文本，以及与道教北斗科仪之关系，笔者将另文处理，此处暂不讨论。

如果以北斗醮仪作为考察，唐初的《正一解厄醮仪》是值得进一步关注的。[②] 这部典籍一开始即清楚提到年命与北斗的关系，并提及透过醮仪来醮请司命北斗七星。经云：

> 凡人年命有厄，元辰死忌，五罗筭尽，阳九阴八，盗贼口舌，疾病官横，财产不利，触事灾忧者，可依法推究章醮解之，即得转祸为福，大吉利。宜以太岁、本命、甲子、庚申，及诸吉日，醮请司命北斗七星，生度灾厄。[③]

仪式施设灯盏四十九枚，并灯纂四十九枚，祭品包括干枣、栗黄、时果子、捻头、餢飳、杂饼、黍饭、米拌、香、盐、豉、灯油、净水等。不过，《正一解厄醮仪》所启请的，并非只是北斗七星神，从仪式坛场的摆设来看，依照五方安设了五席，坛上东席启请的是五方五帝君，南席启请的是南上司命司录延寿益筹度厄尊神，西席启请三台六星上鼎君，北席启请六甲六旬等神，中席启请北斗七星。[④] 因此《正一解厄醮仪》所醮祭的是司命系统的尊神。

笔者认为，比较明确的北斗科仪是8世纪前后的《葛仙公礼北斗法》。这段礼斗法被记载在《梵天火罗九曜》当中，该经典被标示为一行的作品。其内容如下：

> 镇上玄九北极北斗，从王侯及于士庶，尽皆属北斗七星。常须敬重，当不逢横祸凶恶之事，遍救世人之襄厄，得延年益算无诸灾难。并本命元神至心供养，皆得挤遂人之命禄。灾害殃咎迷塞涩，皆由不敬星像，不知有犯星辰，黯黯而行，灾难自然来至，禳之即大吉也。祭本命元神日，一年有六日。但至心本命日，用好纸剪随年钱，用茶果三迭、净床一铺，焚香虔心面视北斗，再拜启告

① 见《佛说北斗七星延命经》，收于《大正藏》；《北斗七星护摩仪轨》，收于《大正藏》；《太上玄灵北斗本命延生真经》，收于《正统道藏》。

② 对于《正一解厄醮仪》的成书时代，学者间有所争议，罗焱英认为属于早期正一仪式文本，见罗焱英《道教星神司命考述》，《道教与星斗信仰》，第882页。施舟人则认为是唐初的文本，见 Kristofer Schipper, *The Taoist Canon*, Chicago: The University of Chicago Press, 2004, pp. 476 - 477。

③ 《正一解厄醮仪》，《正统道藏》，1a。

④ 《正一解厄醮仪》，《正统道藏》，1b ~ 4a。

曰："隔居少人，好道求灵，常见尊仪。本命日谨奉银钱仙果，供养于北斗辰星并本命神形，将长是生益寿，无诸横祸，神魂为安，元神自在，衰年厄月，驱向远方。"再拜，烧钱，合掌供养。

破军星持大置（午生人）

武曲星宾大东（巳未生人属云云）

廉贞星不灌子（辰申生人）

文曲星微慧子（卯酉生人）

禄存星禄会（寅戌生人）

巨门星贞文子（亥丑生人）

贪狼星司希子（子生人）①

穆瑞明（Christine Mollier）注意到了这个文本，她的研究呈现了文本之间的关联，但是并未做太多诠释。同时，有几点重要问题穆瑞明并未处理。首先，《梵天火罗九曜》是否为一行的作品，学界是有争议的，这也牵涉到这部经典究竟要定位在什么年代。穆瑞明似乎没有质疑《梵天火罗九曜》的作者，但是学者吕建福等通过星曜系统的名相与体系，试图说明《梵天火罗九曜》并非一行作品，是所谓的托名伪作。但是审视《梵天火罗九曜》的内容，其实是各种星曜信仰作品的集结，并无所谓作者的问题，存在的应该是编辑者的问题。因此，我们并无任何证据可以否认一行是这些文献的编辑者，况且一行曾涉猎中国的星象、术数之学。一行的生卒年是683～727，若配合924年的敦煌S2404文本来看，《梵天火罗九曜》当中的《葛仙公礼北斗法》可能流行于8世纪至10世纪。

其次，穆瑞明并未仔细说明本命元神与本命星君之间的关系。本命元神的概念是学界关注的焦点，这个问题必须将《葛仙公礼北斗法》对照敦煌S.2404来看。S.2404名为《后唐同光二年甲申岁具注历日并序》，时间是在924年。该文献为归义军时期翟奉达所书，序言云："谨按仙经云：若有人每夜志心礼北斗者，长命消灾，大吉。"左边有上、下两图，上图的上方有北斗七星，其下有一桌案，上有香炉。桌案左边是一位着冠服、手持笏版的人物，后方有一位侍者。桌案右下方则是一位士人跪地向这位着冠服的人物礼拜。此图下方题写："葛仙公礼北斗法：昔仙公志心每夜

① 《梵天火罗九曜》，《大正藏》，21。

顶礼北斗，延年益算，郑君礼斗官，长命，不注刀刃所伤。”下图中央绘有一位着冠服持笏之人物，但是冠式略与上图不同，而此人物的右上方有一猴，乘云而降，转头面对持笏人物。图下题写：“申生人猴相本命元神，若有精心之者，逐日供养元神者，消灾益福，及昼夜头前安之，大吉。”

《葛仙公礼北斗法》当中提道“本命日谨奉银钱仙果，供养于北斗辰星并本命神形，将长是生益寿，无诸横祸，神魂为安，元神自在”。足见北斗星辰与本命神形是两组概念。这也正符合 S. 2404 当中的两组图像，上半部图像描绘的是北斗星辰，该人所属的是廉贞星，而下半部描绘的是本命神形，此处指的是申生人猴相本命元神。学者对“七星人命属法”有进一步的研究，这是以人出生时的十二辰分数于北斗七星。[①] 在敦煌写本 P. 2675 当中即有记载。相对的，本命元神的概念在学界有争议，有学者认为这是相对于本命星神的元辰星神，同属北斗七星的体系。这种说法可以在日本僧人所撰《行林抄》中得到印证，同时《白宝口抄》也有本命星与本命元神星的对应关系图，若依据《白宝口抄》的对应图，则 S. 2404 当中的两组图像，依据“申生人猴相本命元神”可以推知上半部图像描绘的是北斗本命星神，也就是廉贞星；而下方的图所绘是本命元神，若该信士为男性，本命元神指的是文曲星，若为女性，本命元神是巨门星。换言之，此系统的本命星与本命元神皆取自北斗七星。

若再配合敦煌写本 S. 0612《宋太平兴国三年戊寅岁（978）应天具注历日》来看，可以进一步思考本命元神的概念。该文本依据的是北宋官方颁行的大本历日，在写本前部分是有关该年吉凶宜忌的内容，图的右方标示“今年新添换太岁并十二元神真形各注吉凶图”，图中央绘有太岁一尊坐于案几后，四周则是十二位本命元神真形。推测每年得历书可能都有类似的图像。其中十二元神状似文臣，七位持笏，五位不持笏，分立围绕太岁四方，十二元神分别由其冠式来作区隔，每一位神的冠内各有一个生肖，因此本命元神与地支年相配，学者注意到这是本命元辰的表现，这符合《五行大义》对北斗的解释，属于元辰与十二生肖结合的结果，同时十二元神七位持笏，正是表现北斗七星。[②] 图右有一段文字：“右件十二元神，凡人本命之日，于夜

① 这种说法也可以见于《五行大义引黄帝斗图》、《佛说北斗七星延命经》、《梵天火罗九曜》引用《禄命书》以及《太上玄灵北斗本命延生真经》之中，足见这是唐宋之间一种具有普遍性的信仰。

② 参见刘永明《敦煌占卜文书中的鬼神信仰研究》，《敦煌研究年报》2011 年第五号，第 37～38 页；陈于注、张福慧《敦煌具注历日见载“本命元神”考辨》，《敦煌学辑刊》2010 年第四期，第 84～88 页。

静烧银钱、驼马、名香、恭果，并画形供养，必得除灾添寿，故安历上切宜。”这段仪式的叙述与《葛仙公礼北斗法》相似。据此，S.0612《宋太平兴国三年戊寅岁（978）应天具注历日》卷首的十二元神，及其所叙述本命日供养方法，与敦煌文书S.2404《后唐同光二年甲申岁（924）具注历日并序》中所绘制的申生人猴相本命元神有关，属于本命元神供养法。

《葛仙公礼北斗法》是一套祭祀仪式，其中具体提到“祭本命元神日，一年有六日。但至心本命日，用好纸剪随年钱，用茶果三迭（碟）、净床一铺，焚香虔心面视北斗，再拜启告”。也就是在一年的此六日当中，准备并剪好纸钱，奉上茶果三碟，以及一铺清净的床位，对着北斗进行启告。这种仪式形式符合祭祀仪的规范，而如其所述，本命星神与本命元神俱属北斗七星，则此仪式可以算作北斗祭仪。

北斗醮仪在9世纪至10世纪之际应该已经相当普遍，杜光庭（850～933）在《道门科范大全集》当中收录许多的斗醮仪式范例。与北斗仪式相关的包括《南北二斗同坛延生醮仪》《南北二斗同醮仪》《北斗延生清醮仪》《北斗延生仪》《北延生忏灯仪》《北斗延生醮说戒仪》《北斗延生道场仪》《解禳星运仪》《运星醮祈祝仪》《北斗延生捍厄仪》等。这些醮仪确立北斗与延生祈禳的仪式特质，也成为宋代北斗醮仪发展的基础。杜光庭所收录的仪式以南斗、北斗为多，这也可以从杜光庭《广成集》当中北斗、南斗醮词所占比例看出来，其中南、北二斗同醮也不少，这与“南斗注生，北斗落死”的概念密切相关。其中有部分的醮仪独尊北斗，例如《北斗延生捍厄仪》提道：“恩惟北方至圣，七元星君，主张造化，号令乾坤。虽九府四司，咸由宣纳；而三官五帝，悉在统临。”① 其中依照生辰所属星来解厄：“若子生人，有年月日时灾厄者，请北斗贪狼星君解除之；若丑亥生人，有年月日时灾厄者，请巨门星君解除之；若寅戌生人，有年月日时灾厄者，请禄存星君解除之；若卯酉生人，有年月日时灾厄者，请文曲星君解除之；若辰申生人，有年月日时灾厄者，请廉贞星君解除之；若巳未生人，有年月日时灾厄者，请武曲星君解除之；若午生人，有年月日时灾厄者，请破军星君解除之。”这与《葛仙公礼北斗法》说法一致。值得注意的是，杜光庭当时所在的成都道观玉局化北帝院内塑有北斗七元的造像，这可以从《广成集》当中《张道衡塑造北斗七星真君醮词》得到佐证。② 不过，总体来看，杜

① 《道门科范大全集》，《正统道藏》。

② 参见杜光庭撰，董恩林点校《广成集》，中华书局，2011，第209页；吴羽《杜光庭寓蜀时期的玉局化北帝院与星斗信仰》，《道教与星斗信仰》，第222～226页。

光庭所收录的科范除了南北斗以外，还有其他天文星曜的醮仪，单纯以北斗作为对象的醮仪仍属少数。

北斗信仰的经典化是在《太上玄灵北斗本命延生真经》确立下来的。这部经典约成形于北宋，标志了北斗信仰的道教化与经典化，与《葛仙公礼北斗法》的祭祀文本产生重要的区隔，也使北斗信仰正式成为道教经典的范畴，这种变化主要是《太上玄灵北斗本命延生真经》以老君告天师的场景揭开序幕，模塑出老君传授张道陵的传承系谱，建立此经的道教权威，同时经典当中强调了诵经功德与忏悔之法。这个转变改变并丰富了北斗仪式的内容，在祭祀仪式的基础上结合诵经与忏悔，从而提升了《太上玄灵北斗本命延生真经》的地位，成为一部既简易又具有神圣经典本质的道经。

但是，实际考察《太上玄灵北斗本命延生真经》内容，还是可以看出北斗星君与本命星官的不同，只是在这部经典当中有适度的阐释，基本上还是《葛仙公礼北斗法》的扩张与延伸。这部经典可以分为两个部分，第一部分叙述设醮启祝北斗、念诵北斗七元君名号、转真经等。第二部分叙述本命星官，劝世人在本命之日修斋醮、开转真经、念本命真君名号、忏罪消灾。从结构来看，本经典还是保有两种实践的面貌，而两者被合并在一部经典当中。从这个脉络来看，这部经典还是延续《葛仙公礼北斗法》的宗教实践，只是在原本的祭仪式外，再加上念诵北斗元君、本命真君名号以及转经、忏悔等仪式实践。其中，其宗教实践的核心还是在设醮来启祝北斗，以及在本命日修斋醮。

值得注意的是，这部经典在当时可能并未被知识分子完全接受。晁公武（约1105~1180）辑录了当时最重要的道经以及当时流行但不曾列在其他书目的道教著作，不过他却拒绝列入《北斗经》，认为这部经典是绝对的俚俗与荒谬。晁公武的活动最后记录时期为1171年，因此我们可以确知在12世纪时，《北斗经》已经相当流行。[①] 可以想见北斗醮与经忏的实践可能已经有一定程度的普遍。而且，从晁公武对《北斗经》的反应来看，北斗醮祭的仪式有可能是民间宗教实践的一环，纵然这个仪式已经有道教经典的外衣，但是可能对于部分道教知识分子而言，还是属于民间宗教的实践。不过，到了元明时期，《北斗经》不但普遍，而且已经成为刊印经典当中的

① 参见龙彼得《宋代收藏道书考》，第15~16页。

重要经典。明代宁藩弋阳王府的荣庄王朱奠壏（1433～1461）就刊印了《北斗经》。①而在宋元时期的“璇玑斋”“玄灵斋”当中都必须诵《北斗经》，到了清代，《北斗经》已流行至社会各阶层。

三　斗姆信仰与科仪

北斗信仰所衍生出来的另一个信仰系统就是斗姆信仰，斗姆信仰在结合密教摩利支天信仰后，逐渐从北斗信仰中分化出来，形成一套独立的神祇系统。包括笔者的著作在内，相关的研究已经非常丰富，② 本文只作简要的说明。斗姆信仰在元代以后有陆续发展扩张的状况，成为北斗科仪另一支发展，到了明清时期，斗姆信仰已经延伸到各个领域。从现存在正统道藏之外的各类经典看来，斗姆经典的主题包含礼斗、延生、雷法、内丹、炼度、忏法、宝卷等层面。③

斗姆在唐以前不见记载，到了宋代才出现斗姆的观念，其中又以《玉清无上灵宝自然北斗本生真经》（简称《北斗本生真经》）以及《太上玄灵斗姆大圣元君本命

① Richard G. Wang, *The Ming Prince and Daoism*, Oxford: Oxford University Press, 2012, p. 69.

② 相关研究参考 Monica Esposito, “Doumu, Mother of the Dipper,” in FabrizioPregadio ed., *The Encyclopedia of Taoism*, London and New York: Routledge, 2008, p. 382; Florian Reiter, “Daoist Thunder Magic, Some Aspects of its Schemes, Historical Position and Development,” in Florian C. Reiter ed., *Foundations of Daoist Ritual: A Berlin Symposium*, Wiesbaden: Harrassowitz Verlag, 2009, pp. 27－46; Lowell Skar, “Administering Thunder: A Thirteenth Century Memorial Deliberating the Thunder Magic,” *Cahiers d' Extrême—Asie* (1996－1997), pp. 159－202；萧登福《试论北斗九皇、斗姆与摩利支天之关系》，《国立台中技术学院人文社会学报》2004年第3期，第5～22页；萧进铭《从星斗之母到慈悲救度女神：斗姆信仰源流考察》，发表于神谱研讨会，台北保安宫；David Avalon Hall, “Martial Aspects of the Buddhist Mārīcī in Six Century China,” *Annual of the Institute for Comprehensive Studies of Buddhism*, No. 13 (1991): 182－199; David Avalon Hall, “Marishiten: Buddhism and Warrior Goddess,” Ph. D. dissertation, Berkeley: University of California, 1990；张兴发、陶金《江南道教正一派告斗科仪的道法初探——兼谈斗姥奏告法的形成》，《道教与星斗信仰》，第480～515页；陶金《苏州、上海告斗科仪中启师节次初探》，《中国道教》2012年第2期，第34～41页；陶金《苏州〈先天拔亡奏告科仪〉初探》，吕鹏志、劳格文主编《地方道教仪式实地调查比较研究》，新文丰出版公司，2013，第503～524页；谢世维《早期斗姆摩利支天文本探讨：以〈先天雷晶隐书〉为中心》，《成大中文学报》2014年第47期，第209～240页；吕芳员《摩利支天、斗姆信仰流变与庙宇分布研究》，花木兰文化出版社，2014。

③ 相关经典见《太上玄灵北斗本命长生妙经》，收于《正统道藏》；《玉清无上灵宝自然北斗本生真经》，收于《正统道藏》，《太上玄灵斗姆大圣元君本命延生心经》，收于《正统道藏》，《道法会元》卷之二一四《玉音乾元丹天雷法》；《先天斗姆奏告玄科》，收于《续道藏》，《斗姆元尊九皇真经》，收于《道藏辑要》之《张三丰全集》；《斗姥大法语》，收于《道藏辑要》之《张三丰全集》；《太上玄灵保命延生大梵斗姥心忏》，收于《道藏辑要》之《忏法大观》；《九皇斗姥戒杀延生真经》，收于《道藏辑要》；《九皇新经注》，收于《道藏辑要》；《先天斗帝敕演无上玄功灵妙真经》，收于《道藏辑要》；《九皇朝元醮品一夕全集》，《藏外道书》第十三册；《梵音斗科》，收于《故宫珍本丛刊》第525册。

延生心经》（简称《斗姆心经》）为主。《北斗本生真经》与《斗姆心经》不完全相同，二经有许多差异。从内容来看《北斗本生真经》侧重斋醮，而《斗姆心经》则有内丹修炼色彩，这两部经典标志了北斗与斗姆的关系，正式开启了斗姆信仰。

《北斗本生真经》的重点在“本生”，经云：“在昔龙汉有一国王其名周御，圣德无边，时人票受八万四千大劫。王有玉纪，明哲慈慧，号曰紫光夫人，誓尘劫中已发至愿，愿生圣子，辅佐乾坤，以构造化。后三千劫于此王出世，因上春日百花荣茂之时，游戏后苑，至金莲花温玉池边，脱服澡盥，忽有所感，莲花九包应时开发，化生九子。其二长子是为天皇大帝、紫微大帝；其七幼子是贪狼、巨门、禄存、文曲、廉贞、武曲、破军之星，或善或磊，化导群情。于玉池中经七日七夜，结为光明，飞居中极，去地九千万里化为九大宝宫，二长帝君居紫微垣太虚宫中勾陈位，掌握符图纪纲，化为众星之主领也。昔大原往此刚强世界七千万劫方还玉清。紫光夫人亦号北斗九真圣德天后，道身玄天大圣真后，应现上天南岳是名庆华紫光赤帝之尊。”这部经典首先标志了紫光夫人与九子的关系。该经同时强调诵《九光真经》，设九光醮，持紫光名。在结构与内涵上，这部经典还保有北斗醮的本质，虽名为“九光醮”，但是可以推测指的是天皇大帝、紫微大帝、贪狼、巨门、禄存、文曲、廉贞、武曲、破军等二帝七星，本质上还是北斗醮，只是加上强调诵经，以及持紫光的名号，即念诵紫光夫人的名号。也就是说，这部经典的实践方法是以北斗醮配合诵经持名。

所谓《九光真经》，有可能指的是现存于《正统道藏》的《玉清元始玄黄九光真经》。这部经典富有密教色彩。该经第一部分是所谓“真经”，乃是集众经之要为三百多字的精髓，念诵久之，可以神炁相合；第二部分描述真经功德；第三部分为“混元劫一普度万灵神咒”，以梵音“唵”为始，其中提及“元始上帝严敕，二教合一唵，急急一如清净法身毘卢遮那大圣主敕”。意味着道教的元始上帝与密教的毗卢遮那佛合而为一的道密相融特质，在方法上也是以密咒为主。

至于摩利支天，自梁代传译，到唐代不空大量翻译，以及宋代的译本，都是独自发展，到了元末，斗姆信仰与密教的摩利支天结合，出现斗姆即摩利支天的形象，从此成为斗姆的标准形制。对于斗姆与摩利支天结合的时间，学者有不同看法。从两部斗姆与摩利支天密切联系的经典《先天雷晶隐书》与《先天斗姆奏告玄科》当中的传承人物可以论证其时代在元中叶，最早可推至元初或宋末。同时，这两部经典都属神霄系，因此推断将斗姆与摩利支天结合的正是神霄派。再从《先天雷晶隐书》的师派来看，此经应该是白玉蟾法裔所传承，此法系并结合南宗丹法、神霄雷法以及密法。此经称为梵炁法主斗姆紫光天后摩利支天大圣。[①]

《道法会元》卷之二一四《玉音乾元丹天雷法》此法主法为教主梵炁天皇天父天帝、法主帝释阿伽地皇天母大帝、法主九天雷祖大帝斗姆紫光金尊圣德天后圆明道母天尊。将班有玉梵尊天喽啰王、妙梵尊天伽喽王，及雷部邓、辛、张三帅。三帅外都是密教神祇，本法中喽啰王、伽喽王被称为“西番人相”，有学者认为是指西藏密教。而且经中的咒多为密咒，章式中也多为密教真言。法中有关斗姆的密咒在后来斗姆告斗仪式中还被运用，因此本法与密教相关。本法中斗姆虽未被称为摩利支天，但在章奏还是有摩利支的称号。其咒中又称“急急奉元始上帝毗卢遮那大圣主敕”，是将元始天尊与密教所奉毗卢遮那佛即大日如来合而为一，可知为密教与道教相涉。《玉音乾元丹天雷法》基本上还是以雷法为主，行持上仰赖存炼。修持者需观想斗姆形象，手擎日月之像，凝神定息，存想左有太阳，右有太阴；吸日精月华之炁咽下直至中宫，与自己祖炁混合为一，再以意提起，自双关直至泥丸，从左目出阳神，从右目出阴神。诵秘咒，握斗印，召空中之神与自己元神混合。斗姆法中所描述斗姆与摩利支天接近，其形象为三头六臂、两手擎日月、两手持弓箭、两手持降魔铃杵、有金色乌猪七个御辇等，明清斗姆造像大体以此为蓝图，这方面学者已经开始关注。[②] 斗姆形象不但与摩利支天的形象类似，而且在神格特质上结合了观世音菩萨或地藏王菩萨的叙述，因此不但有雷神特质，也有救度众生的慈悲愿力，形成神格职能扩充的现象。

斗姆在明清以后开始广为流行，道教许多宫观都设有斗姆殿，对斗姆崇拜逐渐普及社会各层面，民间也出现各种与斗姆相关的仪式。斗姆仪式文本当中，较为重要的有收于《续道藏》之《先天斗姆奏告玄科》；收于《道藏辑要》之《斗姆元尊九皇真经》《斗姥大法语》《太上玄灵保命延生大梵斗姥心忏》《九皇斗姥戒杀延生真经》《先天斗帝敕演无上玄功灵妙真经》等；收于《故宫珍本丛刊》之《梵音斗科》；等等。

① 谢世维：《早期斗姆摩利支天文本探讨：以〈先天雷晶隐书〉为中心》，《成大中文学报》2014 年第 47 期，第 209 ~ 240 页。

② 李玉珉：《唐宋摩利支天菩萨信仰与图像考》，《故宫学术季刊》2014 年第 31.4 期，第 1 ~ 46 页；邓昭：《道教斗姆对密教摩利支天形象的借用》，《国立台湾大学美术史研究集刊》2014 年第 36 期，第 59 ~ 100 页。

四　告斗法

宋代时期的礼斗科仪可以见之于传统灵宝法，同时各种独立的礼斗科仪也开始流传。金允中（fl. 1205～1225）见证了宣和年间（1119～1125）璇玑法的流行。他对斗醮有一套自己的观点：

> 如醮告斗，以伸祈禳，则灵宝大法中之一事也。在二十四等之中，只名北斗除灾醮而已。天台之行灵宝者，欲别立门户，以传于人。因见宣和间有璇玑之箓，故集诸家之说，以为璇玑之法，别立玄灵璇玑府印，编末却历言所本。如《北斗经》傍通图诸书，皆列其后。虽法中言辞出于众书，而立为此印，又谁为之耶？衔位称主管璇玑府事，于生人则称太上宫察访使，是何说也。使有璇玑之府，亦斗星之宫尔，人而主管之，已与斗星同列矣。察访之官，汉魏尚未有之，后世朝廷，廉使之任，非道法之阶。殊不知受正一之箓，行天心正法，则通达诚祈，眷词醮斗，有何不可。以致迁入洞玄法箓，则北斗醮，乃法中之一事，又待别立一衔，方可主行哉？①

在金允中的认知当中，北斗醮是灵宝大法中的一事，属于二十四等中，其名称是“北斗除灾醮”。但是在浙东天台的灵宝法，却常常将这些法独立出来，另立其府，加入箓、符、印等。金允中见证宣和年间出现了璇玑之法，其中有璇玑之箓、璇玑之府，甚至还有太上宫察访使的职位，把《北斗经》都列入其中。因此金允中认为，只要有正一箓，就能够进行斗醮，而且斗醮本来就是灵宝法中的一事，又何必另立一个头衔？这说明北斗醮不但在13世纪已经是灵宝大法当中的一环，而且斗醮已经开始出现独立流传的现象，“玄灵璇玑法”就是一个案例，这可能也开启后来各种告斗法独立流传。

《灵宝领教济度金书》当中有“玄灵璇玑妙斋”的科仪内容，分为早朝、午朝、晚朝；亦可单朝行科。以单朝为例，其仪节大略为：礼师存念—卫灵—发炉—法位—宣词—礼方—忏方—命魔—三启—三礼—重称法位—发愿—存神—出堂—谢师。璇玑

---

① 金允中：《上清灵宝大法》，总序6b～7a。

斋还有立坛仪、散坛仪、设醮开启祝幕仪、转经仪等。[①]《灵宝领教济度金书》卷218起则是“玄灵经忏道场”，其“宿启仪”仪节与璇玑斋单朝相差不大。另有早、午、晚升坛转经行道仪，其核心为转诵《北斗经》，此外亦有“设醮仪”，其仪节为礼师存念—卫灵—发炉—称法位—请圣—初献—宣词—亚献—终献—解厄—三献酒—宣疏—送驾。这些科仪文献可以看作“玄灵璇玑斋法”的内容。[②]同样的，明代周思得《上清灵宝济度大成金书》卷6有“璇玑斋三朝科范”“玄灵转经三朝仪”。内容与《灵宝领教济度金书》差异不大。[③]《上清灵宝济度大成金书》卷10则有“璇玑九转北斗经忏”，此科仪以九皇分列于九宫，仪式分别进行诵经、宣忏、宣表、奏告等。到了元明之际，礼斗科仪已经相当普及，在藩王中更是流行，例如明代周藩当中就设有七星台，每月七日进行独立的礼斗科仪。[④]

元明时期各种告斗法已经广为流传。告斗法是一种以神格化北斗为对象的朝礼科仪，以奏告仪式形态为仪式结构，其特色在于通过召将，由官将叩请九皇降于灯坛，并进行奏告祈福之仪式，其目的为朝礼北斗九皇，因此其本质还是一种礼斗法。值得一提的是，告斗法偏向个人性的医疗仪式，是针对患人而设的斗法，因此仪式目的是“朝告斗极，专为某顺禳星度，祈保平安”，这种科仪有法术的特质，与上述的斗科有别。告斗仪式很可能在元明时期变成斗科的特色。明代朱权列出告斗法十四种，将《清微玄枢奏告》列为十四阶“告斗法”第一个。

> 告斗法一十四阶：清微玄枢奏告、太乙火府奏告、灌斗五雷奏告、玄灵解厄奏告、清微紫光奏告、神霄奔宫奏告、清微祈祷奏告、神霄火铃奏告、净明奏告、璇玑九光奏告、允天奏告、孙真人灶告、开云现斗奏告、拥云现斗奏告。[⑤]

从朱权的记载可知，明代告斗法在道教科仪当中，必定具有一定的地位，也许是当时所流行的科仪。朱权用“十四阶”来说明这十四种告斗法，是否意味着高下阶次的分别，我们不得而知。朱权将《清微玄枢奏告》列为十四阶“告斗法”的第一

---

① （南宋）宁全真传授、（宋末元初）林灵真编辑《灵宝领教济度金书》，卷210～217。

② （南宋）宁全真传授、（宋末元初）林灵真编辑《灵宝领教济度金书》，卷218～223。

③ 周思得：《上清灵宝济度大成金书》，卷6，36a～43b。

④ Richard G. Wang, *The Ming Prince and Daoism*, Oxford: Oxford University Press, 2012, p. 55.

⑤ 参见朱权《天皇至道太清玉册·天心玄秘章》。

位，我们可以《清微玄枢奏告》为对象作一点考察。所谓的“玄枢”指的就是北斗。现存《正统道藏》当中有一部《清微玄枢奏告仪》，推断应为元代（1279～1368）作品，其启告的谱系止于叶云莱（1251～?），因此推断与叶云莱传承有关，也与武当山的清微派有密切关系。《清微玄枢奏告》是一个以朝礼中天大圣北斗九皇道君为核心，祈求消灾降福之清微告斗仪式。另一个与此文本有关的告斗仪式文本是收录于《道法会元》卷30的《紫极玄枢奏告仪》。[①] 这是一部与《清微玄枢奏告》相近的清微经典，但是在朱权所列的告斗法当中，并无《紫极玄枢奏告仪》，推测这是一部与《清微玄枢奏告仪》密切关联的、属于同一系统的经典，因此可能被归为同一类。这一点也可以从《清微玄枢奏告仪》中“通章”仪节里提到“今恭依元降，谨请某将，进拜紫极玄枢急告心章，上闻宸极”一词获得印证，显示这两者同属“紫极玄枢奏告”的仪式。

《紫极玄枢奏告仪》当中的“启师”仪节所列清微谱系最后止于黄舜申（1224～1286，丹山雷渊黄真人），推测《紫极玄枢奏告仪》为14世纪初期的清微经典。值得我们关切的是，《紫极玄枢奏告仪》被收录在《道法会元》当中，而《清微玄枢奏告仪》并没有，这意味着《紫极玄枢奏告仪》应属于黄舜申在南方——尤其是福建一带传承的清微派所使用。另外，《道法会元》卷30同时保存了《紫极玄枢奏告大法》以及《紫极玄枢奏告仪》，前者完整录有官将符诀；后者则载有仪式程序细节，两者构成一套完整的仪式内容，足以一窥奏告仪之全貌，同时也让学者参证“法”与“仪”之关系。

这两部经典以燃灯科仪为核心形式，请降北斗九真的告斗仪式。《清微玄枢奏告仪》之仪节如下：入坛—净坛—启请—献茶—重启—召将—礼师—卫灵—发炉—然灯—请降九皇—献茶—投符作占—通章（宣章）—熏章、焚章、焚符（焚化于香炉）—默朝（三礼）—谢恩（焚《谢恩符》）—发愿—复炉。《紫极玄枢奏告仪》之仪节如下：步虚—净坛—存变、召将—遣将请斗—运香供养、口章启师—发灯—请降斗真—进茶—请三真卫坛、召方使者—读章—熏章、遣发—占验—解厄—请神丹、服神丹—占验—叩谢斗真—谢师—退出。比较两者科仪节次，可以发现极为相似，只有少数仪节在次序上略有差异，这可以推测这两者有高度的关联。其中最关键的差异在

① 参见《道法会元》卷30《紫极玄枢奏告大法》，《紫极玄枢奏告仪》；《道法会元》卷31《玄枢玉诀秘旨》。

于《清微玄枢奏告仪》当中有礼师—卫灵—发炉……发愿—复炉等正一派的上章仪节，这很可能是设计给武当山受正一法箓的道士所用，以符合正一道士的仪节需求。

《清微元降大法》卷22当中亦有《紫极玄枢奏告大法》，其中并未有仪式细节的描述，但是提供部分的符文内容，以及使用方法，按其符文顺序来看，其仪节相较于《紫极玄枢奏告仪》简略不少，推测这是一个相对简要，或甚至是不完整的仪式材料。其中最重要的是有水盆符，其中有符之用法，水盆周围书二十四向，随着符所指的方位来断定吉凶。其后有“水盆报应法”，清楚列出二十四方位的吉凶占诗，内容多与民间信仰或习俗之冲犯克煞有关。而水盆之形制与符诀则可参照《道法会元》卷30《紫极玄枢奏告大法》当中的“天轮水镜图”。

《清微灌斗五雷奏告仪》在明代朱权所列十四阶“告斗法”当中排列第三，其内容可能与《道法会元》卷24《清微灌斗五雷符法》和《道法会元》卷25《清微灌斗五雷奏告仪》相仿。其仪节如下：净坛—启请—献茶—步虚—重启—召将—宣牒—礼请—燃灯—投符作占—请降斗真—献茶—陈章（宣章）—焚符—焚章—宣解厄牒—诵解厄咒—礼谢—还神—下坛—设醮—步虚—启请—三献—诵经—宣疏—礼谢—拜送。此仪节前半部与《紫极玄枢奏告仪》相仿，但是后半部加入醮祭仪式。

从整个仪式结构来看，燃灯—请降九皇—献茶—宣章—熏章、焚章、焚符等是整个仪式的核心结构，其中会加入占验的仪节，或在宣章之前，或在焚章之后。仪式以燃灯为九皇之象征，《清微灌斗五雷奏告仪》当中提道：“以灯法星，以火炳灵。”在请降九皇之后，进行献供仪式，然后宣读章文，之后焚化章文，因此燃灯是一个象征，用以象九皇，而宣章也就是“告斗”的核心，用来宣达己意，祈愿求福，消灾解厄。此奏告斗真仪式的坛场，通常被称为“星坛”或“灯坛”。此星坛排列有象征九皇的灯座。这种以燃灯象九皇在宋以前即已存在，并与唐代的星祭星供有关。①

此告斗仪与之前斗科仪式另一个不同之处，在于告斗法有“召将”，所召对象为斗中仙吏，包括玄枢飞捷急奏报应使者方央中、翊辅玄斗太一天君王志、璇玑灵应总真天君龚洪、保元昭烈枢灵天君刘潜。此四者与《紫极玄枢奏告仪》所列的斗中仙吏相近。此外还有斗中擎羊上仙使者杨汝明、斗中陀罗大仙使者耿妙真、平枢上相真君、斗机通事舍人。仪式当中“重启”的启告项目之一在于请求差拨将兵。三部经典最重要的仪式环节是请降“九皇”：请降中天大圣北斗九皇、北斗九皇夫人。《清

① 余欣：《天命与星神》，《唐研究》卷18，第478页。

微玄枢奏告仪》当中的九皇名号为北斗纲极宫太尉贪狼星皇君、北斗灵关宫上宰巨门星皇君、北斗紫极宫司空禄存星皇君、北斗运天宫游击文曲星皇君、北斗帝席宫斗君廉贞星皇君、北斗上尊宫大常武曲星皇君、北斗关□宫上帝破军星皇君、洞阳宫玉帝外辅星皇君、隐元宫帝真内弼星皇君。而《紫极玄枢奏告仪》的北斗九皇为：北斗天枢宫贪狼阳明真皇君、北斗天璇宫巨门阴精真皇君、北斗天玑宫禄存真人真皇君、北斗天权官文曲玄冥真皇君、北斗天衡宫廉贞丹元真皇君、北斗闿阳宫武曲北极真皇君、北斗瑶光官破军天关真皇君、北斗洞明官外辅真皇君、北斗隐元宫内弼真皇君。《清微灌斗五雷奏告仪》的九皇名号为：紫极昭冲勋令天英贪狼太星君、紫极英明集华天任巨门元星君、紫极通玄须变天柱禄存真星君、紫极总承符允天心文曲纽星君、紫极执庆刚昱天禽廉贞纲星君、紫极宗益枢京天辅武曲纪星君、紫极凝华好化天冲破军关星君、紫极阳琮孚庆天内洞明辅星君、紫极天袭大衍天蓬隐光弼星君。九皇名号略有不同，但是《清微玄枢奏告仪》与《紫极玄枢奏告仪》的名号显然较为接近，这再度证明这两者的关系较为密切，可能被朱权视为同一种告斗法。行此告斗科仪之单位为“一炁都督雷府分司”。

明代朱权所列十四阶“告斗法”当中列第二阶“太乙火府奏告”应与《正统道藏》当中的《太乙火府奏告祈禳仪》有关联，相关的仪式也被记载在《道法会元》卷一八九与卷一九一当中。值得注意的是，《太乙火府奏告祈禳仪》与上述之《清微灌斗五雷奏告仪》有密切关系，两者在“净秽”仪节以及燃灯仪节所用咒语在内容上有高度的一致。从太乙火府法的启请师派来考察，此法出于四川，而清微派祖师从朱洞元、李少微、南毕道等三代祖师都隐居于青城山，因此从地缘上来看，太乙火府法与清微派有道法上的关联。①

明代朱权所列十四阶“告斗法”当中排列第九种“璇玑九光奏告”应与《法海遗珠》卷 12 当中的《璇玑建坛祈告次序》有关，这份文献并未有清楚的仪节，但附有咒诀与符文，从这些咒符可以推测其仪式程序大约是：荡秽—入户—诵章—立坛—请光—燃符—点灯—请斗—水盆占—朝斗—解厄—出户。金允中见证宣和年间出现了璇玑之法，其中有璇玑之箓、璇玑之府，很可能在此仪式流行下发展出此璇玑九光奏告；到了元明代显然是璇玑科仪法的流行时代。许多元明时期的道教科仪书提到

① 吴瑞明：《宋元道教太乙火府法略考》，《第十七届宗教与心灵改革研讨会论文集》，高雄道德院，2015，第 182～185 页。

“璇玑法”或“璇玑斋”，而明代兰州玄妙观更有“璇玑会”。① 而宋宁全真传授、林灵真编辑《灵宝领教济度金书》“璇玑斋”、“玄灵经忏道场”以及明代周思得《上清灵宝济度大成金书》“璇玑斋三朝科范”“玄灵转经三朝仪”“璇玑九转北斗经忏”等可能都是此璇玑奏告仪的来源或相关科仪。

朱权所列十四阶“告斗法”当中排列第四种“玄灵解厄奏告”则与《道法会元》卷26《玄灵解厄秘法》《玄灵解厄仪》和《道法会元》卷27《玄灵解厄文检》等一系列与玄灵解厄法有关的告斗法有关。从《玄灵解厄仪》来看，其仪式程序大约为：入坛—净口、净身—九凤破秽—启告—召将—请降—默告—置解厄牒—焚解厄符—礼谢—送真。行玄灵解厄仪的单位则是“元始一炁万神雷司”，而在启师的系谱后，以列举式提到“清微、灵宝、道德、正一、混元雷霆诸派启教历代师真”。其系谱以清微为主，在黄舜申之后是熊真人、彭真人、曾真人、赵真人。

朱权所列十四阶“告斗法”当中排列第五种“清微紫光奏告”与《道法会元》卷28《紫光奏告符法》有关。此文献只存符文，以及几分章牒格式，无仪式程序或内容。但是从这些符的内容，可以约略推测，其仪式程序大约为：入户—净坛—召将—发灯—燃灯—请降九皇—献酒—宣章—熏章—水盆占验—解厄—礼谢。

十四阶“告斗法”当中排列第七种“清微祈祷奏告”与《道法会元》卷29《清微祈祷奏告道法》有关。但是《清微祈祷奏告道法》虽然列有主法魏华存、将班陈荣臣、副将石圆的名讳，但是文献只存符诀与章檄格式，无法判断其仪式程序。

十四阶“告斗法”当中排列第十二种“孙真人灶告”，在《道法会元》卷216有《九天玄女灶告秘法》、《法海遗珠》卷13有《玄灵默告秘文》。在序言部分有交代来源：“祖师孙真人飞神谒帝，忽遇九天玄女授以默告捷要之文”，因此推测这两个与“孙真人灶告”应有关联。孙真人有可能即是孙思邈。

此外，《法海遗珠》卷42有《太上禳告心奏秘文》，详列告斗法仪式细节，自称为出自西蜀之《肘后告斗法》，又称为《司命祈禳大法》，其法与灶告亦有关联。

五　清末民初民间北斗科仪

中国后帝制时期至近代的民间宗教抄本流布十分广泛，是地方宗教传承的主要媒

① Richard G. Wang, *The Ming Prince and Daoism*, pp. 169 - 171.

介。近年来大陆科仪本经过系统性编辑，并逐步出版，最早有王秋桂等推动田野调查计划所搜罗的科仪本，最近有王见川、王卡、劳格文、丁荷生等，陆续编辑出版了地方科仪本的汇编。这些数据一方面弥补道藏的不足，另一方面建立了抄本系统的独特文本传统，成为探究近代道教与地方宗教的珍贵材料。面对这些多元性、多域性的文本，我们除了必须具备地方宗教的知识，还必须重新思考道教、佛教、儒教、法教乃至民间宗教等宗教类别的界线。

抄本研究有助学者正视抄本传统的秘传知识系统，并重新建构清末近世的宗教生活图景。宗教抄本传统保有珍贵的地域性知识，是一种介于口传与刊刻经典之间的宗教媒介，抄本也具有高度隐秘性，属于家族或师徒传授的私密性知识系统，有别于公众性的流通经典或善书传统。这种知识系统一直在民间有着极大的影响力，主导着区域节庆喜丧仪式的进行，是民间宗教生活不可或缺的一大环节。

本文将以《道法海涵》当中所搜集的斗科文本作为考察。《道法海涵》中的抄本多来自地方的道坛、法坛，区域上遍及江西、湖南、湖北等江南各省。这类的抄本可以为我们建构近代“道教经典”提供参考。若配合上区域研究，可以补足火居道法的地方史料，从而建立多元的宗教文化史，进而书写多元化的近代道教史。①

本文在斗科的仪式脉络下，来看地方抄本当中的礼斗科仪书，并分析这类地方抄本当中的斗科与历史上被保留在经典当中的仪式文献有何不同，又如何体现出地方道教的特质。《道法海涵》当中有关斗科的祈禳与解厄科仪以星斗的禳星科事为主，其中以南、北斗最为常见，科仪目的是消灾解厄，南斗科事包括《正一燃灯南斗延寿科》《破曹南斗延生灯科》《南斗五朝科》《南斗六朝科》；北斗科事包括《破曹北斗灯科》《北斗延生醮科》《洞玄拜斗金科》《地司告斗玄科》等。值得注意的是，民间斗科当中有许多与南斗有关，这是因为在明清之际，南斗延生的观念深植民间，也使得南斗科仪逐渐普遍。本文主旨在分析北斗科事，因此将以三个北斗仪式作为分析重点。本文将分析《北斗延生醮科》、《破曹北斗灯科》与《地司告斗玄科》。

第一个文本为《北斗延生醮科》。《北斗延生醮科》为相当简短的醮科，属于简

① 部分抄本中保存比较完整信息，如地点、抄写、使用者及年代，但是大部分皆有所缺遗，需仰赖田野调查进行比对。这些抄本累积为数据库，具有一定的学术价值。根据大量的抄本就能比较不同地区的道、法，在内容的同异，同时能够理解地方社会对于各种仪式的需求，同时可以体察道、法各坛之间彼此交流的情形。对于帝制后期所衍生的地区道派，如清微派、西河派等，并非目前道藏史料所能提供，而这些道坛写本某种程度保存了谱系，有助学者理解江南民间存在道坛科仪的情况。

易的醮科。从启请的神真的谱系来看，这应该属于清微灵宝传统。① 此本经过两人手迹书写，但是内容上有连贯性。此醮科的仪式程序为散花林、香水文、卫灵章、宣章、称法位、上启、三献、重称上启、献香、花、灯、涂、果、茶、食、宝、珠、衣。其科仪结构十分简要，科仪主要是让善信通过三献，再借由献香、花、灯、涂、果、茶、食、宝、珠、衣等十项妙供，来达到祈求福佑延生的愿望。

此科仪的主要对象为中天大圣北斗九皇上道延生解厄星君，对上真北斗延生星君设醮席，进行醮祭。这一点值得我们特别注意，与早期北斗醮相比，早期北斗与本命元神的概念已经不存在，甚至破军、武曲、廉贞、文曲、禄存、巨门、贪狼、紫微、玉皇的个别性并不清晰，而本命的概念更是在此醮科当中并未出现，整体变成中天大圣北斗九皇上道延生解厄星君一个整体概念，通过祈求、献供中天大圣北斗九皇上道延生解厄星君，即可以获致庇佑。基本上，这是民间醮科发达的情况下所发展出来的现象。

另外，这本《北斗延生醮科》被收录在《观音经醮科》当中，其后还附有《太上玄灵北斗延生保命妙经》其内容即为现今道藏本《太上玄灵北斗本命延生真经》。此经很可能是在醮科当中被念诵，如同我们在《灵宝领教济度金书》《玄灵经忏道场》当中所见。② 但是抄本中的《太上玄灵北斗延生保命妙经》并不完整，大约只有《太上玄灵北斗延生保命真经》的一半。

这种主神化的醮科是明清以来的普遍现象，即设醮科。在周思得的《上清灵宝济度大成金书》卷 22 中即有《玄灵设醮科》，属于北斗醮。而民间独立醮科更是在湖北、湖南、江西、浙江等地普遍流行。③ 民间独立醮科普遍化，使得北斗九皇个别性与本命信仰特质削弱，而以北斗九皇上道延生解厄星君的神格加以取代，形成向神明献供醮祭以祈求平安福佑的模式。同时，醮祭仪式也大幅简化，形成以三献与十供为主体的醮祭礼。

第二个文本为《破曹北斗灯科》。④ 本仪式明显需建立一个灯坛，亦即前文所说的“星坛”。抄本当中说：“然点北斗解厄延生星灯，法旋极以舒坛，布银缸而建斗。”可以想象此科仪必须在坛场当中点燃星灯，来象征北斗。而其斗灯布列于坛场

---

① 《道法海涵》第 20 册，第 317 ~ 332 页。

② 《灵宝领教济度金书》，卷 219。

③ 参见《道法海涵》第 15、16、17 册。

④ 《道法海涵》第 20 册，第 187 ~ 214 页。

的方式是效法天界星辰旋绕北极的典式，其方法是用银缸作为斗灯，依方位排列于星坛。抄本当中还提道："布尔日月星辰之象，备香花灯烛之仪，供养星君，皈命度府。"可以看出星坛的总体构设是为了象征星辰，而仪式的主旨就是以香、花、灯、烛等供养北斗星君，同时皈命于各斗府星君。再从仪式的结构来看，本科仪略为启请—奏告—皈依—供养—祈愿—赞咏，依此结构对九方进行。其九皇是按照方位排列，枢宫大圣阳明贪狼星君位于东方、璇宫大圣阴精巨门星君位于东南方、玑宫大圣北斗禄存真君位于南方、权官大圣玄冥文曲星君位于西南方、衡宫大圣丹元廉贞星君位于西方、闿阳宫大圣北斗武曲星君位于西北、瑶光官大圣天关破军星君位于北方、洞明官大圣左辅星君位于东北方、隐元宫大圣右弼星君位于中央。

从方位来看，九皇从贪狼星君作为起始，从东方开始，作顺时针的旋转，依照九个方位，依次皈依礼敬，最后回到中央。这是模拟天地运度的形制。除了方位以外，从每个方位的启祝内容，也暗示了不同星君有着不同的功能。从抄本的内文看来，贪狼星君有延生的功能，巨门星君则有度厄的功能，禄存真君有保命的功能，文曲星君则有益算的功能，廉贞星君有消灾的功能，武曲星君有散祸的功能，破军星君则有扶衰的功能。七星君的功能虽然相近，却又有些微的差异，展示了九皇的个别特性。

《破曹北斗灯科》当中的九皇与《紫极玄枢奏告仪》的北斗九皇名号几乎一致，《紫极玄枢奏告仪》九皇名称分别为：北斗天枢宫贪狼阳明真皇君、北斗天璇宫巨门阴精真皇君、北斗天玑宫禄存真人真皇君、北斗天权官文曲玄冥真皇君、北斗天衡宫廉贞丹元真皇君、北斗闿阳宫武曲北极真皇君、北斗瑶光官破军天关真皇君、北斗洞明官外辅真皇君、北斗隐元宫内弼真皇君。而《破曹北斗灯科》的九皇名称则为枢宫大圣阳明贪狼星君、璇宫大圣阴精巨门星君、玑宫大圣北斗禄存真君、权官大圣玄冥文曲星君、衡宫大圣丹元廉贞星君、闿阳宫大圣北斗武曲星君、瑶光官大圣天关破军星君、洞明官大圣左辅星君、隐元宫大圣右弼星君。从上文的分析我们可以得知九皇名号在各种告斗法当中有不同的呈现。因此《破曹北斗灯科》当中的九皇与《紫极玄枢奏告仪》北斗九皇名号的相似，格外具有意义。

《破曹北斗灯科》的结构与《灵宝领教济度金书》卷10"璇玑九转北斗经仪"有相似之处，值得我们进一步探究。"璇玑九转北斗经仪"以进拜表文、告行符命为主，九皇依照河图九宫所隶，祈求削落一切灾厄，科仪依照九皇不同方位进行宣表奏告，此九宫的配置法与行仪模式类似《破曹北斗灯科》，但其中九皇称谓与所在方位并不相同。科仪从南位开始，分别为太尉府天英贪狼玉晨君居南位、上宰府天任巨门玉晨君为东北位、司空府天柱禄存玉晨君是西位、游击府天心文曲玉晨君是西北位、斗君府天禽廉贞玉晨君是中位、太常府天辅武曲玉晨君是东南位、上帝府天冲破军玉晨君是东位、玉帝府天内左辅玉晨君是西南位、太帝府天蓬右弼玉晨君为北位。另外，“璇玑九转北斗经仪”强调的是于本命之日，修斋设醮，启祝北斗三官五帝九府四司，荐福消灾。此观念与《葛仙公礼斗法》相符，此科仪并强调转诵《北斗经》，其目的是消除罪业。因此，“璇玑九转北斗经仪”以经忏为主，而《破曹北斗灯科》以灯仪为主，是两者不同之处。

另外，《破曹北斗灯科》与前述《北斗延生醮科》不同之处在于，《破曹北斗灯科》基本上是一个礼北斗的仪式。这种礼北斗仪式保有过去对北斗九辰的礼拜仪式的形式，也就是以北斗九辰个别性的保留，并个别皈依、礼敬。更特别的是，以北斗九辰分列为九个方位，而此方位的排列是以九宫位序，将九辰分列于九宫各位。这种星坛形制显示地方灯科的特色，也标志了北斗九星君的个别位序与性格。相对于《北斗延生醮科》则是以中天大圣北斗九皇上道延生解厄星君为主，祈求九皇解厄星君的庇佑。两者对北斗神格的理解略有不同。

第三个抄本为《地司告斗玄科》，此抄本被收录在《雷霆法教退煞告斗禳星玄科》当中。[①]《地司告斗玄科》属于上文所述的告斗法传统，其仪式程序符合告斗法之程序，并以地司为主帅。所谓的地司即地司猛吏统煞解犯破纣雷王都天太岁至德尊神殷元帅。有关殷元帅的研究，目前已经有学者开始关注，本文特别注重与《地司告斗玄科》之关联。[②]

此法与《道法会元》卷 246《天心地司大法》有直接的关系。《道法会元》卷 246《天心地司大法》属于天心正法之支派，其传承来自廖守真。而《地司告斗玄科》当中安水占有一段文字：“启请祖师大教主，金鼎妙化申真人，西蜀山上慕修行，九转金丹成正觉，亲授廖师传法旨，代天宣化济生民，乘鸾跨鹤谒青霄。”这实际上正是申霞真人传法给廖守真的谱系传承，这与《天心地司大法》当中的传承谱系一致。

除了《灵宝领教济度金书》，与地司殷元帅相关的文献还有《道法会元》卷 247

① 《道法海涵》第 20 册，第 385 ~ 468 页。

② 参见陈峻志《太岁信仰溯源与祭祀空间：以台湾为主的讨论》，“国立”中兴大学博士学位论文，2014；高振宏《宋、元、明道教酆岳法研究：道经与通俗文学的综合考察》，“国立”政治大学博士学位论文，2014。

《北帝地司殷元帅秘法》、《道法会元》卷 37《上清武春烈雷大法》、《法海遗珠》卷 44《纠察地司殷元帅大法》、《法海遗珠》卷 35《太岁武春雷法》、《法海遗珠》卷 30《太岁秘法》。据《道法会元》卷 246《天心地司大法》，南宋末期有廖守真传行天心正法。而依据彭元泰所作《法序》当中所说："昔宗师廖真人修大洞法，诵《度人经》，常见其趺坐，则冥冥中有天花乱坠，真人自不为惑。于是北帝敕法主仙卿下降，特遣殷侍御殷郊，护助真人修炼大丹，所到则瘟疫消灭，神煞潜藏，行无择日，用不选时，如意指使，悉顺真人之意焉。"① 这标志着天心正法与殷元帅法联结的传说根据。

另外，《法序》中提到："真人今为南昌仙伯，昔授萧君安国，即余之度师之父也。余昔受度师萧君道一先生，凡十有五年。"后署"年咸淳甲戌"（1274），菊节星沙彭元泰稽首。据下列师派所记，此师派源自金鼎妙化真人申霞，传给南昌仙伯廖真人，名守真，蜀人。这份文献又有陈一中所撰的《后序》，提道："前件密法，仆昔得之于文亨费先生，先生得之于白云史先生，史公得之于彭真人。盖师师口授心传。"其后又称："仆近在思江小轩曾学士第中会竹窗傅道判，谓得之于姑苏张湖山，湖山亦出于冲阳真人之门，犹藏冲阳之文序始末。"后署"延眕丙辰（1316）下元日龙沙后学陈一中顿首谨书"。冲阳真人，即彭元泰，曾被元朝封为冲阳普惠诚正真人，此文献所载《后序》亦出自彭元泰，最后署有"至元庚寅（1290）腊月冲阳普惠诚正真人彭元泰稽首书于集贤院"。依据以上的记录，我们可以得知此一派的天心正法传承自廖守真，其传承如下：廖守真—萧安国—萧道—彭元泰—史白云—费文亨—陈一中—张湖山—傅道判。从这几篇序文所署之年份来看，这是传承于南宋末期至元代延眕年间的一个天心正法支派。从其传成谱系当中的籍贯来看，廖守真为四川人，彭元太则是星沙（也就是湖南长沙）人，陈一中也是长沙人，张湖山则是姑苏人，属江苏省。因此，这一系的天心正法在流传上是从四川到湖南、江苏，其中湖南是一中心，同时，彭元泰《后序》中提到，"湖湘有三部文者"，亦证明其流传是在湖南地区。

值得我们关注的是，《地司告斗玄科》的启圣仪节也列出了该派的谱系，其谱系在虚靖天师之后是金鼎妙化申真人、西河救苦萨真人、经籍度三师，其后有二十九位传法先生，大部分是姓项、余、彭、吕、屈、鲍、丁等，应该是此法的传承法师，最

① 《道法会元》卷 246《天心地司大法》，1a～1b。

后终于全法丁先生。而此抄本钤有丁桂斋之印，应是本抄本之抄写者，可能就是全法丁先生之徒。谱系虽未提到廖守真，但是抄本内文有申霞传承廖守真的一段文字。这些证据可说明《地司告斗玄科》确实属于《天心地司大法》的传统，可能是此传统的民间实践。

《地司告斗玄科》必须设灯坛，燃点地司神灯，高功对灯坛启请、上献、发牒、遣煞。此仪式的程序为颂散花林、水香文、卫灵咒，对灯坛请称法位、启圣、献香、献茶、宣心章、召将、燃灯发牒、启请、三献、命将发地司牒、安水占、告十二地支符、化符、卫灵咒、再称箓位、启圣、命将发解厄牒、焚牒、命将发起煞牒、焚牒、宣诏章遣煞、功白。其中与告斗法相关的为召将、燃灯、启请、三献、水占等。不过，值得我们思考的是，《地司告斗玄科》的仪轨虽然被称为“告斗玄科”，在仪式架构上，确实是采用了告斗法的仪式模式，也设有灯坛，并有水占，但是仪式启告的对象，并不是北斗七元或者是九皇，而是地司殷元帅。这也是在道藏当中的告斗法所未见的，可以说是地方的殷元帅法，却以告斗法的仪节来构成。这可以看作区域的元帅法与告斗法两种仪式的结合，形成一种新形态的仪式。

此科仪的重心之一，即在告十二地支符，启请太岁殷君，谴代人，承符解煞。由代人承替十二月之灾，其各宫所属月份、生肖、二十八宿、元帅各如下：

子宫，十一月，属鼠，女、虚、危三宿，侯彪元帅
丑宫，十二月，属牛，斗、牛二宿，张全元帅
寅宫，正月，属虎，尾、箕二宿，余文元帅
卯宫，二月，属兔，氐、房、心三宿，耿通元帅
辰宫，三月，属龙，角、亢二宿，薛温元帅
巳宫，四月，属蛇，翼、轸二宿，吴友元帅
午宫，五月，属马，柳、星、张三宿，赵玉元帅，
未宫，六月，属羊，井、鬼二宿，何冲元帅
申宫，七月，属猴，觜、参二宿，封丘元帅
酉宫，八月，属鸡，胃、昴、毕三宿，谭超元帅
戌宫，九月，属犬，奎、娄二宿，卢尔德元帅
亥宫，十月，属猪，室、壁二宿，罗文元帅

值得一提的是，此十二元帅名讳与《法海遗珠》卷44纠察地司殷帅大法中十二员将符名称几乎一样。仪式宣读完各宫的启告，即将告符化于水中，然后念诵卫灵咒。其重点在请太岁尊神、土司神煞，俯降灯坛，证盟禳禬，目的在于“上解天星，下禳地煞”并以灯醮谢太岁。从仪式意涵来看，此科仪主要目的还是在度厄延生，符合告斗的主旨。仪式借由保度十二宫，各宫之厄，使信士皈依二十八星宿，透过符命，除去灾煞，然后以灯光醮谢，祈求长生。其概念是太岁行十二个月，由代人替承灾厄，也度过特定生肖之厄。在形式上本仪式还是有十二宫特定宫位以及生肖的本命概念，通过仪式来禳灾度厄，祈愿长生。笔者认为，这还是与本命元神有关的概念，与敦煌文书S. 2404号当中本命元神相当。而太岁与本命元神本就有其关联，S. 612号有一处题写“今年新添换太岁并十二元神真形各注吉凶图”，在图像表现上，是太岁居正中，而十二元神围绕在四周，前文也提到，十二元神概念本与七星有关。只是过去的本命日醮祭供养本命元神的实践，在此处转化为请太岁殷君遣代人，承符解煞，请该年太岁尊神，度该宫之厄。因此，在此科仪当中，虽然延续告斗法的仪式结构，但未提及北斗七元，却有十二地支年太岁尊神降临灯坛，为信士禳禬除灾的意涵。

六　结论

北斗信仰自古有之，但是对于斗醮仪式，从历史当中的发展，可以看出从唐代民间的礼斗法，与道教的斗醮科仪，并存并多元发展，在宋代被吸纳进入灵宝斋醮仪式当中，与此同时，单独的告斗法也在江南流行，而从礼斗信仰与仪式分出的斗姆科仪以及九皇醮也各自发展，礼斗科仪逐渐形成多元、丰富而且普及的仪式。本文的初步考察显示，北斗的信仰与礼斗的仪式，从一开始就不是单一线性的发展，而是在不同区域、不同时期多元交错地开展，并在各地形成斗科的特色。

而斗醮在民间的发展，因应各地区的不同需求。从这些抄本当中，我们可以理解地方道派具有灵活的改造能力，按照各地不同的状况，发展不同的礼斗科仪，除了大量的南斗延寿科外，最值得探讨的就是斗醮与告斗法。本文透过《破曹北斗灯科》、《北斗延生醮科》与《地司告斗玄科》的分析，看到近世区域道教的形态，与道藏当中所呈现的斗醮与告斗法有所不同。

从这些抄本我们可以看出，民间独立醮科普遍化，使得北斗九皇个别性与本命信仰特质削弱，信士不再对自己本命属北斗七星当中的某星有所认知，转而形成一种模糊的本命观念，转而强调延生解厄，并以北斗九皇上道延生解厄星君的神格加以取代，形成向神明献供醮祭以祈求平安福佑的模式。同时，醮祭仪式也大幅简化，形成以献供为主体的醮祭仪礼。

大型科仪经典《上清灵宝济度大成金书》与《灵宝领教济度金书》当中各种“璇玑斋”、“玄灵经忏”以及各式告斗法的流行标志着独立斗科的多元化发展，这些斗科并且与官将以及占验结合，在此同时，汲取并融合不少地方性传统，在各地形成不同的斗科。《地司告斗玄科》是一个以告斗架构，完全转化为地方性地司法的案例，其中虽然还保有本命观念，但是更强调在禳灾度厄的观念上，并且转化为太岁信仰，透过殷元帅来解煞度厄，有别于传统告斗法的形制，充分表现后世地方的创意与实践，也开启、扩展我们对斗科的理解范畴。

斗科中的本命观念是个人关怀范畴，但是科仪本身是一种公共仪式的实践，这两者的协调使斗科能延续发展，并展现其生命力。从历史发展来看《葛仙公礼斗法》偏向一种个人性的仪式，强调个人在本命日进行简易的祭祀仪，但是从《太上玄灵北斗本命延生真经》开始，设醮启祝北斗、念诵北斗七元君名号、转真经、忏罪消灾，其醮祭仪式逐渐成为一种道教科仪。而传统斋醮仪式也纳入礼斗仪节，金允中即提到设醮告斗，来祈福禳灾，是灵宝大法其中的一事，属于二十四等之中，称之为“北斗除灾醮”。这类型的斗醮趋向公开科仪，而科仪经典《上清灵宝济度大成金书》与《灵宝领教济度金书》当中各种“璇玑斋”“玄灵经忏”等俱属于公开科仪。与此同时，通过召将，叩请九皇降于灯坛，并进行奏告祈福的告斗法则是偏向个人性的医疗仪式，是针对患人而设的斗法，具有法术的特质。笔者认为斗科在宋元以后能够大为流行，并且开始多元发展，主要是这种仪式在独立发展后，不但有公开道教仪式的庄严形式，同时能满足个人本命信仰，具有为个人消灾度厄、延生祈福的功能。而在地方道教仪式中，斗科更能顺应各地区的不同需求，展现地方道派灵活的创造力，按照各地不同的状况，发展出多元灿烂的礼斗科仪，形成今日丰富的礼斗文化。

侯善渊思想浅析

〔日〕山田俊

内容摘要：《道藏》所录的文献之中，能确认撰于北方金朝的文献较少，这成为不能全面展开对整个金朝道教进行研究的主要原因之一。

本文要研讨的侯善渊即金人，他加注的《黄帝阴符经》是道教史上的重要文献。因此，为了讨论金朝道教的特点，该《黄帝阴符经注》是不能忽视的。但《黄帝阴符经注》的主要内容由非常简洁的颂来记述，因此，按照其内容来具体理解其思想并不容易。除了《黄帝阴符经注》之外，《道藏》还收录侯善渊的《太上老君说常清静经注》《太上太清天童护命妙经注》《上清太玄鉴戒论》《上清太玄九阳图》《上清太玄集》等。其中，《阴符经》《清静经》注释是在对于"经"的注释之限制下撰写的。与此相反，《上清太玄集》所收的诗、词、颂、铭等，并不是以逻辑性记述为主，而是在比较自由的条件下撰写而成。因此为了具体了解侯善渊《黄帝阴符经注》之思想，《上清太玄集》可以说是值得参阅的资料。为了探讨金朝道教史上的《阴符经》的意义，本文对侯善渊的思想进行了基础性的分析。

关键词：侯善渊　《黄帝阴符经注》　《上清太玄集》　《太上老君说常清静经注》　元神

作者简介：山田俊，日本熊本县立大学文学部教授。

近年，论者对于《阴符经》诸注加以分析，探讨中国近世道家道教思想史中《阴符经》的意义。[①] 作为其一部分，本论想要探析金代侯善渊《黄帝阴符经注》的思想（以下简称"侯氏《阴符经注》"）。侯氏《阴符经注》的主要内容由非常简单的颂来记述。因此，虽通过其所用的词语能知道在其简单的注释之后面存在着他特有

① 关于《阴符经》注，论者早已发表如下文章：《北宋〈阴符经〉诸注浅析》（2012 年中、日、韩道教学术论坛论文，泉州，2012，第 116 ~ 129 页）；《宋代に於ける〈阴符经〉の受容について》 （转下页注）

的思想，但随着其记述来具体理解其思想内容却并不容易。

《道藏》所收的侯善渊的著作，除了《阴符经注》之外，还有《太上老君说常清静经注》（以下简称“侯氏《清静经注》”）、《太上太清天童护命妙经注》、《上清太玄鉴戒论》、《上清太玄九阳图》，以及收录诗、词、颂、铭等的《上清太玄集》。不言而喻，其中的《阴符经》《清静经》是非常重要的道经。但这两部注释是在对于“经”的注释之限制下撰写的，而且侯氏《清静经注》也用颂来记述。《上清太玄鉴戒论》《上清太玄九阳图》并不是注释，但还是在“论、图”之限制下撰写的。与此相反，《上清太玄集》所收的诗、词、颂、铭等，虽不是以逻辑性记述为主的，但可以说是在比较自由的条件下撰写的。所以，为具体了解侯氏《阴符经注》之思想，首先以《上清太玄集》为资料来检讨侯善渊思想的基本结构。①

（接上页注①）（《東方宗教》第123号，2014，第62~82页）；《唐淳〈黄帝阴符经注〉の思想と道教思想史上の位置》（《熊本县立大学大学院文学研究科论集》第7号，2014，第1~24页）；《夏元鼎思想研究之一——〈悟真篇讲义〉を中心に—》（《九州中国学会报》，第53卷，2015，第15~29页）；《夏元鼎思想研究之二——〈黄帝阴符经讲义〉を中心に—》（京都大学人文科学研究所《古典解释の东アジア的展开－宗教文献を中心として》，2017，第55~95页）；《刘处玄思想再考—〈黄帝阴符经注〉を中心に—》（《熊本县立大学大学院文学研究科论集》，第10号，2017，第21~45页）；《“元阳子”小考》（南昌大学国学研究院《正学》，第3辑，2015，第216~230页）。

① 关于侯善渊，管见视到为止，未有详细专论。萧登福《清静经》（九阳道善堂，2004），作为《清静经》诸注释之一提到侯善渊《清静经注》，该书指出其炼丹思想的特色而曰：“侯善渊注多采内丹修炼说以注经”（第41页）、“注文大都不涉内丹修炼；颂则几乎全在阐述内丹修炼。由于颂中内丹之论太多，修性修命皆有”（第67页），还在《以佛教名相思想及三教哲理来解说〈清静经〉经义者》一节之中提到其与佛教思想的关系（第115页）。刘仲宇《神仙殿堂里的科学之花》（《中国道教》1988年第3期，第13~18页）也提到《清静经注》的以“颠倒阴阳”为核心的炼丹思想。唐大潮《宋元明道教“三教合一”思想的发展理路》（《世界宗教研究》2006年第1期，第55~62页）提到《上清太玄集》的三教合一思想。刘达科《金朝全真禅法及其文学体现》（《忻州师范学院学报》第26卷第6期，2010，第1~3页）提到与禅宗的关系。陈霞《少思寡欲　返朴归真——诗意地栖居》（《中国道教》2003年第4期，第31~33页），吴树波、吴树堂《道教的生命忧患与休闲追求》［《玉溪师范学院学报》（总第30卷），2014年第9卷，第7~11页］等指出《清静经注》之中见的“六欲”与佛教的关系。还有，申喜萍《〈清静经〉思想的当代意蕴》（《世界宗教研究》2008年第4期，第41~44页），徐敏《〈清静经原旨〉“援儒释道”思想探析》（《宗教学研究》2012年第3期，第22~26页），丁培仁《刘通微〈清静经颂注〉思想初探》（《商丘师范学院学报》第28卷第10期，2012，第18~21页），赖萱萱、郑长青《〈太上老君说常清静妙经〉成书略考》（《宗教学研究》2014年第4期，第69~72、55页），等等，关于《清静经》的文献问题提到侯善渊《清静经注》。总之，这些思想领域研究均以侯氏《清静经注》为主要检讨资料。文学领域研究，成娟阳《道教文献中的“颂”及其文体学意义》（《中国文化研究》2010年夏之卷，第52~59页）看重侯氏《上清太玄九阳图》的颂，左洪涛《从全真教看金元道教词中的“婴儿”》［《齐齐哈尔大学学报》（哲学社会科学版）2005年5月，第1~3页］，左洪涛《从词牌看道教对诗词的影响》（《中国道教》2004年第3期，第28~31页），（转下页注）

一 侯善渊其人

侯氏《阴符经注》、侯氏《清静经注》、《太上太清天童护命妙经注》等曰："姑射山太玄子侯善渊"，《上清太玄鉴戒论》《上清太玄九阳图》等曰："姑射山神居洞太玄子"，《上清太玄集》曰："姑射侯善渊"。"姑射山"推为山西省姑射山，《太平寰宇记》卷43《河东道四·晋洲·临汾县》之中见"姑射山""姑射神祠"①，现在的姑射山留存着元代再建的"神居洞"。② 由此可知，侯善渊是以位于现山西省的"姑射山神居洞"为活动据点的、号称"太玄子"的人物。因史料缺乏，其他情况不得而知，但《上清太玄集》曰："中朝金国圣皇明，有庆贺清平"③，可知他是金人④。还有，12世纪末金世宗时的太常博士兼校书郎毛麾给侯氏《清静经注》《上清太玄九阳图》撰写序文，他还在大定己酉（1189）为金代高守元《冲虚至德真经四解》撰写序文。⑤ 因此侯善渊很可能是与毛麾同时期的人物。⑥ 加之，从侯善渊的颂之押韵情况来确认他的语言即晋南方言之一，此也旁证他是金代山西人。⑦

（接上页注①）张秀清《俄藏黑水城文献全真教佚词跋》（《宗教学研究》2013年第4期，第51～54页）等提到侯善渊的词；丁治民《金末道士侯善渊诗词用韵与晋南方言》（《古汉语研究》2002年第3期，第17～22页）对于其词押韵情况予以分析。除了丁治民论文之外，都不是专论侯善渊的。

① 中国古代地理总志丛刊《太平寰宇记》，中华书局，2007，第899～900页。

② http://travel.sina.com.cn/china/2010-10-25/1156145629_5.shtml（阅读时间：2015年5月9日）。

③ 侯善渊：《上清太玄集·诉衷情》，《道藏》第39册，艺文印书馆，1977，第31723页下栏。

④ 参阅松本浩一《阴符经の诸注についての诸问题》，冈本敬二先生退官纪念论集刊行会编《アジア诸民族における社会と文化—冈本敬二先生退官纪念论集》，国书刊行会，1984，第187～215页。

⑤ "（大定二十年）十月庚辰朔……上谓宰臣曰：'近览资治通鉴，编次累代废兴，甚有鉴戒，司马光用心如此，古之良史无以加也。校书郎毛麾，朕屡问以事，善于应对，真该博老儒，可除太常职事，以备讨论'。"（《金史》卷7《本纪第七·世宗》，中华书局，1975，第175页）

⑥ 参阅任继愈主编《道藏提要（修订本）》，中国社会科学出版社，1991，第93页；Kristofer Schipper & Franciscus Verellen，道藏通考 *The Taoist Canon: A Historical Companion to the Daozang*, The University of Chicago Press，2004，p. 698；赖萱萱、郑长青《〈太上老君说清静妙经〉成书略考》等。

⑦ 参阅丁治民《金末道士侯善渊诗词用韵与晋南方言》。关于侯善渊著作、书目等记载情况如下。《黄帝阴符经注》："黄帝阴符经注（一卷。侯善渊）。"（《道藏经目录》，《道藏》第57册，第46255页上栏）；"黄帝阴符经注（一卷。姑射山太玄子侯善渊注。言阴阳者，内注阴灵之性，外契纯一之真，表里相符，方持至道）"[（明）白云霁：《道藏经目录详注》，王云五主编《国学基本丛书》第1册第1卷，台湾商务印书馆，1968，第36页]；"道藏别一本，复有'哲人以虞愚，我以不愚圣人，以期其圣，我以不期其圣，故以沉水入火，自取灭亡，在自然之道静'前因而注者，仅侯善渊、邹䜣耳"[（明）王世贞：《赵吴兴书阴符经后》，《弇州续稿》第157卷，《四库明人文集丛刊》，上海古籍出版社，1993，《弇州四部稿》，第6册，第273页上栏]；"侯善渊注阴符一卷"[（明）焦竑：《国史经籍志》卷4上，（转下页注）

二 《上清太玄集》

《上清太玄集》收录较多有关炼丹作品，关于养生的记述也不少。它虽提到“命”，却很少提到“性”；由此可知，它的有关修炼的基本结构并不是以“性、命”为核心的。① 侯善渊代“性”而多用的是“神”，非常看重“元神”一词。因此我们首先看其“元神”概念。

（接上页注⑦）《宋元明清书目题跋丛刊》五·明代卷，第2册，中华书局，2006，第790页上栏）；“阴符经注一卷（江苏巡抚采进本）旧本题姑射山太元子侯善渊注。不知何许人。其本合三篇为一，而末有人以虞愚以下一百十四字。注较他本，颇有文义，而伤于简略”（《四库全书总目提要》第147卷，中华书局，1965，第1255页上栏）；“释德清观老庄影响论一卷（臣等谨案，此外有阴符经三皇玉诀三卷，金陵道人唐淳阴符经诠一卷，姑射山太元子侯善渊阴符经注一卷，许剑道人手刊古老子二卷。其时代俱不可考，附识于此）”（《钦定续文献通考》，《文渊阁四库全书》，韩国首尔骊江出版社，1988，第630册史部388，第175卷，第346页下栏）。《太上老君说常清静经注》：“太上老君说常清静经注（一卷侯善渊）”（《道藏经目录》，第46280页下栏）；“太上老君说常清静经注（一卷。姑射山太玄子侯善渊注。斯注辞简而甚易明，理达而甚易行也）”（《道藏经目录详注》第2册第3卷，第55页）。《太上太清天童护命妙经注》：“太上太清天童护命妙经注（一卷）”（《道藏经目录》，第46280页下栏）；“太上太清天童护命妙经（一卷。姑射山太玄子侯善渊注）”（《道藏经目录详注》第2册第3卷，第56页）。《上清太玄集》：“上清太玄集（卷一之十）”（《道藏经目录》，第46291页下栏）；“上清太玄集（卷一之十。姑射侯善渊述。通明论、冲明论、圆明论、符阳论、通真论、阳符等论。言，元气、五太阴阳、五行道理，并诗词等集）”（《道藏经目录详注》第2册第4卷，第30页）。《上清太玄九阳图》：“上清太玄九阳图（一卷）”（《道藏经目录》，第46255页下栏）；“上清太玄九阳图（一卷。姑射山神居洞太玄子撰）”（《道藏经目录详注》第1册第1卷，第44页）。《上清太玄鉴戒论》：“上清太玄鉴戒论（一卷。姑射山一居太玄子撰。云，大道寂寂无形，寥寥无象，元始混太始先，真微秉天地之外，自然虚无，真空妙理等论）”（《道藏经目录详注》第2册第4卷，第48页）；等等。加之，如《道藏通考》所指出的（第696页），侯善渊《上清太玄集·上清太玄聚宝铭》所引的“黄帝曰：……”（《上清太玄集》，第31674页上栏）是依据《黄帝阴符经三皇玉诀》的“黄帝曰：……”（《阴符经三皇玉诀》，《道藏》第4册，第2559下栏）的，可知《阴符经三皇玉诀》是侯氏《阴符经注》的思想材料之一。另外，左洪涛、唐大潮、刘达科、张秀清等论文均将侯善渊视为“全真道士”，但未提其根据。论者看，最早将侯善渊视为“全真道士”的也许是吴枫、宋一夫主编《中华道学通典》（南海出版社，1994），该书曰：“其思想与全真道大体相同，当为全真道士”（第1016页）。稍后，卿希泰主编《中国道教史（修订本）第三卷》（四川人民出版社，1996），也在“第八章　道教在金与南宋的发展、改革及道派分化·第四节　金代全真道的教义教制”之中提到侯善渊（第53、56页），但亦未提其根据。与此相反，《道藏通考》在PART 3：The Song，Yuan，and Ming一章将所有的侯善渊作品均属于3. A Texts in General Circulation，不属于3. B Texts in Internal Circulation的3. B. 9 The Quanzhen Order，可知该书怀疑侯善渊与全真道的关系。有关侯善渊的《道藏通考》的主要说明见于第933页。论者不采用以全真道思想为标准来检讨整整金朝道教思想史的方法；既然不能提示其具体根据，侯善渊与全真道的关系，本论暂且不论。

① 并不是近世之后的所有炼丹思想都是以“性、命”为核心的，此不用说。比如，夏元鼎《悟真篇讲义》的炼丹思想不是以“性、命”为核心的。参阅山田俊《夏元鼎思想研究之一——〈悟真篇讲义〉を中心に—》。

（一）“元神”

《上清太玄集》卷3《上清玄化理微铭》曰：

> 大道出乎太极之先，上德化于天地之始。混混沌沌，沦默无光。恍恍惚惚，焕乎有物。物非常物，是谓至精。至精无象，象出玄明。忘其形，入乎体，虚含虚也。忘其浩，益乎元，气含气也。忘其心，焕乎明，神含神也。其神者，象若悬珠。珠无形质，应无不现。同于水，象乎水，同于火，象乎火，同于金石，象乎金石，同于虚无，象乎虚无。上窥青天，仰之弥高，下潜黄泉，钻之弥坚。挥斥八极，大方无隅，在天成象，在地成形。太虚广漠，其中有神。神机运化，应无不周。适其形，形化气，适其气，气化神，适其神，神化虚，适其虚，虚化道。①

《上清玄化理微铭》与《太明洞济元神铭》（《上清太玄集》卷3所收）有密切关系，须要彼此参看。② “太极之先”亦称作“太易之先”③，即意味“大道”之根源性；“上德”即“大道”之作用，而产生“天地”。“大道”如“沦默无光”般的没具姿态，但如“恍恍惚惚，焕乎有物”般的并不虚无，却有“物”；此“物”亦称作“至精”。“玄明”的“玄”即玄妙模糊、“明”即明明亮亮，此矛盾表现意味“大道”即是超于世俗分别的。此“大道”亦称作“元精”。④ 如果众生不贪恋自己“形”的话，此“至精”与其“形”就一体化，此即“虚含虚”；如果众生越忘掉自己的具体姿态，“至精”之根源性就越大，此即“气含气”；如果众生越忘掉自己的“心”，其“心”的作用就越明亮，此即“神含神”；《太明洞济元神铭》的铭题之中

---

① 《上清太玄集·上清玄化理微铭》，第31667页下栏。

② “太易之先，二仪未构，空洞杳冥，元精感激，真气流通，天地郁象，日月开明，三才方序，万汇生焉……夫大人者，诱天地之正，导虚无之精，含神光大，德化无方。惟物不然，知其代谢，不识其根，明于出入，不见其门。而神降应之沉，守其地文，与物同化，表坤元厚载无疆也。而神升应之浮，守其天壤，与星历居，明乾元遍覆无极也。夷然政焕乎，明洞鉴圆成，虚极无隅，混太冲浩渺无涯也。然则忘其形，人乎体，抱其元，返于未始，知其所以然而然也。赞曰，道弘光普，德广弥深。神升气降，天浮地沉。安魂定魄，抱阳负阴。乌飞兔走，虎啸龙吟。印悬月角，剑落波心。火中种玉，水底撩金。碧霞宝柱，素羽琼琳。玄光透体，圆象盈簪”（《上清太玄集·太明洞济元神铭》，第31664页上栏）。

③ 《上清太玄集·太明洞济元神铭》，第31664页上栏。

④ 《上清太玄集·太明洞济元神铭》，第31664页上栏。

的“元神”，其“元”字意味此根源性。《上清玄化理微铭》接着讲到“神”，此以东西放映出来的“悬珠”为喻的作用。作为作用的“神”本身无具任何“形质”，却具有将所有的东西放映出来的无限作用。“元精”之“元”即“至精”的根源性，“神”即“至精”的作用。因此，“元神”词都意味“至精”（“大道”）的根源性与其作用。回头来看，可以说“玄明”的“玄”相当于根源性，“明”相当于作用。

除了此两部《铭》之外，《上清太玄集》之中见的其他“元神”例子没有解释记述，即将“元神”视为自明之词而用。比如，“抱常知足顿元神，乐逸安闲养至真”①，“常”是“道”的恒常性；即维持“道”的恒常性而“知足”就达到“元神”之境界；“乐逸安闲养至真”的意思是，即使起动“乐逸安闲”等作用时也须要不断地维持“至真”之状态；即“元神”应该包括作用在内，同时也千万不要离开“道”之根源性。还有“恍惚元神冲浩气，杳冥真息放红霞”②，“恍惚”即《上清玄化理微铭》之中见的“道”的“有物”之侧面，即其作用。因此，“元神”还是都意味根源性与作用；但从“浩气”词的用法来看，此例较重看其作用侧面。

《上清太玄集》曰：“清净之中，育养元神。灵光通照，太极之真”③，即在“清净”之状态能维持“元神”，其“灵光”就照到“太极之真”。“太极之真”即万物发生之前的根源性，即相当于“太极之先”。还曰：“虚极定元神，灵明道太真”④，在“虚极”之状态能维持“元神”，就放辉耀的“灵”照到“太（极之）真”。还曰：“一颗飞丹镇上方，元神精灿日争光。炎凝焰烁烧空界，吓退群阴尽化阳”⑤，即“飞丹”的完成与太阳般的放光的“元神”是完全一致的；即“元神”所发的辉耀意味着炼丹的完成。“群阴”都转为“阳”的意思是由于炼丹的完成而阴气都转为纯阳的。又曰：“上清妙式洞虚玄，达者心开渡法船。越出洪波登彼岸，元神透入焰阳天”⑥，“焰阳天”即意味炼丹完成的时候，诸“阴”都烧掉而转为纯阳之存在。“元神”达到“焰阳天”，即由于完成炼丹超于世俗而达到“彼岸”；又意味“达者”之心向着教法的状态，即“达者”的心解放出来，对于世俗的贪恋都消掉而达到得悟境界；此亦诸“阴”消灭而转为“纯阳”之状态，即“神丹”完成的状态。此种得

---

① 《上清太玄集》，第 31700 页上栏。

② 《上清太玄集》，第 31700 页上栏。

③ 《上清太玄集·大张仙问十二颂四言绝句·清净》，第 31684 页下栏。

④ 《上清太玄集·卫仙问十六颂五语绝句·安静》，第 31686 页上栏。

⑤ 《上清太玄集·神丹》，第 31713 页上栏。

⑥ 《上清太玄集·大阎仙问妙法》，第 31715 页下栏。

悟境界，如“释子悟之明觉性，道人知此顿元神”[①]，佛教称作“觉性”，道教称作“元神”，但其本质完全同一，即道佛共同之境界。

从以上内容看，“元神”是将意味“道”之根源性的“元”与意味作用的“神”结合起来，即体用相即的概念，加之，炼丹修道也是起作用的环节之一。

不言而喻，不少道教文献提到具体姿态的存思对象的“神”（God）。侯善渊的著作里也有描写坐在天宫而统率群仙的“元神”，即具备具体姿态的“神”。[②] 不过，对于此种有像的“神”，侯善渊却采取慎重的态度。他曰：“出无见有元神象，入有还无悟性珠。有有无无俱可弃，开明太古立元初”[③]，他唤起注意而曰：固执“有”或“无”均须要否定，而且如果离开“无”而进去“有”的话，很会固执有像的“元神象”。还曰：“明知相外元神，灿宝净无瑕绝点尘……通三界，现虚皇圣祖，元始天尊”[④]，超于具体姿态的“相外元神”即明明晃晃地闪耀的神，是完全超于世俗观念的真真“元神”，此就是“元始天尊”。

以上即《上清太玄集》之中见的“元神”之例子。

（二）“元”“神”

“元神”是将“元”（根源性）与“神”（作用）结合起来的，那么“元、神”二字也应该各自有同样含义。《太始金光玉容铭》曰：“有无相济，动静同源。静之曰道，动之曰神。寂然有应，感而无心”[⑤]，“静”即“道”，“动”即“神”，“道”与“神”即“静”与“动”的关系，即体用关系。即“寂然”也须要有“应”，即“感”也须要维持“无心”，即发动“应、感”之作用的时也须要不断地维持“寂然”“无心”之状态。而从“无心”词可知，此种体用相即，也能适应于与“道”一体化的人之“心”。

作用应该收敛于本体，是中国思想的一个普遍真理。《上清太玄集》曰：“是炼神合道之机也”[⑥]，即炼作用之“神”而收敛其于本体之“道”，也相当于炼人之“神”而收敛其于万物根源之“道”。《冲明论·形生浊质章第八》曰：

---

① 《上清太玄集·庵主刘先生问太玄》，第 31722 页下栏。

② “元神独坐广寒宫。率领群仙宗奉”（《上清太玄集·西江月》，第 31736 页下栏）。

③ 《上清太玄集·许仙问出有入无·答问》，第 31718 页上栏。

④ 《上清太玄集·沁园春》，第 31743 页下栏。

⑤ 《上清太玄集·太始金光玉容铭》，第 31669 页上栏。

⑥ 《上清太玄集·冲明论·表里精思章第五》，第 31653 页下栏。

形生浊质，盥雪之心。心清无欲，迪僩其威。动则应其虚，虚则溢其气。气壮保其精，精壮保其神。神不灵而道不清，气不定而性不明。[①]

“形”会容易变为“浊质”，“心”会炼为“清、无欲”，作为“清、无欲”之“心”，即“动”也能适应于“虚”；“虚”就能使“气”充实，“气”充实就能维持“精”，维持“精”就能维持“神”。此以“形、心”为主的讨论到维持“神”就结束，是因为此论即关于作用方面的。正是因此，如果作用的“神”为“不灵”的话，本体的“道”也“不清”了，所以作用的“神”须要不断地维持收敛目的地的“道”之根源状态。

为了维持此种“神”之状态，如“堕质神游，洞达于广寞之乡也”般的[②]，须要挣脱“质”的桎梏。就此点，还曰：“蜕质游天奕，颐神入太微。乾坤相否泰，日月自然随。心鼎琼花绽，灵光灿日辉”[③]，挣脱肉体的桎梏（“蜕质”）而养“神”（“颐神”）的结果，能进入“太微”的境界，终于如太阳般的“灵光”放光起来。之所以如此“颐神”与超于肉体有密切关系，因为“养神”应该是超于现象次元而回归于“道”之根源性的。例如，“真空至道杳无踪，妙用颐神万象同”[④]，相当于“真空、妙用”之“妙用”的“颐神”，应该将与万物一体化为目标的。所以如“颐神叩道明玄德”般的[⑤]，经过“颐神”来达到“道”、理解“玄德”；如“颐神叩道入玄门”般的[⑥]，经过“颐神”来达到“道、玄门”之境界。正是为此，《上清太玄集》与此“颐神”比较多并用的是有关维持根源“命”的描写。如“得者，贵精爱气，保命颐神，抱其道而怀其德也”般的[⑦]，为了维持“道、德”，须要“贵精爱气，保命颐神”；即“颐神”还是相配于“保命”的。还曰：“定，定。颐神，养命。守真源，归真正”[⑧]，“定”称作“颐神，养命”，亦称作“守真源，归真正”；“颐神”还是相配于“命”的维持。还曰：“行，行。谨慎，至诚。修上士，处无争。

① 《上清太玄集·冲明论·形生浊质章第八》，第 31654 页上栏。
② 《上清太玄集·太冥皓济颐神铭》，第 31671 页下栏。
③ 《上清太玄集·五言全篇》，第 31681 页下栏。
④ 《上清太玄集·刘先生问真空妙用》，第 31714 页上栏。
⑤ 《上清太玄集·七言绝句》，第 31696 页上栏。
⑥ 《上清太玄集·董仙问物性存根根生于上》，第 31718 页下栏。
⑦ 《上清太玄集·通明论·得之与失章第六》，第 31651 页上栏。
⑧ 《上清太玄集·定》，第 31749 页下栏。

颐神养气，保命长生”[①]，“行”即“谨慎，至诚”，作为其具体活动亦提到“颐神养气，保命长生”。

（三）“一点灵明之性”

万物根源之“道”的本体快要转为作用时，如太阳般放光的“神”就起动起来。此“神”就产生各个万物。因此，侯善渊较看重此金光灿灿的根源性。《上清太玄集》曰：“冥冥杳杳，藏乎至精。照然独见，视之外明。恍恍惚惚，运乎至灵。灵源一致，导化三成”[②]，如已指出，“冥冥杳杳”形容“至精”即“道”之本体，“恍恍惚惚”即意味作用的“神”。因此，“至灵”即形容“神”之状态，“灵源一致”即意味作用与本体是不可分开的。

此“灵”是产生各个万物的作用（其实体即“神”），即个个万物的根源；因此，它有时候与“性”字连用。如“一点灵明性，生从浩劫来。朗如天上日，光似月华开”[③]，诞生于“浩劫”之前的如日月般的发光的“一点灵明性”，即作为作用之本质，即“神”。《上清太玄集》提到“性”时，如“一～”等的表现较多。比如，“一灵真性出云庵”[④]“抱守一灵真觉性”[⑤]“亘古一灵真性显”等[⑥]。这些提的都是“神”，亦被视为人的本来性；所以如“认得本来真面目，灵光一派接天齐”般的[⑦]，“灵光一派”亦称为“本来真面目”；又如“一灵圆觉顿真如”[⑧]般的看成与佛教得悟境界一致的。加之，此种“神”的实体是“道”之作用，而且“道”本身是超于现象的、不可认识的，所以如“万物之中，为人最贵，内存一点精微。至灵至圣，日用有谁知”般的[⑨]，之所以内面的“一点精微”称作“日用有谁知”，是因为以万物之根源的不可知的“道”为其本质。[⑩]

---

① 《上清太玄集·行》，第31750页下栏。

② 《上清太玄集·太空圆象通神铭》，第31670页下栏。

③ 《上清太玄集·卫仙问十六颂五言绝句·灵明》，第31686页上栏。

④ 《上清太玄集·继古韵和按髅颂十首》，第31709页上栏。

⑤ 《上清太玄集·继古韵和按髅颂十首》，第31709页上栏。

⑥ 《上清太玄集·一》，第31755页下栏。

⑦ 《上清太玄集·继古韵和按髅颂十首》，第31709页上栏。

⑧ 《上清太玄集·南柯子》，第31725页下栏。

⑨ 《上清太玄集·满庭芳》，第31707页上栏。

⑩ 如“至道之常，人在其中，日用而不知。如鱼在水，不识其水。人之在道，不识其道”（《上清太玄集·冲明论·元始之体章第四》，第31653页下栏）、“至常之道，日用者孰能知矣”（《上清太玄集·太常玄昭明虚铭》，第31663页下栏）般的，“日用而不知”是形容“道”的。

三 《黄帝阴符经注》

根据上面检讨的《上清太玄集》的思想，下面对于侯氏《阴符经注》加以分析。对于《阴符经》正文“可以动静”，侯氏《阴符经注》曰：“静则大道，寂然无心。动则神用，感而通玄”[①]，从“静 = 大道”“动 = 神用”可知“大道 = 静 = 本体”“神用 = 动 = 作用”的结构。“寂然无心”即意味任何作用未发动的“大道”之本体，“感而通玄”即“神用”的作用能达到“玄”之境界。之所以在此用“无心”词，是因为此结构也是适应于人心的。

侯氏《阴符经注》接着曰：“木中隐火，祸发则灰烬其形，人之有性，无明则自丧其真”[②]，此“祸”意味是“木”之中具有引起“火”的某个东西，或者是意味“木”之中的“火”发动本身，不太清楚。不过，

木 → 火（内藏） → 灰烬其形

人性 → 无明（内藏） → 自丧其真

从“木”之中的“火”与人“性”之中的“无明”相对应的记述来看，人“性”之中本来具有相当于“火”的“无明”。此“无明”觉醒起来，导致人丧失其理想状态。因此，不得不慎重对待此“性”[③]。即此注文是对于“性”的作用之一的“无明”唤起注意的。由此可知，上面提到的对于“可以动静”的注文之中见的“无心”“感而通”等记述在提到“道”的同时，亦是与人的状态密切关系的。

就此“性”，侯氏《阴符经注》曰：“巧拙之性，皆从道化，无不伏藏其理”[④]，此“性”意味形形色色的万物本身的同时，既然万物是由于根源“道”所产的，其“性”应该包含“道”之根源性在内。因此，侯氏《阴符经注》所用的“性”都意味“道”之根源性与万物之各样面貌，即具有两面含义。所以与《上清太玄集》之中见的“元神”比较接近，与《上清太玄集》的以“一灵真性”等为主要含义的“性”却有所不同之处。

① 侯善渊《黄帝阴符经注》“可以动静”注，《道藏》第 4 册，第 2598 页上栏。

② 侯善渊《黄帝阴符经注》“火生于木，祸发必剋”注，第 2598 页上栏。

③ 受北方金朝欢迎的金陵子唐淳《黄帝阴符经注》的炼丹思想以“五行颠倒”为核心，其亦曰：“夫人身之道，顺地之用事，顺行则死，用天之道，逆行则生。夫人身为木，自发火，心无明不觉，败坏其身”（唐淳：《黄帝阴符经注》“火生于木，祸发必剋”注，《道藏》第 4 册，第 2580 页下栏），顺听“五行顺行”的话，相当于“木”的“人身”就会发生“火心”（“无明”）。参见山田俊《唐淳〈黄帝阴符经注〉の思想と道教思想史上の位置》。

④ 侯善渊《黄帝阴符经注》“性有巧拙，可以伏藏”注，第 2598 页上栏。

人“性”具备这种两面性，所以不得不慎重对待其发挥作用。如“至神通道，定合其宜”①，“至神”应该是不断地与“道（本体）”一体；如“元神显化，至道生焉”②，“元神”的作用应该是“道”之本体具体化的。即“性”之理想状态应该是与作用的“神”一致的。不过，如“治身不正，其神散亡”般的③，如果不适当地对待身体的话，作用的“神”就失掉其适当的状态。此即相当于上面提到的“无明”妨碍“真”。侯氏《阴符经注》曰：“见物情迁，神不居妙”④，为了“神”能维持其适当的状态，须要维持“玄妙”之境界；那时的最大妨碍即“目”想要看“物”。因为，如“心有所着，转于生死”⑤，“目”看到“物”，心就发生贪恋，其结果就会反复轮回下去。因此，如果不适当地对待身的话，“性”就失掉其本来的面貌，就与“神”背离。与此相反，能适当应付的话，“知存亡，不失其正，则善养元神，上合虚无之道，是谓圣人之德也”⑥，本体之“道”就发挥其作用，其结果，万物就具体化来；此即万物的理想状态。理解此道理，就能维持“元神”而达到与“虚无之道”一体的境界。此即万物的理想状态，即适当作用之结果。适当作用不管是作用，但是不断地与本体的“虚无之道”一体的。此注文为了说明“性”之两面性，用“元神”一词⑦。

作用的“神”能产生各个万物，所以其与各个万物有密切关系。这是因为，作用的“神”会具有具体姿态的“神”（God）。如上面关于《上清太玄集》指出的那样，侯善渊严厉批评此种观念。他说：“祈于外化，背失正宗。”⑧ 即一般能看出《阴符经》正文将“神”看成“外化”，它是与“正宗”背离的。如“本真实有，日用

① 侯善渊《黄帝阴符经注》“大小有定”注，第2599页上栏。

② 侯善渊《黄帝阴符经注》“圣功生焉”注，第2599页上栏。

③ 侯善渊《黄帝阴符经注》“奸生于国，时动必溃”注，第2598页下栏。

④ 侯善渊《黄帝阴符经注》“心生于物”注，第2599页下栏。

⑤ 侯善渊《黄帝阴符经注》“死于物”注，第2600页上栏。

⑥ 侯善渊《黄帝阴符经注》“知之修炼，谓之圣人”注，第2598页下栏。

⑦ 关于“五感”，不少《阴符经》注想要否定它。但侯善渊《阴符经注》却曰：“五行不顺，必贼其命。五神通栉，见之者自昌”（侯善渊《黄帝阴符经注》“天有五贼，见之者昌”注，第2597页下栏），如果适当用“五感”的话，并不需要否定它。人适应于“五行”就会发荣，违背于“五行”就会丧失其“命”。就后者，“五行”特称为“五贼”。适应于“五行”即“五神通眡”，即“五感”作用能达到“五行”次元。到了此种境界，如“天之五贼，本在于心，心通五神，施行于天”（侯善渊《黄帝阴符经注》“五贼在心，施行于天”注，第2597页下栏）般的，在“天”的“五行”之作用与人“心”所统括的“五神”（“五感”作用）完全一致的。如此的话，“目无疵病，身外有身”（侯善渊《黄帝阴符经注》“神明出焉”注，第2599页上栏）般的，“五感”中枢的“目”也不会再具有错误作用了。

⑧ 侯善渊《黄帝阴符经注》“人知其神”注，第2599页上栏。

不知”所说[①]，《阴符经》正文一般没有将“神”看成真正的“神”，它并不是与日常生活背离的，但绝不是能具体地认识到的；而曰：“非为外圣，自己天真”[②]，绝不能具体地认识到的此“神”即自己的真正“神”，是应该重视的。

四 《太上老君说常清静经注》

本论以中国近世如何接纳《阴符经》为主要讨论目的，因此可以认为前部分的讨论结果已经达到这个目标。但侯善渊所注的《清静经》亦是道教史上不能忽视的重要道经。因此，在此节对于侯善渊《清静经注》加以简单的分析。

侯善渊《清静经注》是基于《清静经》正文而引用《道德经》等文献，以心性等观念为主加以注释的，亦是如早已有人指出那样受佛教思想之影响。其内容是继续《清静经》正文记述简单的注文，然后用颂来细说其注释之内容。与侯善渊《阴符经注》相比，侯善渊《清静经注》较多用“心、性”等概念，是起因于《清静经》正文多用“性”等概念。下面，按于《清静经》正文看其注文思想。

（一）“道”

《清静经》正文首先讲到“道”，其曰：“大道”即“无形”地产生“天地”、“无情”地转运“日月”、“无名”地养生万物。[③] 侯善渊《清静经注》曰：

> 颂曰：大道本无形，无形亦假名，视之非有物，审听绝音声。觉性通幽静，颐神透目清，太空无伴侣，孤月照蓬瀛。[④]

为了体悟“无形、假名、非有物、绝音声”的“道”，如“觉性通幽静，颐神透目清”般的，须要使其“性”觉醒过来，达到“幽静”之境界；经过“颐（养）神”来使“目”之作用彻底的清澈。其结果，能感悟“道”即伟大的“空”，是完全独

---

① 侯善渊《黄帝阴符经注》“而神不知”注，第 2599 页上栏。

② 侯善渊《黄帝阴符经注》“不神所以神也”注，第 2599 页上栏。

③ “老君曰：大道无形，生育天地。大道无情，运行日月。大道无名，长养万物”（侯善渊：《太上老君说清静经注》，《道藏》第 28 册，第 22797 页下栏）。

④ 侯善渊《太上老君说清静经注》“老君曰，大道无形”注，第 22797 页下栏。

立的存在（“无伴侣”）。

作为完全“空”的“大道”即“无情”，即没有任何意图产生特指的东西。因此，如“道无情者，湛然非象，虚极无心，万物生成，无为自化。故曰大道无情矣”那样[①]，“道”产生“万物”的过程称作“无为自化”。加之，如“无名者，大道通玄微妙，至理无穷，混元一气，先天地而生，本无名也”那样[②]，“无名”的“大道”之本质即“混元一气”，而如“一切万物，皆禀道气，而所生本自无为，感时而自化，道本无形，育于有象，故曰长养万物矣”那样[③]，“万物”将其“混元一气”作为“道气”来受而诞生出来，其受法是“感时而自化”的“无为”感应。总之，“大道”即“无为”地产生“万物”，“万物”却将其过程视为“无为自化”。加之，“有静者，大道寂然无心，有动者神用感而通玄，一动一静，可成真道矣”[④]，“大道”的“寂然无心”即“静”然的本体，万物的“感而通玄”即“动”然的作用（“神用”）；从此可知与上面讨论的侯善渊思想基本上是一致的。

（二）“人”

《清静经》正文接着讲到“人心”，侯善渊《清静经注》曰：“心者神明也。知内而为性，显外而为神。神本清静，随风错乱，物动而情牵之也”[⑤]，“心”向内省的时候称作“性”，向外界发挥作用的时候称作“神”；“性”与“神”其实体不异，作用方向不同。此种“性”即相当于上面看的本体的“道”之根源性。而且，依据于“性”本来“静”的传统理解，作用之“神”也认为应该是本来“清静”的。不过，“神”是向外作用的，因此很会受外界的影响，容易错乱。应该注意的是，关于“性”的此种理解，与《上清太玄集》、侯氏《阴符经注》的“性”不一样。还曰：“人神者，天地秀气结聚灵明也。本自清静，随物生情，占尘惹垢，故言情扰之也”[⑥]，“人神”即“天地秀气”凝结的“灵明”存在，是本来“清静”的。但如早已指出，“神”向外界发动其作用的时候会受外物的影响，如“随物生情”，受外物

① 侯善渊《太上老君说清静经注》“大道无情”注，第22797页下栏。
② 侯善渊《太上老君说清静经注》“大道无名”注，第22798页上栏。
③ 侯善渊《太上老君说清静经注》“长养万物”注，第22798页上栏。
④ 侯善渊《太上老君说清静经注》“有动有静”注，第22799页上栏。
⑤ 侯善渊《太上老君说清静经注》“人心好静而欲牵之”注，第22800页下栏。
⑥ 侯善渊《太上老君说清静经注》“夫人神好清而情扰之”注，第22800页下栏。

的影响就发生“情”而错乱起来。因此，如“人能遣其欲者，割爱离亲，除情去欲，捐念忘机，自然性静心寂矣”所说①，去掉“欲、爱、亲、情、念、机”等，“性、心”才会回归于“静、寂”的状态。就此，《清静经》正文曰：“自然六欲不生，三毒消灭”②，侯善渊《清静经注》却曰：“六欲者，眼耳鼻舌身意是也。不生者，眼观无色，神不邪视；耳听无音，声色不闻；鼻息冲和，不容香臭；舌餐无味，不甘酸甜；身守无相，不著有漏；意抱天真，不迷外境。故曰六欲归真，自不生也”③，即将“六欲”解释为“眼耳鼻舌身意”，将“六欲不生”解释为六管适当发挥其作用（神），加之，如“三毒者，身业意业口业，消灭者善养精气神，除尽贪嗔嫉，故曰三毒消灭也”④，侯善渊《清静经注》将“三毒”视为“身业、意业、口业”，解释“三毒消灭”为适应维持“精、气、神”。

《清静经》正文曰：人需要维持“神”的“清静”状态，为此，需要将所有的现象视为“空”；即需要否定心、形、事物之实在而将它们算成“空”；更需要将“空”也算成没有实体的“无”，将此“无”也算成不存在。如此反复否定之结果，终于达到安静而其安静也不存在的，一切不存在的境界。在一切不存在的境界，“欲”绝不会发生，此即真真的安静。⑤ 对此，侯氏《清静经注》曰：“转于万物，心处无形，颐神居妙也”⑥，“心”将“万物”算成“无形”而维持“神”的适应状态；“颐神”的含义与《上清太玄集》是同样的。还曰：

> 形者是地水火风也。此者是名有漏之身，非有漏之身，是故无相之真，无相之真，如仰水看月，似天空运转纯风，神凝气聚，可成真道矣。颂曰：外观有漏相，幻化即真形，去住何移迹，安然不暂停，中间藏恍惚，内外窈冥冥、涣若冰将释，沉沉觉海清。⑦

---

① 侯善渊《太上老君说清静经注》“常能遣其欲，而心自静”注，第22801页上栏。

② 侯善渊《太上老君说清静经注》，第22801页上栏。

③ 侯善渊《太上老君说清静经注》“自然六欲不生”注，第2801页上栏。

④ 侯善渊《太上老君说清静经注》“三毒消灭”注，第22801页下栏。六管适当发动作用的时，“六欲”就不生了，此种理解与《阴符经注》的关于“目”的理解一致的。

⑤ “能遣之者，内观其心，心无其心，外观其形，形无其形，远观其物，物无其物，三者既悟，唯见于空，观空亦空，空无所空，所空既无，无无亦无，无无既无，湛然常寂，寂无所寂，欲岂能生，欲既不生，即是真静”（《清静经注》，第22802页上栏）。

⑥ 侯善渊《太上老君说清静经注》“能遣之者”注，第22802页上栏。

⑦ 侯善渊《太上老君说清静经注》“外观其形，形无其形”注，第22802页上栏。

一般将“地水火风”看成“有漏之身（相）”的“幻化”，但侯氏《清静经注》却认为，它实际上是“非有漏之身”，需要将“幻化”看成“真形”。与正文单纯地将“形”算为“无形”不同，注文进一步地说明，超过了否定有无之别的层面，达到有无相即之层面。还曰：

> 了心达本，识性归宗，何执有无之教，有无之教，亦是假名。若无假名，真心何显。故有即于无，无者非落空之法，无备于有。有者非以物类穷之。故曰有无自然也。①

如果“心、性”均能回归于根源境界，“有、无”之区别早已只不过是假的了，“真心”观念也仅仅是假的了。因此，如“无”即“非落空之法”，极端地贪恋“无、空”境界，他严格加以批评。

（三）“迷惑”

《清静经》正文依据《道德经》曰：“老君曰，上士无争”②，侯氏《清静经注》曰：“太上言，上德之人，处于无侣太空，天真妙道，寂然不动，无所争讼也”③，“上德之人”达到完全的“空”，没可能起竞争，与此相反，“执于引教之术，动生人我，竞起是非，发于争颂矣”④，贪恋“引教之术”的人会陷入“是非”相对概念的外延。“上德”者即“无心”⑤，但“下德之人”：

> 下德之人，执着小乘之术，施为政事，德而落空，是名不德，如此之见，永离真道矣。颂曰：下德施功果，徒劳有相求，滞空沉妄想，执幻落阴囚，太始无名号，玄元有所修，回阳如见日，神气自和柔。⑥

“下德之人”贪恋“小乘之术”、“落空、滞空沉妄想”，此种极端地重看“空”，他

① 侯善渊《太上老君说清静经注》“所空既无，无无亦无”注，第22803页上栏。
② 侯善渊《太上老君说清静经注》，第22804页下栏。
③ 侯善渊《太上老君说清静经注》“老君曰，上士无争”注，第22804页下栏。
④ 侯善渊《太上老君说清静经注》“下士好争”注，第22805页上栏。
⑤ 侯善渊《太上老君说清静经注》“上德不德”注，第22805页上栏。
⑥ 侯善渊《太上老君说清静经注》“下德执德”注，第22805页上栏。

们实际上与迷惑不异。[①]《清静经》正文曰："众生所以不得真道者，为有妄心"[②]，视"妄心"为迷惑的原因，侯氏《清静经注》曰："不得真道者，为人执着种种引教之术也。妄心者，为取小法施为政事，常存于妄想之心也"[③]，解释"妄心"为贪恋"种种引教之术、小法施为政事"的。"引教之术"也许是如导引般的不究竟道法。[④]之所以这些不究竟道法应该被加以批评，是因为：

> 既惊其神者，既有妄心，眼见心移，神不居妙。经云，常无欲以观其妙，常有欲以观其徼。既观其徼，即惊其神也。颂曰：不悟本元神，何言身外身，妄缘生嫉妒，逐念起贪嗔，永失玄元道，常迷太古真，虽然明日月，满眼是红尘。[⑤]

"妄心"会使"神"之状态不稳定的，导致不感悟"元神"，不能达到"身外身"之境界。

结　语

侯氏《阴符经注》之中见的"性"都意味"道"的根源性与各种各样的万物姿态，与《上清太玄集》的"元神"具有共通含义；但与《上清太玄集》之中见的跟人之本来性、本质有密切关系的"一点灵明性"等观念却有不同之处。就后者，从"一灵真觉性"之句能推为此是据张伯端《悟真篇·序》中见的"本源真觉之性"

---

① 对于贪恋"空、无"的批评，寇才质《道德真经四子古道集解·自序》（1179）亦曰："尽为空性之说，不能述道之一二"（寇才质：《道德真经四子古道集解·序》，《道藏》第 20 册，第 15705 页上栏），刘谔《道德真经四子古道集解·后序》（1180 年）又曰："今之诸集解，义多浮诞，了无所执，各尚异端，百无一当……由是天下莫不以空性为科，邪说为惑，皆不能反于正道也"（刘谔：《道德真经四子古道集解·后序》，《道藏》第 20 册，第 15814 页上栏）。由此可知，当时存在着一种"共通认识"，即过去的注释极端地偏于"空"而迷失了《道德经》之本旨。"道"是本来"无名"的，但侯氏《清静经注》曰："道本无名，既以有名著于物相，若以无心死人落空，有无相生，杳冥相对。应物现形，日用不离。难分正教之法，强名曰道矣"（侯善渊《太上老君说清静经注》"强名曰道"注，第 22798 页下栏），因为本来"无名"所以贪恋其名称是迷惑；但因为其"无名"所以对"道"如何动作也不敢发动，即却是迷惑。

② 侯善渊《太上老君说清静经注》，第 22805 页下栏。

③ 侯善渊《太上老君说清静经注》"众生所以不得真道者，为有妄心"注，第 22805 页下栏。

④ "引教"词，见于梁陶弘景《真诰》"凡此诸引教仙人，恐皆是下教限，不尔则不应得辄然"（陶弘景：《真诰》，《道藏》第 34 册，第 27442 页下栏注文）。

⑤ 侯善渊《太上老君说清静经注》"既有妄心，即惊其神"注，第 22805 页下栏。

的。[①]“本源真觉之性”之句给近世道家道教思想留下相当深刻的影响。比如，北宋晁迥曰：“人但自了悟灵明之心，是谓本源所有。念念妄想，皆是尘垢”[②]，用“灵明之心”词。还有，出自西蜀的南宋范应元的《道德经古本集注》重视的“吾心之初”概念，范的弟子南宋褚伯秀换它为“自己之天、吾身之天地”等句。而曰：“西蜀无隐范讲师云，山以喻身。藐射言其幽眇。神人，即身中至灵者”[③]，褚伯秀介绍他师范应元的“吾身之至灵”之概念，接着曰：“后有无隐讲师，尽略衍义，直指玄微，发先圣不言之秘，开学人固有之天”[④]，此“人固有之天”即“自己之天”，是依据范应元的“身中至灵”的。褚伯秀他本人所用的“身中至灵”[⑤]之句也应该是依据范应元之思想的。[⑥]还有，南宋夏元鼎《南岳遇师本末》曰：“惟真铅真汞，产在先天，一点灵明不垢不净，百姓日用而不知”[⑦]，借周真人之口来说修真应该是依据平时认不到的“一点灵明”的，而夏元鼎《紫阳真人悟真篇讲义》关于人之本来性，曰：“无仙无凡，无贵无贱，皆受一点真阳之气”[⑧]，即万人共通的“一点真之气”；他的《黄帝阴符经讲义·云峰自序》亦曰：“何谓药。丹砂木精得金乃并是也。何谓镜。灵明真觉，回光返照是也”[⑨]，金丹即人之本来性的“灵明真觉”本身，夏元鼎《黄帝阴符经讲义》曰：“人禀赋于天，一点灵明真觉之性，三昧无为自然之火，先天太一含真之精，无大无小、无贵无贱，无仙无凡，皆获具足，是天无所私也”[⑩]，由于“天道”产生的万物之一的“人”无一例外地都本来具有“灵明真觉之性”等。

这些两宋文献中见的有关人之本来性的概念的渊源，很可能都可追溯到《悟真篇·序》。这种推测没错的话，《上清太玄集》之中见的“一点灵光”等概念也有可能是继承张伯端《悟真篇》以来的道教思想之流。所以从其结果来可以说它是两宋、

① 张伯端撰，翁葆光注，戴起宗疏《紫阳真人悟真篇注疏·序》，《道藏》第4册，第2734页下栏。

② 晁迥：《法藏碎金录》，王云五主编《四库全书珍本十集》第2册第4卷，台湾商务印书馆，1980，第4页a。

③ 褚伯秀：《南华真经义海纂微·逍遥游第一》，《道藏》第25册，第20055页下栏。

④ 褚伯秀：《南华真经义海纂微·逍遥游第一》，第20056页上栏。

⑤ 褚伯秀：《南华真经义海纂微·逍遥游第一》，第20063页上栏。

⑥ 关于以上的宋代之诸例，请参阅山田俊《宋代道家思想史研究》（汲古书院，2012）。

⑦ 夏元鼎：《南岳遇师本末》，宝颜堂秘笈本，王云五主编《丛书集成初篇》，台湾商务印书馆，1936，第5页。

⑧ 夏元鼎：《紫阳真人悟真篇讲义》，《道藏》第4册，第2965页上栏。

⑨ 夏元鼎：《黄帝阴符经讲义·云峰自序》，《道藏》第3册，第2464页上栏。

⑩ 夏元鼎：《黄帝阴符经讲义》“天之至私，用之至公”注，第2453页下栏。

金的道教思想所共有的观念。[1] 尽管如此，也应该注意到，《上清太玄集》之中见的此中观念与侯氏《阴符经注》思想有不同之处。侯善渊《上清太玄集》《阴符经注》《清静经注》等共有“元神”思想，即关于体用论的基本结构；但关于“性”等理解，他的诸注释之间有不同之处。其原因在于，《上清太玄集》较自由讲到炼丹思想，《阴符经注》并不重看炼丹方面，即其基本态度不同。即可以说是其注释对应于《阴符经》《清静经》等道经本身思想的结果；应该说“注释”之内容还是在某种限制之下撰写的。

就金朝，除了全真道等所谓的新道教之外的道家道教思想研究，不得不说目前开展得并不充分。[2] 就这点来说，论者认为侯善渊的道教思想是值得再考的。

---

① 请参阅〔日〕山田俊《“身中至灵”与万物自化——褚伯秀、林希逸、范应元、晁迥——》，《尊道贵德　和谐共生·国际道教论坛论文集》，宗教文化出版社，2011。

② 参阅〔日〕山田俊《金朝初中期道家道教思想史再考——以时雍〈道德真经全解〉为例——》，盖建民主编《回顾与展望：青城山道教学术研究前沿问题国际论坛论文集》，巴蜀书社，2016，第276～291页。

摄召追魂

——宋元道教拔度科仪中的“破狱”法事

姜守诚

内容摘要：破狱法事是道教荐拔仪轨中非常重要的一项科仪，乃系通过特定的仪式表演将亡魂拯救出离地狱。破狱仪式自首创以来，始终受到道门中人及信众的推崇和重视，其文本、诀法及仪轨不仅在教内传承不绝，且对世俗社会也产生了深远影响。我们依据宋元道书中的相关记载，分别从地狱的理论设想、破狱的信仰基础、破狱的操作程序、破狱的法器、破狱的文检、破狱的道符等几个方面进行系统梳理和考证分析，最大限度地揭示出破狱法事的仪式流程、文本内容和诀法细节。

关键词：“破狱”法事　宋元道教　拔度科仪

作者简介：姜守诚，哲学博士、历史学博士后，中国社会科学院哲学研究所研究员。

人死后即沉沦冥府地狱中，在那里接受各种严酷的拷责和判罚，以惩戒其在阳世所犯下的罪咎。这种说法在历代道门文献中频繁出现，并成为唐宋以降拔度亡魂仪式的重要理论依据。有鉴于此，救赎亡魂免于苦楚，遂成为道教拔度科仪的核心宗旨。围绕这一目的而产生了各种名目的超荐仪轨，其中包括破狱法事。破狱的功用及其象征意义，就在于通过一系列的仪式表演，救助亡魂出离地狱。在这一过程中，演法道士（法师）依靠精湛的法术技艺和繁缛的科介流程，得以将济幽度亡、悲天悯人的宗教救赎精神淋漓尽致地表现出来，同时充分彰显了道教的人文关怀理念。

一　诠释与构建：有关地狱的理论设想

道门中人普遍相信地狱的存在，对其真实性大多持肯定态度。[①] 而将地狱观念予

① 当然，也有道书对地狱存在提出质疑或展开讨论。约出唐宋间的《金锁流珠引》（卷25） （转下页注）

以内在化、实体化、物象化的做法，客观上推动了破狱学说及其仪轨的形成和传播。下面，我们就地狱的位置、破狱坛场的陈设及破狱的功用等几个问题，略作考证和说明。

（一）地狱之所在

地狱在何处？就道门内部的观念而言，占据主流的是认为地狱系外在、实有的，但长期以来也存在将地狱内在化、抽象化的倾向。宋元道书中谈到的地狱有两种：一种是“身中之狱”，一种是“地下之狱”。所谓“地下之狱”就是通常所说的冥界地狱，亦即拘禁亡魂之所。所谓“身中之狱”则是指内置于人体中某些内脏及部位的地狱，乃系由人心中的意念所造。此二狱虽有内外之差、实虚之别，却又彼此关联、互为次第，法师破狱时须先自破“身中之狱”方可破“地下之狱”。故而，宋末元初林灵真编辑的《灵宝领教济度金书》卷320《斋醮须知品》“开度”条云：“诸破狱极有作用，须是法师能破身中之狱，然后能破地下之狱。”①

南宋王契真编纂《上清灵宝大法》卷58《斋法宗旨门》“论身中九狱”条：

> 夫九狱处重阴之下，何法可施破耶？但兆身中自有九狱，未能破荡，焉敢破重阴之狱。若能自破，何患地狱乎！且人之一身，一切皆从心起。心由君王也，施之勇锐亦可，行之善道亦可。心安则安神定舍，心怒则乱神动舍。若心安体安，而忿怒一作，则所养丧矣。心莲花之府，君王居尊。肺华盖之府，辅相居之。肝将帅之府，肾作强之官，脾仓廪之官，中黄守舍。夫一念皆从心起，心安则莲花之境现，恶则火坑火翳之狱现。气怒不静，则风雷普掠狱现。气乱不安肺，则金刚狱现。气强则溟泠狱现。三阳在手，铜柱狱现。三阴在足，镬汤狱

（接上页注①）注文云：“地狱者，上古之法，画地为狱，狱以三重画之，有罪之鬼禁于三重画内，十日、五日伏承罪，讫即断罪。重者合死，死亦不逃走；不合死者，故即不逃走。因此相承，名曰地狱。后人不达时仪，称有地下地狱，妄作言、惑世人，自招其罪之大。今道术之士，帖社庙禁鬼，唯上古画地为狱禁鬼谓之地狱是也。”（《道藏》第20册，第471页）这里引用上古时“画地为狱”（亦即地上地狱）的说法来否认后世盛行的“地下地狱”观念，认为是杜撰出来以惑乱世人的言论。此外，《灵宝玉鉴》卷29《开明幽暗门》则谈到天堂、地狱是由人的“善恶一念之所致”，若是澄净心性、泯灭恶根，地狱天堂也就“等归空寂”、化为虚无，如谓：“故善之类则为阳，恶之类则为阴。所以天堂地狱之事，实由善恶一念之所致也……则一旦超然，摄化于高明正大之域，顿悟本来清净自然之道。前之所谓罪根恶业，安所有哉。地狱天堂，等归空寂。然而善不善之念，可不慎欤。”（《道藏》第10册，第335页）这里显然是援引佛教的“空无”理论，将原本外在的天堂、地狱层层消解，并最终内化为人心中的善恶之念。

① （南宋）宁全真传授、（宋末元初）林灵真编辑《灵宝领教济度金书》卷320，《道藏》第8册，第819页。

> 现。百事相互心躁，并不安静，则火车周匝。气血精神俱有不仁，则屠割狱现。节体不安，金槌考罚之狱随炁而现。中央普掠狱处，此乃法师中黄帝一之尊，本命脏府。小肠是心通，周匝一身。大肠是下方九垒重阴，罗山苦穴。三宫五脏，乃三途五苦之穴。况一身狱穴，日时沈秽，尚不能破，岂能破冥曹幽狱乎。无非画地之戏耳。须心中自焚之刀山，方可破刀山之狱也。[①]

这里将人体的生理器官及心理状态，与人身中的地狱建立起关联，并且强调若要破除外在的“重阴之狱”，必须先自破内在的“身中九狱”。

表1　人体机理与“身中九狱”之对应关系

生理器官与心理状态	地狱名称	方位	生理器官与心理状态	地狱名称	方位
心恶	火坑火翳之狱	南方	三阴在足	镬汤狱	东北
气怒不静	风雷普掠狱	东方	百事相互心躁,并不安静	火车狱	西北
气乱不安肺	金刚狱	西方	气血精神俱有不仁	屠割狱	西南
气强	溟泠狱	北方	节体不安	金槌考罚之狱	
三阳在手	铜柱狱	东南	法师本命脏腑	中央普掠狱	中央

资料来源：（南宋）王契真编《上清灵宝大法》卷58，《道藏》第31册，第239页。

值得注意的是，元末明初编纂的《道法会元》卷245《上清灵宝无量度人上道》“破狱秘诀”条亦云：“心不安，为火翳之狱；肝不宁，为风雷之狱；肺不安，为金刚之狱；肾不定，为溟泠之狱；三阳在手，为铜柱、火车；三阴在足，为镬汤、屠割；脾主中央，为普掠。此一身之狱苟不清净，又何以破彼之狱乎？此以其部位言之也。若曰地狱因缘，皆由一心所造，非由外得，实自中来。若心生忿怒，则炁血冲突，乃风雷狱也。心生贪嗔，则形动体肆，乃火翳狱也。心生惨毒，害物伤人，乃金刚狱也。心生阴谋，则情恶念逆，乃溟泠狱也。心生染着，则爱重念深，乃铜柱狱也。心生爱欲，则体伤神弊，乃镬汤狱也。心生杀害，则害己害物，乃屠割狱也。心生恶念，则淫欲贪饕，乃火车狱也。心生不足，劳神苦体，乃普掠狱也。惟心空则罪业俱空，罪业既空，则地狱冥曹何在。”[②] 相较于前引王契真编纂《上清灵宝大法》所言，这里更清楚地胪列出人体内脏、肢体部位与“身中九狱”的对应关系，并详

① （南宋）宁全真传授、（南宋）王契真编纂《上清灵宝大法》卷58，《道藏》第31册，第239页。
② 《道法会元》卷245，《道藏》第30册，第515～516页。

细谈到内心意念所引发的情绪波动及行为失当，以及由此导致人体内产生“九狱”。实际上，这是将传统中医学理论与道教神学、地狱观念完美结合起来，将人的意念、情绪、行为等个体化因素与地狱的产生建立起直接的联系，进而将地狱之所在落实到人体内部的生理器官中、使之成为“身中九狱”，这无疑是颇具创造性的见解和理论。“打铁还需自身硬”，法师敷演破狱法事时不断强调自破“身中九狱”的重要性，主张“法师能破身中之狱，然后能破地下之狱”。

表 2　人体部位对应的地狱名称

人体部位	身中九狱	方位	人体部位	身中九狱	方位
心不安	火翳之狱	南方	三阳在手	铜柱、火车	东南、西北
肝不宁	风雷之狱	东方	三阴在足	镬汤、屠割	东北、西南
肺不安	金刚之狱	西方	脾主中央	普掠	中央
肾不定	溟泠之狱	北方			

资料来源：《道法会元》卷 245，《道藏》第 30 册，第 515 ~ 516 页。

表 3　一心所造之地狱

内心意念	外在表象	身中九狱	方位	内心意念	外在表象	身中九狱	方位
心生忿怒	炁血冲突	风雷狱	东方	心生爱欲	体伤神弊	镬汤狱	东北方
心生贪嗔	形动体肆	火翳狱	南方	心生杀害	害己害物	屠割狱	西南方
心生惨毒	害物伤人	金刚狱	西方	心生恶念	淫欲贪饕	火车狱	西北方
心生阴谋	情恶念逆	溟泠狱	北方	心生不足	劳神苦体	普掠狱	中央
心生染着	爱重念深	铜柱狱	东南方				

资料来源：《道法会元》卷 245，《道藏》第 30 册，第 515 ~ 516 页。

（二）狱坛之形制

地狱是什么样子的？没人能做出正确的回答。狱坛，是破狱法事中的必备陈设，其借助想象和模拟来建构地下幽冥世界的模型，借此向信徒直观地展示出地狱的样貌。

王契真《上清灵宝大法》卷 58《斋法宗旨门》“明九幽”条谈到九幽地狱是按照八卦九宫的原理和式样分布的，并且逐一介绍了每种地狱的名称、方位及由来。① 随后，同卷“建狱法”条则详细描述了如何在坛场内的东南方（即“地户”位）搭

① （南宋）宁全真传授、（南宋）王契真编纂《上清灵宝大法》卷 58，《道藏》第 31 册，第 238 页。

建“九幽之狱”，如谓：“凡立九狱于地户上，以土砂砌坛九所，方阔二寸［尺］[①]，九坛如一，罗总方六尺，以法地之阴，极二六之象。每狱作四角三曲，每狱点三炬，安狱牌上，悬幡九首，书各方天尊号，背书十方天尊符，幡顶书九狱符，两手写破狱符咒告文，足上写某符告某狱，以竹九茎标之。又式以黄幡九首，书九天生神炁符，于破狱焚狱幡了，却以此九幡挂其位，中置大幡一首，书青玄号，任风吹扬，万罪俱灭。依式建狱，所以法象地九幽，阴曹主罪，宪职罗酆，东南巳地，是其所也。”[②]而该书卷34《斋法坛图门》收录“九狱灯符”“九狱形”“总九狱”等图案则图文并茂地勾勒出狱坛陈设之诸多细节。

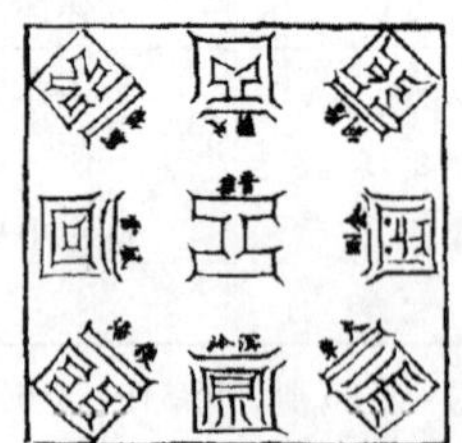

图1　九狱灯符

资料来源：王契真编《上清灵宝大法》卷34，《道藏》第31册，第2页。

图2　九狱形

资料来源：王契真编《上清灵宝大法》卷34，《道藏》第31册，第2页。

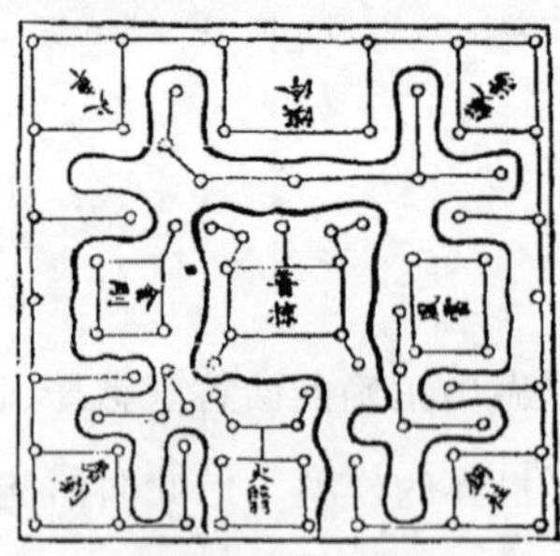

图3　总九狱

资料来源：王契真编《上清灵宝大法》卷34，《道藏》第31册，第2~3页。

---

① “二寸”应系“二尺”之讹误。

② （南宋）宁全真传授、（南宋）王契真编纂《上清灵宝大法》卷58，《道藏》第31册，第238~239页。另外，王氏《上清灵宝大法》卷34《斋法坛图门》“九幽狱图”条和卷41《斋法符篆门》“破狱章”条描述的狱坛形制亦大抵相同（《道藏》第31册，第1~2页；《道藏》第31册，第63~64页）。

南宋留用光传授、蒋叔舆编集《无上黄箓大斋立成仪》卷39《图式门》“九狱灯图”条则介绍了燃灯破狱的演法场地——九狱灯坛的陈设情况：“以土石作坛九所，方面二尺。九坛自方六尺，以法地之阴极，二六之象。每坛作四围三曲，如狱之形。一坛明灯三炬，九坛共然二十七灯。又于九坛之中心立牌，并面书玉清破地狱真符，背书狱名。傍立青竹九竿，各长九尺，各挂小幡一首、书十方灵宝天尊圣号，于幡首书酆都符。”① 这就是说：按照八卦九宫的方位格局用土石搭建九个小坛以象征九幽地狱，每坛二尺宽，整个灯坛合计六尺宽，每坛采用土石铺成“四围三曲”以象征地狱之形状，“四围”就是四周围成正方形，“三曲”是指内中为“S”形（如图4所示）。每坛均燃灯三盏，九坛共计二十七盏。各坛的中央竖牌一面（九狱牌），正书玉清破地狱真符，背书各自所在的地狱名。每道九狱牌的旁边均竖立一幡旗，幡干选用九尺长的青竹制成，幡上书十方灵宝天尊的圣号、幡首书酆都符。

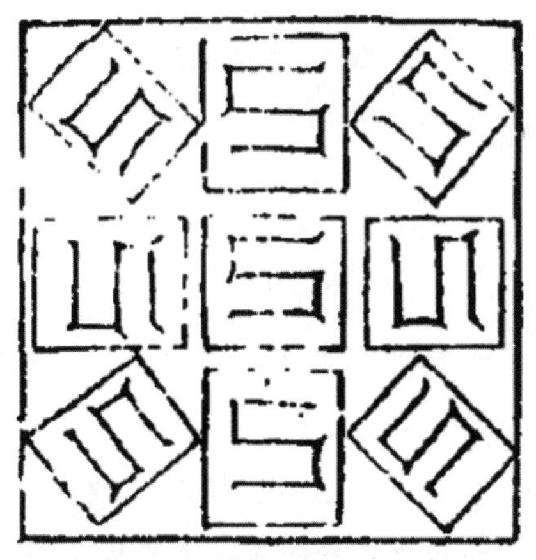

图4　九狱灯图

资料来源：《无上黄箓大斋立成仪》卷39，《道藏》第9册，第605页。

此外，《灵宝领教济度金书》卷1《坛幕制度品》“九狱灯图”条也叙述了九幽地狱的铺设情况：“用净砂半石，水洗净，日干。至破狱日，以砂作狱九所。每所中安狱牌，上书狱名，如东方风雷狱之类。牌后插破狱幡，然三灯照之，围以砂城。九狱之外，又总围以大砂城。四方各开一门，每门设二灯。破九幽狱毕，又破酆都狱。

① （南宋）留用光传授、（南宋）蒋叔舆编集《无上黄箓大斋立成仪》卷39，《道藏》第9册，第605页。约宋元时编纂的《灵宝无量度人上经大法》卷50《然灯破狱品》“九狱灯图”条亦大略相同，所附“九狱灯图”与前引《无上黄箓大斋立成仪》（卷39）雷同（《道藏》第3册，第895页）。

酆都天狱、二十四狱、三十六狱，只告符敕破，不立狱像也。”[①] 这里的九狱是用水洗净、晒干后的“净砂”铺设而成，同卷中“三涂五苦灯坛图”“诸大地狱灯坛图”亦系采用“净砂铺成”。[②] 每个狱坛内均燃灯三盏并竖立九狱牌、破狱幡各一，这种做法与前引《无上黄箓大斋立成仪》大略相同。

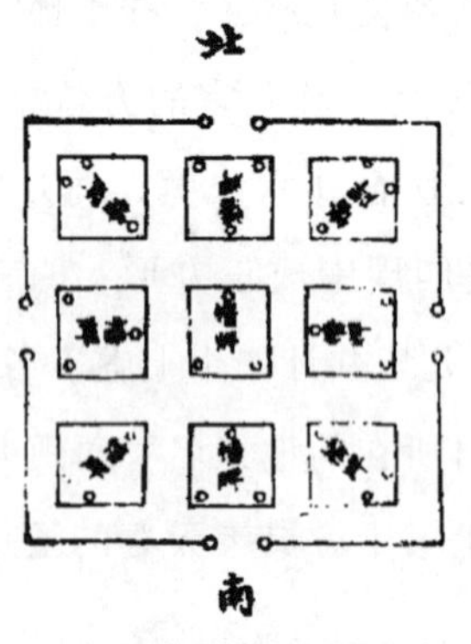

图5　九狱灯图

资料来源：《灵宝领教济度金书》卷1，《道藏》第7册，第29页。

（三）破狱之功用

王契真《上清灵宝大法》卷34《斋法坛图门》“九幽狱图”条云：“大凡建九狱，本为普度沉沦之设。若建小缘，上不祝君王而及寰区，下不度九祖而及六道，区区只度一二位之魂，则上帝岂特为一人而能颁曲赦，悉开九狱，必无是理。地狱未必皆可破，幽魂未必皆可度，而我之立意，无一毫及物之功，岂本科之意也。倘或专荐，止然灯祝赞或建九厄灯之类足矣，破狱之科不必举行，庶免僭渎。然孝子报亲，无非尽诚、忏罪足矣，岂可以我祖宗必堕地狱而行此科，理之所在也。若果欲行之，却当随宜设斛食度沉魂，不拘多寡，随力建功，则破狱一节行之无栗矣。盖无量苦爽沉迷有无，一念既差、终堕其狱。若非祈天请命、行符破狱，何由解脱？故当按法行之。”[③] 该书卷58“论建狱”条亦彰显出相同的旨趣。[④] 在这里，王契真对破狱科仪

① （南宋）宁全真传授、（宋末元初）林灵真编辑《灵宝领教济度金书》卷1，《道藏》第7册，第29页。
② （南宋）宁全真传授、（宋末元初）林灵真编辑《灵宝领教济度金书》卷1，《道藏》第7册，第29页。
③ （南宋）宁全真传授、（南宋）王契真编纂《上清灵宝大法》卷34，《道藏》第31册，第2页。
④ （南宋）宁全真传授、（南宋）王契真编纂《上清灵宝大法》卷58，《道藏》第31册，第239页。上述内容，亦见载于《灵宝玉鉴》卷30《开明幽暗门》（《道藏》第10册，第348页）

的适用范围表达了自己的立场：破狱之科本应是普度众多幽魂时所设，若仅专荐一两位先祖则不必破狱，而只需举行燃灯祝赞或建九卮灯之类的仪式就足够了。孝子报亲心切而坚持破狱行科，那就应当施食普济亡魂，所设斛食不拘多寡、随力建功。言外之意，破狱之事关涉重大，应慎重其事，当以普度沉沦为务，不宜草率轻启。若专荐却行破狱，就必须另设斛食以超度其他亡魂，方可契合破狱之本旨。

王契真所持的上述立场还算折中、通融，与他约略同时的金允中则旗帜鲜明地反对专荐行破狱之科。他严厉批判了这一做法，认为破狱乃系普度所设。如其所编《上清灵宝大法》卷35《然灯破狱品》中“论普度方可破狱”条[①]云：

> 但破狱之义，本为普度而设。斋修之建，虽随斋主之力。凡有三朝启坛、散坛，奉行斋法，并合随宜，备置斛食，广及三途，悉行度化。然后请符颁命、破狱行持，庶其有理。今斋词之中，上不祝君主而及寰区、下不度九祖而及五道，用心窄隘，专意于所荐三位亡魂。如此则上帝不应为一人而设特降符章、悉开九狱，必无此理也。地狱未必可尽，孤魂未皆可度。而我之立意无一毫及物之心，岂太上垂科之本意也？施食普度，不拘多寡，随力轻重，以恢善意，则破狱故事，始可举行。专荐而无一语及众生者，止可然灯宣读足矣，破狱之科不必用也。识者以为然否。今之求用于斋主者，不敢喘息此说。吾当自行之可也。[②]

不过，这也从侧面反映出：至迟南宋时已流行针对专荐的破狱法事，且此风很炽、流衍甚广，以至于引起王契真、金允中等高道的抨击和不满。尽管如此，专荐破狱之风有增无减，且一直延续到今天。

二　神人相济：破狱的信仰基础

破狱法事，是黄箓拔度科仪诸多节目中的一项，也是超荐亡者的重要环节。为了

---

① 南宋金允中编《上清灵宝大法》卷首目录胪列“然灯破狱品”各节次条目中，末尾是“论普度方可破狱”。但该书卷35《然灯破狱品》正文中，此节内容却以“九狱灯图”为标题。据文意，本节内容当以“论普度方可破狱”命名为是（《道藏》第31册，第354页，第574页）。

② （南宋）金允中编《上清灵宝大法》卷35，《道藏》第31册，第574页。

更好地理解破狱的功用、地位及意义，有必要将其重置于整出黄箓斋仪节目表中做宏观性考察。此外，"破狱"就是法师通过特定的仪式表演而将亡魂拯救出离地狱。在这个过程中，神祇与法师是共同发挥作用的，而破狱的成功与否也直接取决于上述因素。

（一）时间安排

关于破狱节目的时间安排，宋元道书中存在分歧，大致有两种说法：一种是开启黄箓斋坛后的当天晚上，待"宿启告斋"完毕后旋即进行；一种是建斋次日的晚上，亦即纳入正斋第一日的科仪内容。

第一，建斋当日的夜晚、接续"宿启告斋"之后演行。

《灵宝领教济度金书》卷306《文檄发放品（开度黄箓斋用）·正发奏申文状》"斋意"条云："谨涓今月某日为始，依按灵宝嗣师秘旨，恭就某处，肃建玄坛，累拜开度诸章。至某日开启斋坛，颁宣大赦，告行玉札，提拔魂灵，入夜宿启告斋、颁符破狱。以次，九朝行道、六上转经。某日夜，摄召正度亡故某灵魂，沐浴更衣、朝真受食。某日夜，修设玄都大献玉山净供，上奉三宝、中供圣贤，回济三涂、广资庶类，普及亡故某千冤万祖，均行炼施、证品受生。某日夜，奉行灵宝返生九炼，专为亡故某暨千冤万祖，炼质荡形、聚神返炁，传符受戒、保举生仙。至某日言功解坛、投龙奠简，入夜修设三界清醮一座、若干分位，上谢天恩。集此善缘，总祈开度。其诸丹悃，具载青词。"① 这份疏文简略叙述了专荐某位亡魂而举行的黄箓拔度仪式的数天节目，其中破狱科仪的演行时间就在启建斋坛后的当天夜晚、接续"宿启告斋"仪式之后进行。事实上，这一节目安排并非仅限于专荐，普度大斋亦同样遵守。譬如，《灵宝领教济度金书》卷310《文檄发放品（开度黄箓斋用）》"斋意"条就是关于崇建无上黄箓普度大斋的斋意，其叙述科仪节目及时间安排与前引内容几乎雷同，破狱法事亦排在首日入夜"宿启告斋"之后。②

---

① （南宋）宁全真传授、（宋末元初）林灵真编辑《灵宝领教济度金书》卷306，《道藏》第8册，第660页。

② （南宋）宁全真传授、（宋末元初）林灵真编辑《灵宝领教济度金书》卷310，《道藏》第8册，第710页。该书卷311《文檄发放品（祈禳通用）》"斋意"条亦云："至某日开启斋坛，入夜宿启告斋、关灯破狱。以次，九朝行道、六上转经。某日进拜不经地狱朱章，入夜修设三官北阴净醮。某日进拜南宫寄籍朱章，入夜设受生醮，焚化寄库经财。某日进拜众真监度朱章，入夜奉行生身受度科法，传授金箓度命救苦真符、长生灵符、灵宝九真妙戒，受持佩奉、永作津梁。至某日言功散坛、投龙奠简，满散，修设三界清醮一坛、三百六十分位，上谢天恩。集此殊勋，总祈利益，其诸丹悃，具载青词。"（《道藏》第8册，第715页）

南宋金允中编《上清灵宝大法》卷首目录中胪列“黄箓次序品”依次介绍了黄箓大斋的节目安排：“序斋，修斋节次，预告，扬幡，诵经，发奏，拜章，告符发玉札，告斋投词，立幕，敕水，请光，宿启，破狱，正斋三日，醮谢散坛，论格式止从古科。”① 显然，破狱科仪排在建坛当天夜间的宿启之后、在次日的正斋第一日之前。该书卷16《黄箓次序品》亦谈到宿启事毕后即行破狱，并云：“然灯烛立香案，道众序立，关九狱灯，高功默启告符，执策杖破狱如式，九狱毕，回向。”②

第二，建斋次日的夜晚、系属正斋第一日之仪式内容。

金允中《上清灵宝大法》卷16《黄箓次序品》“序斋”条介绍了专荐类黄箓拔度仪式的节目安排，其中“破狱”排定在建斋次日的晚上举行、系属正斋第一日的科仪内容，如谓：“正斋第一日……静夜破狱，摄召正荐魂仪及一切孤魂归位，咒食，引孤魂于茭郭斛筵，广行咒食，听法闻经，伺候炼度。”③ 又，该书卷30《奏申文檄品》“天省划一申状”条亦云：“某日正斋，三时朝真、诵经行道。是日午时，进拜通天救苦朱表、开通道路章。静夜破狱，召摄系荐某人等魂及五道四生、三途万类、一切孤魂，沐浴朝真、享食受供。”④ 由此可见，这里均是将“破狱”安排在建斋次日举行的正斋第一日科仪流程中。

此外，南宋王契真编纂《上清灵宝大法》卷54《斋法宗旨门》谈到黄箓大斋的节目次第，其中“破狱”的时间安排及科仪性质与前引金允中《上清灵宝大法》是一致的，如谓：“第一日正斋行道……静夜于上帝前请策杖符诰（有文），至九狱灯前宣告破地狱真符，依科忏灯（有仪），发符持杖破狱。或初夜为之，尤妙。礼九幽神灯（有仪），至回耀灯前告拔幽魂真符，忏灯破狱（有仪）。或初夜未行召魂等事，当于正斋之夜行之。”⑤

那么，为何破狱仪式的演行时间会出现上述两种分歧？其实，答案早已给出了。前引王契真《上清灵宝大法》（卷54）中所言“发符持杖破狱。或初夜为之，尤妙……或初夜未行召魂等事，当于正斋之夜行之”。这里的“初夜”是指何时？一般

① （南宋）金允中编《上清灵宝大法》卷首目录，《道藏》第31册，第351～352页。

② （南宋）金允中编《上清灵宝大法》卷16，《道藏》第31册，第431页。值得一提的是，道藏本《上清灵宝大法》卷16《黄箓次序品》正文误将“破狱”条混入“宿启”条之后。根据文意及卷首目录，我们不难将二者析分开来。此外，“破狱”二字应系条目，其后“广成无此科，系出灵宝法”十字原本应系小字注文，今亦混入正文。

③ （南宋）金允中编《上清灵宝大法》卷16，《道藏》第31册，第428页。

④ （南宋）金允中编《上清灵宝大法》卷30，《道藏》第31册，第541页。

⑤ （南宋）宁全真传授、（南宋）王契真编纂《上清灵宝大法》卷54，《道藏》第31册，第203页。

而言，“初夜”是指入夜的初更时分，即夜幕降临之初。[①] 但本处“初夜”显然并非如此，否则就无法解释“或初夜未行召魂等事，当于正斋之夜行之”这句话的含义了。根据这句引文的语意和逻辑，我们不难推断出：这里的“初夜”当系指建斋初日的夜晚，亦即正斋的前一天。这就是说，王契真《上清灵宝大法》认为：建斋的当天夜晚，举行破狱、召魂等事宜，是比较合情理的。倘若由于时间仓促或节目过多等原因未能在建斋当天举行破狱、召魂等仪式，那就退而求其次，在建斋次日（正斋第一日）的夜晚举行。

（二）冥官神祇

王契真编纂《上清灵宝大法》卷55《斋法宗旨门》“冥官堂”条云：“凡建斋未破狱之先，当设冥官醮，如阳间狱吏之比也。先立此堂，中设青玄上帝，左右列东岳、酆都、十王冥府案椽，香花如式。至期设坛，依科行事。”[②] 这就是说，敷演破狱法事之前，当预先搭建冥官醮坛场、供奉相应的神祇：中央尊位陈设的是青玄上帝太乙救苦天尊，左右两边分列东岳大帝、酆都大帝、十殿真君等。上述神祇均系冥界中位居显赫者，在破狱法事中扮演着至关重要的角色。

除了上述高位阶的冥官神祇外，法师在破狱时也会启请某些灵官、符吏临坛，执行特定的任务。譬如，《灵宝领教济度金书》卷33《科仪立成品（开度通用）》介绍“破狱仪”节次时有云：“上清灵宝玄坛炷香，关召王［玉］清破狱符吏、青玄破狱灵官、入狱赦罪灵官、破狱主吏、破狱飞吏、破狱驿吏、合龙飞符驿吏、持符神吏，谅遵帝敕、克赴斋坛。”[③] 又卷96《科仪立成品（青玄斋用）·普度净供仪》亦云：“焚香关召青玄黄箓主破符入狱出冥司、破狱真官、破狱灵官、破狱主吏、破狱飞吏、破狱驿吏、入狱赦罪灵官、命符飞龙驿吏、持符神吏，遵乘太乙慈尊玉敕，疾赴

① 传世文献中的“初夜”通常是指初更。《后汉书·班超传》：“（班超）初夜，遂将吏士往奔虏营。”［（南宋）范晔撰、（唐）李贤等注《后汉书》卷47，中华书局，1965，第1572页］《北齐书·魏收传》：“侯景叛入梁，寇南境，文襄时在晋阳，令收为檄五十余纸，不日而就。又檄梁朝，令送侯景，初夜执笔，三更便成，文过七纸。文襄善之。”［（唐）李百药撰《北齐书》卷37，中华书局，1972，第486～487页］类似语例，不一而足。

② （南宋）宁全真传授、（南宋）王契真编纂《上清灵宝大法》卷55，《道藏》第31册，第217页。

③ （南宋）宁全真传授、（宋末元初）林灵真编辑《灵宝领教济度金书》卷33，《道藏》第7册，第184页。

玄坛，随我神运，敕破九幽牢狱，拯提三掠囚徒，俾离寒庭，来沾胜果。”① 这两段引文中罗列的冥司职衔凡计有十余种，他们是破狱法事的直接执行者，是冲锋陷阵、战斗在第一线的阴府将吏。此外，宋元道书中还出现“破狱天君”② “破狱真人”③ “破狱大将军”④ 等神衹称谓，也都与破狱法事有关。

（三）度人先度己：法师的角色和作用

前文已谈到道门中人认为，地狱凡计有两种：身中之狱，地下之狱。欲破地下之狱，须先破除身中之狱。诚如前引《灵宝领教济度金书》卷320《斋醮须知品》“开度”条所言：“诸破狱极有作用，须是法师能破身中之狱，然后能破地下之狱。所谓破酆都之秽浊、荡泉壤之幽阴，盖言内事也。九幽狱九所，处处有之。法师运神存思，须得移狱之诀，使九幽狱移在目前，方可敕破，否则具之。且移狱之诀，即洞神部考附移景法也。三涂五苦狱亦如之。”⑤ 可谓是“度人先度己”，法师必须洁身自好、修炼有成，预先破除身中狱，使自己的内心清净无污秽，才能有资格打破地下之狱，拯救他者（亡魂）于苦海之中。

至于破除身中狱的方法，前引王契真《上清灵宝大法》卷58《斋法宗旨门》“论身中九狱”条文末附论曰：“凡是夜欲破狱，此日自朝至晚，当调平其炁、安定心神，自上玄之府九宫，各分布九炁升降。心君则心王安静，群僚守舍，真炁内养，流充一身，运一炁入九曲回肠之狱，万秽俱消，善境随念而现，方可破冥曹之狱也。至晚于上帝前，请策杖符诰，依法破之。其金光诰命注下狱中。自然停囚罢对，阴灵得出狱升化矣。”⑥《道法会元》卷245《上清灵宝无量度人上道》“破狱秘诀”条亦云：“凡欲破狱，兆自朝至午后，运调真炁，自脑九宫分布九炁，感动其心君。若心君安静，百神守舍，真炁内充，流息无穷。一炁运入九曲回肠之狱，万秽俱消，善境

---

① （南宋）宁全真传授、（宋末元初）林灵真编辑《灵宝领教济度金书》卷96，《道藏》第7册，第457页。

② 《无上黄箓大斋立成仪》卷54《神位门》“右一班”中列有“东北大悲梵炁破狱天君”称呼（《道藏》第9册，第703页）。

③ 《无上黄箓大斋立成仪》卷55《神位门》“右二班”中列有“玉清开光破狱真人”称呼（《道藏》第9册，第709页）。

④ 《太上济度章赦》卷上《章》“除官讼”条中列有“破狱大将军”称呼（《道藏》第5册，第826页）。

⑤ （南宋）宁全真传授、（宋末元初）林灵真编辑《灵宝领教济度金书》卷320，《道藏》第8册，第819页。

⑥ （南宋）宁全真传授、（南宋）王契真编纂《上清灵宝大法》卷58，《道藏》第31册，第240页。

随念而见，方可破重阴九幽之狱。”[①] 由此可见，法师破除身中狱的关键就在于运息调炁、安定心神，通过体内真炁的调节来扫除杂念、贪欲、恶端，实现内在心性的澄明。进而，法师将体内充盈的先天真炁转化为阳光（天光），再混合坛场内点燃的灯火和九天之阳光，借此破除幽暗、照耀地府，使亡魂得以乘光出离地狱。约元明时编纂的《灵宝玉鉴》卷1《道法释疑门》“请光破幽说”条：“谓之破狱者，全在法师运自已之阳光，以混合灯光，上接九天之阳光，以遍照三界九幽。使亘天彻地，皆有光明，凡堕幽冥，皆得乘光而超出，一时神通变化。凡所谓狱，皆无有矣。”[②] 南宋路时中编《无上玄元三天玉堂大法》卷15《寻声救苦品》“九幽地狱救苦法”条亦云：“天堂皆在我，地狱不离心……夫天阳则明，地阴则暗。暗则为苦，苦则幽囚，即是地狱。今欲破狱，先在运天光，假符而委炁、假炁以舒光，以明破暗、以阳破阴、以真破妄，此谓破狱。”[③]

三　秘诀与流程：破狱的操作程序

整场破狱法事的核心和高潮，无疑就是进行破狱操作的那一刻。对于破狱的节次流程，诸多道书中的相关记载存在一些差异。我们现以王契真编纂《上清灵宝大法》卷58《斋法宗旨门》“破九狱”条和南宋蒋叔舆编集《无上黄箓大斋立成仪》卷37《赞道节次门》“破狱节次”条为例，对其内容略作分析。

（一）“破九狱”的科介秘诀

王契真《上清灵宝大法》卷58《斋法宗旨门》谈到“请策杖”后旋即进行破狱，并详细介绍了“破九狱”的步骤和诀法：“宣破地狱诰，祝遣咒（‘普告三界’至‘逍遥上清’），玉清诀、东炁，同钱马焚于狱前。焚毁锁符、张门符，右以手擎符灰、吹布于九狱内。次自东北起，逐方破之。先上香，叩齿九通，步罡一座（东九步、南三步、西七步、北五步、四维各五步、中央十二步），左手掐中文，存玄元始青黄白三炁罩覆，己身为本方天尊。次以符杖破了，取本方炁吹弹，以水洒之。焚本方符于本狱中，祝咒：‘玉清祖炁，罡对幽堂。三星熠耀，元始开光。有罪无罪，得赦其方。宝光

① 《道法会元》卷245，《道藏》第30册，第515～516页。

② 《灵宝玉鉴》卷1，《道藏》第10册，第143～144页。

③ （南宋）路时中编《无上玄元三天玉堂大法》卷15，《道藏》第4册，第47～48页。

焕映，普登天堂。急急如元始上帝令。’掐玉诀，本方炁吹弹入狱，存金光透彻、内外洞明。次携杖虚书符，引光下注，以杖头画‘敕’字，存想破之。”①

第一，宣破地狱诰。

《灵宝领教济度金书》卷59《科仪立成品（开度黄箓斋）·九炼返生仪》收录两则“破狱诰”：一名“宣玉清破狱诰”，一名“宣青玄破狱诰”。② 此外，王契真《上清灵宝大法》（卷46）亦收录“破狱告文”，与前述二诰不同。③ 总之，王契真《上清灵宝大法》“破九狱”时颁宣的破地狱诰，应该就属于这类的文检。

宣破地狱诰完毕后，法师需要念诵“祝遣咒”以确保这份诰书得以及时送达目的地。这段“祝遣咒”在诸多道书中都有收录，文字略有差异，从“普告三界”开始，至“逍遥上清”结束，共计112字。王契真《上清灵宝大法》卷54《斋法宗旨门》“祝遣咒”条：“普告三界，无极神乡。泉曲之府，北都罗酆。三官九署，十二河源。上解祖考，亿劫种亲。疾除罪簿，落灭恶根。不得拘留，逼合鬼群。元始符命，时刻升迁。北都寒池，部卫形魂。制魔保举，度品南宫。死魂受炼，仙化成人。生身受度，劫劫长存。随劫轮转，与天齐年。永度三途，五苦八难。超凌三界，逍遥上清。”④

然后，法师手剔玉清诀，⑤ 取东炁吹布“破地狱诰”，随即连同纸钱、云马在九狱前焚化。至此，才算完整地演行了“宣破地狱诰”环节。

第二，焚毁锁符、张门符。

毁锁符、张门符，是破狱时焚化的重要道符。这两道符，王契真《上清灵宝大法》卷41《斋法符篆门》均有收录，且对施用方法做出了说明：“右二符，临破狱，先于灯上烧，擎灰手上，存想，次布于九狱中。”⑥ 除了绘制出道符的图案外，每道符后还配有咒语，毁锁符的咒语是：“太上符命，普度幽魂，出离苦夜，径超玉清。”

---

① （南宋）宁全真传授、（南宋）王契真编纂《上清灵宝大法》卷58，《道藏》第31册，第240页。

② （南宋）宁全真传授、（宋末元初）林灵真编辑《灵宝领教济度金书》卷59，《道藏》第7册，第286页。

③ （南宋）宁全真传授、（南宋）王契真编纂《上清灵宝大法》卷46，《道藏》第31册，第121页。

④ （南宋）宁全真传授、（南宋）王契真编纂《上清灵宝大法》卷58，《道藏》第31册，第205~206页。王契真编纂《上清灵宝大法》卷39《斋法符篆门》“诸符总祝遣咒”条亦完全相同［（南宋）宁全真传授、（南宋）王契真编纂《上清灵宝大法》卷58，《道藏》第31册，第39页］。

⑤ 约出明代《道法会元》卷160《上清天蓬伏魔大法》：“玉清诀（又名玉帝诀，又名天师诀）：左手大指掐中指中节中文。”（《道法会元》卷160，《道藏》第30册，第6页）

⑥ （南宋）宁全真传授、（南宋）王契真编纂《上清灵宝大法》卷41，《道藏》第31册，第69页。此外，《灵宝领教济度金书》卷276《书篆旨诀品（开度用）·颁告诸符》对上述两道符的施用情况作了补充说明：“右二符，破狱时每狱告一符于狱门，存狱门开张，然后告破狱符行持。”（《道藏》第8册，第433页）

并云："右符黄纸朱书，升天普度诀，东炁。"① 张门符的咒语是："洞中玄虚，光彻狱户。神光破暗，狱吏淮符。铁城开毁，劫柱清虚。威灵猛将，昊通启达。摄召幽魂，来诣坛所。急急如律令。"②

最后，还附有"二符告文"云：

具位臣某为某修建黄箓大斋，拔度某人。以今点烛九狱神灯，颁告玉清宝箓、破地狱真符。准今符命，时刻升迁。天牢地狱、冥关幽扃、长夜泉曲、一切冥司主者，敬听上玄符命，开关启道，毁锁张门，放诸罪魂。九州十道一切亡魂，不以罪业深重，释放部卫前来。制魔保举，度品南宫。死魂受炼，仙化成人。生身受庭，劫劫长存。随劫轮转，与天齐年。永度三途、五苦八难，超陵三界、逍遥上清。一如告命。

太岁　　年　月　日　时告下。

具法位　臣　姓某　承诰奉行。③

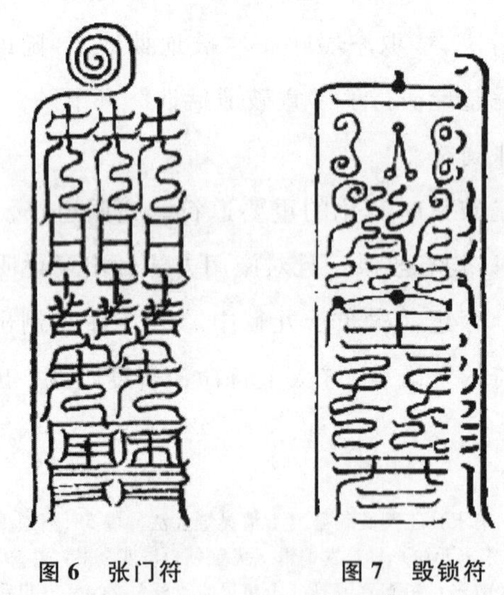

图6　张门符　　　　图7　毁锁符

资料来源：王契真《上清灵宝大法》卷41，《道藏》第31册，第68页。

① （南宋）宁全真传授、（南宋）王契真编纂《上清灵宝大法》卷41，《道藏》第31册，第68页。

② （南宋）宁全真传授、（南宋）王契真编纂《上清灵宝大法》卷41，《道藏》第31册，第68页。《灵宝领教济度金书》卷276《书篆旨诀品（开度用）·颁告诸符》、《灵宝玉鉴》卷30《开明幽暗门·九幽地狱灯》亦著录上述两则咒语，文字内容与前引王氏《上清灵宝大法》大抵雷同，部分措辞则略存差异（《灵宝领教济度金书》卷276，《道藏》第8册，第433页；《灵宝玉鉴》卷30，《道藏》第10册，第344页）。

③ （南宋）宁全真传授、（南宋）王契真编纂《上清灵宝大法》卷41，《道藏》第31册，第68～69页。

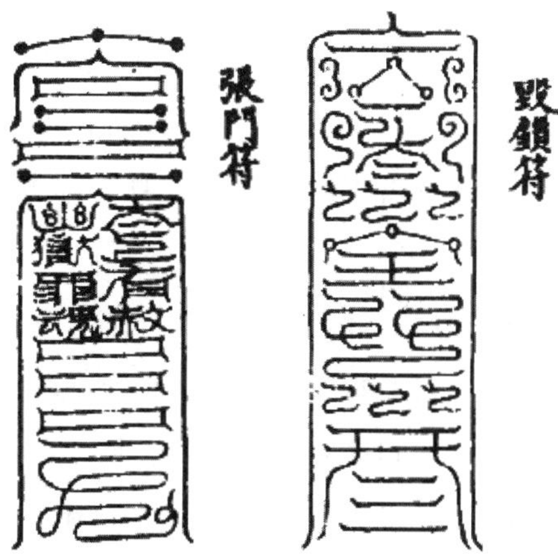

图 8　张门符、毁锁符

资料来源：《灵宝领教济度金书》卷 264，《道藏》第 8 册，第 298 页。

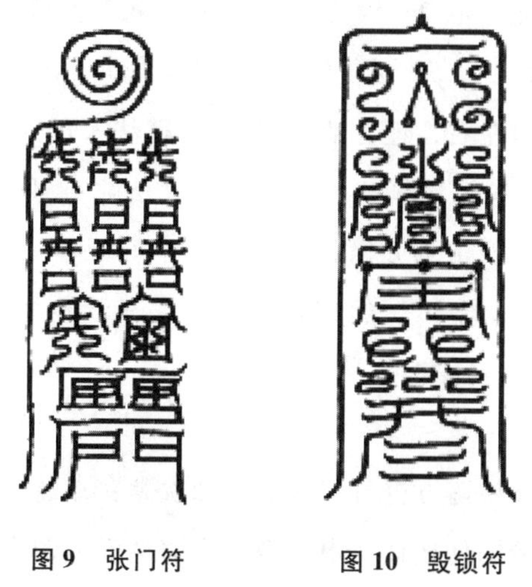

图 9　张门符　　　　**图 10　毁锁符**

资料来源：《灵宝玉鉴》卷 30，《道藏》第 10 册，第 344 页。

前述三种道书中收录的张门符、毁锁符，大部分相似性颇高，可以明显看出乃系源自相同的模本。唯独《灵宝领教济度金书》（卷 264）收录的张门符，其形制与其他两种有较大差别，不排除有另外出处之可能。

概言之，“焚毁锁符、张门符”的演法步骤是这样的：破狱前，法师每至一狱的狱门前告符，将二符在灯火上焚化，以右手擎符灰，存想狱门开张，然后将符灰吹布于九狱内。

第三，破狱前的“变神”。

破狱前，法师需要“变神”，暂时摆脱凡胎肉身、将己身转化为神祇，“先上香，叩齿九通，步罡一座（东九步、南三步、西七步、北五步、四维各五步、中央十二步），左手掐中文，存玄元始青黄白三炁罩覆，己身为本方天尊”。上香、叩齿、步罡、剔诀都是常见的科介动作，进而存念玄元始青黄白三炁罩覆、己身化为本方天尊，至此完成“变神”，法师实现了身份的转换。

“玄元始青黄白三炁”乃系太上始生之炁，南宋陈椿荣集注《太上洞玄灵宝无量度人上品经法》（卷1）引《存思口诀》云：“青、黄、白三色之炁，乃太上始生之炁，玄元始三炁也。天地始生，三炁凝结，所以诵经之士，身坐三炁之中。青乃东方之炁也，故在兆之前；黄乃中央之炁也，故在兆所坐处。白乃西方之炁也，故在兆之后。”①

“本方天尊”是护佑演法高功本命元神的神祇。演行忏仪时，高功必须存想本方天尊降临，如《道法会元》卷245《上清灵宝无量度人上道》“忏文诀”条云：“凡建斋行道，专以忏谢为急……高功须当逐方同斋官跪伏，闭目思存，见本方天尊降于空玄之中，旌幢羽节罗列左右，逐方服色。”② 破狱法事的坛场布置中也会陈设写有“本方天尊”圣号的旗幡，王契真编《上清灵宝大法》卷41《斋法符篆门》“破狱章”条谈到九狱内安狱牌及上悬九幡，正面书“本方天尊”，背面书“十方天尊”。③《灵宝无量度人上经大法》卷50《然灯破狱品》“玉清破九狱符”条也谈到该符幡“朱书青幡之首，身书本方天尊号”。④

第四，持策杖破狱。

破狱是先从东北方开始逐方进行，其顺序依次是：东北方幽都镬汤地狱→东方幽冥风雷地狱→东南方幽治铜柱地狱→南方幽阴火翳地狱→西南方幽关屠割地狱→西方幽夜金刚地狱→西北方幽府火车地狱→北方幽酆溟泠地狱→中央普掠幽狱。

演法高功“变神”为本方天尊，手持策杖（前引文中“符杖”或系策杖之误）逐方击破地狱，取“本方炁”吹弹入狱内，并以水洒之。翻检道书可知，吹弹“本

① （南宋）陈椿荣集注《太上洞玄灵宝无量度人上品经法》卷1，《道藏》第2册，第477～478页。

② 《道法会元》卷245，《道藏》第30册，第513页。《灵宝领教济度金书》卷282《存思玄妙品（开度祈禳通用）》“升坛朝奏”条亦有类似说法：“次方忏诣其方，存三师同自身七祖父母，俱至本方，长跪随声忏悔，本方天尊冠冕服色、俯首倾听。”（《道藏》第8册，第487页）

③ （南宋）宁全真传授、（南宋）王契真编纂《上清灵宝大法》卷41，《道藏》第31册，第63页。

④ 《灵宝无量度人上经大法》卷50，《道藏》第3册，第896页。

方炁”的科介动作，在科仪演法中可频繁见到。值得注意的是，普度仪式中灌注斛食时所取本方炁的数目会因依据方位而有所不同：东九、南三、西七、北五。[①] 然而，逐方破狱时取“本方炁”是否也有差异，就不得而知了。

随后，演法高功焚化“本方符”于本狱中，持诵咒曰：“玉清祖炁，罢对幽堂。三星熠耀，元始开光。有罪无罪，得赦其方。宝光焕映，普登天堂。急急如元始上帝令。”这段咒文，亦见载于王契真编《上清灵宝大法》卷 41《斋法符篆门》收录的“西北方命真梵炁符”告文[②]和《灵宝玉鉴》卷 30《开明幽暗门·九幽地狱灯》“焚九狱符咒”条[③]，个别文字稍有出入。

最后，高功掐玉诀，再次取“本方炁”吹弹入狱，存想金光透彻、内外洞明。随即，携策杖在空中虚书符，引光下注，以杖头画“敕”字，存想破之。

（二）破狱灯仪的仪轨次第

南宋蒋叔舆编集《无上黄箓大斋立成仪》卷 37《赞道节次门》“破狱节次”条：“先诣狱灯所排立，次法事，次高功斋官上香，次高功启白告符，次宣破狱告文，次当职道士宣九狱灯仪，次高功依仪逐狱行持策杖、发符破狱如本仪，次回向念善。”[④] 根据这段文字，我们可以整理出破狱灯仪的八个节次：（1）诣狱灯；（2）演行破狱仪；（3）上香；（4）启白告符；（5）宣破狱告文；（6）宣九狱灯仪；（7）持策杖破狱；（8）回向。

前述节次（2）“破狱仪”的科仪文本，完整收录在《灵宝领教济度金书》卷 33《科仪立成品（开度通用）》中。[⑤] 节次（5）“破狱告文”的格式及内容，王契真编《上清灵宝大法》卷 46《斋法符篆门》亦有著录。[⑥] 节次（6）“九狱灯仪”，又称

---

① 南宋蒋叔舆编集《无上黄箓大斋立成仪》卷 30《科仪门·灵实普度大斋加持斛食仪》云：“想道众皆为真人，同诸天帝君，齐声讽诵。每一方毕，存本方炁，东九、南三、西七、北五条如数，从各方来灌注斛食，吸吹水盂中。”［（南宋）留用光传授、（南宋）蒋叔舆编集《无上黄箓大斋立成仪》卷 30，《道藏》第 9 册，第 556 页］《灵宝玉鉴》卷 36《变化法食门》“灵书存变”条云：“一遍结三途五苦印，每一方毕，存本方炁（东九、南三、西七、北五），灌注法食，及吸吹水盂中。”（《灵宝玉鉴》卷 36，《道藏》第 10 册，第 387 页）

② （南宋）宁全真传授、（南宋）王契真编纂《上清灵宝大法》卷 41，《道藏》第 31 册，第 67 页。

③ 《灵宝玉鉴》卷 30，《道藏》第 10 册，第 344 页。

④ （南宋）留用光传授、（南宋）蒋叔舆编集《无上黄箓大斋立成仪》卷 37，《道藏》第 9 册，第 592 页。

⑤ （南宋）宁全真传授、（宋末元初）林灵真编辑《灵宝领教济度金书》卷 33，《道藏》第 7 册，第182～188 页。

⑥ （南宋）宁全真传授、（南宋）王契真编纂《上清灵宝大法》卷 46，《道藏》第 31 册，第 121 页。

“九幽灯仪”，其文本收入《灵宝领教济度金书》卷 34《科仪立成品（开度通用）》。[①]

至于九狱灯仪中“持策杖破狱”环节的科介流程，道书中也有进一步的解说。前引《无上黄箓大斋立成仪》卷 39《图式门》“九狱灯图”条云：“俟破狱之时，侍灯法师宣破狱仪，逐方用度。法师执灵宝策杖，咏破狱咒。众和十方救苦天尊，即就灯化符于狱上。法师以策杖破狱，烧却青幡了，复挂黄幡。如此则地狱开光，亡爽登真。”[②] 这段内容亦见载于《灵宝无量度人上经大法》卷 50《然灯破狱品》“九狱灯图”条，其中“众和十方救苦天尊”之句以前的文字与前引书完全相同，其后的内容则较前者更为详细：“即就灯烧化符并幡于狱上。法师以策杖击破地狱八方，都毕，至中央并烧二符、二幡，余同诸方破狱法。并掐玉清诀，存黄色之云覆于一方，存自已作天尊之形仪。每狱皆叩齿九通，于咒之前后。如此则地狱开，亡爽登真也。”[③] 根据上述两种道书的内容，我们可以归纳出灯仪中“持策杖破狱”环节有如下几个科介程序：（1）侍灯法师宣破狱仪；（2）法师执灵宝策杖、咏破狱咒；（3）就灯烧化符、幡于狱上；（4）法师以策杖击破地狱八方（中央狱不击破），每狱皆叩齿九通于咒之前后；（5）八狱完毕，至中央狱焚化二符、二幡（烧却青幡了、复挂黄幡），掐玉清诀，存想黄云覆于一方、自己化作天尊形仪；（6）地狱开光、亡爽登真。

值得一提的是，《道法会元》卷 210《丹阳祭炼内旨序》“破狱”条谈到法师破狱时掐诀、念咒、存想等一系列科介动作与前述内容有所不同，如谓：“师作五岳诀，对脐如举千钧之重器。念茫茫酆都中，不计遍数。渐渐用诀擎起于目前。如日光之状。须臾，念咒擎诀过额。念至功德金色光，用诀一放，存金光大如车轮，遍照十方，变为金碧世界，红光罩满。存太一慈尊在空玄之中放无边光明，天上、天下悉皆朗耀……盖人身中脐下为九垒重阴酆都之境，以五岳诀举起，则地狱自然开矣。”[④] 文末附有五岳诀的图形及指法说明（详见图 11），掐诀的同时还需配合念诵“破狱咒”如下：“茫茫酆都中，重重金刚山。灵宝无量光，洞照炎池烦。七祖诸幽魂，身

① （南宋）宁全真传授、（宋末元初）林灵真编辑《灵宝领教济度金书》卷 34，《道藏》第 7 册，第 188 ~ 190 页。

② （南宋）留用光传授、（南宋）蒋叔舆编集：《无上黄箓大斋立成仪》卷 39，《道藏》第 9 册，第605 ~ 606 页。

③ 《灵宝无量度人上经大法》卷 50，《道藏》第 3 册，第 895 页。

④ 《道法会元》卷 210，《道藏》第 30 册，第 313 页。

随香云幡。定慧青莲花，上生神永安。功德金色光，微微开幽关。华池流真香，莲盖随云浮。千灵重元和，常居十二楼。急宣灵宝旨，自在天堂游。寒庭多悲苦，回心礼玄皇。女青灵宝符，中山真帝书。一念升太清，默诵观太无。功归九幽下，旋旋生紫虚。”① 此外，《灵宝领教济度金书》卷283《存思玄妙品（开度品）》“请杖破狱”条则着重介绍了法师持策杖破狱时内心存想的系列情景及操作流程。②

图 11　五岳诀

资料来源：《道法会元》卷210，《道藏》第30册，第313页。

四　策杖：破狱的法器

《灵宝玉鉴》卷1《道法释疑门》“九幽地狱论”条云：“所谓破狱者，亦非诚实斧其门户、碎其扭械，以出罪魂。无非假太上敕命符箓简文之玄化，以开宥之也。”③ 这就是说，破狱乃系通过“敕命、符箓、简文”之类的科仪文检来赦宥亡魂罪愆而

① 《道法会元》卷210，《道藏》第30册，第313页。

② （南宋）宁全真传授、（宋末元初）林灵真编辑《灵宝领教济度金书》卷283，《道藏》第8册，第492～493页。

③ 《灵宝玉鉴》卷1，《道藏》第10册，第144页。

助其出离地狱，并非像“劫狱”那般直接执斧破门、碎其枷锁，打破地狱牢门、救出戴罪亡魂。事实上，宋元以降道门中人在敷演破狱法事时，通常会采用土砂、灯、牌、幡等物并按照特定的形制，煞有介事地构建出一种外在直观的地狱实体，并运用娴熟的科介表演及掐诀、念咒、存想等，活灵活现地表演了一场“劫狱”大戏。推究其因，这应该是基于法事表演的现场氛围和客观效果之考虑而予以设置的。这种物象化的地狱模型及外显的破狱法器之施用，不仅为人们带来感官视觉上的强烈冲击，也更容易让斋主、信众们相信：地狱已被打破，亡魂获得救度。

那么，法师破狱时所持是何种法器？道门内典中对此有过讨论和辩驳。如《无上玄元三天玉堂大法》卷15《寻声救苦品》“破狱法”条云：“破狱之法，合以策杖扣狱扃。而所以用策杖者，三洞法师也。有持剑而破狱者，是正一法师也。近世有持斧破狱者，其说不经，乃妄取钺斧破开诸地狱之语。后人不知源流本末，遂指策杖乃灵宝法师，而天师门下系持斧破狱，此皆俚说，不究本旨，惑乱正法者也。今本宗惟嗣师曾受中盟大洞箓者，可用策杖；余则盟威法箓，剑也。木斧，最为乱道也。登坛之际，何异俳优。亵渎圣真，其罪莫大，故特削去持斧之说。”① 这里介绍了破狱所持的三种法器：策杖、剑、木斧，同时指出前两种法器是因为道士的法箓位阶不同而产生的差异：三洞法师用策杖，正一法师持剑。而对于近世盛传的“持斧破狱”说法则给予严厉批判，认为“此皆俚说”“惑乱正法者也”，指出天心派中唯嗣师曾受大洞箓可用策杖破狱，其余盟威法箓者均用剑。不过，据道书文献中的记载来看，宋元以降道教科仪中执策杖破狱者似乎居多。

策杖是灵宝派道士必备的神圣法器之一，并被作为道法传承的标志而纳入传度授箓仪式中，由师尊亲手交付给受法弟子。② 《灵宝领教济度金书》卷226《科仪立成品（传度斋用）·传度醮仪》云：“师执策杖云：‘阳山丹竹，策真通灵。屈曲九节，五帝垂精。千日勋备，庸代身形。随杖所指，震开幽扃。内藏玉篆，光灿日星。宝敬应感，轻慢彰愆。今以授子，子其藏之。’师以策杖授弟子，弟子顶戴三礼，受

① （南宋）路时中编《无上玄元三天玉堂大法》卷15，《道藏》第4册，第48页。

② 谢世维指出：南朝陆修静撰《太上洞玄灵宝授度仪》中已将“八威神策”与“元始神杖”之类策杖纳入弟子传度仪式中。此外，他还分析了历代文献中手持竹杖的高士、仙人形象及其象征含义［谢世维：《从天文到圣物——六朝道教仪式中策杖之考察》，（台湾）《汉学研究》第27卷第4期，2009年12月，第85~116页］。

之。”[①] 约明代编纂《受箓次第法信仪》“受灵宝真文法信”条中胪列十九种法信名目，其中有“神策杖一枚：长短等身，八节元空，一左一右，穿作五孔，以根为头”[②]。不过，必须指出的是，灵宝道士所持策杖凡计有两种：一种施用于尸解，一种施用于破狱。前者是修道有成之人假托竹杖代形而尸解，如费长房、李意期之流。[③] 此类法术在后世道书中被称为“尸解竹杖法”或“尸解神杖法”，[④] 但因非本文讨论之范围，略过不谈。

有关破狱策杖的形制及持用事项，宋元道书中屡见记载，其内容大多相互引述和抄录。譬如，金允中编《上清灵宝大法》卷34《受持策杖品》分别胪列了六个条目——“造策杖法”“受持策杖法”“五岳符”“十天玄化符”“五帝直符”“论策杖当平居咒持”，[⑤] 并逐一介绍了策杖的制作方法、内中嵌符书及施用法则。[⑥] 上述内容，亦大略见载于王契真编《上清灵宝大法》卷5《修炼吐纳门》“告终代形遏厄尸解法”条、[⑦]《灵宝领教济度金书》卷276《书篆旨诀品（开度用）》“造策杖法”条、[⑧]《灵宝玉鉴》卷29《开明幽暗门》“造策杖式”条、[⑨]《灵宝无量度人上经大法》卷25《受持策杖品》[⑩]。概括而言，古代道士所持的破狱策杖乃系青竹制成，外形酷似手杖，长五尺五寸（约合1.75米），有九个竹节、内中蜡封五岳符及《灵书中篇》，外系长七寸的小黄幡。这种外形普通的竹杖，经过一番特殊的宗教程序而予以神圣化包装，摇身一变成为破狱之利器。

策杖作为破狱的重要法器，始终被道门中人视为神圣化的法力象征。在仪式开始

---

① （南宋）宁全真传授、（宋末元初）林灵真编辑《灵宝领教济度金书》卷226，《道藏》第8册，第123页。

② 《受箓次第法信仪》，《道藏》第32册，第216页。

③ 有关这方面的内容，学界已有精彩论述［谢世维：《从天文到圣物——六朝道教仪式中策杖之考察》，（台湾）《汉学研究》第27卷第4期，2009年12月，第99~105页］。

④ 《太上三辟五解秘法》“尸解竹杖法”条，《道藏》第10册，第756页；《云笈七签》卷84《尸解》“尸解神杖法”条，《道藏》第22册，第595页。

⑤ 金允中编《上清灵宝大法》卷首目录中逐一列举出上述条目，而卷34《受持策杖品》正文则将上述内容混淆在一起。

⑥ （南宋）金允中编《上清灵宝大法》卷34，《道藏》第31册，第569~571页。

⑦ （南宋）宁全真传授、（南宋）王契真编纂《上清灵宝大法》卷5，《道藏》第30册，第694页。需要指出的是，本节内容主要论述尸解策杖的制作方法，但又将破狱策杖的相关内容作为尸解策杖的“又一法”而以小字附注其后，显然是混淆了二者的性质与功用。

⑧ （南宋）宁全真传授、（宋末元初）林灵真编辑《灵宝领教济度金书》卷276，《道藏》第8册，第434~435页。

⑨ 《灵宝玉鉴》卷29，《道藏》第10册，第335~337页。

⑩ 《灵宝无量度人上经大法》卷25，《道藏》第3册，第754~755页。

前，策杖会预先供奉在坛场内的特定位置，法师破狱前必至三清或青玄上帝（太乙救苦天尊）神幕前“请策杖”，事毕“纳还策杖”、送回原处。如《灵宝领教济度金书》卷276《书篆旨诀品（开度用）》“造策杖法”条所言：“若欲破狱，临时于元始前请去，事毕纳还。与尸解策杖不同也。”[①]“请杖”是破狱法事的例行程序，也是破狱之前的必然环节，以至于宋元道书文献中常以“请杖破狱”来指称破狱法事。所谓“请杖”就是从元始天尊或救苦天尊处请来策杖，亦即意味着从最高神祇那里获得了恩准并赐予法力，法师方有权进行“破狱”。而且只有经过这个程序，“破狱”才是合法、有效的，才会成功打破九幽狱、济度出亡魂。

关于“请杖”的仪式流程，王契真编《上清灵宝大法》卷58《斋法宗旨门》“请策杖”条云：“夫破狱开幽，须假天尊无量度人灵宝策杖，策役五帝守吏。按卦炁之方剔诀行事，先具威仪，诣三宝前跪奏请杖。次不离位，焚符召吏，依科行事。《宗旨》曰：兆诣三宝前，上香、三拜，跪奏青玄上帝，具陈斋悃，请降五帝策杖、破狱符命，开破幽狱。心运青玄上帝、端浮虚皇之前，左右侍真、玉童玉女，各执旌幢、芝盖、华幡，罗列左右。真中有圆光，焕照十方，映于兆身。上帝允奏，以口眼鼻分吐慧光，注于杖上，化策杖为芝幢、龙头虎尾之状，龙身光耀，口含华幡，灵风庆云盘结于上，光焕无极。敕玉女玉童捧琼匣，金光闪烁，开紫阳玉笈，颁示破狱符诰及净钟法水付兆开破地狱。”[②]并附“请策杖咒”云：“五老策杖，天尊惠符。金阙玄箓，通幽破涂。大慈悲悯，罪苦咸除。灵宝无量，取救愚迷。敕符一下，含识咸虚。”[③]“请策杖”完毕后，“次以符诰、策杖、水钟，香上度过，付左右执。兆谢恩三拜，凝神引青玄睿相，慧光徐徐升降于兆上玄之宫，交合一相左右童君侍卫。即咽液，兴身策杖，飞云步虚，随意运动。至建狱之所，旋步一匝，四维灯光，皆是慧相，金光遍照，悉成朗耀之所，依科然忏”[④]。此外，《灵宝领教济度金书》卷283《存思玄妙品（开度品）》“请杖破狱”条则着重介绍了法师“请杖”时内心存想的情景。[⑤]

---

① （南宋）宁全真传授、（宋末元初）林灵真编辑《灵宝领教济度金书》卷276，《道藏》第8册，第435页。

② （南宋）宁全真传授、（南宋）王契真编纂《上清灵宝大法》卷58，《道藏》第31册，第240页。

③ （南宋）宁全真传授、（南宋）王契真编纂《上清灵宝大法》卷58，《道藏》第31册，第240页。

④ （南宋）宁全真传授、（南宋）王契真编纂《上清灵宝大法》卷58，《道藏》第31册，第240页。

⑤ （南宋）宁全真传授、（宋末元初）林灵真编辑《灵宝领教济度金书》卷283，《道藏》第8册，第492～493页。

破狱完毕后还需敷演一番“纳杖”程序，亦即将代表法力与神圣旨意的策杖交还回原处，借此表示法师已顺利完成破狱的使命、纳还策杖以复命。王契真编《上清灵宝大法》卷58《斋法宗旨门》“纳杖”条云：“凡破狱事毕，当诣三宝前纳杖。威禁至重、不可超越，违则考算。致恭谢恩，纳于上帝之前。《宗旨》曰：兆纳杖诣上帝前，上香设拜，跪奏谢恩，以策杖、水钟纳于元所，大概与请杖存用一同。良时运顶上青玄上帝，渐渐而升，再归空浮。兆瞻仰慈尊，心拜而退。”① 这里谈到破狱毕后“纳杖”于三清上帝之前，由此可知破狱前“请杖”亦系在同处。前引《灵宝领教济度金书》卷283《存思玄妙品（开度品）》“请杖破狱”条则直接指明在元始天尊前受持九节杖。② 不过，《灵宝玉鉴》卷29《开明幽暗门》“造策杖式”条文末附论中则说破狱策杖是置于“玄师”幕前。③ 历代道书中“玄师”称谓的内涵所指不一而足，但就灵宝派而言则通常是指开派祖师葛玄仙翁。④ 宋元以降灵宝道派布置斋坛时必设“六幕”，其中“玄师幕”位尊而先立且居“东一”位置（即玄师幕陈设在坛场内的东侧居首位）。⑤ 玄师葛仙翁代表灵宝道派的法脉传承，破狱前后在其幕前分别演行“请杖”和“纳杖”，倒也符合情理和逻辑。⑥

值得注意的是，金允中编《上清灵宝大法》卷34《受持策杖品》卷末附论中对破狱策杖“近世多有不佩持，临用却于师前请杖用以破狱”的现象和做法提出尖锐批评，指出策杖不仅“当择日依格制就，一如科法安置法箓”，更需“晨兴朝修之际

① （南宋）宁全真传授、（南宋）王契真编纂《上清灵宝大法》卷58，《道藏》第31册，第241页。

② （南宋）宁全真传授、（宋末元初）林灵真编辑《灵宝领教济度金书》卷283，《道藏》第8册，第492～493页。

③ 《灵宝玉鉴》卷29《开明幽暗门》“造策杖式”条叙述了制造策杖的方法、注意事项及各种符咒，并附论说：“右式制造策杖，平时收持，咒祝、合炁、存神，随事行用。如燃灯破狱，先置玄师前。临时，高功、道众法事跪奏请迎，匝绕灯坛，随方依法，敕破诸狱燃灯。毕，迎杖归坛，跪谢而退。”（《道藏》第10册，第337页）

④ 林灵真编辑《灵宝领教济度金书》卷318《文檄发放品（传度用）·牒诸司》胪列的牒文呈报对象中就有“灵宝大法祖、玄、真三师：祖师太极太虚真人徐来勒，玄师太极左仙公冲应真人葛玄，真师上清朱阳真人郑思远。”（《道藏》第8册，第797页）

⑤ 《灵宝领教济度金书》卷2《坛信经例品（开度、祈禳通用）·黄箓坛内合用》“开度黄箓斋五日节目”条中谈到启建斋坛后即立六幕，“先立玄师幕，次天师幕，次监斋大法师幕，次五帝幕，次三官幕，次三师幕，并请降宣表”（《道藏》第7册，第34页）。《无上黄箓大斋立成仪》卷2《坛幕》云：“玄师幕，居坛之东一（次坛之南）：灵宝玄师为三天化主，乃阐教之师。应宣行斋事，当先关启，证盟斋功，张帐幕，设圣像几案，供养如法。”（《道藏》第9册，第386页）

⑥ 值得注意的是，金允中编《上清灵宝大法》卷五《三界宫曹品》谈到当时也有灵宝道士将救苦天尊称作真师、玄师，如谓：“台山灵宝法中，以三清上帝列为三师，救苦天尊为真师，又称玄师。法中续添言辞，皆以玄师冠其首。不知后世增广之书，与旧典不同。”（《道藏》第31册，第371页）那么，前引《灵宝玉鉴》卷2所言破狱策杖“先置玄师前”是否指救苦幕前，亦未可知。

咒持如法”，如此“临事施用，不复请降于师前”。也就是说，金允中认为破狱策杖与尸解策杖一样，应当日常佩持身边“受持不废、咒诵精勤”，待到破狱时不必“请杖”“纳杖”。此外，金允中还强调了五灵策杖是“正受中盟秘箓、嗣行灵宝大法”者才有资格持用，“本箓本法之合用者”，“非此法箓之阶不当僭用”。[①] 这就将“持杖破狱”的权力严格限定在领受中盟秘箓的那一部分灵宝派道士手中，而对其他派别及箓阶较低者予以排斥。金氏此番言论，想必是有现实针对性的。

五　表疏：破狱的文检

前引《灵宝玉鉴》卷1《道法释疑门》“九幽地狱论”条谈道：所谓破狱者，“无非假太上敕命符箓简文之玄化，以开宥之也”。[②] 这就是说，破狱乃通过“敕命、符箓、简文”之类的科仪文检来赦宥亡魂出离地狱。由此可见，这类文检对于破狱法事的重要性。对于科仪文检的分类、属性及其作用，该书同卷“奏申关牒文字论”条予以简要介绍：“斋法之设，必有奏、申、关、牒，悉如阳世之官府者。以事人之道，事天地神祇也，所以寓诚也。是假我之有，以感通寂然不动之无也。然后见其洋洋乎，如在其上、如在其左右，以明其不敢以上下神祇为无也。所以尽事人之道，以事天地神祇也。故阐事之先，必请命于上天之主宰与夫三界分治之真灵，曰府，曰司，曰宫，曰院。凡有关世人死生罪福之所，必一一誊诚以闻，或奏，或申，或关，或牒。又当随其尊卑等第为之……故尔此奏、申、关、牒文字，

---

① 金允中编《上清灵宝大法》卷三四《受持策杖品》云：“允中闻之师训：道法之修用多门，策杖则托物寓灵者也。如董真人以神尺而成功，皆此类。盖于平居闲暇之时受持不废、咒诵精勤，则大而可以尸解托形，中则可以救危拯厄，行持斋醮用以破狱。复假上帝灵符、资杖之灵神，庶几可以感通溟漠、昭焕幽扃。近世多有不佩持，临用却于师前请杖用以破狱，非格也。正受中盟秘箓、嗣行灵宝大法，五灵策杖乃本箓本法之合用者。故当择日依格制就、一如科法安置法院［箓］，晨兴朝修之际咒持如法。临事施用，不复请降于师前。非此法箓之阶，不当僭用。或平居失于佩持，则无于上帝之前启祝，乞行破狱真符，愿降十方生炁，五岳灵芑灌注策杖，使幽关开泰、亡爽超升，行用一如常日受持之诀，此乃法师存念密行之事。近世立科宣白以助观美，且使斋官喜其详密，不知理不应用科文者，难以随俗补缀。此等事，显行不若默行。所以破狱，当请道众行科，而高功端默存念，或有万一之补。而常俗之论又以地狱渊深，非可设像于地上，而冀其应。以形迹而言，诚不可行也。第科条所列，本有此式。为高功者祇当精其念虑，专诚告祈于大道，乞上帝矜允，则狱何患其不开？故欲破狱，须尽其心以告上帝也。既用策杖破狱，则破狱行用，自可连续。而古者策杖，先以自修，不专为斋醮而设。故破狱之条，别作一品。”（《道藏》第31册，第570～571页）这段内容依据金氏《上清灵宝大法》卷首目录可知，可拟名“论策杖当平居咒持”条。

② 《灵宝玉鉴》卷一，《道藏》第10册，第144页。

之所以立也。”[①]

就文书的体例及性质而言，道门科仪文检可大致划分为如下几种类型：章奏类、表疏类、申状类、关牒类、符榜类、帖札类。[②] 根据文书的发出者与送达者之地位尊卑，上述公文书又分为上行和下行两种：上行文书是下级呈报给上级机构的公文（如前三类），下行公文书是上级部门核发给下级官吏的公文（如后三类）。无论哪种公文书，从内容到书写格式都必须遵守严格的规范和形制，历代道书中不乏详尽说明。就破狱法事而言，常见施用的文检共计有救苦表、破狱表、牒破狱官吏、关地道功曹、第一朝关功曹、破狱诰等。下面，我们分别予以论述。

（一）救苦表

章、奏、表等公文书，早在汉代就已形成了特定的含义、书写格式和使用规范。东汉蔡邕撰《独断》（卷上）载：“凡群臣上书于天子者有四名：一曰章，二曰奏，三曰表，四曰驳议。章者，需头称稽首，上书谢恩陈事诣阙通者也……表者，不需头，上言臣某言，下言臣某诚惶诚恐、顿［稽］首顿首、死罪死罪，左方下附曰：某官臣某甲上。文多用编两行，文少以五行。诣尚书通者也，公卿校尉诸将不言姓，大夫以下有同姓官别者言姓。章曰报闻，公卿使谒者，将大夫以下至吏民，尚书左丞奏闻报可，表文报已奏如书。凡章表皆启封，其言密事，得帛囊盛。”[③] 由此可见，章、表等公文书是帝制时代的产物，是臣子上书皇帝的公文的专用语。

道门科仪文检大抵是沿袭世俗官僚社会中公文书的体例和规制。因此，斋醮仪式中常见施用的各种章表，虽然名目繁多，但无疑都是指呈报给具有帝、尊等称号的高级神祇的公文，属上行公文书。破狱法事中施用的规格等级最高的文检，当首推救苦表和破狱表，此二表均系呈送太乙救苦天尊的。

救苦表，又称通天救苦表，金允中编《上清灵宝大法》卷24《章词表牍品》中收录。[④] 兹抄录如下（表4）。

---

① 《灵宝玉鉴》卷一，《道藏》第10册，第141页。

② 有关台湾道教科仪文检的分类情况，详见谢聪辉《台南地区灵宝道坛〈无上九幽放赦告下真科〉文检的仙曹名称与文体格式考论》，（台湾）《国文学报》2006年第四十期，第75～116页；谢聪辉《台南地区灵宝道坛〈无上九幽放赦告下真科〉文检考源》，（台湾）《中国学术年刊》2006年第二十八期·秋季号，第61～95页；洪莹发、林长正：《台南传统道坛研究》，台南：台南市政府文化局，2013，第54页。

③ （东汉）蔡邕：《独断》卷上，丛书集成初编本，上海：商务印书馆，1939，第4～5页。

④ （南宋）金允中编《上清灵宝大法》卷24，《道藏》第31册，第493页。

表 4　救苦表

救苦表
上清靈寶法籙職位臣姓某，誠惶誠恐，稽首
頓首，再拜
上言。臣今月某日為某府州某縣某處姓名，
開建無上黃籙大齋幾晝夜，薦拔亡某等
係薦男女等魂。仍設斛食，普度孤魂
者。臣聞旋回不息，惟大化之機緣。救
度無窮，乃弘慈之誓願。敢依靈宥，輒
露凡悰。臣誠惶誠恐，稽首頓首。臣伏
以死生大變，未免而有始有終。臧否業
因，於是而或升或墮。況身經太陰之
後，魂歸長夜之中，冥冥永隔於陽光，寂
寂難超於陰府。所賴慈悲之教主，普遷
黑壤之沉魂。惟是臣罔洞至真，自慚蒙
陋，謬列宣膺之職，誓殫利濟之勤。爰
錄誠祈，上干拯度，恭惟
東極青宮慈悲太乙救苦天尊陛下。道均
覆載，澤被幽明。開至真接引之門，闡
大化裁成之教。宸輝所浹，遍九地以清
寧。玄癮誕敷，盡十方而昭泰。恭望流
恩酆部，垂祐泉臺，專遣飛天神人，特勑
救苦童子，下九龍之符命，開六地之冥
關。萬類幽靈，三途滯爽，悉承殊貺，同
陟仙鄉。拔茲係薦之魂儀，脫彼多生之
障難，咸蒙鍊化，永遂逍遙。謹奉表上
進以聞。臣誠惶誠恐，稽首頓首，再拜
謹言。
年歲次　月　日　具位臣姓某上表

资料来源：金允中《上清灵宝大法》卷 24，《道藏》第 31 册，第 493 页。

（二）破狱表

破狱表，见诸《灵宝领教济度金书》卷 298《表榜规制品（青玄斋用）》和《太上三洞表文》（卷上）。① 这两种文本的内容大抵相同，仅个别文字略有出入，可相互校勘。现依据格式抄录如下（表 5）。

表 5　破狱表

破獄表
具位臣某
上言：今月某日，為修齋弟子某崇建青玄
救苦妙齋幾晝夜，開度亡過某靈魂。以今
準式破獄召魂者。
臣伏以登真度命，凝湛露於青華；毀鎖張
門，散祥煙於黑鬱。敢扣
慈悲之聖，冀敷拔領之仁。百拜陳情，一忱
請命。臣誠惶誠恐、稽首頓首，切慮寒庭滯
爽、幽壑窮魂。鐵壘周遭，萬劫受羈維之苦；
銅關赫奕，千齡膺囚禁之嚴。鬼官職憲於
陰陽，冥吏司刑於水火。匪由勑破，曷俾超
凌。恭惟
東極天中、長樂宮內，大慈仁者、尋聲赴感太
一救苦天尊玉陛下。
應感無方，提携有造。降威光於百寶，披朗
重陰；策神杖於五靈，洞開積夜。願垂淵聽，
昭俾命音。如律宣行，密契龍符而啟旦；依
科摧毀，頓令犴室以生春。即使亡過某離
夜無憂，乘晨有喜。耀華芒而煒燁，九壘煥
明；飛靈錫以徘徊，三途康泰。均提苦趣，同
證樂鄉。臣下情無任，激切之至。謹奉表奏
以
聞。謹言。
年　月　日具位臣姓　某上表

资料来源：《灵宝领教济度金书》卷 298，《道藏》第 8 册，第 620 页。

① （南宋）宁全真传授、（宋末元初）林灵真编辑《灵宝领教济度金书》卷 298，《道藏》第 8 册，第 620 页；《太上三洞表文》卷上，《道藏》第 19 册，第 863 页。

（三）破狱牒关

牒文、关文，是道教科仪法事中常见的公文格式，均系指核发给帅将吏兵的指令，属下行公文书。《灵宝领教济度金书》308《文檄发放品（开度黄箓斋用）·三官醮北阴醮》“破狱牒关”条中著录了三份牒文、关文：牒破狱官吏、关地道功曹、第一朝关功曹。现将这三份牒文、关文抄录如下（表6、表7、表8）。

表6　牒破獄官吏①

牒破獄官吏
上清靈寶行司
本壇奉為某自今月某日為始，
乞就某處崇建某齋幾晝夜，開
度亡過某靈魂。以今請杖行
持，依式破獄，拔度某氏門中
先遠宗祖、亡人身後故誤冤
仇，普及六道四生、孤魂滯
魄、諸類傷亡，出離地獄，永
辭長夜，覩見光明，滅除罪
愆，上生妙境。集玆善利，開
泰亡過某靈魂，超登福地。欲
仗威靈，持符破獄，須至專牒
者。
牒請玉清破地獄符吏、青玄黃
籙主破符入獄出冥司仙靈官
吏、太玄真一本際童子，疾速廓
施聖化，廣運神威，乘清微無量
之光，賴青玄慈慧之力，即俾地
獄摧毀，鐵城開宣，見禁囚徒，
俱登道岸，冥關不閉，夜壑无
留，一如靈寶无量度人律令。
謹牒。
太歲　年　月　日牒
具　法　師　銜　位　姓　押

资料来源：《灵宝领教济度金书》卷308，《道藏》第8册，第693页。

表7　关地道功曹②

關地道功曹
上清靈寶行司
本壇奉為某自今月某日為始，乞
就某處崇建某齋幾晝夜，開度亡
過某靈魂。以今準式，告行玉清
寶籙破地獄真符、青玄破獄真
符、靈寶破獄符命，除已在壇宣
讀訖，須至關發者：
一、玉清破地獄真符一道
一、青玄破獄真符一道
一、青玄元君破獄真符一道
一、靈寶破九幽地獄真符九道
一、靈寶破酆都、天獄諸獄、二
十四獄、三十六獄真符四道
右關地道功曹，請疾速齎領，告下
十方九幽合屬冥曹，遵承帝勅，登
時拔度某氏門中先遠宗祖、亡人身
後故誤冤仇，普及六道四生、孤魂
滯魄、諸類傷亡，出離地獄，永辭長
夜，睹見光明，一如靈寶无量度人
律令。故關。
太歲　年　月　日關
具　法　師　銜　位　姓　押

资料来源：《灵宝领教济度金书》卷308，《道藏》第8册，第693页。

① 牒文中画线处文字原系小字书写“同茇龙牒”，亦即为了避免重复而省略。今据同卷“宿启告符牒关”条中收录的“牒茇龙驿吏”补写相关内容（这份“牒茇龙驿吏”的内容，详见《道藏》第8册，第691页）。

② 关文中画线处文字原依次小字书写“同茇龙牒”“同九龙牒”“同破狱牒”今据同卷中收录的“牒茇龙驿吏”“关九龙符命发者”“牒破狱官吏”补写相关内容（这三份牒关文的内容，详见《道藏》第8册，第691、692、693页）。

表 8　第一朝关功曹[①]

第一朝關功曹
上清靈寶行司
今發
通天救苦表文一函，上詣
東極青宫，須至關發者。
右關某甲子日上奏靈官日直受事
功曹，準此齎捧前詣，分明投達。
敢有拒遏，東送雷霆。風火驛傳，
立俟昭報。故關。
太歲　年　月　日關
具　法　師　銜　位　姓　押

资料来源：《灵宝领教济度金书》卷 308，《道藏》第 8 册，第 693 页。

六　宣符告文：破狱的道符

前引《灵宝领教济度金书》卷 308《文檄发放品（开度黄箓斋用）》“关地道功曹”条中逐一胪列出破狱法事所施用的符箓，如谓：“以今准式，告行玉清宝箓破地狱真符、青玄破狱真符、灵宝破狱符命，除已在坛宣读讫，须至关发者：一、玉清破地狱真符一道；一、青玄破狱真符一道；一、青玄元君破狱真符一道；一、灵宝破九幽地狱真符九道；一、灵宝破酆都、天狱诸狱、二十四狱、三十六狱真符四道。”[②] 下面，对上述几种破狱真符略作考证。

（一）玉清宝箓破地狱真符

玉清宝箓破地狱真符，又称玉清破地狱真符，是破狱法事中最重要的道符之一。有关此符的情况，王契真编纂《上清灵宝大法》卷 46《斋法符篆门》有过详细介绍。[③] 首先，该书大肆渲染了此符的神圣出处和非凡神力，指出：“玉清宝箓乃元始之威章，出九光紫阳之册，实灵宝普度灵文，作阴曹之合契，为冥官之合同也。”[④]

① 关文中画线处文字原系小字书写“同宿启功曹关”，今据同卷中“关功曹”补写相关内容（这份“关功曹”的内容，详见《道藏》第 8 册，第 690 页）。

② （南宋）宁全真传授、（宋末元初）林灵真编辑《灵宝领教济度金书》卷 308，《道藏》第 8 册，第 693 页。

③ （南宋）宁全真传授、（南宋）王契真编纂《上清灵宝大法》卷 46，《道藏》第 31 册，第 120 ~ 121 页。

④ （南宋）宁全真传授、（南宋）王契真编纂《上清灵宝大法》卷 46，《道藏》第 31 册，第 120 页。

随后又描述了此符的材质、尺寸、书写格式、封函及施用程序等，并绘制出玉清宝箓破地狱真符的散形和聚形（详见图 12），符后附有十六字的云篆（详见图 13），译文为：“玉清宝符开破九幽北酆宪垒敕摄火令”。

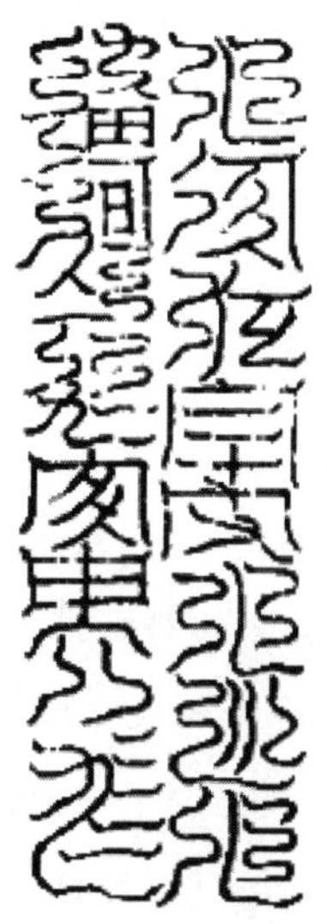

图 12　玉清宝箓破地狱真符

资料来源：王契真编《上清灵宝大法》卷 46，《道藏》第 31 册，第 120 页。

图 13　符后的云篆（十六字）

资料来源：王契真编《上清灵宝大法》卷 46，《道藏》第 31 册，第 120 页。

依照道门仪轨的惯例，有符命就必有与之相配的“告文”。宣玉清破地狱真符时的“告文”如下：“玉清宝篆，照耀重泉，地狱摧毁，铁城开宣，元始符命，时刻升迁，北都寒池。部卫亡过某等形魂，制魔保举，度品南宫。死魂受炼，仙化成人。生身受度，劫劫长存。随劫输转，与天齐年。永度三涂、五苦、八难，超陵三界，逍遥上清，一如告命。”① 此外，王契真编《上清灵宝大法》（卷46）中还附有“破狱告文”及其内外封签的题署格式。②

值得一提的是，玉清宝篆破地狱真符及云篆、告文等内容，在宋元道书中屡有著录和引述，行文措辞及道符的形制大抵相同。③

（二）青玄破狱真符

玉清破地狱符、青玄破狱符、青玄元君破狱符，在破狱仪式中通常是联袂出现和施用的。《灵宝领教济度金书》卷33《科仪立成品（开度通用）·破狱仪》在介绍“破狱仪”的节次流程时，有过这样的描述：“上清灵宝玄坛炷香，关召王［玉］清破狱符吏、青玄破狱灵官、入狱赦罪灵官、破狱主吏、破狱飞吏、破狱驿吏、合龙飞符驿吏、持符神吏，谅遵帝敕、克赴斋坛”云云，旋即“宣玉清破狱符、青玄破狱符、元君破狱符、关发，众诵《救苦经》一遍。高功运念如仪，宣十天化符，焚毁锁、张门符。”④ 该书卷87《科仪立成品（青玄斋用）·青玄破狱仪》所言亦大略相同。⑤ 据此，我们可以判定：宣玉清破狱符、宣青玄破狱符、宣元君破狱符显然是依

---

① （南宋）宁全真传授、（南宋）王契真编纂《上清灵宝大法》卷46，《道藏》第31册，第121页。

② （南宋）宁全真传授、（南宋）王契真编纂《上清灵宝大法》卷46，《道藏》第31册，第121页。

③ 相关内容，详见金允中编《上清灵宝大法》卷32《升度符诰品》“玉清宝篆破地狱真符”条（《道藏》第31册，第561～562页）；蒋叔舆编集《无上黄箓大斋立成仪》卷40《符命门》“玉清破地狱真符”条和卷44《符告门》“玉清破地狱真符告文”条（《道藏》第9册，第609页，第631页）；《灵宝领教济度金书》卷264《符简轨范品（开度通用）》“玉清宝篆破地狱真符”条、卷276《书篆旨诀品（开度用）》“玉清宝篆破地狱真符勑笔咒”条和卷288《诰命等级品（开度祈禳通用）》“玉清宝篆破地狱真符告下”条（《道藏》第8册，第295页，第427～428、541页）；《灵宝无量度人上经大法》卷55《普度符诰品》“玉清破地狱真符”条、“玉清宝篆破地狱真符”条（《道藏》第3册，第932页，第934～935页）；《灵宝玉鉴》卷22《告给符篆门》“玉清宝篆破地狱真符附告文”条（《道藏》第10册，第309页）；《高上神霄玉清真王紫书大法》卷12《神霄保仙消魔护正说戒仪》“破地狱符檄”条（《道藏》第28册，第666页）

④ （南宋）宁全真传授、（宋末元初）林灵真编辑《灵宝领教济度金书》卷33，《道藏》第7册，第184页。

⑤ （南宋）宁全真传授、（宋末元初）林灵真编辑《灵宝领教济度金书》卷87，《道藏》第7册，第421页。

次进行的，这三道符的宣行应该遵守严格的顺序。①

青玄破狱符的形制，见诸《灵宝领教济度金书》卷264《符简轨范品（开度通用）》。②

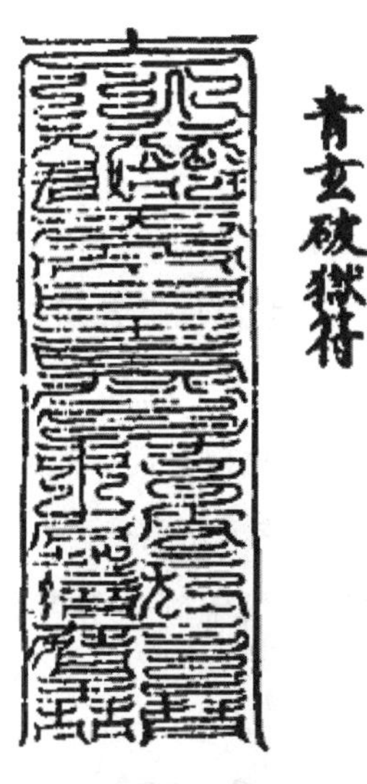

图14　青玄破狱符

资料来源：《灵宝领教济度金书》卷264，《道藏》第8册，第296页。

此外，《灵宝领教济度金书》卷59《科仪立成品（开度黄箓斋）·九炼返生仪》收录“宣青玄破狱诰”，文字如下：“东府上宫，金霞万重。日赫千光，云炁郁丛。中有玄黄，号曰上公。授以真文，宰治幽酆。统摄速召，疾见急通。破身中狱，领魂发冲。使皆生尸，炼度南宫，玄元之命，不得隐容。”③ 该书卷288《诰命等级品（开度祈禳通用）》亦著录“青玄破狱真符告文”云：“元始符命，告下酆都九幽地狱，拔度见禁一切幽爽。乘此真文，出离地狱。时刻升迁，一如告命。金龙驿传。”④ 并附该告文的外封签署格式如下：

① 不过，《灵宝领教济度金书》卷九六《科仪立成品（青玄斋用）·普度净供仪》则云：“焚元君破狱符，焚青玄破狱符，诵《救苦经》一遍，焚青玄破酆都符”（《道藏》第7册，第457页）。这里，焚化青玄破狱符和元君破狱符的前后次序与前述不同。

② （南宋）宁全真传授、（宋末元初）林灵真编辑《灵宝领教济度金书》卷264，《道藏》第8册，第296页。

③ （南宋）宁全真传授、（宋末元初）林灵真编辑《灵宝领教济度金书》卷59，《道藏》第7册，第286页。

④ （南宋）宁全真传授、（宋末元初）林灵真编辑《灵宝领教济度金书》卷288，《道藏》第8册，第542页。

青玄破狱真符告下

具位姓某诰奉行谨封

酆都九幽十方诸大地狱

（三）青玄元君破狱真符

青玄元君，到底是指哪位神祇？翻检道书，我们仅觅得二则材料：其一，《清微元降大法》卷8“清微传芳师宝”条云：“紫泓周运升和青玄元君汤宗明”居神州陵光府；[①]其二，《清微斋法》卷上《道宗统系》“灵宝流系”条云：“紫泓周运升和清玄元君汤宗朝，梓州人，主神州陵光府。”[②]不过，据现有资料尚无法判定这两部清微派道书中谈到的“青（清）玄元君汤宗朝”，与“青玄元君破狱真符”中的主神是有共同所指。

青玄元君破狱符的形制，前引《灵宝领教济度金书》卷264《符简轨范品（开度通用）》亦有收录。[③]

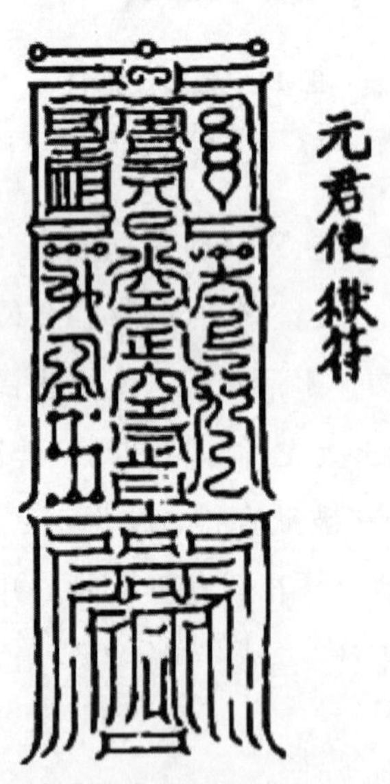

图15　元君使［破］狱符

资料来源：《灵宝领教济度金书》卷264，《道藏》第8册，第296页。

---

① 《清微元降大法》卷8，《道藏》第4册，第191页。

② 《清微斋法》卷上，《道藏》第4册，第284页。

③ （南宋）宁全真传授、（宋末元初）林灵真编辑《灵宝领教济度金书》卷264，《道藏》第8册，第296页。

这通道符的告文，《灵宝领教济度金书》卷288《诰命等级品（开度祈禳通用）》“青玄元君破地狱真符告文”条云：“元始上圣合同真文，告下酆都九幽、北府九泉、十方诸大地狱，破荡铁城，摧毁剑树，罢除苦业，停息冤仇。乘此宝箓光明，使某人灵魂得遂超升，一如告命，金龙驿传。”文末附注云：“右符黄纸书符，碧纸书文并朱书。”① 并附告文的外封题署如下：

青玄元君破地狱真符告下

具位姓某承诰奉行谨封

酆都地府九幽十方诸大地狱

（四）灵宝破九幽地狱真符

灵宝破九幽地狱真符，又称破九幽地狱符，合计九道，分别是：东方风雷、南方火翳、西方金刚、北方溟泠、东北镬汤、东南铜柱、西南屠割、西北火车、中央普掠。这九道符，均收录于《灵宝领教济度金书》卷264《符简轨范品（开度通用）》。②

与“破九幽狱符”配合施用的告文，亦见载于《灵宝领教济度金书》卷288《诰命等级品（开度祈禳通用）》，如该卷“破九幽狱符告文”条云：“元始符命，告下某方地狱阴曹冥关典狱考禁，牛头掾吏，冥狱主者，拔度某人灵魂，及九州分野滞爽，生存造恶，身后拘囚，受诸苦恼，无由超度。乘此符命，出离地狱，永辞长夜，睹见光明，万罪荡除，逍遥上清，一如告命。”③ 并附告文的外封题署如下：

元始符命告下

具位姓某承诰奉行谨封

某地狱主者

① （南宋）宁全真传授、（宋末元初）林灵真编辑《灵宝领教济度金书》卷288，《道藏》第8册，第541～542页。

② （南宋）宁全真传授、（宋末元初）林灵真编辑《灵宝领教济度金书》卷264，《道藏》第8册，第296～297页。

③ （南宋）宁全真传授、（宋末元初）林灵真编辑《灵宝领教济度金书》卷288，《道藏》第8册，第542页。

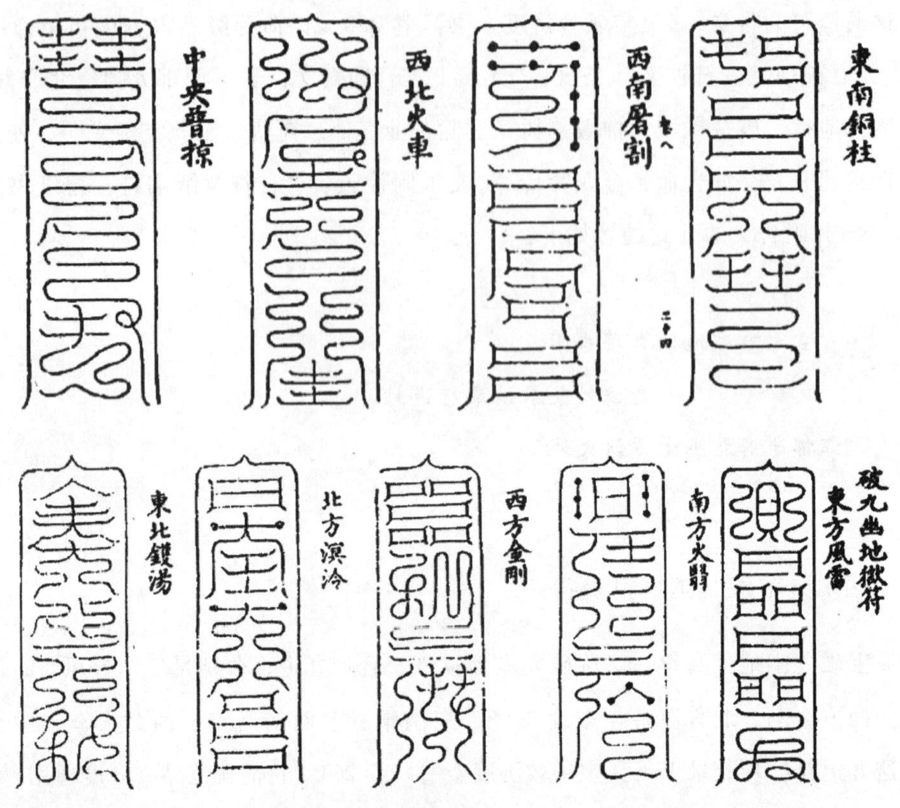

图16　破九幽地狱符

资料来源：《灵宝领教济度金书》卷264，《道藏》第8册，第296~297页。

（五）灵宝破酆都、天狱诸狱、二十四狱、三十六狱真符

上述四通道符中，灵宝破酆都真符（又名青玄破酆都符、青玄天尊救苦破酆都赦罪真符）、破二十四狱符、破三十六狱符，均收录于《灵宝领教济度金书》卷264《符简轨范品（开度通用）》。[①] 唯独“破天狱诸狱符”之名，则未见道书中谈及。不过，前引《灵宝领教济度金书》卷264《符简轨范品（开度通用）》还收录另外两通用以破狱的道符：破天牢地狱符、破诸大地狱符。本处所言“天狱诸狱”，是不是“天牢地狱”和“诸大地狱”的混淆或合称，抑或指称其中之一者，亦未可知。

① （南宋）宁全真传授、（宋末元初）林灵真编辑《灵宝领教济度金书》卷264，《道藏》第8册，第297~298页。

值得一提的是，王契真编《上清灵宝大法》卷41《斋法符篆门》亦收录“青玄天尊救苦破酆都赦罪真符”，其形制与前引《灵宝领教济度金书》（卷264）“青玄破酆都符”完全一致，并且详细介绍了该符的施用情况：“凡破狱，预以青纸书青玄破酆都符，阳日朱书、阴日用墨书，依九龙符存用。吸炁入符，临破狱怀于心前，每狱焚一道，至普掠狱，指掐灵宝诀，取中祖炁，默祝化形咒，同回光符焚于普掠狱中。再心咒曰‘敕咤哩现光明’，念三遍。瞑目，存灯光化成百宝祥光，上达九天、下彻九地，存前符化无量天尊，遍诣诸狱，救拔罪魂，乘光而出幽冥也。”①

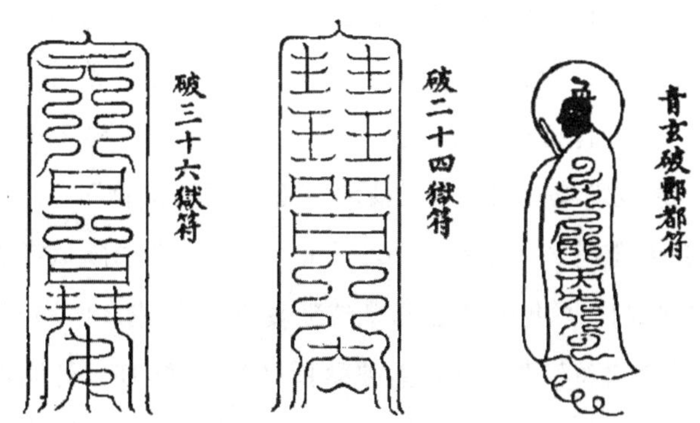

图17　青玄破酆都符、破二十四狱符、破三十六狱符

资料来源：《灵宝领教济度金书》卷264，《道藏》第8册，第297～298页。

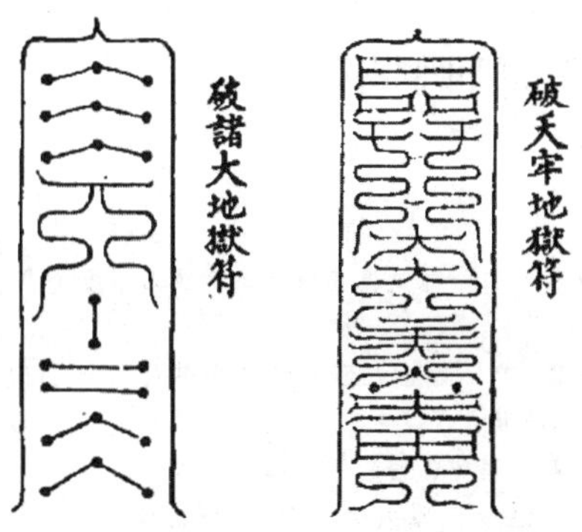

图18　破天牢地狱符、破诸大地狱符

资料来源：《灵宝领教济度金书》卷264，《道藏》第8册，第297页。

这四通真符的告文，前引《灵宝领教济度金书》卷288《诰命等级品（开度祈禳通用）》“破九幽狱符告文”条文末附有按语云：“右九幽地狱、酆都三十六狱、酆

① （南宋）宁全真传授、（南宋）王契真编纂《上清灵宝大法》卷41，《道藏》第31册，第69页。

都二十四狱、酆都诸大地狱、天牢地狱，凡十三处并同此告文，只告下不同耳。如风雷狱，则告下东方风雷地狱。余准此。"① 这就是说，破三十六狱符、破二十四狱符、破诸大地狱符、破天牢地狱符的告文，与前述"破九幽狱符告文"的内容及格式都是一样的，只不过"告下"的对象会各有所指。譬如，破风雷狱符"告下"的是东方风雷地狱，其他内容则因循不变。②

其实，除了上述几种真符外，宋元道书中还著录了其他诸多的破狱道符。譬如，王契真编《上清灵宝大法》卷41《斋法符篆门》中收录的"破狱九天符""十天玄化符""十方救苦天尊符"等③；《无上玄元三天玉堂大法》卷14《慧光烛幽品》"九天真阳玉光破暗金符""慈尊开幽牢符"，④ 卷15《寻声救苦品》"虚无三炁九阳玉光照破地狱真符""重符密行"⑤；《灵宝领教济度金书》卷264《符简轨范品（开度通用）》"玉清宝箓拔幽魂真符""玉清净酆都诸大地狱符""青玄上帝开酆山诸大地狱符""青玄开酆都狱符"等，⑥ 卷265《开度追摄品》"破狱都匠符"⑦；《灵宝玉鉴》卷29《开明幽暗门》"九阳梵炁元皇破狱真符"，⑧ 卷30《开明幽暗门·九幽地狱灯》"三晨慧光破狱真符""九真梵炁破狱真符"，⑨ 卷31《开明幽暗门·二十四狱灯》破二十四狱符，⑩ 卷36《变化法食门》"净酆都破狱符"⑪；《道法会元》卷16《玉宸炼度符法》"破狱符""关灯破狱""九阳破九幽符""破狱四符""九阴符"等。⑫ 前举诸符均与破狱有关，乃系不同场合施用的，每道真符都承担着各自不同的宗教使命，呈现出特殊性和专门化倾向。

---

① （南宋）宁全真传授、（宋末元初）林灵真编辑《灵宝领教济度金书》卷288，《道藏》第8册，第542页。

② 引文所言"凡十三处并同此告文"是指九道"破九幽狱符"分别指向的九幽地狱，再加上三十六狱、二十四狱、诸大地狱、天牢地狱，合计十三处地狱。

③ （南宋）宁全真传授、（南宋）王契真编纂《上清灵宝大法》卷41，《道藏》第31册，第63～64页。

④ （南宋）路时中编《无上玄元三天玉堂大法》卷14，《道藏》第4册，第44页。

⑤ （南宋）路时中编《无上玄元三天玉堂大法》卷15，《道藏》第4册，第48页。

⑥ （南宋）宁全真传授、（宋末元初）林灵真编辑《灵宝领教济度金书》卷264，《道藏》第8册，第294～299页。

⑦ （南宋）宁全真传授、（宋末元初）林灵真编辑《灵宝领教济度金书》卷265，《道藏》第8册，第306页。

⑧ 《灵宝玉鉴》卷29，《道藏》第10册，第340页。

⑨ 《灵宝玉鉴》卷30，《道藏》第10册，第343～346页。

⑩ 《灵宝玉鉴》卷31，《道藏》第10册，第355～357页。

⑪ 《灵宝玉鉴》卷36，《道藏》第10册，第388页。

⑫ 《道法会元》卷16，《道藏》第28册，第761～771页。

七　结论

破狱，是道教荐拔亡魂仪轨中非常重要的一项科仪。翻检历代道书可知，唐宋以前道门斋醮科仪文献中并无“破狱”之说，此当系唐宋之季或两宋羽流杜撰增衍而成。南宋时，有关破狱的经典、灯仪及说法开始大量出现，相关仪轨及理论日趋丰富、逐步定型。宋元以降，破狱法事更多是以灯仪的形式来表现。据金允中编《上清灵宝大法》卷 35《然灯破狱品》云：“破狱之科，本不与然灯连续。但唐广成先生科有九幽灯，则后世之九卮灯也，大则八十一盏，亦可九盏。其古法科中文辞正以照烛九幽狱，其行用则与礼灯之法相似。故今以然灯点于狱前，请道众宣科，而高功存思行用也。”① 由此可知，最初破狱原本不与灯仪连用，至迟到南宋末，二者就已联袂并用、融合成为燃灯破狱仪，亦即出现了“九幽神灯仪”“黄箓破狱灯仪”“血湖灯破狱仪”等多种说法。

道教的破狱法事自开创以来，始终受到道门中人及信众的推崇和重视，其文本、诀法及仪轨不仅师弟相继、传承不绝，且对世俗社会产生了极为深远的影响，以至于明清时期某些地区的民众径直以“破狱”“打城”来指称整出的道教拔度仪式。事实上，破狱法事在近世道教黄箓斋仪中的地位乃系日益凸显的结果，其重要性不断强化，乃至最终被视为超度亡魂仪式中的核心环节。对于道教的破狱法事，学界长期以来未给予足够的重视，相关研究亟待深入。笔者草撰此文，意在抛砖引玉，希望激发更多对此议题的关注和思考。

① （南宋）金允中编《上清灵宝大法》卷 35，《道藏》第 31 册，第 571 页。金契真编《上清灵宝大法》卷 35《然灯破狱品》“九狱灯图”条亦云：“谨遵师传，上稽旧格，破狱行用，悉著于编。关灯之文，出广成先生《黄箓斋科》。其式只如礼灯之法，亦不讽经。古本上称九幽灯而已。后世九卮灯，则每方讽《生神章》，其文亦少异。今用于狱坛，仍令斋官礼灯，而道众宣演如法，以助高功行用。如礼东方灯，高功则至东方，行持破狱，所以讽《中篇》，旋绕以应高功存念也。道众方宣文，礼第二方灯，旋咏如初。九狱皆然。庶使高功神炁安平，与祝灯之辞语意相合，免致紊乱存想。如近世九狱灯文，乃关灯之中，每方举偈子一首，言辞不能典雅，且与破狱事体全不相合，所以汨混高功之耳，又无益于事也。若九幽神灯然于道场诸处，则关祝之科自从世法。”（《道藏》第 31 册，第 574 页）

图中春秋

——永乐宫重阳殿壁画中的法派意图*

赵　伟

内容摘要：永乐宫作为元代著名道教艺术殿堂，殿内壁画承载着诸多历史文化信息。其中，重阳殿壁画的构制与全真教关系最为密切。本文通过对重阳殿壁画和永乐宫碑刻中重阳祖师六大弟子排序差异的分析，以及重阳殿东壁“示现金莲”“甘河遇真”“传授秘语”和北壁西侧“度太古”“太古传衣”等数幅图像布局的探讨，认为重阳殿壁画的构制具有明显的法派意图，其构制时段应为郝大通法派弟子孙履道执掌全真教时期。

关键词：永乐宫　重阳殿壁画　法派

作者简介：赵伟，中央美术学院研究生院副研究员。

一　重阳殿壁画保存概况及相关研究

永乐宫作为元代著名道教艺术殿堂，殿内壁画一直备受世人瞩目，从三清殿到纯阳殿再到重阳殿，每一处壁画都承载着诸多的历史文化信息。尤其是重阳殿，作为专门供奉全真祖师王重阳及其弟子的殿堂，其殿内壁画与全真教关系最为密切，是元代全真教史的重要组成部分。

重阳殿壁画绘于大殿东西山墙（东壁、西壁）、后檐墙（北壁）以及中心扇面墙的背后，壁画内容为重阳祖师画传，主要描述了全真教开山鼻祖王重阳从出生、求道、纳徒直至仙逝及弟子将其归葬的故事。画面从大殿东山墙南段上部开始，由南至北，分上、下两组进行，共15幅画面，上面7幅，下面8幅。每幅画面的右上方均

* 本课题为2015年北京市社会科学基金项目，项目编号：15WYB057。

标有一个榜题，15 幅画面间有山石、树木或云气相连接，共同构成了一组布局巧妙、气势磅礴的美丽画卷。东山墙之后画面转至后檐墙，后檐墙以北门为界，分为东、西两侧，亦为上、下两组，按自东往西、自上而下的顺序排列。后檐墙共绘制了 20 幅画面，每侧 10 幅，分为上、下 5 组，呈对称性排列。后檐墙每组画面的右上方也多标有榜题，仅东侧上排最西端少一榜题。重阳殿西山墙壁画构制顺序接续后檐墙画面，遵循上、下两层的布局方式，其中，上层 7 幅，下层 8 幅，与东山墙上的构图一致。重阳殿扇面墙背后壁画主尊为三清，三清两侧下方分列两组供养人队伍，供养人队伍外侧绘数幅故事画，现存有 3 个榜题。

在重阳殿总计 52 个榜题中，可以清晰地看到重阳祖师从出生至升遐的总体过程，对此，已有研究者做出诸多努力并取得了可喜的成绩：如景安宁、刘科、吴端涛、张方等皆从各自研究角度出发，对重阳殿壁画的来源、孙不二入道经历、壁画中的地狱图像以及元代神仙道化剧等问题进行过探讨。

学者们的探讨为重阳殿壁画研究注入了活力，但仍有许多内容未及深入，如重阳殿壁画所呈现的重阳祖师纳徒顺序与永乐宫现存的《大朝重建大纯阳万寿宫之碑》所载祖师授徒顺序并不一致，其原因何在；重阳殿东壁图像构图除第一幅外其余均呈现出错置状态，究竟为何；后檐墙西侧郝大通入道图像、榜题多次重复，是画工的失误还是另有隐情；重阳殿壁画与《重阳真人闵化图》的关系到底如何；以上种种，均有待进一步细致的解读。

二　重阳殿壁画和《大朝重建大纯阳万寿宫之碑》的祖师纳徒顺序

永乐宫有两处地方涉及重阳祖师的纳徒顺序，一处是重阳殿壁画，另一处是《大朝重建大纯阳万寿宫之碑》。①

从二者相较可以看出，重阳殿壁画与《大朝重建大纯阳万寿宫之碑》所列重阳祖师的六位男性弟子的排序并不一致，重阳殿壁画除了将丘处机由碑刻中的第四位提升至马丹阳之后第二位之外，还着重将郝大通的入道时间做了调整，将其从碑刻中的

① 因《大朝重建大纯阳万寿宫之碑》只论及重阳祖师的六位男性弟子，未涉及孙不二，所以，此处比较暂未考虑孙氏。

末位提升至王处一和刘处玄之前，成为王重阳四大弟子之一。同时，原处于碑刻中第三位置的刘处玄则被排至末位。

表 1　重阳殿壁画和《大朝重建大纯阳万寿宫之碑》重阳祖师纳徒顺序

重阳殿壁画	《大朝重建大纯阳万寿宫之碑》
1 马丹阳（榜题 25，誓盟道戒）	1 马丹阳
2 丘处机（榜题 29，长春入谒）	2 谭处端
3 谭处端（榜题 30，长真弃俗）	3 刘处玄
4 郝大通（榜题 31，度太古；榜题 32，太古传衣；榜题 33，太古传衣）	4 丘处机
5 王处一（榜题 42，掷盖龙泉）	5 王处一
6 刘处玄（榜题 43，化长生子）	6 郝大通

永乐宫作为全真教的东祖庭，该宫自兴建以来便长期隶属于大都长春宫（今北京白云观），除掌教大宗师常志清（又称天阳真人）退堂闲居时纯阳万寿宫的节制权发生过短暂改变被移交给晋宁路道录司之外，其他时间均隶属大都长春宫辖制。《大朝重建大纯阳万寿宫之碑》（刊于 1262 年）由全真掌教张志敬授意刊刻而成，碑中所载祖师付畀玄教的过程具有一定权威性。重阳殿作为全真教重要殿堂之一，殿内壁画描绘的是全真一脉兴起大事，其壁画内容亦应秉承全真负责人的旨意。所以，对于这两处在全真教中同样重要但内容存在巨大分歧的碑刻与壁画，如何判断其成因将是一项颇为有趣的探索。

对于重阳祖师的纳徒顺序，道教学者曾做过诸多文本上的探讨，并列出了 9 种不同观点。[①] 按他们的研究，人们之所以对重阳祖师纳徒先后次序出现如此多的分歧，

① 此九种观点如下。（1）陈教友在《长春道教源流》卷 1 称："嘉授七弟子，其一丘处机，余为马钰、谭处端、刘处玄、王处一、郝大通及钰之妻孙不二。"（2）陈垣先生的观点：马丹阳、孙不二、谭处端、刘处玄、丘处机、王处一、郝大通。他认为："大定丁亥夏，焚其居，人争赴救，师婆娑舞于火旁，且作歌以见意。诘旦东迈，径达宁海，首会马钰于怡老亭，马亦儒流中豪杰者，与其家人孙氏，俱执弟子礼。又得谭处端、刘处玄、丘处机、王处一、郝大通等七人，号马曰丹阳，谭曰长真，刘曰长生，丘曰长春，王曰玉阳，郝曰广宁，孙曰清净散人，并结方外眷属。"（3）任继愈先生认为，王重阳大定七年（1167）放火烧掉所住茅庵，东出潼关，云游到山东半岛，正式树起"全真"的旗号，收了马钰、谭处端、刘处玄、丘处机、王处一、郝大通、孙不二七大弟子。（4）卿希泰先生认为，全真七子拜师顺序为：马钰、谭处端、丘处机、王处一、刘处玄、郝大通、孙不二。（5）南怀瑾先生认为，马钰、谭处端、王处一、郝大通、丘处机、孙不二、刘处玄，是当时的拜师顺序。（6）潘雨廷则认可马钰、孙不二、丘长春、郝大通、谭长真、王处一、刘处玄的拜师顺序。（7）郭武认为七真皈依的先后顺序为：马钰、丘处机、谭处端、王处一、郝大通、孙不二、刘处玄。（8）吴亚魁认为全真七子的拜师顺序是：马钰、谭处端、丘处机、王处一、郝大通、刘处玄、孙不二。（9）郑素春认为全真七子的拜师顺序为：丘处机、谭处端、马钰、王处一、郝大通、孙不二、刘处玄。参见赵卫东《金元全真道教史论》，齐鲁书社，2010，第 68 页。

主要原因在于他们在认定纳徒标准时未能统一，有的以他们师徒第一次见面时间为准，有的以具体拜师时间为准，还有的以悟道时间为准，或者以对全真教的贡献大小为准，等等。在这多重标准中，重阳祖师所认定的纳徒顺序在全真教早期影响巨大。

按重阳祖师的说法，马钰无疑是其大弟子，亦是传承其衣钵的不二人选。王重阳仙逝时曾留言："丹阳已得道，长真已知道，吾无虑矣。处机所学，一听丹阳；处玄，长真当管领之。"① 所以，在重阳祖师的心目中，马、谭、刘、丘四大弟子的排序以马丹阳为首，其次是谭处端，再次才是刘处玄、丘处机二人。重阳祖师认定的这一授徒标准，在其离世后很长一段时间一直为全真教派所遵从。

尹志平，作为丘处机的大弟子，曾担任全真掌教。他在《清和真人北游语录》中记述过上一代的师授传承关系，并指明这种传承关系出自丘处机之口："既得四师真，复以弟、侄、子次之。丹阳为弟，谭为侄，长生、长春则子也。后四师真成道亦有迟速。丹阳两年半，长真五年，长生七年，长春师傅至十八九年，以其志行通彻天地，圣贤方与之。各验其所积功行浅深，故排序有等级，而成道有迟速也。"② 尹志平的记录实际上代表了丘处机一辈王重阳弟子及熟悉全真教派的社会知名人士的共同认知，比较符合当时的实际情况，也最契合王重阳的意愿。

如李鼎在1254年撰写的《重阳终南山上清太平宫记》中亦称："重阳祖师以下，丹阳、长真、长生、长春、玉阳、太古众师真，其精真微妙，予固不得见之矣……"③其中的排名与《大朝重建大纯阳万寿宫之碑》一致。

全真教派的这种认知一直延续到元武宗时期，最明显的例证来自至元六年（1269）元世祖忽必烈和至大三年（1310）元武宗对全真五祖和七真的加封诏令，在这两次诏令中，七真的顺序皆为：马钰、谭处端、刘处玄、丘处机、王处一、郝大通、孙不二④。应该说，至元六年和至大三年诏令中的七真排序实际上代表了全真教及当时社会、朝廷对全真一派正统法脉秩序的认定。

重阳殿壁画对重阳祖师纳徒顺序的重新排定，显然有悖于全真一派长期以来的集体认知，代表了壁画设计者对传统纳徒秩序的突破，此种突破表明全真教进入了一个新时期。

---

① 《道藏》第5册，文物出版社、上海书店、天津古籍出版社，1988，第417页。

② 《道藏》第33册，文物出版社、上海书店、天津古籍出版社，1988，第158页。

③ 陈垣编纂《道家金石略》，文物出版社，1988，第519页。

④ 陈垣编纂《道家金石略》，第729～730页。

三　重阳殿东壁图像布局问题

重阳殿东壁共绘有15幅图像，均标有榜题。除第一幅“诞生咸阳”位列东壁南端首位外，其余均出现错置现象。其中第二幅“示现金莲”位于“诞生咸阳”下层，如果按壁画由上至下依次布局的方式，似乎第三幅“遇真甘河”应位于上层，第四幅“传授秘语”位于下层，之后依次类推（图1）。但现在重阳殿东壁呈现给大家的画面和榜题顺序是：从第三幅“遇真甘河”和第四幅“传授秘语”起，壁画图像和榜题的顺序由“诞生咸阳”和“示现金莲”的自上而下布局变为自下而上，即壁画绘制者将第三幅画面“遇真甘河”排在下层，然后在“遇真甘河”之上排列第四幅“传授秘语”，之后再转至下层排列第五幅画面，再转至上层排列第六幅画面，如此等等。

图1　“诞生咸阳”“示现金莲”“遇真甘河”“传授秘语”

重阳殿东壁的这种布局方式打乱了观者的视觉习惯，也超出了一般设计者的正常逻辑构思。笔者通过仔细揣摩“示现金莲”、“遇真甘河”和“传授秘语”三幅构图，发现重阳殿东壁图像和榜题所引发的混乱皆由第二幅壁画“示现金莲”而来。

按《金莲正宗记》和重阳殿壁画榜题载，重阳祖师“遇真甘河”和“示现金莲”发生在同一年，“传授密语”发生在“遇真甘河”次年。“遇真甘河”是三幅的起点，只有“遇真甘河”之后才会有“示现金莲”和“传授秘语”等故事，所以，“遇真甘河”实为三幅图像中的第一幅，其次才是“示现金莲”，再次是“传授秘语”。

现在重阳殿壁画将本应排列在“遇真甘河”之后的“示现金莲”提前至“遇真甘河”之前，令其紧随第一幅图像“诞生咸阳”，地位极为重要，却未像其他榜题一样题写完整的故事情节，而只是居中留下“示现金莲”四字，令人不能不怀疑此幅图像和榜题似有可能为临时添加的产物。那么，假如没有“示现金莲”，重阳殿东壁的壁画布局应该是怎样的呢?

按现有的画幅，东壁将成为上、下各 7 组画面和榜题的对称布局，第三幅“遇真甘河”和第四幅“传授秘语”将分别排列于重阳殿第二幅（壁画下层）和第三幅（壁画上层）位置，如此一来，整个东壁图像排列有序，整齐划一，与后檐墙上的构图高度一致，且每个故事的排列完全符合时间先后顺序，根本不会出现图像和榜题的颠倒混乱现象。但是现在，由于“示现金莲”的插入，原有的图像布局被打破，使本位于“诞生咸阳”下方的榜题“遇真甘河”旁置，于是该榜题之后的所有图像和相应题记，只能顺次后延，从而引起后面所有图像布局的连锁反应。

那么，重阳殿壁画的设计者为什么要在构图中临时添加“示现金莲”图像，并将之置于如此重要的位置呢?

重阳殿壁画增加“示现金莲”故事内容，显然是为了突出七朵金莲对全真教的同等重要地位。① 但按全真教史料载，早期教史如张志敬授意刊刻的《大朝重建大纯阳万寿宫之碑》、《终南山神仙重阳真人全真教祖碑》及《玄门掌教大宗师真常真人道行碑铭》等，均只强调了丹阳、长真、长生、长春四人作为重阳弟子的重要性，而未关注王、郝、孙三人的作用。谭处端的《水云集》也直接将丘、刘、谭、马和王、郝区别对待，称：“重阳立教，东海阐良缘，唯度丘、刘、谭、马，分异派王、郝。”② 按此，在丘处机、谭处端等重阳祖师第一代传人心目中，重阳祖师七位弟子

① “示现金莲”本指王重阳初涉仙道时得遇异人，见七朵金莲结子现于东方的故事。七朵金莲暗指重阳祖师在山东所收七位弟子，相关记载可参见秦志安的《金莲正宗记》。

② 《道藏》，第 25 册，文物出版社、上海书店、天津古籍出版社，1988，第 864 页。

的地位并不均等，故而，也不会刻意强调七朵金莲的概念。

重阳殿壁画特意突出“示现金莲”情节，很明显是为了加强重阳弟子中排名靠后的王、郝、孙三人的分量。而从重阳殿北壁西侧共有三幅榜题和图像宣扬郝大通的入道经历，而王处一仅有一幅、孙不二未单独列出的情况看，壁画设计者最急于提升的乃是郝大通的地位。①

四　重阳殿壁画中郝大通入道榜题与图像

重阳殿壁画涉及郝大通入道的三幅图像均绘于北壁西侧，榜题内容分别如下。

1.“度太古”（图2）。榜题为：“郝太古隐于卜筮。丁亥秋，祖师至宁海，游行于市，见太古言动不凡，思有以感发之。一日，至卜肆，背肆而坐。太古曰：‘先生回头。’祖师曰：‘君何不回头耶?’太古悚然惊异，至马氏全真庵中，谒祖师受教。”

图2　“度太古”

① 虽重阳殿壁画亦有多幅图像描绘马钰夫妻，但其目的主要是宣扬重阳祖师的度化功能，并非对马钰夫妻入道行为的褒奖。且题记中流露出诸多对马钰夫妻的不敬之词，所以，重阳殿壁画不太可能绘于马钰门人执掌全真教时期。

2. “太古传衣”（图 3）。榜题为：“大定丁亥（1167）秋，太古真人郝君，货卜于宁海市。祖师设□背坐于卦肆，太古唤回头来，祖师曰：‘自不回头，更呼谁耶？’太古言下开悟，以亲老无代奉者，未即从□。明年亲丧卒，哭诣烟霞洞，往拜焉。祖师赐名曰：‘璘’，号‘恬然子’，受之微言。复以无袖衲衣畀之。□自成就去，时年二十有九。后名大通，字太古，自言此名壬辰秋游秦风时路中偶得耳。”

3. “太古传衣”（图 4）。此处榜题仅“太古传衣”四字。

图 3　“太古传衣”（之一）

图 4　“太古传衣”（之二）

从以上三则榜题内容看，最起码有两个问题需要关注。

第一，“度太古”强调郝大通拜谒重阳祖师受教的地点为宁海马氏全真庵，此说与史料所载不同。

按《金莲正宗记》记载，重阳祖师为郝大通传授衲衣的故事发生在烟霞洞。该书卷 5《广宁郝真人》载：“大定丁亥秋，货卜于市，士大夫环列而坐。重阳最后至，背面而坐。先生曰：‘何不回头？’重阳曰：‘只恐先生不肯回头。’先生颇惊，遽起作礼，邀赴他所，闲话往来，问答如石投水。先生献诗云：‘同席诸君乐太古，未明黑白希夷路。今朝得遇达人吟，伏望先生垂玉句。’重阳答曰：‘口爱郝公通上古，口谈心甲神仙路。足间翠雾接来时，日要先生清净句。’先生览之，得意而归。至来年戊子岁（1168）三月中，专往昆嵛山烟霞洞焚香敬谒，甘洒扫之役。重阳乃赐之法名曰大通，号曰‘广宁子’，与丘、刘、谭、马同侍左右。逮七月间，重阳令诸弟子皆归宁海，惟丘公侍侧。不数日，复命丘公往呼太古。既至，乃告之曰：‘我有布衲，剪去两袖，我要替背与汝过冬，自缀袖去。’先生拜而受之，盖象古人传衣之法也。”①

《甘水仙源录》卷2《广宁通玄太古真人郝宗师道行碑》亦称：“大定七年，重阳真君王祖师自关西宁海游于市，见师言动不凡，仙质可度，思所以感发之者，遂背肆而坐。师曰，请先生回头。真君应声曰，君何为不回头耶？师悚然异之。真君出，师闭肆从之，及于馆所，而请教焉。真君授以二词，师大悟，不觉下拜，自是日往亲炙。以有老母，未即入道。明年母捐馆，师乃弃家入昆仑山，礼真君于烟霞洞，求为弟子。真君纳之，赐名璘，号恬然子。仍解衲衣去其袖而与之曰：‘勿患无袖，汝当自成。’盖传法之意也。”②

从以上两条记录可以看出，虽然郝大通在宁海与重阳祖师有过接触，但具体拜师地点应在昆嵛山烟霞洞，而非宁海全真庵。两条记录均未提及全真庵一词，依祖师在全真庵环堵百日情况看，郝大通似不太可能“日往亲炙”。所以，重阳殿壁画在“度太古”部分故意将郝大通拜师地点记为马氏全真庵，其目的是将郝大通拜师时间前移。以此顺序，郝大通位列谭处端之后，一跃而成为重阳祖师的四大弟子之一。

第二，郝大通入道部分的三组榜题和图像名不副实。

按榜题内容，“度太古”部分榜题内容为重阳祖师在宁海卦摊点化郝大通故事，但画面描绘的却是祖师于烟霞洞接收郝大通为弟子的经历，祖师身后烟霞洞洞门清晰可见。而“度太古”下方“太古传衣”榜题，除了记述郝大通宁海卦摊初遇重阳祖师受其点化情节外，还专门记录了郝大通丧亲之后奔赴烟霞洞拜见祖师、祖师授其衲衣的过程。但画面未描绘烟霞洞事迹，仅描绘了重阳祖师背对卦摊点化郝大通的场景以及祖师与数人在云气下的图像，无任何建筑物或山石背景，故而无法判定故事发生于城镇或山间。第三组榜题仅题有“太古传衣”四字，画面共两组，一组发生在一栋屋宇下，另一组安排在烟霞洞前。烟霞洞前的人物结构与“度太古”构图雷同，烟霞洞洞口亦清晰可见。

综合以上三组榜题与图像，重阳殿壁画郝大通入道部分似可合并为两组：“度太古”榜题与其下方的“太古传衣”图像对应，二者可以合并为一处；两组“太古传

---

① 《道藏》第3册，文物出版社、上海书店、天津古籍出版社，1988，第363页。

② 陈垣编纂《道家金石略》，第673页。

衣”榜题合并，对应“度太古”或最后一幅“太古传衣”中右侧烟霞洞部分的图像。

由以上内容来看，重阳殿北壁“度太古”部分出现的图像和榜题雷同现象，不像是壁画设计者深思熟虑的结果，而应该是其在原有设计基础上，仓促更改后的产物。那么，重阳殿壁画的设计者为什么要如此仓促地改变壁画构图，有什么重要原因令其甘冒毁坏整体画面的风险而做此变更？若要回答这一问题，就不得不考虑重阳殿壁画的设计构思与相应时段全真掌教的关系问题。

五 重阳殿壁画与《重阳真人闵化图》

在刘科和景安宁对重阳殿壁画的研究中，均提到《重阳真人闵化图》与重阳殿壁画的密切关系。按景安宁的说法，重阳殿壁画似完全依托《重阳真人闵化图》而来。有关《重阳真人闵化图》的史料极为寥寥，现今可查的是任士林所撰的《重阳王真人悯化图序》。该序称：“重阳王真人悯化图，凡五十有五，李真常实为之，张诚明遂为之题其目，史宏真为之传其事，王资善为之序其然，何窃窃然如也。盖悯一世之穷，相率而期于化，此图之不容不作也。”①

从任士林撰序可知，《重阳真人闵化图》实出自李志常之手，是李志常及其弟子诚明真人张志敬等构制的图卷，但图卷具体内容不详。

李志常和张志敬皆为丘处机法系，但李志常早年亦曾追随离峰子于尊师，离峰子弱冠前又曾拜刘处玄为师。所以，如果溯其源头，李志常实出自刘处玄法派。现从重阳殿壁画将刘处玄入道时间置后情况看，此设计不应是李志常、张志敬所为。而且，李、张二人执教时期，重阳六位男性弟子的排序一直沿用马丹阳、丘处机、尹志平执教时期的传统，并未实行降低刘处玄、提高郝大通排序的举措。对此，永乐宫现存由张志敬牵头刊刻的碑刻可为明证。故而，重阳殿壁画的整体构图，不似出自李志常和张志敬之手。

而且，李志常和张志敬执掌全真教时期，恰值全真教内外纷争不断之际，除内部矛盾外，还有来自外部的争斗。李、张二人可谓诸多矛盾的焦点，甚或说众矢之的。按此，他们倡导的《重阳真人闵化图》到底能在多大范围内流传，未为可知，最起码，现存图像和史料极难检索出相关信息。

① 陈垣编纂《道家金石略》，第717页。

另外，在《重阳真人闵化图》之前，全真内部应该还存有与七真有关的其他图本。早在李志常执教之前，全真道观中已有供奉七真的专门殿堂存在，这些殿堂中极有可能绘有与七真入道有关的图像。所以，《重阳真人闵化图》不是重阳殿壁画的唯一来源。

六　全真掌教孙履道与重阳殿壁画构制时间

重阳殿壁画未署绘制时间及绘制者的姓名，根据永乐宫主要建筑的完工情况，研究者普遍认为壁画应绘于元末明初，而以元末呼声最高。如宿白先生便认为重阳殿壁画的绘制时间应晚于纯阳殿壁画的完工时间，即 1358 年。但从壁画格外重视七真支派尤其是郝大通一派的情况看，壁画构制时间有可能早至纯阳殿壁画完工之前。

按全真各法派执教情况检视，从丘处机弟子尹志平起至元末最后一位有据可查的全真掌门完颜德明止，全真教共有十余位掌门，大多出自丘处机或马丹阳法派，孙履道为郝大通法派唯一一位执掌过全真教的传人。

孙履道，名大方，字天游，太原人。按《封孙真人制》，履道生性恬淡抱朴，谦冲葆光。早年游于冀北，环中善应，晚楷式于豫南。长春之席暂虚，幸太古之传未泯。远寻支派，丕阐宗风。元虞集《河图仙坛之碑》载："泰定元年（1324）春，长春掌教真人阙，上用公（指玄教大宗师吴全节）荐，以汴梁朝元宫孙公履道主之。"①

由此可知，孙履道泰定元年始执掌全真教，其执教之前曾驻守汴梁朝元宫。《天宝坛记》载其在朝元宫做过提点，程越在《金元全真教后弘期掌教研究》中称孙履道一为提点，再为真人。获踵太古、栖云真人之后，都提点太古、栖云宗教十余年。

有关孙履道师承渊源还可见于《云山集》。《云山集》残本记录了郝大通一脉的传承，称栖云真人乃郝太古弟子，栖云弟子姬志真于栖云仙逝后嗣朝元宫教事，孙履道即为姬志真弟子。

孙履道执掌全真教时间不长，从泰定元年嗣教，大约至泰定五年离任。这期间，孙掌门最为重要的一次经历是会同其他道教首领为国设黄箓大醮。据元虞集《黄箓普度大醮功德碑》载，泰定二年（1325），神仙演道大宗师泰定虚白文逸明德真人孙履道与三十九代天师张嗣成及玄教大宗师崇文弘道宣德广化真人吴全节一起于大都长

① 陈垣编纂《道家金石略》，第 964 页。

春宫建七日黄箓普度大醮。碑文称孙履道老成敦厚，深符真契。

重阳殿壁画刻意增加能够表现全真七子并重的“示现金莲”部分，并更改了郝大通入道时段，以便使其名列重阳祖师四大弟子之列，同时过度增加郝大通入道过程的画幅，这一系列举措令人很难不将重阳殿壁画的构制与郝派传人孙履道执掌全真教关联在一起。只不过我们目前尚无证据可以证实到底是当时的永乐宫负责人出于讨好掌教的目的设计了“示现金莲”和郝大通入道部分的图像，还是壁画构图直接出自大都长春宫。

综上所述，重阳殿壁画是壁画设计者依据时代要求做出的新的构制，而不是按照某一粉本的照搬。该构制突破了原有全真七子的排列传统，独创新风，其创新背景很可能与郝大通法派孙履道执掌全真教有关。

经典解读

道教灯仪的来源与发展初探

陈文龙

内容摘要：灯仪在道教科仪中有比较重要的地位，考古发现中的灯树在道教经典中有明确记录。早在魏晋时期就已经出现比较完整的灯仪仪式及理论。宋代，灯仪发展进一步分化，出现比较细致的灯仪环节。原来仪式一个环节的灯仪发展为可独立举行的仪式。同时，也出现针对不同神灵、不同仪式目的举行的不同灯仪。这一变化体现了灯仪在道教科仪中地位的提升。

关键词：道教灯仪　发展　初探

作者简介：陈文龙，哲学博士，福建师范大学社会历史学院副教授。

道教仪式中，灯仪占有重要的地位，且与灵宝派关系密切。关于灯仪的研究，学界已有不少成果，陈耀庭、张泽洪、李远国等分别就灯仪的形成、功用等进行了研究。[①] 王承文《古灵宝经与道教早期礼灯科仪和斋坛法式》[②] 主要探讨了早期灯仪的发展情况及其与灵宝经法关系。佛教领域冀志刚《燃灯与唐五代敦煌民众的佛教信仰》[③] 一文对佛教燃灯仪式做了初步研究。本文在此基础上，梳理灯仪的形成与发展，重点探讨灯仪在宋代以后的发展情况。

一　灯仪的起源

灯仪起源很早，王承文认为东晋末年已经形成比较完备的礼灯仪式[④]。灯仪来源

① 陈耀庭：《照彻幽暗，破狱度人——灯仪的形成及其社会思想内容》，《道家文化研究》第 5 辑，上海古籍出版社，1994；张泽洪：《道教斋醮符咒仪式》，巴蜀书社，1999；李远国：《论道教灯仪的形成与文化功用》，《中国道教》2003 年第 2 期。

② 王承文：《古灵宝经与道教早期礼灯科仪和斋坛法式》，《敦煌研究》2001 年第 3 期。

③ 冀志刚：《燃灯与唐五代敦煌民众的佛教信仰》，《首都师范大学学报》（社会科学版）2003 年第 5 期。

④ 王承文：《古灵宝经与道教早期礼灯科仪和斋坛法式》，《敦煌研究》2001 年第 3 期，第 143 页。李远国（前引文章，第 34 页）、张泽洪（前引书，第 196 页）也认为灯仪形成于刘宋时期。

很早，《周礼·秋官·司烜》言："司氏烜掌以夫燧取明火于日，以鉴取明水于月，以共祭祀之明斋明烛，共明水。凡邦之大事，共坟烛，庭燎。"所谓"邦之大事"则指"国之大事在祀与戎"[①]，即指祭祀和军事，庭燎与祭祀之关系。《周礼》中以"燧取明火于日，以鉴取明水于月"的做法一直为后代道教科仪所沿用。关于"庭燎"，《周礼注疏》注云："树于门外曰大烛，树于门内曰庭燎。"[②]《毛诗》云："夜如何，其夜未央，庭燎之光，君子至止，鸾声将将。夜如何，其夜未艾，庭燎晢晢，君子至止，鸾声哕哕。夜如何，其夜乡晨，庭燎有辉，君子至止，言观其旗。"该文注云："郊特牲曰，庭燎之百，由齐桓公始注，云天子也。惟其齐桓公庭燎之百为天子之礼，则知古者之设庭燎用百，盖天子之制如此。"[③] 可见，庭燎是古代祭祀所用的一种燃火仪式，天子所用的规格是百燎。《诗集传》卷十云"庭燎大烛也"[④]。《诗说解颐·字义》卷五"庭燎大烛也，以松苇竹灌脂束之，诸侯将朝，则司烜供蕡（fén）烛。庭燎，注云，树于门外曰大烛，门内曰庭燎"[⑤]。可见庭燎是类似束状的燃烧物。前述王承文、李远国等文章中均认为庭燎及坟烛是灯仪的起源。

实际上，道教灯仪还有一个更直接的来源，那就是从汉代流传下来的灯树。灯树可能是介于庭燎与后来较为精致的油灯之间的一种用具。薛红艳提出，灯树源于古代太阳鸟及若木、建木、扶木等神树崇拜有关系[⑥]。从出土文物看，早在战国时期就已有多枝灯出现，东汉时期最为流行，一直到魏晋、唐代仍有使用。灯树上装饰多有仙人、走兽、博山等。[⑦] 王育成先生考证纽约的一件东汉青铜灯树，认为是道教最早的灯树[⑧]。从出土众多墓葬多枝灯推测，这些灯大多应该是作为冥器使用，与宗教信仰有一定关系，加之古人对火的崇拜也可推测，这些灯可能已经有烛照死后世界的含义。

出土灯树的某些形制也反映它与神仙信仰的关系，如河南洛阳七里河汉墓与潘家庄汉墓出土的灯树形制及四川汉画像砖内容就有很明显的追求成仙的含义。[⑨]

---

① 《陈氏尚书详解》卷3。
② 《周礼注疏》，卷36。
③ 《毛诗李黄集解》卷22，四库全书。
④ 《诗集传》卷10，四库全书。
⑤ 《诗说解颐·字义》卷5，四库全书。
⑥ 薛红艳：《中国古代枝状灯的文化内涵》，《装饰》2009年第3期，第86~87页。
⑦ 李雯雯：《东汉时期河南地区出土多枝灯研究》，上海大学硕士学位论文，第11~12页。
⑧ 王育成：《纽约出现的东汉灯树考议》，载《揖芬集：张政烺先生九十华诞纪念集》，社会科学文献出版社，2002，第125~133页。
⑨ 李雯雯：《东汉时期河南地区出土多枝灯研究》，第49~50页。

图1至图3中出土墓葬文物形象表明道教与灯树关系密切。

图1　洛阳七里河汉墓灯树羽人（1972年出土）

资料来源：http://www.rmzxb.com.cn/c/2016-05-05/796046.shtml。

图2　潘家庄汉墓灯树羽人

资料来源：《文物》2006年第6期。

图3　四川汉画像石羽人及树

资料来源：《四川文物志》，巴蜀书社，2005。

东汉《太平经》载：

人有命树生天土各过，其春生三月命树桑，夏生三月命树枣李，秋生三月命树梓梗，冬生三月，命树槐柏，此俗人所属也。皆有主叔之吏，命且欲尽，其树半生；命尽枯落，主吏伐树。其人安从得活。欲长生不死，易改心志，传其树近天门，名曰长生。神吏主之，皆洁净光泽。①

东汉的树人对应的信仰表明树代表不同的人，灯则可能代表天上的光明，灯与树的结合极好地代表人们的信仰与追求。道教中仍然保留有灯树的称呼。

二 道教的灯树

汉代流行的灯树在道教仪式中被保留下来。南宋王契真《上清灵宝大法》卷四一《燃灯章》引魏晋古灵宝经《上元金箓简文》云：

谨按《上元简文》，然灯之法，是法解真人启请元始天尊，天尊答曰：迁拔之格，救度之门，三洞众经，具有成典。今当为汝宣说要言，济度拔亡，然灯为上。五方八极，地狱幽牢，在极阴之乡，长夜之境，死魂囚闭，不睹三光。冥昧之间，经诸拷掠。宜如法，以梓木造一灯树，幡上分九庖，每庖安一灯。下以净土作天地轮，上圆象天，下方象地。上层安灯树，悬幡九首，悬幡上书九天阴符，两手书告文。中层团团安灯九碗，立九气牌，下层安灯九盏，立九垒土皇君牌。三层共三九二十七盏，外立八门，然灯八盏，立八卦，计三十五盏，乃三十五分总气。上玄八景冥合，气入玄玄，上照九天，调泰正气，震运星宿；中照九野，以扫九土灾殃。下照九幽，重阴九垒，通光九道，破暗烛幽。外八门以映八极，自初终亡，至于七七，灯光相续，苦魂睹此光明，即得解脱也。②

古灵宝经《洞玄灵宝长夜之府九幽玉匮明真科》言：

飞天神人曰：《九幽玉匮拔度死魂罪对上品》，常以正月、三月、五月、七月、九月、十一月，一年六斋月。一日、八日、十四日、十五日、十八日、二十三日、

① 王明：《太平经合校》，中华书局，1960，第578页。

② （南宋）王契真：《上清灵宝大法》，《道藏》第31册，第60页。

二十四日、二十八日、二十九日、三十日，一月合十日。及八节日，甲子、庚申日。家中庭安一长灯，令高九尺，于一灯上然（燃）九灯火，每令光明上照九玄诸天福堂，下照九地无极世界，长夜之中，依威仪旧法关启，上请诸天仙、地仙、真人、飞仙、日月星宿、九宫、五帝、五岳、三河、四海兵马各九亿……昼则烧香，夜则然灯，使香烟不绝，悉露经中庭，于九灯之下绕灯行道上香，愿念毕便东向九拜言曰：今某甲归命东方无极灵宝天尊，已得道大圣众、至真诸君丈人、九气天君、东乡诸灵官……毕，脱巾叩头搏颊八十一过，止，次南向三拜……毕，脱巾，叩搏颊各二十七过止……次西向七拜……次北向五拜……①

该经中的“长灯，令高九尺，于一灯上然（燃）九灯火”即指灯树，为道教中的九卮灯。南宋王契真《上清灵宝大法》卷五八《九卮九垒灯》云：“宜如法造灯树。”②《建灯法》载：“法用梓木作一灯树，上分九卮，每卮安一灯，下用净土作坛三级，上圆下方，法天象地，上层安灯树，悬幡九首。”③ 兴盛于东汉时期的灯树是灯仪的一个组成部分，一直为道教所沿用。对灯照彻幽冥的观念应该很早就已形成。

上述几则材料中灯树中的“九卮”代表的是九天。《上元简文》中的灯树“上层安灯树，悬幡九首，悬幡上书九天阴符”，代表九天；中层灯九碗象征“九野”；下层灯九盏，寓意九幽。《九幽玉匮拔度死魂罪对上品》中的灯树坛场比较简单，仅用一灯树代表天地。灯树在道教灯仪中象征九天的作用，是道教拔度灯仪的重要组成部分。上述几则材料所体现的只是在拔度科仪中的灯仪，其他科仪中所用灯仪如何，有待进一步研究。

三　灯仪的形成及其发展

（一）灯仪理论的形成

道教灯仪最早应该是出现在天师道仪式之中。《旨教经》云：“夫斋法，要绝甘

① 《道藏》第 34 册，第 384 ~ 385 页。
② 《道藏》第 31 册，第 237 ~ 238 页
③ 《道藏》第 31 册，第 237 ~ 238 页

肥荤辛酒色阴贼嫉妒及一切恶事。唯宜烧香燃灯，诵经礼忏，愿诸一切，悉免灾厄，乃为斋矣。"[①] 南朝初《太真科》载："救解父母师君同道大灾病厄，斋官露坛大谢栏阁，散发泥额，礼三十二天，斋中奏子午章，苦到必感。斋门中然（燃）七灯，祖延光明，又五灯，井灶门阁各一，致聪明福也。[②]"这里的灯仪有帮助免灾、救病等功能。

陆修静对灯仪整理的同时，完善了灯仪理论。他说："烛者，有光之物，佐月辅日，开昏朗暗，用其明，得有所见也。邪曲无法，则无以自正；用法无明，则莫见得失；欲正不可无法，用法不可无明。"[③] 陆氏把灯的功用提到纠正"用法"得失、"佐月辅日"的高度。他在一首诗中说：

> 太上散十方，华灯通精诚。诸天亦皆燃，诸地悉玄明。我身亦光彻，五脏生荣华。炎景昭太元，遐想繁玉清。丹精寄太元，玄阳空中响。舍形灭苦根，幽妙至真想。垂华不现实，因缘示光象。我身亦如之，乘化托流景。[④]

诗中描写的情景应该是内炼存思时的体验，这种体验显示道教修炼对光明这一内涵的理解。无论是对日月星的崇拜还是灵宝经中的创世说，都与光明有关；光明乃是整个人类及神仙世界的背景或前提，而灯仪则是这种观念在坛场仪式中的物化表现形式，陆修静已经把灯仪的思想内涵作了较为系统的解读。

《无上黄箓大斋立成仪》引刘宋道经言：

> 太极太虚真人曰：阴阳立象，天地分形，昼夜既殊，晦明有异。所以清浮表质诸天为仙圣之都。浊厚流行诸地为鬼神之府。九天之上，阴气俱消。九地之下，阳光永隔。是则幽冥之界无复光明。当昼景之时，犹如重雾，及昏冥之后，更甚阴霾。长夜罪魂，无由开朗，众生或无善业，夙有罪根，殁世以来，沉沦地狱，受诸恶报，幽闭丰都，不睹三光，动经亿劫。我天尊大慈悲悯，弘济多门。垂然灯之文，以续明照夜，灵光所及，罪恼皆除。更乘忏拔之缘，便遂往生之

---

① 贾善翔：《犹龙传》，《道藏》第18册，第25页。
② 《道藏》第25册，第304页。
③ 陆修静：《洞玄灵宝斋说光烛戒罚灯祝愿仪》，《道藏》第9册，第822页。
④ 《燃灯礼祝威仪·明灯赞》，《道藏》第9册，第584页。

> 愿。若有善男子善女人，发无上道心，依按科格，来谒斋所，备香油为国主、帝王、君臣、父子，三涂九夜，若幽若明，依法然灯照烛内外，上映诸天之上，福堂之中，下照九地之下，地狱之内，使苦魂超度，幽爽开光，九祖生天，三涂罢暗，福沾一切，功德无穷。[①]

上述材料表明，至少在陆修静时，灯仪已经具备纠察行法之得失、助人得道以及超度地狱苦魂的三大功能。

据王承文研究，灵宝派对灯仪的论述在魏晋古灵宝经《洞玄灵宝三元威仪自然真经》中有比较集中的体现，唐杜光庭《太上黄箓斋仪》和南宋王契真编《上清灵宝大法》等经书中的灯仪大多源自《洞玄灵宝三元威仪自然真经》[②]。

南朝刘宋《洞玄灵宝道学科仪》卷下《然灯品》：

> 科曰：凡是道学当知供养法门，有早有夜。上灯之法，有然有续。若道士女官，将暗上灯，名为续明。暗后上灯，名为灯明。有两种相，一者总相，二者别相。言总相者，先于见前可见，道宝、经宝座前然之；次于见在可见，师宝房前然之，或人间宿习所重，道法中敬信时节，人外人内然之，以祈二种福报，一者助天光明，以祈肉眼根净，障翳消除；二者助天光明以祈祈周诣游处常得明了。别相者，一己自行于本命上然三灯，以照三魂；行年上然七灯，以照七魄，太岁上然一灯，以照一身，大墓上然三灯，小墓上然五灯，堂前然七灯，以照七祖。中庭九灯，以照九幽，侠门二灯，以照宫宅。地户上二十四灯，以照二十四生气。向八方然八灯，以照八卦。四面中央九灯，以照九宫。四面十方然十灯，以照十方。二十八灯以照二十八宿。三十二灯以照三十二天。五灯分于五方，以照五岳。合一百五十三灯。然灯威仪功德至重，上照诸天。下照诸地，八方九夜，普见光明。[③]

材料中的本命、太岁、行年、大墓、小墓等应是星命家推算星命所用术语，各处点灯意在照明此处，驱散幽暗。上述材料与《洞玄灵宝长夜之府九匮玉匮明真科》

---

① 《无上黄箓大斋立成仪》，《道藏》第9册，第499～500页。

② 王承文：《古灵宝经与道教早期礼灯科仪和斋坛法式》，《敦煌研究》2001年第3期，第144页。

③ 《道藏》第24册，第773页。

中的材料说明，魏晋时期已经有比较完善的灯仪理论，包括举行灯仪时间、坛场布置及功用等方面内容，也形成一套燃灯规矩和解释体系。

（二）灯仪的发展

灯仪发展表现在仪式程序细化，部分仪节复杂化，演变成相对独立的仪式形式。南朝刘宋《洞玄灵宝道学科仪》卷下《然灯品》中并未提及灯仪的具体程序。南宋时期，灵宝派经典中出现具体燃灯仪式，燃灯仪式中还出现“请光”“分光”等程序。《灵宝无量度人上经大法》卷五〇云：

> 当于然（燃）灯之初，法师以丹砂书慧光符，先于日中时念回耀神咒，以阳遂取太阳正气于天尊像前，明烛一炬。至夜，大法师与侍灯法师二人立于像前九拜，叩齿九通，祝黄箓斋意，又九拜。大法师长跪，微祝分灯慧光咒三遍，叩齿三通，执符取像前气吹符，在天尊前分请灯光，进三步，二侍灯法师再于法师前分灯光成三炬，方始分序明灯于三所。都毕，执残炬并为一枝，大法师执残炬于像前再九拜退。①

南宋王契真编《上清灵宝大法》卷五五对灯仪程序有更为详细的记载。

首先是“请光”。

> 宗旨曰：兆于建坛日午时书请光符二道，包末香，面离方，左持镜，右捧符，符镜相向。默咒曰：日魂朱景，照韬绿映，回霞赤童，玄风飚象。以阳燧火，却以符一道，蘸油然作炬，于香上吹点，次点元始前烛。自此三昼夜、五昼夜、七昼夜，终于四十九昼夜，皆不可暂灭。候欲尽，再以烛续之。如遇天色阴晦，以木改火为之。故日中真火可以下车九幽，上可以腾辉光于三景，光耀福庭也。②

其次，分灯。《灵宝领教济度金书》卷三二〇言：“诸分灯，宜于日中，以阳燧取火，是谓太阳真火。接以油烛，至晚不绝。昏黄时，请降太上宝光，浑合燃点内

① 《道藏》第3册，第892页。
② 《道藏》第31册，第210页。

外，顷刻遍满十方。”[①] 南宋王契真《上清灵宝大法》卷五五载：

宗旨曰：兆运化天坛之中，既天地分判，天乐龙虎，阴阳成象。了念重阴，拘囚阴翳，未睹光明，高功出班，至元始前上香三礼，默诵明灯颂，颂毕，一人宣科，侍灯立，左侍香立，右高功执符火炬于元始前，请降宝光。存元始允奏，想金光如杲日流金，透彻宝篆之上，百色光明混合，自兆一身结化大日圆轮，金光迸透，内外满坛，运元始上宫化一气，如金碧虹霓上接丹霄。元始顶中一气交合，吐口中金光若日升，透转下坛，直至玄境之前，虚皇之下，隔于侧。存宝光运动，想金楼朱户，龙虎交盘，方允所奏……次以符炬于中灯光内点。先运一生二，二生三。次侍灯三礼受灯于师前点。侍香亦三礼，受符炬遍十方点，分班点毕，三师各回三礼，纳余炬并为一。高功三礼，焚于元始前炉中。存诸天上圣同布祥光，迸彻十方内外……行事毕，旋以鼻目收光，徐徐引吸入真中之行，回丹房，上泥丸之内纳真。按《三元简文·玄都品格》：然灯功德，可以上彻诸天，下照重阴，中照八方，助三晨之明辉，消九土之灾厄，回天尊之慧光，拔重阴之苦爽，阳光一照，万苦停酸，铁城摧毁，蒙光开度矣。次诵灭灯颂，乃得一生三之道，复命归根，法得一生三者，乃侍灯侍香各执一符，高功手中分光然后点也。[②]

至迟在南宋时，灯仪式中的请光、分灯等程序都有相应的动作，还配合以复杂的存思过程。

灯仪所用灯的位置、数量《上元金箓简文》中有详细记录，但不同时间、不同仪式又各有不同。唐杜光庭《金箓斋启坛仪》之《然灯法》云：

春则然九灯，亦可九十灯，亦可九百灯。夏则然三灯，亦可三十灯，亦可三百灯。秋则然七灯，亦可七十灯，亦可七百灯。冬则然五灯，亦可五十灯，亦可五百灯。日平之月则然十二灯，亦可百二十灯，亦可千二百灯。右件灯一依经法，但先师相承指方别九灯，四九三十六灯在坛外罗列，今宜依经贵贱时节量之也。[③]

① 《道藏》第8册，第819页。
② 《道藏》第31册，第211页。
③ 《道藏》第9册，第68页。

杜光庭礼灯仪中，每日落景行道毕，众官弟子等要旋绕灯下，按位诵燃灯咒，如果法师心力有限，也可由侍经、侍灯代为礼咒，弟子只能在都门外拜礼。①

但上述材料中的灯仪所用灯的数量都不多，规模不大，后世灯仪的发展规模进一步扩大。

（三）灯图

灯仪发展还表现为各种道场专用的灯仪坛图越来越多。古灵宝经的《上元金箓检文》《洞玄灵宝长夜之府九幽玉匮明真科》等都详细描述了灯的设置，实际上就是后世的灯仪坛图，但都是配合黄箓斋等科仪所用，还没有形成单独的灯仪专用坛场，没有“灯图”的概念。唐杜光庭《金箓斋启坛仪》中对燃灯法有详细描述，仍未出现“灯图”的概念。南宋王契真《上清灵宝大法》卷三四中则提到多种灯仪坛图名称：

> 1. 九卮九垒灯图：以梓木作一灯树，上分九卮，一卮安一灯，下用净土作坛三级……②。

比较前文《上元金箓检文》对灯仪的描述可知该灯图最早出现于魏晋时期，既《上元金箓检文》中就已出现的九卮灯树，代表九天，九垒代表地。

> 2. 九狱图：……以砂土作坛九所，方阔二尺，九坛一同，总方六尺以法地阴极，二六之象，每坛作四角，三曲如狱之形，每狱明灯三炬，九狱共二十七炬……
>
> 3. 回耀灯图：以梓木作轮如车轴之象，上层然灯一十二盏，中层一十六盏，下层二十一盏……宜仿蔡致虚、路时中仪，以沙作三围，外方内圆，如车轮样，径九尺，外一围作二十四幅，然灯二十四盏，立二十四狱牌。中一围作十五幅，然灯十五盏。立五累五道五苦门牌，内一围，作九辐，然灯九盏……

① 《无上黄箓大斋立成仪》卷19，《道藏》第9册，第501页。
② 《道藏》第31册，第1页。

此外，还有血湖灯图、丰都灯图、开通五路灯图、三十二天灯图、九天灯图等。[①] 明朱权《天皇至道太清玉册》中提到曾有灯图一百多种："醮坛所用灯图古有一百余样，其式繁多难以备载。今取常用者一十样录之于左：玉皇灯图、周天灯图、北斗灯图、南斗灯图、斗三曜灯图、九天玉枢灯图、火德灯图、九宫八卦灯图、血湖地狱灯图、炼度灯图。"[②] 几乎大多数重要仪式都配有相应的灯图。这也体现了灯图在道教仪式中的重要性。

（四）独立灯仪的出现

前文灯仪中的请光、分灯都是灯仪的一个组成部分，灯仪也往往是黄箓斋仪等仪式的一个组成部分，如上文诸多坛图，大多是某一仪式的组成部分。但是，随着灯仪的发展，逐渐出现单独的灯仪仪式，即灯仪从其他仪式中独立出来，成为大仪式的一部分甚至可单独举行。如北斗七星灯仪、北斗本命延寿灯仪、三官灯仪、玄帝灯仪、九天三茅司命仙灯仪、万灵灯仪、五显灵官大帝灯仪、土司灯仪、东厨司命灯仪、正一瘟司辟毒神灯仪、黄箓九阳梵气灯仪、黄箓九厄灯仪、黄箓破狱灯仪、黄箓五苦轮灯仪等[③]。这些灯仪以灯为供养，礼敬各种相关神灵，仪式均可单独举行。

---

① 《道藏》第31册，第1～5页。

② 《天皇至道太清玉册》卷上，《道藏》第36册，第409～410页。

③ 《道藏》第3册，第554～596页。

金龙驿传，上达九天
——道教投龙简仪源流略考*

易　宏

内容摘要：道教投龙简仪，源自中国远古时期至秦汉的传统天地山川崇拜和天道信仰及封禅等相关祭祀礼仪，经汉末和魏晋南北朝时期，由高道折中就祭、望祭并借鉴巡狩和代祭，在古来投埋简册和早期道教“三官手书”礼仪的基础上，“实用化”地整理、改革和发展，“创造性的”加入“担当”神圣信使职责的“龙”而成，“实现”了“以龙负简”“金龙驿传”“通达神前”，堪称“函祭”。由敦煌本《大唐开元立成投龙章醮威仪法则》等文献可知，投龙简仪至迟因唐王室推崇道教而被正式确立为国家祭礼，进而波及流传至五代和宋元明。及至清代，随着道教乃至国家整体的衰落，帝制的终结，逐渐被淡忘。道教投龙简仪“有创意的”集中体现了中国传统的天地山川崇拜和天道信仰、龙崇拜、玉崇拜、金崇拜、文字崇拜、血崇拜、发崇拜以及权威崇拜等主要传统信仰与崇拜。这大概也是该仪式能够在通天权的竞争中胜出并迅速得到帝王认同而成为国家祭祀礼仪的主要原因。

关键词：投龙简仪　龙崇拜　玉崇拜　血崇拜　函祭

作者简介：易宏，哲学博士，北京大学家庭文化与家长教育研究所研究员。

一　引言

道教的投龙简仪，是在（大型）斋醮科仪的最后阶段进行的将告神文简和龙等

* 本文初稿曾以《道教投龙简仪由来浅识》为题，于2007年秋作为课程论文提交给恩师王卡先生，获好评。后经修订和补充成为笔者博士学位论文《六朝隋唐道教科仪研究——以敦煌文献为中心》（中国社会科学院研究生院，2009）“第七章唐代投龙简仪考论”之第一节。后加唐后素材，改题作《道教投龙简仪源流略考》，于2011年6月在成都“纪念王明先生百年诞辰学术研讨会”上交流。首届“中国本土宗教研究论坛”前后又增补、修订并改题如斯。憾恩师突然仙逝，未见本文付印。愿金龙驿传，送达师前。谨此表达对恩师缅怀之情。

礼器同时投放的宗教仪式（参见表1、表2），简称为“投龙简”、“投龙仪”或“投龙”等，也被认为是告文送达神灵的关键环节。它是东晋南北朝以来重要的道教礼仪程序之一①，也是最具中国传统特色的宗教仪式之一，其形成源远流长。概言之，可以说它源自中国远古时期至秦汉的传统天地山川崇拜和天道信仰及相关祭祀礼仪，经汉末五斗米道的天地水三官信仰和魏晋南北朝时期高道们的整理、改革和发展形成，至迟由唐王室推崇道教而确立为国家祭礼，进而波及流传至宋、元、明。及至清代，随着道教乃至国家整体的衰落，帝制的终结，投龙简仪也逐渐被人们淡忘。但随着相关文物的出土和20世纪初法国汉学家沙畹（Edouard Chavannes，1865－1918）《投龙》② 一文的发表，重新引起了学界的注意。沙畹这篇将近180页的长文，前半部分是据《道藏》、碑刻以及投龙简告文等对投龙仪的考察；后半部分为对规范投龙简前导仪式的道书之一——《太上灵宝玉匮明真大斋言功仪》的汉法翻译。该文可能是已知最早用近现代学术方法研究道教仪式的论著，所据文献之丰富、考证之翔实，令在该文发表近百年后初见之笔者仍为之惊叹。

表1　道教投龙简仪宏观仪程与相关科仪道经示例③

宏观仪程	金箓斋投简仪	黄箓斋投简仪
基本斋醮	《金箓斋启坛仪》(43/002)、《金箓斋忏方仪》(43/003)。关于金箓斋科仪道书，暂未见《太上黄箓斋仪》般集大成者，而多见以专项科仪书形式散列者	《太上黄箓斋仪》、《无上黄箓大斋立成仪》(43/028)。这两部皆为黄箓斋仪之集大成者
言功及土简投放	《太上灵宝玉匮明真大斋言功仪》，其中有“告金箓度命简”仪节，姑视同金箓斋言功仪	《太上黄箓斋仪》卷49“言功拜表”仪
山简、水简投放	《大唐开元立成投龙章醮威仪法则》(敦煌本)、《金箓斋投简仪》	《太上黄箓斋仪》卷55“投龙璧仪”

① 相关史料有如出自敦煌的东晋撰《洞玄灵宝下元黄箓简文威仪经》、唐开元敕撰《大唐开元立成投龙章醮威仪法则》以及南朝陆修静编《太上洞玄灵宝众简文》（04/071）、唐末五代杜光庭集《太上黄箓斋仪》（43/027）、杜光庭修《太上灵宝玉匮明真大斋言功仪》（43/037）以及北宋张商英删定《金箓斋投简仪》（43/009）等。道经名后括号中用“/”隔开的数字，依次表示该经所在《中华道藏》册数、册中序号，下同。仅在首次被引时标识。

② Edouard Chavannes，“Le jet des Dragons”，*Memoires concernant l' Asie Orientale*，Vol. 3，Paris，1919，pp. 53－231。该文虽被许多论著提到，但大多语焉不详。幸蒙时任法国远东学院驻京办主任吕敏（Marianne Bujard）女士发来该文法文原版，笔者才得概览全文，在此谨致谢意。遗憾的是，笔者完全不懂法文，只能凭其中汉语词汇及部分依稀可辨的专业术语了解该文所用汉语文献和部分关注点。观沙畹长文，敬佩之余，更觉惶恐。2011年冬再遇吕敏主任当面致谢并谈及拙文主要观点，吕敏主任说以她的记忆，这些观点未见于沙畹文，颇受鼓舞。

③ 本文主要考察道教投龙简仪之源流，此表仅为本文叙述方便显示该仪式宏观程序，有关仪式细节的分析从略。另如《太上洞玄灵宝众简文》所述教团内部受经盟誓投龙简仪等或不属金箓斋或黄箓斋投简仪，本文暂不详考。

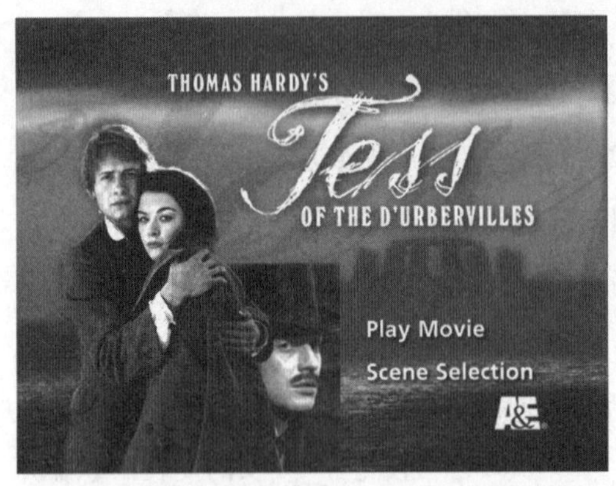

图1 英国著名作家哈代小说《德伯家的苔丝》的主人公苔丝在被公认为上古天文与宗教遗迹的巨石阵度过她最后的自由时光。在那里，她和丈夫讨论了生死、永恒、信仰、灵魂、天神、上帝、祭祀等，然后在献祭石上安睡。醒后从容被捕，坦然赴死。这样的安排大概就是希望她死后升天吧。1979年版英法合拍同名电影以及后来的BBC同名电视剧都表现了这一场景

国内学者对投龙简仪的关注，虽然有些滞后，但近二十年以来也不断有结合最新考古资料的研究成果发表。刘昭瑞先生的《从考古材料看道教投龙仪》[①]阐述了“从秦代的《诅楚文》到五斗米道的三官手书，再经过魏晋南北朝时期的演变以及道教领袖如陆修静的整理，从而形成了道教斋醮科仪中的投龙仪”这一发展过程，并将投龙仪同封禅相比较，认为“唐以来的许多帝王未曾封禅泰山，但却有泰山投龙告神的活动，实际上可以说是泰山封禅在道教背景下的简约化”。不过，刘先生的进一步研究成果《秦祷病玉简、望祭与道教投龙仪》[②]，阐释了古代山川望祭的内涵及其与道教投龙仪的关系，“使我们对道教投龙仪形成脉络的认识也逐渐更加清晰起来”，并认为“汉代以后，与古代望祭形式最为相像的是道教的投龙仪”，似已修正其前文观点。有关这些，刘先生专著《考古发现与早期道教研究》[③] 则表达得更加清晰，显示着持续研究的成就。王承文先生在博士学位论文《敦煌古灵宝经与晋唐道教》中，用上百页篇幅（连同文献整理）考察了“古灵宝经与晋唐道教投龙简仪的形成和发展”[④]，为所见国人相关论著中最为详尽者。张泽洪先生的博士学位论文《道教斋醮科仪研究》[⑤] 中也介绍了投龙简仪，后又有相关内容的扩充版《唐代道教的投龙仪式》[⑥] 发表。王育成先生的《考古所见道教简牍考述》[⑦] 等文著录了大量历代投龙简及其告文。雷闻先生的博士学位论文《郊庙之外——隋唐国家祭祀与宗教》对投龙

① 刘昭瑞：《从考古材料看道教投龙仪》，《第二届道家与道教国际会议论文集·道教卷》，广东人民出版社，2001，第475～501页。

② 刘昭瑞：《秦祷病玉简、望祭与道教投龙仪》，《四川文物》2005年第2期，第44～47、69页。

③ 刘昭瑞：《考古发现与早期道教研究》，文物出版社，2007。该书收录前引二文之增补修订版。

④ 王承文：《敦煌古灵宝经与晋唐道教》，中华书局，2002，第516～629页。

⑤ 张泽洪：《道教斋醮科仪研究》，巴蜀书社，1999。

⑥ 张泽洪：《唐代道教的投龙仪式》，《陕西师范大学学报》2007年第1期，第27～32页。

⑦ 王育成：《考古所见道教简牍考述》，《考古学报》2003年第4期，第483～510页。

简仪也有较多关注①。恩师王卡先生虽尚未就投龙简仪发表专论，但也在巨著《敦煌道教文献研究》② 和论文《嵩山道教遗留的几件文物》③ 中给予特别关注，同时将敦煌本《大唐开元立成投龙章醮威仪法则》定作笔者学位论文基本对象文献。由此，笔者也对投龙简仪展开了专题研究并持续关注，试图进一步探究道教投龙仪的起源，在了解该仪式对传统祭祀礼仪之继承的同时，阐明其创新、魅力与发展。

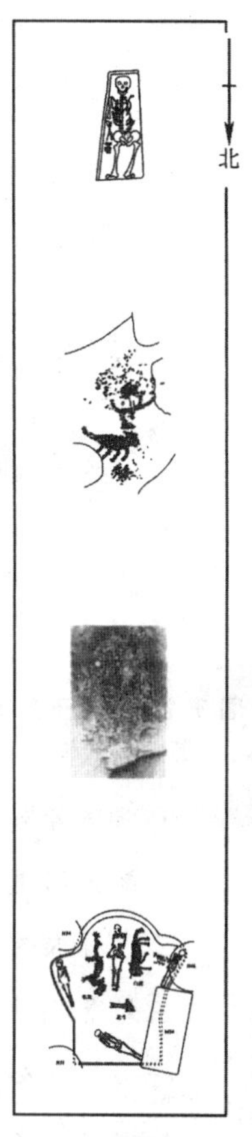

图2 西水坡45号墓与相关仰韶文化遗迹——死后升天之路

二 “埋简投书、禳灾祈福”——投龙简仪的传统宗教与早期道教祭祀渊源

同其他民族（如图1）一样，华夏先民也早在远古时代就有了生殖崇拜、图腾崇拜、祖先崇拜、鬼魂崇拜、天神崇拜及/或自然崇拜等原始宗教的形式。约6500年前的河南濮阳西水坡45号古墓及相关仰韶文化遗迹（见图2、图3）④，以及约5000年前的辽宁牛河梁红山文化圜丘与方丘遗址⑤，这些考古发现的天文学与宗教学意义告诉人们，或由于如北斗七星或九星⑥斗柄指向与季节更替之类天象变化同物候变迁的某些规律性关系的发现，乃至给人们带来较稳定生活的农业文明的诞生，中国先人早在远古时期就已把天看作难知却又深刻影响人们生活的重要因素。于是，

① 雷闻：《郊庙之外——隋唐国家祭祀与宗教》，生活·读书·新知三联书店，2009，第133~219页。

② 王卡：《敦煌道教文献研究》，中国社会科学出版社，2004，第41~42页。

③ 王卡：《嵩山道教遗留的几件文物》，2009年9月10日，凤凰网专稿，http://book.ifeng.com/special/2009songshan/comments/200909/0910_7981_1343496.shtml。

④ 冯时：《中国天文考古学》，中国社会科学出版社，2007，第六章第四节；冯时：《中国古代的天文与人文》，中国社会科学出版社，2006，第119页。图1所示遗迹间距20~25米。

⑤ 冯时：《中国天文考古学》，中国社会科学出版社，2007，图版七及书中相关说明。据碳14测定，该图所示红山文化圜丘与方丘约建于公元前3000年之前，系目前所发现的最早天坛遗址。

⑥ 据考，中国上古以北斗定时节的斗柄指向，有北斗七星和北斗九星两个标准，均作为初昏斗柄下指为冬至、上指为夏至的依据。北斗九星的斗柄指向，由第五、七、八、九诸星的连线，通过招摇、天锋，指向大火星，创建于4000年以前的石器时代，北斗七星的斗柄指向，由第六、七两星连线延长线指向摄提和角亢方向，形成于春秋战国时期。之所以有这样的转换，是由于岁差导致可据星象的变化。陈久金：中国天文学史大系《中国少数民族天文学史》，中国科学技术出版社，2013，第89~94页。

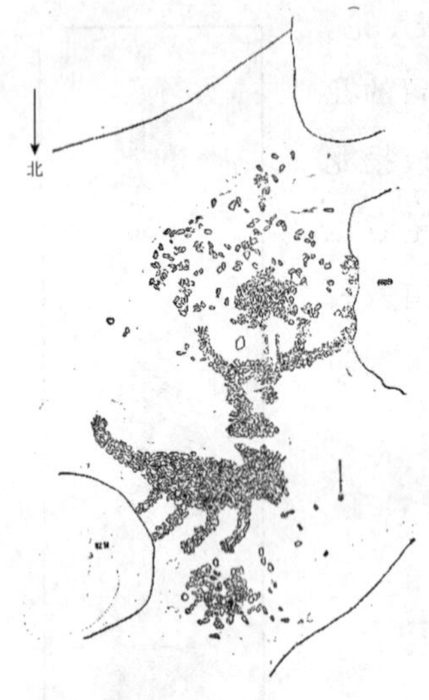

图3　图2中下起第3图——“御龙升天游星空”图放大

相关习俗、仪式乃至理论体系。

先民以为天神就在头顶上方的昊昊苍穹之上，于是筑坛近天以祭天。或以为高山更接近于天，从而有了登高山祭天礼仪。被誉为道教十大洞天之首的著名王屋山（洞天），其主峰即因据传轩辕黄帝曾在此筑坛祭天[②]，也被称作天坛山。不过，在广为人知的诸多祭天礼仪中，最为高贵隆重者莫过于登封泰山。实际惯于将封泰山（或其他大山）祭天之“封”和禅其附近小山祭之“禅”合称为“封禅”。现存典籍中最早直接述及封禅的是《管子·封禅》篇，其中记录了齐桓公同管仲谈论封禅的一段对话，文曰：

> 桓公既霸，会诸侯于葵丘，而欲封禅。管仲曰：“古者封泰山禅梁父者七十二家，而夷吾所记者十有二焉。昔无怀氏封泰山，禅云云；虙羲封泰山，禅云云；神农封泰山，禅云云；炎帝封泰山，禅云云；黄帝封泰山，禅亭亭……周成王封泰山，禅社首。皆受命然后得封禅。”桓公曰：“寡人北伐山戎，过孤竹……九合诸侯，一匡天下，诸侯莫违我。昔三代受命，亦何以异乎？”于是管仲睹桓公不可穷以辞，因设之以事曰：“古之封禅，鄗上之黍，北里之禾，所以为盛；江淮之间，一茅三脊，所以为藉也。东海致比目之鱼，西海致比翼之鸟。然后物有不召而自至者十有五焉。今凤凰麒麟不来，嘉谷不生，而蓬蒿藜莠茂，鸱枭数至，而欲封禅，毋乃不可乎？”桓公乃止。[③]

管仲将封禅的历史追溯到黄帝之前的远古时期，似同三皇五帝传说有关联。不论所述真实程度如何，它都反映了人们对待封禅的基本认识——封禅是至神至圣的礼仪活

① 王卡：《天道信仰是中国传统文化的核心》，http：//www. cefc-ngo. co/expert. php？cid = 20&act = con&id = 722。

② 杜光庭撰《天坛山圣迹叙》（48/018）载：“传曰：黄帝于元年正月甲子，列席于王屋山，清斋三日，登山至顶，于琼林台祷上帝破蚩尤，帝遂敕王母降于天坛，母既降，黄帝亲供侍焉，王母乃召东海青童君，九天玄女，授与破蚩尤之策，黄帝依命杀蚩尤于冀，天下乃无不克，海内安然。”

③ 《管子·封禅》。另有《白虎通义·封禅》引孔子曰：“升泰山，观易姓之王，可得而数者七十有余。”《后汉书·祭祀志上》刘昭注引《庄子》曰：“易姓而王，封于泰山，禅于梁父者，七十有二代。”（此文不见于今本《庄子》，或为郭象所删之佚文，不论怎样都可视作道家有此传说的说法之一）诸说基本一致。

动，绝非随时随地随意可行。

如此的文字记载，即便可靠，也已难窥详情。不过，在大致了解前人相关研究的同时，笔者还注意到，如表 2 所示，文献显示道教投龙简仪所用礼器所寓以崇拜与信仰元素，无一例外，都远在道教成立之前早已有之。那么，道教投龙简仪有何新意？何以吸引包括帝王在内的广大信众？下面将以见存礼器等为线索，结合相关文献加以考察。

由于公认有可考记录的实际封禅始于秦始皇①，于是，一些学者认为封禅之礼仪实为秦始皇所首创。众所周知，中国古代有“工之子恒为工”“农之子恒为农”（《国语·齐语》）的传统，而司马谈、司马迁父子，作为“昔之传天数者”“世序天地”的“重黎”之后，似乎也出自“恒为史”之天文兼史官世家②。《史记·太史公自序》记载了作者父亲司马谈对作为儿子的司马迁的临终嘱托，父亲司马谈以未能参加汉武帝封禅大典而引为终身遗憾，文曰：

> 子迁适使反，见父于河洛之间。太史公执迁手而泣曰：“余先周室之太史也。自上世尝显功名于虞夏，典天官事。后世中衰，绝于予乎？汝复为太史，则续吾祖矣。今天子接千岁之统，封泰山，而余不得从行，是命也夫，命也夫！余死，汝必为太史；为太史，无忘吾所欲论著矣。且夫孝始于事亲，中于事君，终于立身。扬名于后世，以显父母，此孝之大者……孔子修旧起废，论诗书，作春秋，则学者至今则之。自获麟以来四百有余岁，而诸侯相兼，史记放绝。今汉兴，海内一统，明主贤君忠臣死义之士，余为太史而弗论载，废天下之史文，余甚惧焉，汝其念哉！”迁俯首流涕曰：“小子不敏，请悉论先人所次旧闻，弗敢阙。”③

此情此景，不能不让人相信，关于封禅，即便《管子·封禅》和建议秦始皇封禅的齐鲁儒者所述并非全为信史，但也不至于纯属虚构，应当有过一些相关史实。司马迁

① 司马迁著《史记》之《秦始皇本纪》和《封禅书》，书中也记载了当时一些儒者认为秦始皇实未封禅之异议。依笔者之见，如果说女娲补天只是传说的话，那么某位先民领袖曾经以美石（或玉石）祭天则完全可能是史实，于是，女娲炼五彩石补天传说或即为人们对祭天乃至封禅之原始记忆。

② 综合《史记》之《天官书》和《太史公自序》有关内容。

③ 《史记·太史公自序》。虽然关于司马迁的思想派别归属，属道属儒诸说均有，众说纷纭，莫衷一是，但是司马谈的思想派别当属（黄老）道家，众所周知，毫无疑问。不过，从司马谈这段对司马迁的临终遗言来看，他同样崇尚远在孔子之前已有的传统孝道，父子传承的宗法思想充溢字里行间。

本人更是直言作《史记》“以究天人之际”①，道明了其继承“典天官事”这一世传家学沟通天人之神圣使命。

表 2　道教投龙简仪所用礼器及其用法、用意

礼器	功用或象征意义	其他相关说明
龙	龙者，乘云气，御阴阳。合则成体，散则成章。变化不测，入地升天。故三十六天，极阳之境，可以驿传信命，通达玄灵者，其惟龙乎。龙者，阳畜也。夫天用莫如龙，地用莫如龟，人用莫如马也。是以上天以龙为驿骑，往来人间矣。五金之最，坚刚不渝。天地所宝，通灵合神。故以上金铸之，取法龙形。投之洞府，告盟三元也。洞府真官，所司寮属，告龙信简文，录其善功，以奏言于上圣。感应之报，犹影之随形。修尚之士，不可缺也	修黄箓宝斋，当以上金三两，铸三龙。龙各重一两，国家用上金，公侯大臣次金，士庶人银铜涂并可。副以玉简，即玉札也。提修斋所为，及国号、太岁、月日、法师姓名、投奠方所，投于名山大洞、灵泉龙穴及斋坛或住宅之中，以告盟天地水三府，使监证斋功。缺者，考属地官九都曹
简	简也者，告也，纪也，札也。纪世之善，告于上真。法长一尺二寸，象十二辰。广二寸四分，法二十四真气。厚二分，法二仪。上下正方，法日之方景。正真通达，无所避让	国家以玉为之，玉有九德，可以为礼天地、神祇之信，故用玉焉。公侯臣庶，通用槿木。以其洁白，纤致可比玉矣，明尊卑之殊也
璧	璧者，礼天地山川之宝也，以玉为之。 投山川，用圆璧一。其色苍，径三寸，虚其中。山简为九天之信，故用苍璧，用以法天也。 投水简，用六出之璧。其色黑，径三寸，虚其中。水简为九海水官之信，故用玄璧，水之色也。六出，水之数也。 投土简，用黄璧。正方，径二寸，虚其中。土简为九地之信。黄者，土之色也。方者，地之形也。	璧与龙，副于简封之外，以青丝缠之。
钮	投三简之法，当用金钮九只，以副于简。三简，用二十七钮也。金钮代歃血，造盟达诚，最为重也。钮，法国家，用金。臣庶以银涂金，铜涂金可。	钮径九分，圆其外，如环之形也。
青丝	青丝代割发，造盟达诚，最为重也。	以青丝缠钮璧，附于简及龙，而后放之也。

注：为投龙简仪原流考察方便，据杜光庭编《太上黄箓斋仪》卷五十五“投龙璧仪”整理列示。虽然暂未见专对金箓斋投简仪的类似说明，但既然此处所言黄箓斋适用于国家、帝王乃至庶人，或可用作投龙简仪之普适参考。

可考文献所载于公认道教确立之前实施过封禅典礼的只有秦始皇、汉武帝和东汉光武帝三位帝王②。其中，秦始皇似全无可依之先例，在兼听儒者（大概还有方士）之言后，弃儒者所议之繁文缛节，径自行登封，《史记·封禅书》记如：

> 即帝位三年，东巡郡县，祠驺峄山，颂秦功业。于是征从齐鲁之儒生博士七十人，至乎泰山下。诸儒生或议曰：“古者封禅为蒲车，恶伤山之土石草木；扫

① 司马迁：《报任安书》，见于班固《汉书·卷六十二·司马迁传》。

② 其实，这三位帝王都是道教的重要催生者。

地而祭，席用菹秸，言其易遵也。”始皇闻此议各乖异，难施用，由此绌儒生。而遂除车道，上自泰山阳至巅，立石颂秦始皇帝德，明其得封也。从阴道下，禅于梁父。其礼颇采太祝之祀雍上帝所用，而封藏皆秘之，世不得而记也。

显然，“太祝之祀雍上帝”之礼，应当是不尽同于儒者所尚祭祀昊天上帝之礼的。同时，也许正由于其“封藏皆秘之，世不得而记”，以至相隔约百年之后被认为首先推行“独尊儒术”国策的汉武帝，首封泰山也还是只能在儒者与方士所议难决之后自制其礼，《史记·封禅书》记如：

今天子初即位，尤敬鬼神之祀。①

元年，汉兴已六十余岁矣，天下艾安，搢绅之属皆望天子封禅改正度也，而上乡儒术，招贤良，赵绾、王臧等以文学为公卿，欲议古立明堂城南，以朝诸侯。草巡狩、封禅、改历服色事未就……

是时李少君亦以祠灶、谷道、却老方见上，上尊之。少君者，故深泽侯舍人，主方。匿其年及其生长，常自谓七十，能使物，却老。其游以方遍诸侯。无妻子……②

少君言上曰：“祠灶则致物，致物而丹沙可化为黄金，黄金成以为饮食器则益寿，益寿而海中蓬莱仙者乃可见，见之以封禅则不死③，黄帝是也。臣尝游海上，见安期生，安期生食巨枣，大如瓜。安期生仙者，通蓬莱中，合则见人，不合则隐。”于是天子始亲祠灶，遣方士入海求蓬莱安期生之属，而事化丹沙诸药齐为黄金矣。

……

自得宝鼎，上与公卿诸生议封禅。封禅用希旷绝，莫知其仪礼，而群儒采封禅《尚书》、《周官》、《王制》之望祀射牛事。齐人丁公年九十余，曰：“封禅者，合不死之名也④。秦皇帝不得上封，陛下必欲上，稍上即无风雨，遂上封矣。”上

① 汉武帝长期的这种行为，与其作为政策“独尊”的“儒术”祖师孔子所倡导的“敬鬼神而远之”大相径庭。

② 《史记·封禅书》中许多关于此类祭祀或方术的记载都难以归到儒家，似可证伪封禅礼仪属儒家说。另外，祠灶，或为初知用火时的取火不易以及火可熟食驱兽记忆之宗教化。

③ 此或亦为秦皇汉武封禅之本意之一，似非儒家主张，与后世道教投龙简之用意倒是颇为相似。

④ 再明封禅本意。

于是乃令诸儒习射牛，草封禅仪。数年，至且行。天子既闻公孙卿及方士之言，黄帝以上封禅，皆致怪物与神通，欲放黄帝以上接神仙人蓬莱士，高世比德于九皇，而颇采儒术以文之。群儒既已不能辨明封禅事①，又牵拘于《诗》、《书》古文而不能骋。上为封禅祠器示群儒，群儒或曰“不与古同”。徐偃又曰“太常诸生行礼不如鲁善”。周霸属图封禅事。于是上绌偃、霸，而尽罢诸儒不用。

……

四月，还至奉高。上念诸儒及方士言封禅人人殊，不经，难施行。天子至梁父，礼祠地主。乙卯，令侍中儒者皮弁荐绅，射牛行事。封泰山下东方，如郊祠太一之礼。封广丈二尺，高九尺，其下则有玉牒书，书秘。礼毕，天子独与侍中奉车子侯上泰山，亦有封。其事皆禁。明日，下阴道。丙辰，禅泰山下址东北肃然山，如祭后土礼。天子皆亲拜见，衣上黄而尽用乐焉。江淮闲一茅三脊为神藉。五色土益杂封。纵远方奇兽蜚禽及白雉诸物，颇以加礼。兕牛犀象之属不用。皆至泰山祭后土。封禅祠，其夜若有光，昼有白云起封中。

……

天子既已封泰山，无风雨灾，而方士更言蓬莱诸神若将可得……

汉武帝虽然也“尽罢诸儒不用”，且“独与侍中奉车子侯上泰山，亦有封。其事皆禁”，但因其首封是在即位三十年之后，准备时间长，登顶前曾“封泰山下东方，如郊祠太一之礼。封广丈二尺，高九尺，其下则有玉牒书”②。且“明日，下阴道。丙辰，禅泰山下址东北肃然山，如祭后土礼”。而后又多次再封，计五封泰山。只要武帝不事必躬亲，再秘也会为人所知，故对后世实际影响最大。于是，再过一百六十余年之后，东汉光武帝可“求元封时封禅故事，以封禅所施用”③，乃至唐代仍旧“依汉武故事”而议。④

关于封禅礼仪的宗教派别归属，有些学者或由于他们把国家宗教看作儒教的缘故而将封禅也归属于儒教⑤。不过，笔者在从事道教科仪研究的过程中，逐渐倾向于从

① “群儒既已不能辨明”之“封禅事”自然难归儒礼。

② 尚未发现秦皇汉武封禅玉册实物，作为参考，示新莽（制而未用）之封禅玉牒和唐玄宗禅地祇玉册拓本于图4，均取自冯时《中国古代的天文与人文》（中国社会科学出版社，2006，图版一、第186页）。

③ 《后汉书（续汉书）·祭祀志上》。

④ 《旧唐书·礼仪志三》。

⑤ 李申：《中国儒教史上、下》，上海人民出版社，1999、2000。

辅助帝王教化和祭祀的意义上理解儒教。儒教是传统宗法礼教的重要乃至在某种意义上的主要组成部分，但并不就是传统宗法礼教整体本身①。秦皇汉武在拟议封禅事宜时虽然都听取儒生建议，但作为行为主体，二帝都以自己的判断为准，当觉儒生建议不可用时毅然弃之。况且，现存最早直接述及“封禅”的文献《管子》也通常并不被认为属于儒家，而《论语》《孟子》《荀子》，以及虽为儒家所特别尊崇但如同传统宗法礼教一样未必专属儒家的《三礼》，却都未直接言及“封禅”。其实，儒者也只是以帝王为最高宗教领袖和祭司的政教一体传统宗法礼教的祭祀助理。他们可能是最主要的助祭，但也并未全部包揽。儒者，或正因为离作为最高主祭和最高权力中心的帝王太近，以及他们自己的思想倾向使然，反而既没建立起独立宗教组织，也未在终极信仰的建构上突破传统宗教。从中国古代社会未曾有过真正政教分离以及从来没有出现过教权超过王权或政权的历史事实来看，也可看作实质上是政教合一宗法性国家宗教统摄着其他思想或宗教，相对于犹太、基督、伊斯兰等一神教，堪称一王教。儒家之外的其他传统思想和传统宗教成分，在受到儒者的排挤之后稍微远离了权力中心，但可能也正由于此，才得以逐渐汇聚到了在理论上相比儒家较多突破或超越传统的道家的旗号之下，组成了道教。当然，道教虽有其相对独立性，但仍对传统宗教有着较多的继承，继续同帝王保持着合作关系，依然是帝王治世的重要思想源泉和安身立命之宗教依托。这些，大概也是后成之道教投龙简仪能够跻身国家祭祀礼仪的深厚传统基础。

图 4　新莽封禅玉牒（左）和唐玄宗禅地祇玉册拓本（右）

自《史记》发端之正史，唯有太史公的《史记》在《礼书》之外另设《封禅

① 易宏：《六朝隋唐道教科仪研究——以敦煌文献为中心》第一章，中国社会科学院研究生院博士学位论文，2009。

书》，而其他皆将“封禅”纳于一般《礼仪/乐志》或《郊/祭祀志》之类的史志之中[①]。这种现象可能也说明，汉武帝之后的儒者才逐渐接受了他们原本并不重视也不太了解的封禅这一传统祭祀礼仪。也许可以这么说：封禅，是君王重视但作为助祭的儒者并不熟悉的祭祀礼仪，其原因或由于做主祭的君王在封禅的一些主要环节秘密行持[②]，并不为助祭（儒者或其他随从）所（完全）知晓。似乎这也说明，武帝所谓独尊儒术，只是在百家争鸣之后确认以儒家为常任助祭，但可随时根据需要让其他各家加盟，或根本不用助祭。《史记·封禅书》所言：“黄帝以上封禅，皆致怪物与神通……而颇采儒术以文之。”其中一个“采”字，直接表明君王是主祭，各家均为助祭，主祭因需选择性的采用助祭；至于“文”，似乎说明，对于封禅，儒术只是装饰，似锦上之花，而非作为基底的锦本身[③]。不论帝王们以何种心态或目的封禅或从事其他宗教祭祀活动，对他们作为祭主的这些心态或目的，儒者或其他各家都不能决定而只能影响，帝王们并不简单依照某一家一派的意愿行事。《封禅书》中有关秦始皇“颇采太祝之祀雍上帝”之礼封禅，和汉武帝“封泰山……如郊祠太一之礼”的记述，在清晰表明秦皇汉武封泰山所用之礼非儒家所重之祭祀昊天上帝之礼的同时，也明确肯定（国家）祭祀天神礼仪并非唯一，甚至还可能是族人天道信仰意识有而模糊且不甚强烈的例证。一系列事实表明，虽有“独尊儒术”之说，但族人从来都不认为通神或通天方式是唯一的。这正是道教祭祀礼仪可能被帝王选中的基本前提。

古往今来，多数帝王都没有举行封禅之仪，这恐怕除了管仲对齐桓公所说条件或帝王所处时代的财力之类的因素外，也许更重要的是未见有封禅灵验的确凿事实。这

① 如果说从《史记·封禅书》到《汉书·郊祀志》这一卷名变化没有导致太多内容变化，二者都以封禅为中心，兼记许多后儒不屑一顾而多为道教所传承的杂祀或方术，那么，从《后汉书·祭祀志》开始就越来越少见儒者不大推崇的杂祀或方术了。再往后，正史中有关卷名甚至不见“祭”“祀”二字，而只见“礼”或“礼仪”或“礼乐”，其内容，除“封禅”和少量例外之外，也基本不超越儒者特别推崇之《三礼》。“国之大事，在祀与戎”的传统似乎在淡化。由此可见，“儒术独尊”好像是在漫长的历史进程中逐渐强化的，大概也是这一逐渐强化过程刺激了儒者所弃之其他杂祀或方术在道的旗号下集结，相对独立地发展为道教。

② 秦皇汉武封禅的最重要仪节都秘密行持，恐怕未必仅仅是他们个人故弄玄虚。类似的，唐王悬河编《三洞珠囊·卷二》（28/007）之“投山水龙简品”中有：“……朱书白槿简一枚……计字满简，诣山向王烧香，发炉再拜，读简毕，再拜长跪，青纸裹，青丝缠，再拜岩石上，勿令人见……”之说。元稹长诗《春分投简阳明洞天作》也有“投秘简”之说（《全唐诗》卷423·3）。这些“秘”，也许相当或类似于许多宗教中都存在的密教成分，可能正是中国传统敬天法祖宗教中的密教部分，或许是一种传统，且多为道教所传承。

③ 在中国传统中，似乎血统或血统化的政统（王权或广义的权力）才是作为基底之锦。由于血统或血统化的锦之天然排他性，导致吾族传统文化似多添花艺，而少织锦术。既然宗法帝制乏新意，王朝更替换血统，大概也就成了不得已的规律。

可能也是导致投龙简仪等更为便捷，而且被认为更加可靠向神送达愿望的祭祀礼仪出现的最重要原因。

在祭天之外，作为典型的自然崇拜之表现，祭祀山川，通常有两种做法。一种是亲自到山川所在地致祭，称作“就祭”。《仪礼·觐礼》中有：“祭天，燔柴。祭山、丘陵，升。祭川，沉。祭地，瘗。”郑玄注云：“升、沉必就祭者也。就祭，则是谓王巡守及诸侯之盟祭也。”另一种是在城郊等处设立致祭远处名山大川的祭坛，遥望其致祭对象（不一定在可视范围内）方向进行祭祀，就叫“望祭”。如《仪礼·觐礼第十》所述：“礼日于南门外，礼月与四渎于北门外，礼山川丘陵于西门外。”也就是望祭是祭日月、四渎与山川丘陵。当然，对日月星，只能望祭。《春秋左传·宣公三年》曰：“三年，春，不郊，而望，皆非礼也。望，郊之属也。不郊，亦无望可也。”《春秋左传·僖公三十一年》也有“望，郊之细也。不郊，亦无望可也”之说。可见，在通常祭祀中，望祭山川只是郊祭的附属或细节，为郊祭之配祭，不祭（最高之）天而直接望祭（天下）山川则不合礼制。关于山川之祭法，《周礼·春官宗伯》曰：

> 大宗伯之职：掌建邦之天神、人鬼、地祇之礼，以佐王建保邦国。以吉礼事邦国之鬼神祇，以禋祀祀昊天上帝，以实柴祀日月星辰，以槱祀司中、司命、飌师、雨师。以血祭祭社稷、五祀、五岳。以狸沈祭山林川泽，以疈辜祭四方百物……
>
> 小宗伯之职：掌建国之神位，右社稷，左宗庙。兆五帝于四郊，四望、四类亦如之。兆山川、丘陵、坟衍，各因其方……
>
> 典瑞：掌玉瑞、玉器之藏，辨其名物与其用事，设其服饰。王晋大圭，执镇圭，缫藉五采五就，以朝日。公执三圭，侯执信圭，伯执躬圭，缫皆三采三就；子执谷璧，男执蒲璧，缫皆二采再就；以朝、觐、宗、遇、会同于王。诸侯相见，亦如之。瑑、圭、璋、璧、琮，缫皆二采一就，以眺聘。四圭有邸，以祀天、旅上帝。两圭有邸，以祀地、旅四望。祼圭有瓒，以肆先王，以祼宾客。圭璧，以祀日月星辰。璋邸射，以祀山川，以造赠宾客……

可见山川祭祀有牌位，用牺牲、玉器等。其中玉器尤受重视，广泛分布的出土上古玉器（见图5），显示华夏先民有着广泛而源远流长的玉崇拜传统。① 但是，这里的“狸沈”大概只有就祭时才可实行。对这些，投龙简仪等道教礼仪多有损益承袭。

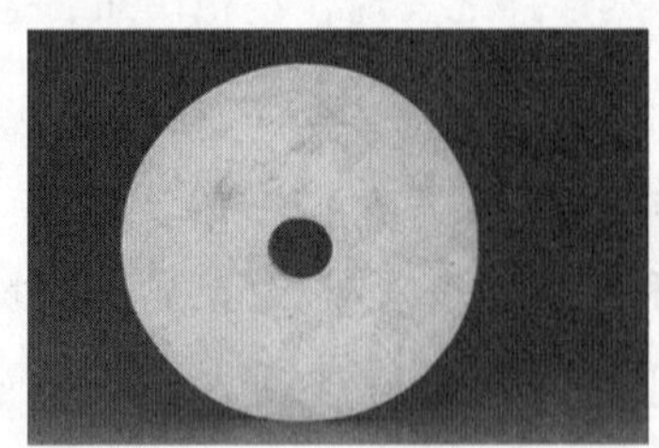

图5　红山文化玉龙（左）和良渚文化玉璧（中）、玉琮（右）

古人认为山川能兴风生云、藏鬼致病、阻敌御寇、见证人世等，故往往会有消灾除疾、舞雩祈雨以及盟誓见证等非常祭祀活动。如汉武帝元封初年亲临自元光初溃决达24年之久的黄河瓠子决口处，“沉白马玉璧于河”以祭河神②也属非常祭祀。“山盟海誓”这一成语更生动地说明了类似现象在中国的悠久传统和广泛群众基础。③

与前述汉武帝封禅时在泰山之巅封有告天玉牒相类似，祭祀山川也有投埋告文的，如20世纪60年代和70年代出土的春秋末年晋盟书、北宋时期出土的“诅楚文”

① 据叶舒宪先生等学者考证，和田玉至迟在5000年前已传入中原，早在丝绸之路西行前已有玉石之路沟通西域和中原。叶先生甚至将中国人的玉崇拜称作“玉教”。

再者，道教以“玉清”为三清之最高，道教神“玉皇大帝”远比与儒家所崇之“昊天上帝”或“皇天上帝”更能深入大众心灵，再加大量含玉字或同玉相关的道经名称与道教术语的存在，似乎暗示着，道教在中国文化各流派中更饱含着历史悠久的玉崇拜传统。又，据说在目前已发现的上古文化遗迹中特别崇尚玉的红山文化属于黄帝部落，尊黄帝、尚宝玉之道教或正为其传承。这些，或正说明道教确为“中国之根柢”。

又如，图19所示南唐投龙玉璧、图23所示明初投龙玉璧，形制一如良渚玉璧，清楚地表明了这种玉文化传统一直绵延不断。

另外，蒋介石、毛泽东，是近现代中国之两位最著名人物。蒋介石名含石，毛泽东则因从母拜巨石为干娘而有“石三”之昵称，足显石崇拜对吾族影响之深刻，说蒋、毛二位也传承着中华民族源远流长的石崇拜文化或并不为过。

M. 伊利亚德在《锻冶师与炼金术师》中也有这样一段描述：

“许多神话表现了人类起源于岩石这一主题，这在中美的伟大文明（印加、玛雅）之中、在南美一些部族的传承中、在希腊人和塞姆人中间、在高加索山脉地区、从亚洲到大洋洲，均反复出现。（略）在《旧约全书》中还保留着人类起源于岩石这一古塞姆的传承，但令人吃惊的是基督教的宗教民俗却以高尚的方式处理这一现象，并将其用于救世主基督。在罗马尼亚的一支圣诞歌中，就讲述了基督从岩石中诞生的典故。”转引自中野美代子《〈西游记〉的秘密》，王秀文等译，中华书局，2002，第3页。

② 司马迁：《史记·封禅书》。

③ 至今仍有实行的在某些特定地点的宣誓活动，或为此类传统之流变，也是人们誓言神圣性的一种表现。

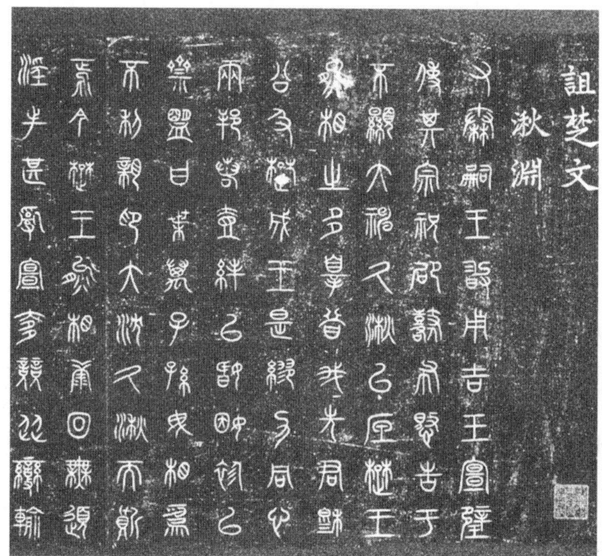

图 6　秦诅楚文石刻拓本

(图 6)① 以及秦骃祷病玉版（图 7)② 等。特别是秦骃祷病玉版铭文中有“骃敢以介圭、吉璧吉纽，以告于华太山”。即其中至少有简（版，及所刻铭文)、璧、钮（纽）皆已同后世投龙简礼器与告文非常相似。

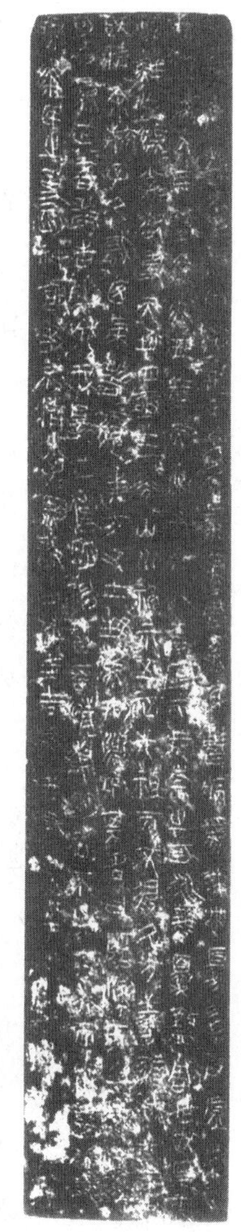

图 7　秦骃祷病玉版甲正面

传统祭祀中常见的“简”(或版，或由其串联而成之册)，其原型为用于书写的竹板或木板，用于传递信息时就是书信，至今也还有书简之说。“简”，作为祭祀礼器，也就是给神灵的书信。其材质，为显恭敬或虔诚，以玉质（图 4、图 7、图 21 ~ 23）为上，也有金（图 10)、银（图 16 ~ 18)、铜（图 11）之类贵金属的，还有其他材质的。投埋简册，向神祈福，古已有之，封禅（图 4)、祷病（图 7）皆用，道教继承。投龙简仪中的简是给神的书信。给天神送书信，也就是通天。投山简以告天，堪称代祭版或“函祭”版之封禅。道教投龙简仪成为国家礼仪，可以说是道教在“通天权”竞争中获胜的标志③。

秦骃祷病玉版铭文中提到的“吉纽”，其作为宗教礼器，当系表 2 所示道教投龙简仪（金）钮（图 20 下）之原型。亦即，金钮用作道教祭祀礼仪之投龙简仪的礼器之一，并非道教原创，而是承古新用。金钮所代之歃血，其来源当属血崇拜。血崇拜在人类社会

① 郭沫若：《诅楚文考释》，《郭沫若全集·考古编·第九卷》，科学出版社，1982，第 275 ~ 342 页。

② 李零：《中国方术续考》，东方出版社，2001，附录四。同时出土的玉版有甲、乙两枚，这里仅示甲版正面。铭文依稀可辨。据李零先生考证，该玉版系秦骃祷病所用，故名。下引释文从李先生文。

③ 天坛祭天通常不被认为属于道教，但明代天坛祭天音乐的演奏由道士承担，其乐团所在地被称作神乐观。此亦为道士助帝通天之实例。

中普遍存在，由来更加久远。特别是在汉语中有“血浓于水”这一古谚流传至今，乃至被官方用以强调民族团结，显示着血崇拜深入族人骨髓。据此，道教以象征歃血之钮作为投龙简仪礼器，大致可理解为对以血崇拜为基础的歃血结盟礼仪的承袭和变通性应用，以企同神歃血为盟，同血脉、共命运。中国传统的宗法制，以父系血缘关系为基础，也是血崇拜的一种表现形式。[①] 道教投龙简仪只是以金钮象征歃血（可能在秦驷祷病玉版投埋时已经开始），而不实际杀生，或为中国祭祀礼仪的一大进步。

现存最早的关于帝王祭祀泰山及其他山川的文献记载见于《尚书·尧典》：

> 正月上日，受终于文祖。在璇玑玉衡，以齐七政。肆类于上帝，禋于六宗，望于山川，遍于群神。辑五瑞。既月乃日，觐四岳群牧，班瑞于群后。
>
> 岁二月，东巡守，至于岱宗，柴。望秩于山川，肆觐东后。协时月，正日，同律、度、量、衡。修五礼、五玉、三帛、二生、一死，贽。如五器，卒乃复。五月南巡守，至于南岳，如岱礼。八月西巡守，至于西岳，如初。十有一月朔巡守，至于北岳，如西礼。归，格于艺祖，用特。五载一巡守，群后四朝。敷奏以言，明试以功，车服以庸。[②]

其中“至于岱宗，柴”就是燔祭昊天（上帝）并以泰山配祭，对泰山也是就祭。同时按序祭祀其他名山大川，则是望祭。司马迁作《史记·封禅书》与班固作《汉书·郊祀志》均援引上文。《史记》、《汉书》以及《后汉书》中述及汉代诸帝有关封禅事，或言“巡狩”，或言“封禅”，或合称为“封禅巡狩”。[③] 对此类说法，詹鄞鑫先生认为“从本质上说，封禅乃是帝王巡狩四方而祭天地于当方之岳，原先并不是很神秘的事。巡狩制度的起源很古，当在舜时。巡狩而封禅于泰山也不迟于春秋”。[④]《春秋公羊传·隐公八年》有三月，郑伯使宛来归邴。宛者何？郑之微者也。邴者何？郑汤沐之邑也。天子有事于泰山，诸侯皆从。泰山之下，诸侯皆有汤沐之邑

---

① 似与全球化时代不相称，中国乃至世界华人无偿献血率相对较低，或为血崇拜及与之相关联的宗法文化传统的负面影响。血缘亲亲，是吾族凝聚力之所存。但是，血统是排他的，是硬实力，而非软实力。中华文化很难超越华人血统传播的主要原因，大概就是由于血统对道统之强力束缚，而很难真正体现出软实力。

② 蔡沈：《书经集注》，中国书店，1994。

③《史记·封禅书》《汉书·郊祀志》《后汉书（续汉书）·郊祀志上》等。

④ 詹鄞鑫：《神灵与祭祀——中国传统宗教综论》，江苏古籍出版社，1992，第428页。

焉。之记载。先秦文献多以“有事”（或“用事”）某山言致祭某山，至于“有事于泰山”实为泰山封禅，故汉武帝首封泰山后也曾下诏曰：“古者天子五载一巡狩，用事泰山，诸侯有朝宿地。其令诸侯各治邸泰山下。”（《史记·封禅书》）

又如《尚书·尧典》所述“五月南巡守，至于南岳，如岱礼。八月西巡守，至于西岳，如初。十有一月朔巡守，至于北岳，如西礼”。可见，泰山同其他各岳相比，并无特别之处，只因在东方而排在帝王巡狩第一方位。而且，“古者天子”封禅可能既没多大排场，也没传说的那么神秘。或确如詹鄞鑫先生所言：“由于偶然原因，秦始皇和秦二世东巡之后，来不及南巡北巡就面临灭顶之灾，自然也就不存在南岳封禅之事了。后世帝王秉承秦汉之礼，通常也只封禅于泰山。”[①] 而武则天封禅中岳嵩山，与其说是破例，毋宁说是遵从古制，接续此前和高宗一起的泰山之封。

另外，除山川祭祀分就祭与望祭两种方式之外，各种祭祀还有祭主是亲临祭坛致祭抑或是委托他人代理致祭的“亲祭”与“代祭”之分。可委托他人致祭的代祭，因种种原因，难以事必躬亲的帝王常为之。[②]

至此，以告天之封禅为主线，兼及山川祭祀乃至诅咒祷病等杂祀，考察了可能为后世道教投龙简仪形成之原型的传统祭祀方式，投璧埋简，贯穿始终，特别是高规格的帝王或国家祭祀，玉简（册）玉璧不可或缺，这些也都为道教所继承。

古往今来的各种祭祀都有其目的性，只要不被认定必然灵验或被认为尚需增强功效，就必然出现被认为可能更加行之有效的新祭仪。在人们（特别是帝王）这种渴望行之更加有效的祭祀礼仪的社会背景中，道士们折中天地山川祭祀的就祭与望祭，并借鉴巡狩礼仪以及代祭等致祭方式，在古代投埋简璧和早期道教“三官手书”等致祭礼仪的基础上，兼顾血崇拜与发崇拜，“创造性地”加入起着信使作用的“龙”，以强化和神沟通的“可靠性”——道教投龙简仪应运而生。

三　“金龙驿传、上达九天”
——“引龙负简”改造传统祭祀礼仪而形成道教投龙简仪

如前所述，投龙简仪作为东晋南北朝以来道教重要的斋醮仪式环节之一，也是最

① 詹鄞鑫：《神灵与祭祀——中国传统宗教综论》，江苏古籍出版社，1992，第427页。

② 或不限于帝王及繁复祭祀活动，族人似有不愿亲为复杂事务之传统，富人有钱会买豪车乃至飞机，但似少直接从事相关创造与生产的意愿，以致当今世界华人企业在复杂系统的创造与持续稳定生产领域的作为极其有限。

具中国传统特色的宗教仪式之一。其主要行事程序是在设醮祭祀天地山川岳渎之后，将金龙玉璧或连同刻写有名刺告文的金银铜玉简牍投山埋地沉水，旨在奏告上天、招真致灵、镇伏山川。据说金简（或玉简等）玉璧是向神灵传达帝王（或其他祭主）心愿的书信和信物，金龙则是传信的驿使（参见表2）。据此，不难发现前述古已有之的封禅、山川祭祀以及诅咒或祷病之类的简册投埋等，已显露出道教投龙简仪之原型。下面就对这些传统祭祀礼仪向道教投龙简仪的演变过程做一简略考察。

在道教成立之初，已有据汉代以来流行的天、地、水“三官”崇拜而形成的“三官手书”投放礼仪，《三国志·魏书八·张鲁传》裴松之注引述《典略》曰：

> 修法略与角同，加施静室，使病者处其中思过。又使人为奸令祭酒，祭酒主以老子五千文，使都习，号为奸令。为鬼吏，主为病者请祷。请祷之法，书病人姓名，说服罪之意。作三通，其一上之天，著山上；其一埋之地；其一沉之水，谓之三官手书。使病者家出米五斗以为常，故号曰五斗米师。

这里的“手书”投放，大概是道教在偏僻的西南地区对传统的投埋简册礼仪的朴素化应用，与天、地、水“三官”信仰相结合，已显露出向道教投龙简仪发展之端倪。

唐王悬河编《三洞珠囊·卷二》之“投山水龙简品”开篇引早期道经曰：

> 《洞神经第十四》云：凡学长生存神明者，山仁水智，动静所依。依仁者，静而寿也；依智者，动而乐也。乐近水，寿如山。山居玩水，长生之方也。当投简送名，拜见山水之灵。灵皇帝君，佑护善人，使弘仁智，长生神仙也。八节日寅午时，朱书白槿简一枚，曰：曾孙某州郡县乡里位姓名，志求长生，移籍太清，政死录，著生符。计字满简，诣山向王烧香，发炉再拜，读简毕，再拜长跪，青纸裹，青丝缠，再拜岩石上，勿令人见，复炉还，勿反顾也。诣水泛舟中流，再拜讫，向王发炉心拜，读简毕又拜，裹缠如法，以净石系之，令沈。立春为始，三年二十四过，必能降真。若公私意外一节致阙者，更从初始。数满未感，功少行粗，更勤立功，精谨修之。久久神降，自知吉凶，幽显了然，道成乃止也。

显然所述为八节日投山水二简之仪①，“发炉”“复炉”具备，从仪节看，已非常接近投龙简仪，但尚未见“以龙负简”，“龙”“简”关系不明，能否称作投龙简仪尚可存疑。紧接着，又引经道：

> 《赤书玉诀上》云：元始灵宝告水帝，削除罪简。上法曰：灵宝黄帝先生，某甲年如乾岁某月某日生，愿神愿仙，长生不死，三元同存。九府水帝、十二河源、江海淮济溟灵大神，乞削罪名，上闻九天，请诣水府，金龙驿传。某年月朔日，子于某国土地告文。
>
> 右朱书银木简上，以青纸裹简，青丝缠之，金龙负简以投三河之渊。初用金钮九只连简沉之，后投不须。三过都止，投简当于清泠之渊，北向叩齿三通，读简竟祝曰：
>
> 元始五老上帝高尊、十方至真、太华灵仙，赤文告命，无幽不开，上御九天，请下玉文，日月五星、北斗七元；中告五岳四方灵山，下告河海，十二水源、九府水帝、溟灵大神。今日上告，万愿开陈，请投玉简，乞削罪名，千曾万祖，九族种亲，罪相连染，及得我身，普蒙削除，绝灭种根，记名水府，言上帝前，七祖父母，去离八难，上登九天，衣饭自然，我罪释散，万神咸闻，请以金龙，关盟水官，请如所陈，金龙驿传。（随后是“山简”和“土简”相关文辞，从略）

所谓《赤书玉诀》，由名称和内容不难判定当即《道藏》所存东晋道经《太上洞玄灵宝赤书玉诀妙经》（03/002），该经较完整地记载了投龙简仪，显然已经“请以金龙”“负简”“驿传”，可能也是见存最早的有关投龙简仪的记载。王悬河的这种编排，或许也是为了说明投龙简仪的形成过程。经文中的“千曾万祖，九族种亲”和“七祖父母”以及众多道经中的类似文辞，充分显示了道教的宗法文化传统。

《三洞珠囊·卷二》所提“青丝”，当和表2所列一致，其作为投龙简仪之礼器，意代“割发”，应当来自世界上许多民族都有的头发崇拜传统，孕育道教的中国也不例外，且有其独特性。儒家典籍《孝经》云：“身体发肤，受之父母，不敢毁伤，孝

---

① 至于土简，是由于已如杜光庭所删定《太上黄箓斋仪》之卷55“投龙璧仪”所述“言功之夜，宣读咒赞已毕。至明，便可埋于坛中，不俟别更关告”而在此处略去说明，还是确如杜光庭在该卷末尾所言存在“近代以来，只投山水二简”的现象，难以仅从引文判定。

之始也。”显示了头发在中国传统孝道中的特别地位①。同时，中国古代还有在祷天祈福时削发以代牺牲表示用心恳切；妇女剪发以表坚决守志；成婚之夕，男左女右共髻束发，故称“结婚”“结发”，如汉苏武诗云：“结发为夫妇，恩爱两不疑。”显然，投龙简仪中以青丝代割发，同样是基于深厚的发崇拜传统。《尚书大传》卷二载：“汤伐桀之后，大旱七年，史卜曰：‘当以人为祷。’汤乃翦发断爪，自以为牲，而祷于桑林之社，而雨大至，方数千里。”后遂以“翦发”为祈雨之典实。《三国演义》第十七回中则有一个曹操因战马踩坏麦田而“割发权代首”以自罚，以至“三军悚然，无不懔遵军令”的故事。足见头发对国人或族人之神圣。

用“青丝”代“割发”，虽然暂未查到其作为祭祀礼器的前道教文献记载，但相关崇拜与信仰早已深入族人内心，道教用之，更显示了其作为中国本土宗教的源远流长、广泛而深厚的传统基础。

在王悬河之前，南朝陆修静编《太上洞玄灵宝众简文》也征引了《太上洞玄灵宝赤书玉诀妙经》并作注解，其文曰：

> 夫受灵宝券盟，既有梯首，授简修刺，必由次第，中盟大盟，皆投龙简，其后八节甲子，别投三元玉简，如此方得四时登山，修真文之事。明真玉诀并有其详，而晚学暗惰，志性浅略，遇见一科，不加精寻，率意施用，遂致矫错，亡首失尾，永不悟非。若斯之徒，常为痛心，视其沦溺，惧伤慈教，谨依旧典，撰投简文次第，复为甲乙，批注法度，以启昧者之怀，自为门人成轨，岂苟施悠悠者哉。
>
> 真一自然经诀曰：弟子受书后，投金环②十口，告于十方，为不泄之誓，并十口奉师，放金龙，并于清泠之渊，求登仙之信矣。
>
> 此科是初受灵宝度自然券宫经，竟校当五过定重拜，黄缯章付经，名曰中盟，应投此一龙，以十口镮合龙，青丝缠简，投之清渊，简文依玉诀，告水官，法文如左。
>
> 明真科：三天受灵宝真文十部妙经，以金龙三枚，投水府灵山所住宅合三处，为学仙之信，不投此，三官拘人命籍，求乞不达。

---

① “孝”为儒家所特别重视，但这一概念早在儒家出现之前已有之，既非儒家所创，亦非儒家独有或独享。

② 金环，也许即为表 2 所述金钮之雏形或早期称谓，另参见图 19。

此科是登坛大盟，佩真文赤书，二镮策杖之日，当以金龙三枚，金环二十七只，投山水宅三处，告盟三官，简文依玉诀如左。

玉诀曰：当以八节甲子之日，投三元玉简，除宿罪簿，言名上天，事事三过，诸天三官，更相嘱记，上天右别，万神敬护，千魔不干。

此科是大盟后投山水所住宅三处，处三过止，初一过处用一龙九只钮，后二过但用龙不须钮，合九简九龙二十七双钮。经云：以八节甲子者，总举大意耳，投此简要当以吉辰，不得用他日，若不值八节，别用甲子。

由其中文词可知，经中所述投龙简旨在强化所“受灵宝券盟”之“盟约”，斋主为教团内部受经者，似不同于金箓斋或黄箓斋投龙简仪，但很可能是这二者的教团内部基础与行持形式，而其中《明真科》当指《道藏》所存成立于东晋的《洞玄灵宝长夜之府九幽玉匮明真科》（03/022）。在该经中，上述引文之后还有“法依玉诀之文，有违考属地官九都曹”，即，《明真科》有关投龙仪的记述也依据《太上洞玄灵宝赤书玉诀妙经》。对投龙简仪的这些基本认识，在唐末杜光庭删定的《太上黄箓斋仪》之“投龙璧仪”，和宋留用光传授蒋叔舆编撰的《无上黄箓大斋立成仪》“释投龙简”中都有所传承。

另外，成立于东晋的《洞真上清青要紫书金根众经》卷下（01/034）之“封金简玉札五岳上法”曰：

太上常以正月一日、七月七日、九月九日，一年三遣玉晨元皇、太极真人、领仙玉郎，诣东华青宫，校定真仙簿箓。其有金简玉名者，即言奏三元，随学深浅，玉童玉女防卫其身。若有漏泄，轻真慢法，为玉童所奏，虽有金简，即被除移名鬼官，身被风刀之拷，七玄之祖运蒙山之石，填积夜之河。

凡积学之士，每以其日，当隶心寂室，清斋静念，散香左右，朱书金简八通，紫绳结篇，以奏高上玉皇、东华青宫；玉札八枚，以奏三元。

……

都毕，以简札埋于所属岳，令玉皇篇在北，三元篇在西，青宫篇在东，入土三尺，坚筑其上。埋毕，北向伏地，叩齿九通，又咒曰：

名奏玉格，箓字上清，金简玉札，结篇皇庭，高上玄遐，三元幽冥，真官来降，谨关有灵，封简神岳，箓奏三清，列上东华，着我玉名，得乘玄舆，飞霞绿

> 軿，上造三元，腾身帝晨。
>
> 讫，起再拜。

似与投龙简仪差别较大，但《无上秘要·卷四十一》（28/001）之“投简品”和“奏简文品”大段著录有关内容之后，又据《洞玄玉诀上经》（即《太上洞玄灵宝赤书玉诀妙经》上卷，03/002）和《元始灵宝告五岳灵山除罪求仙上经》（未见于《道藏》）著录了投龙简仪，可以推定，《无上秘要》编著者认为，《洞真上清青要紫书金根众经》卷下所述投简仪，也是投龙简仪的来源或形成脉络中的一种流变。

如上所述，从历史上看，虽然第一次投龙简仪具体实行于何时何地难以精确考定，但由上引道教文献可知，东晋南朝时期江东地区新出的上清经、灵宝经等经书中已开始出现投龙简仪式。亦即，可以推定，投龙简仪至迟成立于东晋末期，当时主要是作为灵宝金箓斋法或上清河图醮仪之附属①。特别是陆修静编撰《太上洞玄灵宝众简文》时已有多部道经述及投龙简仪，这说明该仪式在当时已相当流行，同时期著名文人沈约（441～513）的《华山馆为国家营功德诗》更反映这一点，诗云：

> 沐芳祷灵岳，稽首恭上玄。帝昔祈万寿，臣今请亿年。
>
> 丹方缄洞府，河清时一传。锦书飞云字，玉简黄金编。

该诗虽未直言投龙简，但据笔者以重点符号标出的词语和标题中的“为国家营功德”，所言当为国家投简仪式。沈约的在世时间与陆修静（406～477）基本相当，但晚三十多年。既然如前文所考，投龙简仪早在陆修静之前已成立，再据诗中“传”“玉简黄金编”等语，那么，可推定沈约诗所涉投简仪很可能就是“以龙负简”的投龙简仪，亦即很可能至迟在沈约作该诗之时投龙简仪已经成为国家祭祀礼仪。

另外，从信众意识的视角来看，埋简投书、歃血割发，古已有之，道教承继，不乏信者，但或因缺少灵验事例，或因其投埋方式之简略而缺少神秘或神圣感，所愿能否确达神处，定有疑者。故，若简单沿用，难以显示道教与传统宗教之区别，难以让道教作一个独立宗教吸引信众以显示其存在价值。

---

① 如《太上洞玄灵宝众简文》、《正一法文经护国醮海品》（08/023）等。

驿传制度的成熟完备，大概也是投龙简仪形成并盛行的重要现实社会基础。中国驿传制度开创于殷商，以后代代相承，并不断地加以改进和完善。甲骨文里的“传”字即取傳象于驿车。经上千年发展，至秦汉统一基本完备，深入人心（图8）。广见于道书所载或考古发现投龙简仪告文例行用语“金龙驿传”，或同其他词组合使用之“驿传”足为其证。

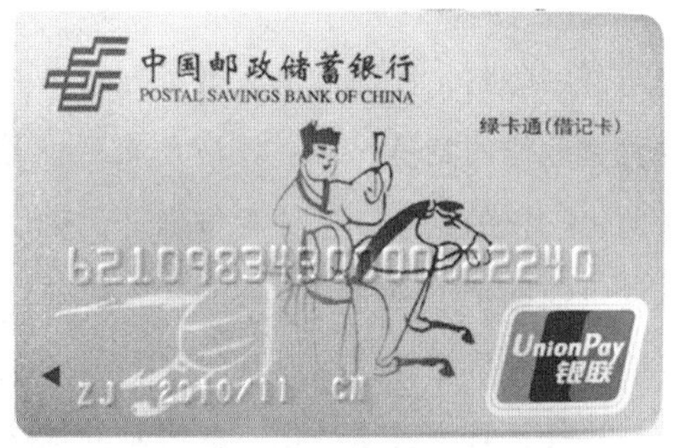

图8　嘉峪关魏晋墓出土的彩绘“驿使图”（左）和印有该图案的当今中国邮政储蓄银行卡（右）

大概就在这样一种社会背景之中，某个或某些道士受到官方驿马传书启发，联想到了传说中可上天钻地入水、神通广大且在数千年前就已被认为可作通天通神之全能交通工具，并传曾迎黄帝成仙升天的龙（如图5、图9）①，或可充当信使，承担向神灵传递祈愿书简之使命。于是，如同世俗地方官员通过驿站系统向皇帝呈报奏章一样，有了道士“以龙负简”（图20、图23）、“传书神灵”之创意，并行之于宗教实践，形成了道教投龙简仪。

投龙简仪本身虽然并非帝王才能行用，但是，一种新的祭祀礼仪能否得到帝王认可并行用，对该礼仪本身乃至其所属宗教整体都有着重要影响。自春秋开始的诸子蜂

---

① 由考古发现可知国人对龙的崇拜可能有六千年以上的历史。图9为据考八千年前辽宁阜新查海前红山文化龙形堆塑。综合辽河文明网等。

据传人文初祖黄帝为得道成仙升天第一人，且驭龙升天。有关传说见于《史记·封禅书》，其文曰：“……黄帝且战且学仙……百余岁然后得与神通。黄帝郊雍上帝，宿三月……黄帝采首山铜，铸鼎于荆山下。鼎既成，有龙垂胡髯下迎黄帝。黄帝上骑，群臣后宫从上者七十余人，龙乃上去……”

再注意到《史记·老子韩非列传》所载孔子喻老子之言：“吾今日见老子，其犹龙邪!”以及“黄”“老”并称之说等，似乎都在暗示道家乃至道教比儒家更传承着由来久远的龙文化。

还有，在后出之《西游记》中，负载唐僧完成取经之旅并成佛的交通工具，不是普通马，而是白色神龙所变之白龙马，大概也基于同样文化基础，既是御龙升天母题之佛教版表达，又是佛教中国化之体现。

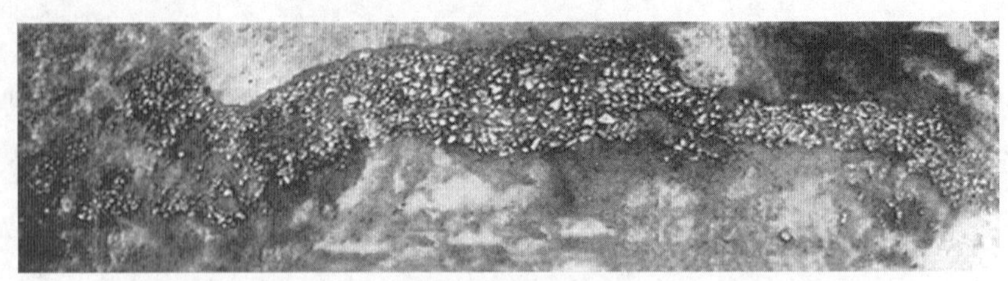

图9 辽宁阜新查海前红山文化龙形堆塑

起与百家争鸣，实际上，从世俗方面来讲，是各家学派对辅助帝王教化百姓统领天下的优越地位的竞争；从宗教视角来看，是各家（后为各教派）对辅助帝王通神或通天的优先权的竞争，这种竞争也是天道信仰的一种表现。因此，既然道教本身在同儒家竞争辅助帝王通神或通天的优先权的过程中诞生，那么道教的每一种祭祀礼仪也都可能同既有祭祀礼仪形成竞争[①]关系。道教早期的“三官手书”源自传统的投埋简册致祭礼仪，且为其质朴化，在偏僻的巴蜀民间或可流行，虽含有祭天（或通天）因素，但恐难以吸引王侯上宰。在悠久的玉石（或广义的美石）崇拜、龙崇拜以及金崇拜、血崇拜和发崇拜文化传统中，在驿传制度的成熟完善、深入民心的社会背景下，基于“金龙负简、传书三官”创意的投龙简仪的出现，自然为之一新，并迅速受到帝王青睐。而且，由于其所需礼器之珍贵，投放地之讲究，并非专为帝王而制定的投龙简仪，实际上也就逐渐成了帝王以个人或国家名义行用为主的道教祭祀礼仪[②]。从这个意义上讲，或许可以说，道教投龙简仪在道教确立和保持其作为儒道佛并列三教之一流传于世的进程中，有着重要的历史意义。

四 道教投龙简仪作为国家重要日常祭祀的兴盛与发展

从唐宋及至元明，留下的重要文物，道士奉敕为帝王祭祀山水投龙的记载屡见于历代碑刻或文献，从清末至今不断发现刻有相关告文的历代龙简实物。

① 自明末清初开始直至民国年间（1939）才有定论的中国（朝廷）同西来天主教之间的“礼仪之争”，是祭祀礼仪之争，也是“通天权”或“通天方式”的竞争。西方基督新教的诞生同样是“通天权”竞争取胜的结果，这也极大地加速了西方现代化的进程。其实，垄断本身就是竞争的一种极端状态或阶段性结果。

② 当然，也可能是普通人的投龙简仪既难以见诸史册，又因礼器之简朴而难以长期留存，故据现存文献与文物所见多为帝王或贵族所行。

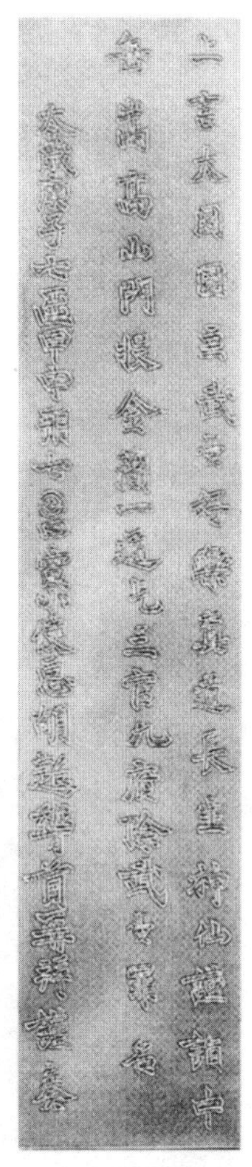

图 10 武则天中岳乞除罪投龙金简

就唐代而言，著名的有 1982 年 5 月于河南登封嵩山峻极峰的“武则天中岳乞除罪投龙金简”（图 10）[①]，其简文曰：

> 上言：大周圀主武曌，好乐真道，长生神仙，谨诣中岳嵩高山门，投金简一通，乞三官九府除武曌罪名。
>
> 太岁庚子七月甲申朔七日甲寅，小使臣胡超稽首再拜，谨奏

据简上铭文所示“曌”（曌，照）、“圀”（国）等武则天所造文字，当确系她在位期间所投。其投告年份庚子年，当系她称帝后的第十年圣历三年和久视元年（700）相交之年。投告日七月七日[②]，正合前引《洞真上清青要紫书金根众经》卷下之“封金简玉札五岳上法”所言。不过，虽然有“天官赐福，地官赦罪，水官解厄”之说，但是，武则天这通拟送达天庭之山简显然是希望除罪的。三简所祈，各异？相同？不得而知。再者，虽然可以判定这通金简确系身为皇帝的武则天所投，但从告文和史书无记载来看，可推定此乃武则天个人行为，而非国家祭祀。同时显示，帝王也存在对死亡的恐惧，也敬畏天道，对天神也是认罪的。

还有大量山东泰山东南麓王母池唐岱岳观碑等，特别是《道家金石略》[③] 载：

> 岱岳观碑（三）：大周天授二年（691）岁次辛卯二月癸卯朔十日壬子、金台观主中岳先生马元贞，将弟子杨景初、郭希玄，内品官杨君尚、欧阳智琮，奉圣神皇帝敕，缘大周革命，令元贞往五岳四渎投龙，作功德。元贞于此东岳行

---

① 实物今藏河南省博物院。图片引自河南省嵩山风景名胜区管理委员会编著《嵩山志》（河南人民出版社，2007）卷前彩图。

② 武周庚子年（大致对应 700 年），一至四月为圣历三年，五月之后为久视元年，即该简投放于久视元年。

③ 陈垣编《道家金石略》，文物出版社，1988，第 79 页。其中第 56 页《岱岳观碑（一）》题注：题记除两侧外，共二十有二则。前后刻二石，石各高八尺六寸，广三尺七分，皆两面刻……在泰山老君堂内。后注：《金石文字记》曰：泰山东南麓王母池有唐岱岳观，土人称为老君堂。其前有碑二，高八尺许，其字每面作四五层，每层文一首或二首，皆唐时建醮造像之题记……唐时六帝一后，修斋建醮，凡二十许，共此二碑。

道，章醮投龙，作功德一十二日夜。又奉敕敬造石元始天尊像一铺，并二真人夹侍，永此岱岳观中供养。

祇承官宣德郎行兖州都督府仓曹参军事李叔度。

马元贞孔庙题记：

天授二年（691）二月廿三日，金台观主马元贞，弟子杨景□、郭希玄，奉敕于东岳作功德，便谒孔夫子之庙，题石记之。内官杨君尚、欧阳智琮，宣德郎行兖州都督府仓曹参军事李叔度。

表明武则天所遣道士代投龙简的同时，不仅兼造道教神像，甚至顺便祭祀儒家祖师孔子，充分显示了道士代理帝王致祭的作用。据《道家金石略·岱岳观碑》，唐代许多皇帝都常行投龙仪，且有许多官员观礼见证，其中又以武后、玄宗时期最为盛行。观礼见证官员中当不乏可能并不推崇道教之儒者，他们的参加，直接表明其作为以皇帝为最高祭司的国家宗教助祭的地位。

图 11　唐玄宗南岳投龙铜简拓片

清道光年间，在湖南衡山发现“唐玄宗南岳投龙铜简”（图 11，今藏贵州省博物馆），从该简照片来看，正面铭文笔迹雄浑，其文五行如下：

大唐开元神武皇帝李隆基，本命乙酉八月五日降诞，夙好道真，愿蒙神仙长生之法。谨依上清灵文，投刺紫盖仙洞。位忝君临，不获朝拜，谨令道士孙智凉赍信简以闻。惟金龙驿传。

太岁戊寅六月戊戌朔廿七日甲子告文

由简文中“太岁戊寅”，可确定该简系唐玄宗李隆基在开元二十六年（738）所投。据告文，大概这也只是当时身为皇帝的李隆基个人为求“长生之法”，而非国家祭祀。

《唐会要》卷 50 载开元二十四年（736）敕曰：“每

年春季，镇金龙王殿功德事毕，合献投山水龙璧，出日宜差散官给驿送，合投州县便取当处送出，准式投告。”此敕文所言投龙“准式”，当属由官方修订的投龙仪范，虽不见于明《道藏》等传世文献，但在敦煌遗书中已发现两件残抄本，分别如下。

P. 2354（图 12）：首尾均残损，无卷题。楷书精美。残存经文 53 行。内容为投龙章醮仪式，仅存卷首部分。其法事程序是据早期正一派“三五醮仪”改编。①

BD14841E（图 13）：首缺尾残，无标题。存经文 27 行。前 17 行文字见于 P. 2354 抄本第 38 行至末行；后 12 行不见于 P. 2354 抄本。其中有“奉为大唐开元神武皇帝投告龙璧简辞”之词。可知此件系唐开元年间官方道经抄本。此件由恩师王卡先生发现并与同 P. 2354 缀合。②

两件相互校补，合计存经文 65 行。

关于该经名称，恩师王卡先生据 P. 2354 中文词“立成投龙章醮威仪

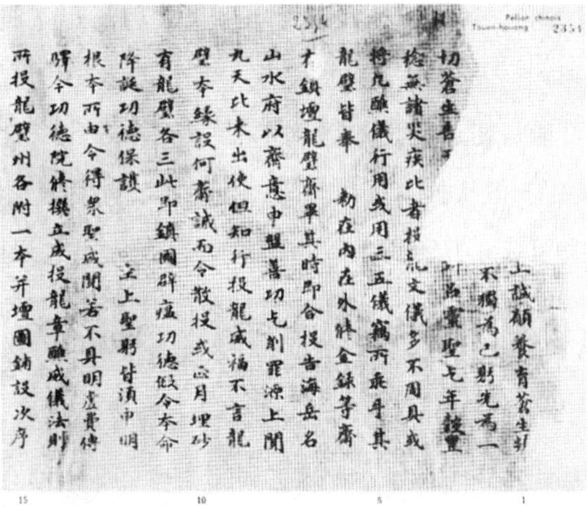

图 12　敦煌遗书 P. 2354 首部

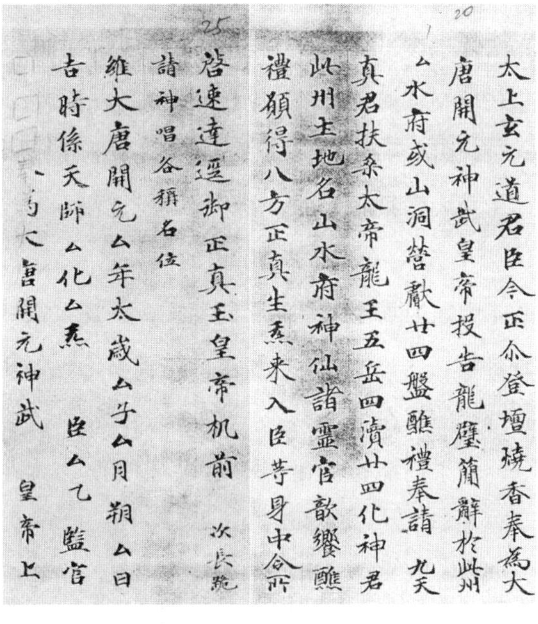

太上玄元道君臣令正佘登壇燒香奉爲大
唐開元神武皇帝投告龍璧簡辭於此州
厶水府或山洞營獻廿四盤醮禮奉請 九天
真君扶桑太帝龍王五岳四瀆廿四化神君
此州土地名山水府神仙諸靈官歆饗醮
禮願得八方正真生炁來入臣等身中合所
啓速達逕御正真玉皇帝机前 次長跪
請神唱名稱名位
維大唐開元厶年太歲厶子厶月朔厶日
吉時係天師厶化厶炁 臣厶乙 監官
一爲大唐開元神武 皇帝上

图 13　敦煌遗书 BD14841E 尾部

① 大渊忍尔著《敦煌道経——目録编》，东京：福武书店，1978，第 30 页。

② 王卡：《敦煌道教文献研究》，中国社会科学出版社，2004，第 221 页。另外，敦煌文书 P. 2457《阅紫箓仪》尾题称：开元二十三年“敕随驾修祈禳保护功德院，奉为开元神武皇帝写《一切经》”，其笔迹与这两件残抄本近似。可推定本《立成投龙章醮威仪法则》与 P. 2457《阅紫箓仪》，均为开元末年功德院奉敕所修道教仪式的抄本。

法则”，确定该道经名称当为《大唐开元立成投龙章醮威仪法则》[①]（以下简称《法则》）。写本楷书雄浑精美，笔迹酷似如图 11 所示“唐玄宗南岳投龙铜简”铭文，很可能是朝廷颁发给各州的标准文本。这个文本旨在取代道士先前所用的“三五醮仪”。但从抄本残存的仪式程序看，除章表文词显得典雅华丽外，依然与正一派的正一盟威三五醮仪大致相同。唐代有灵山大川的各州府县，乃至南诏、安南（今越南北部）等属地，亦多有醮祭本地山川及投龙简的记载[②]。沙州既有官方投龙醮仪的抄本，也应属于奉敕行醮投龙的州县。

又，据其中的“其龙璧皆奉敕在内，在外修金箓等斋，有镇坛龙璧”可知，在奉敕投龙之前有金箓斋，或说金箓斋本身只能奉敕而行，为帝王或为国家投龙简只是金箓斋的一个末尾仪节，《大唐开元立成投龙章醮威仪法则》所规范之投龙仪也就是金箓斋投龙仪。

关于该经的成立，综合 P. 2354 和 BD14841E，结合相关文献，笔者推定其成立年代很有可能在开元二十三年（735）前后。[③]

《法则》所规定的醮坛和周围场地规制，据所载尺寸分析如表 3。由此可见，坛体本身大概只能算是一个中等规模，但在醮坛周围清扫整备出的坛场非常宽阔，将近 10 万平方米（约天安门广场的四分之一），可容道俗 10 万人以上行醮或观礼。亦即基本无须因场地大小而限制参加或围观人数。在如此之大的坛场行持投龙简醮仪，是否足够表达对神的恭敬和虔诚姑且不论，但任何目睹耳闻者都会由此强烈地感受到王权威仪的存在。[④]

如果说前述沈约诗不足以证明投龙简在当时已成为国家礼仪的话，那么，据

---

① 王卡：《敦煌道教文献研究》，第 221 页。

② 唐代各州宫观投龙记事，详载于陈垣编纂《道家金石略》。向达《南诏史略论》载：南诏以玷苍山、西洱河为圣山灵川。唐樊绰《蛮书》载贞元十年（794）唐使韦皋与南诏国主盟誓，祭祀苍山投词洱水，类似道教投简仪式（见于氏著《唐代长安与西域文明》，河北教育出版社，2001，第 182～191 页）。安南以伞圆山、泸水为圣山灵川。唐高宗永徽中在峰州白鹤江（即泸水）建圣观，祭山川神灵。元初有福州道士许宗道访越，于此观修黄箓大斋，“数投简于伞圆山，进龙璧于白鹤渊”。疑为唐道教遗俗。参见王卡先生《越南访道研究报告》，收录于先生论文集《道教经史论丛》，巴蜀书社，2007，第 427～465 页。

③ 有关详考参见笔者博士学位论文《六朝隋唐道教科仪研究——以敦煌文献为中心》“第七章唐代投龙简仪考论——以敦煌本《大唐开元立成投龙章醮威仪法则》为中心”，中国社会科学院研究生院，2009。

④ 2016 年 12 月 24 日早上，笔者在前往首届“中国本土宗教研究论坛”会场赵家楼饭店途中，7 时许由南向北经过天安门广场东侧路，看见人们正络绎不绝地进入广场，等待观看升国旗仪式。此情此景，或许正是古人观看投龙简仪式等观礼习俗之现代衍变。

《大唐开元立成投龙章醮威仪法则（敦煌本）》和《唐会要》等文献，可以确定道教投龙醮仪成为官方祭典至迟始于唐代。

表 3 《大唐开元立成投龙章醮威仪法则》（敦煌本）投龙简仪醮坛诸元

醮坛	有关记载	唐制数字化	米制换算	备注（换算比例）	
坛位	去投洞穴或水府二百步	200 步	300 米	唐制	米制
坛体	方二丈四尺	2.4 丈见方	7.2 米见方 =51.84 平方米	1 尺（10 寸）	0.3 米*
	高一尺四寸	1.4 尺	0.42 米	1 步（5 尺）	1.5 米
	体积（无记载，笔者加注）	806.4 立方尺	21.77 立方米	1 丈（10 尺）	3.0 米
坛场	坛四面百步以来	（200 步 +2.4 丈）见方（含坛面）	307.2 米见方 =94371.84 平方米	=174.76 唐亩 =141.56 今亩	

注：据查，传世和出土唐尺近 30 件，短者仅 28 厘米，长者超过 31 厘米。本文按 1 唐尺 =30 厘米概算，当无大错。

至迟在唐玄宗开元年间，投龙简仪成为国家常用的祭典，各地都奉敕频繁举行投龙仪式。据《道家金石略》录《大房山投璧碑记》①（图 14②）：

惟开元廿七年（739）岁在己卯，春三月，府城西南有大房山，孔水其水也。地僻悠闲，石堂华丽，云峰攒岭，窕度千龄，清泉引流，势将万古。耿介拔俗之士，度白云以方临，萧洒出尘之贤，干青天而直上，信知山水之灵矣。伏惟开元圣文神武皇帝纂承洪业，肇自开元，率土晏清，廿七年矣。去开〔元〕廿三年，内供奉□□吕慎盈奉敕于此水投龙璧，暨廿四载□□□□□又奉敕于此投龙璧，今又奉敕于此投龙璧。于时有御史大夫南阳张公讳守珪为府主矣，监官功曹参军段晞、法师观主□及公使上座李义远、平步风、高未虚、张若水、庞味道、杜崇□、李西升、□崇□、童子李延忠等，三日三夜登坛投告。夫陵谷推移，百灵讵几，仆遂斐然书美，封山刊焉。词曰：丹岭嵯峨，双峰迤逦，绿水娟娟，清泉泚泚。兰蕙□□，松风靡靡，百草开葩，众花吐□，刊龙璧之有功，庶千龄兮无毁。

奉敕观威仪张湛词

① 陈垣编纂《道家金石略》，第 123 页。

② 其中下图孔水洞近照由笔者拍摄于 2016 年冬，当时正有附近居民者取水。2017 年夏再去看时，洞口已被新建栅栏围住，栏门上锁，不能靠近，再加茂密树叶遮挡，仅能窥见局部，姑示冬照。

唐开元年间，吕慎盈曾三次奉敕到远在北方幽州的孔水洞投下金龙和玉璧祈雨。《大房山投龙璧碑记》碑石原立于孔水洞（今属北京市房山区河北镇）吕慎盈投龙璧处，清道光十六年（1836）二月二十四，该碑和孔水洞的卢囊诗碑被奕绘贝勒用银十两买走。1982 年孔水洞一度干涸，洞内出土了唐玄宗时吕慎盈投下的金龙 7 条，现为房山区文物管理所收藏。[①]《道家金石略》所录唐玄宗年间投龙相关碑刻还有《岱岳观碑（十五）》《青城山常道观敕并表》《莫州泛龙观投龙设醮记》《云门山投龙诗》等，可见时间之密集、空间之广泛。

图 14　上：《大房山投龙璧碑记》拓片；下：位于今北京市房山区河北镇的国家重点文物保护单位万佛堂、孔水洞，泉清可饮，长年不断

与道教文献或斋主所刻碑石相比，投龙简仪在文学作品中的反映或更能体现其在社会中的认知度，这里仅透过当时文人诗作窥其一斑。目前发现最早述及投龙仪的诗大概就是前述南朝沈约的《华山馆为国家营功德诗》。在唐代，则有许多大诗人留下了咏投龙之作。边塞诗人岑参的《冬夜宿仙游寺南凉堂・呈谦道人》（《全唐诗》卷一九八・7），诗中“每岁投金龙”一句足见投龙之频繁。边塞诗人李益《入华山访隐者经仙人石坛》（《全唐诗》卷二八二・19）云“金简受玄箓”，姚合《送任尊师归蜀觐亲》（《全唐诗》卷四九六・58）曰“玉简通仙籍”，李商隐《郑州献

① 中国房山世界地质公园，《千古传奇孔水洞》，http：//dzhgy. bjfsh. gov. cn/gyfg/mwxs/72865. htm。

从叔舍人褒》（《全唐诗》卷五四〇·45）中有“三官笺奏附金龙……绛简尚参黄纸案”，均当指投龙简。初唐如定型五律的宋之问有《送田道士使蜀投龙》（《全唐诗》卷五二·32），白居易《和微之春日投简阳明洞天五十韵》（《全唐诗》卷四四九·38），元稹《春分投简阳明洞天作》（《全唐诗》卷四二三·3），皮日休《太湖诗·投龙潭（在龟山）》（《全唐诗》卷六一〇·12），等等，则是直接题名。而宋之问诗题中的“使”字，更道明了田道士此行乃奉王命投龙。

特别值得一提的是，大儒刘禹锡（772～842）的《和令狐相公送赵常盈炼师与中贵人同拜岳及天台投龙毕却赴京》（《全唐诗》卷三六〇·45）：

银珰谒者引蜺旌，霞帔仙官到赤城。白鹤迎来天乐动，金龙掷下海神惊。
元君伏奏归中禁，武帝亲斋礼上清。何事夷门请诗送，梁王文字上声名。

也直接以投龙为题，既反映了道教投龙简仪在唐代的发展盛况，也反映了儒者作为帝王的祭祀助理参与或见证帝王的道教等各种祭祀活动。

五　杜光庭编《太上黄箓斋仪》中的投龙简仪

唐末五代道教领袖杜光庭（850～933）是道教科仪的集大成者，现存有关投龙简仪的最完备文字记载，也在他所编著的《太上黄箓斋仪》中。其中卷四九“言功拜表”仪和卷五五“投龙璧仪”，共同构成一个比较完整的投龙简仪法式文书。

卷四九“言功拜表”仪是在黄箓斋主仪完毕当夜子时或次日清晨开始的终结子仪式，在坛场行持。依山简、水简、土简顺序读拜。其中三简文例如下：

山简文：

今谨有某州县乡里大道，弟子某官姓名年若干岁。命属某帝，名系某岳。谨为国为家，存亡眷属及某事，随意言之于某州县宫观住宅，修建黄箓大斋若干日夜。行道事讫，投简灵山。愿神愿仙，长生度世。飞行上清，五岳真人，至神至灵。乞削罪籍，上名九天。请诣灵山，金龙驿传。

国号某年某太岁某月某朔某日三洞法师臣某于某灵山洞府告文

水简文：

今谨有某州县乡里某官某乙年号岁，奉为家国，普及存亡。请福祈恩，增延禄寿。于某处奉修无上黄箓大斋若干日夜。行道事讫，投简水府。愿神愿仙，三元同存。九府水帝，十二河源。江海准济，冥灵大神。乞削罪录，上名九天。请诣水府，金龙驿传。

国号某年太岁某某月朔某日某三洞法师臣某于某处灵泉水府告文

土简文：

今谨有某州县乡里某官某乙，奉为家国，普及存亡。请福祈恩，增延禄寿。于某处奉修无上黄箓大斋若干日夜。行道事讫，投简灵坛。中黄九地，戊己黄神。土府五帝，乞削罪名。请诣中宫，勒简太玄。金钮自信，金龙驿传。

国号某年太岁某月某日某三洞法师臣某于某处灵坛土府告文

三简告文开头一句不尽相同，且只有山简文有填写“及某事，随意言之”处，不知其用意为何。又，三简分别为“乞削”“罪籍”“罪录”“罪名”，几无区别。再参考他处所见简文，投龙天、地、水三简功用或目的，同“天官赐福，地官赦罪，水官解厄”之说似无明显直接对应。再者，山简、水简如何暂存、搬运备投，未见记述。显然，这不像是写给不在场人看的。

三宝位

日直土地监察　　洞府神仙位

师关奏位　　弟子拜位

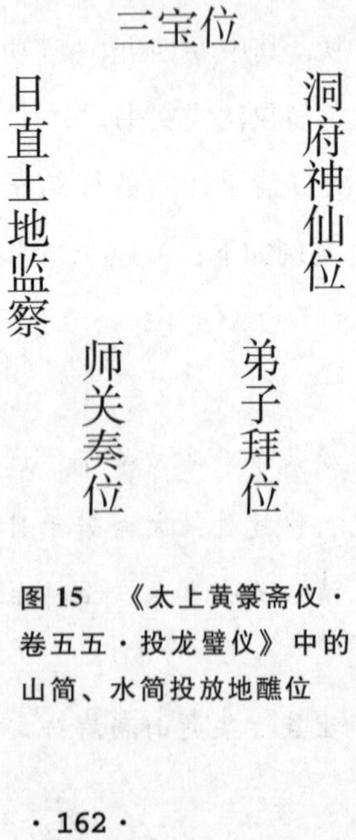

图 15 《太上黄箓斋仪·卷五五·投龙璧仪》中的山简、水简投放地醮位

卷五五“投龙璧仪”，略说投龙简意义之后，概述投龙简仪主要礼器之功用（整理如表 2），次言山水简投放地坛场准备（参见图 15）。

科曰：修斋毕，别卜良日。或斋洁之辰，醮馔法师众官及斋主弟子。或泛舟以诣水洞，或梯陆以登山门。各于洞府之外，杂草扫洒洁净，敷列醮席酒果肴馔，当鹿脯汤茶等。国家六十四分，臣庶二十四分。如严醮之仪，乃盛服澡漱，朝谒法事，备如科式。所在地司灵官，监察将吏，当为予关启洞中仙曹，通达告斋之简。如此福善立感，不得都无关启，直尔投于洞中。不达真灵，反获罪考矣……至洞所于门外，选平地，或船中，或石上，并须扫洒精洁，以设醮位。净席五领，醮巾五条，青布绯布，并可酒茶汤，随盘数五果饼馔，随时所有。国家六十四分，臣庶二十四盘，香四炉，巾案四副。

此处虽然未见场地大小描述，但可推定不大可能有《法则》所规制的大规模坛场。

然后，依山简、水简、土简顺序，例示投三简仪式。其中，具体投简仪节在投龙咒和投龙颂之间。

另外，在“投龙璧仪”的后部总体说明中还有：“投三简之时，当为所在土地烧钱一二百纸，极佳矣。”但未说明在上述哪个具体仪节前后或其间进行。在结尾处，杜光庭再次引述张承光关于投龙仪的论述：

道士张承光曰：登坛，受灵宝中盟毕，依自然金科，投金钮十口，放龙清泉，为求仙之道。重登坛，受五老赤书、二箓杖策、思微定志等。依明真科文，即投三龙二十七钮，以山水宅三处，为学仙之信。然后以玉诀，则以九龙二十七钮，以八钮，以八节日，投山水宅，永除罪薄，言名上天。又黄箓斋竟，亦投龙简。只依三元简文，无别启告立成口诀。群愚相承，施用蒙昧。余昔遇师陆君，通神入妙，言事当理，无不感应。禀妙在心，而文无仪轨。若依经本文，谩书投之，则山水宅神将非可诚录，皆幽显孟浪，甚乖玄宗。故撰此三处关启文，各指告其仙司。又别出三简立成诀。今按分明当时，必蒙刻书削罪，记名九玄。即拔家门前荣，学业孳茂，生死获仙。开示门人，尊秘之焉。

这更清晰地说明了陆修静—张承光—杜光庭一系所传投龙仪多受灵宝经斋法影响。杜光庭最后总结道：

光庭曰：大道以一炁生化三才，陶钧万有。故分三元之曹、以主张罪福，即天地水三官，实司于三元也。人之生死寿夭，罪善吉凶，莫不系焉。三箓简文，亦三元之典格也。修斋之法，当投三简，以告三元。故山简投诸天洞府，奏天官上元也。水简投灵泉水府，告水官下元也。土简投于坛宅，告地官中元也。详简文之中，真灵位号，事理显然。近代以来，只投山水二简。淮浙江

> 表，有三简之仪，行之已久。今检寻本末，得张承光法师所述之文，奏告三元，颇为得当，投奠信无惑焉。故可遵行以为永式。不独受经，即投三简，修斋迁拔，全系三元。若三简俱行，即铨举善功，皆达三官之府矣。修奉之士，幸无滞疑也。

杜光庭删定《太上黄箓斋仪》“投龙璧仪”，毫无疑问，当在开元年间的敕撰《大唐开元立成投龙章醮威仪法则》成立之后。但是，二者之间，除了作为一般投龙仪有相似处之外，从内容来看，难见“投龙璧仪”对《法则》的继承，也许是由于安史之乱，有关文书毁于战火，或者朝廷无力再行依《法则》投龙，也就既不见存于后世《道藏》也不见杜光庭等后世科仪道经编撰整理者著录了。

六　五代及其以后道教投龙简仪

道教投龙简仪，或许由于它创造性地体现了国人传统崇拜与信仰，并且相对（封禅之类）简便易行，这一道教礼仪在唐之后的五代，乃至宋元明清时期，一直都有行持。

图 16　五代吴越王钱镠七十七岁所投银简之一（拓本）

继唐之后的五代，投龙仪依然盛行，特别是吴越钱氏诸王，如钱镠、钱元瓘、钱弘佐、钱弘俶的投龙遗物尤为多见。其中钱镠仅在七十七岁那年（928）三月所投之简，就已被发现至少三枚（图 16 ~ 图 18），其中又有两枚（图 16、图 17）同在该月二十六日（钱镠生日二月十六日后第四十日）投放。这里仅据钱镠七十七岁所投银简之一（拓本，图 16）释录告文如下：

大道弟子、天下都元师、尚父、守中书令、吴越国王钱镠七十七岁，二月十六日生。自统制山河，主临吴越，民安俗阜，道泰时康，市物平和，遐尔清宴。仰自苍吴降祐，大道垂恩。今特诣洞府名山，遍投龙简，恭陈醮谢，上答玄恩，伏愿年年无水旱之州，岁岁有农桑之乐，兼乞镠壬申行年，四时履历，寿龄遐远，眼目光明，家国兴隆，子孙繁盛。志祈玄祝，允协投诚。谨诣太湖水府，金龙驿传。于吴越国苏州府吴县洞庭乡王梁里太湖水府告文。

宝正三年岁在戊子三月丁未朔

二十六日壬申投

至于钱镠七十七岁所投银简之二（拓本，图 17），告文刻于一面（释文从略）。图 16、图 17 所示二简，遣词用句乃至笔迹都很相似，字形典雅庄重，可能出自同一高人之手。只是图 16“伏愿年年无水旱之州，岁岁有农桑之乐，兼乞镠壬申行年……”似主为农桑。而图 17 只是“伏愿合具告祈，兼乞镠壬申行年……”似无具体主愿，或许二简皆有之“兼乞镠壬申行年……”云云，才是真正主愿（图 17 之“兼乞镠庚申行年”类似）。图 16 简投于“吴越国苏州府吴县洞庭乡王梁里太湖水府”，而图 17 简则投于同国同县同乡“东皋里太湖水府”，同为太湖水府，也有地点之别，或由于不同地点被认为有着不同的功用之分。

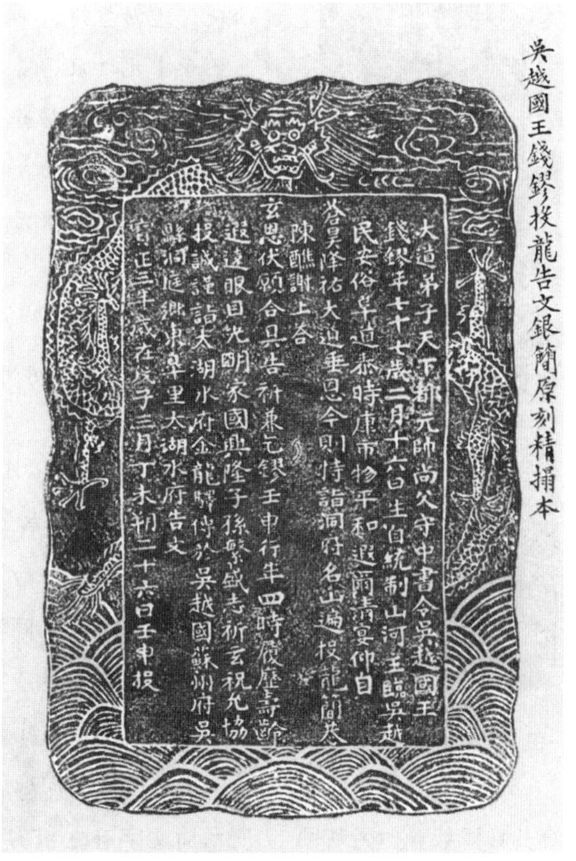

图 17　钱镠七十七岁所投银简之二（拓本）

图 18 所示简文，只确定投往“射的水府”以及和前两枚同样的月份，而投放的具体州县乡里和日期空白，似为批量预制，待确定投放日期地点后再刻入相关信息，

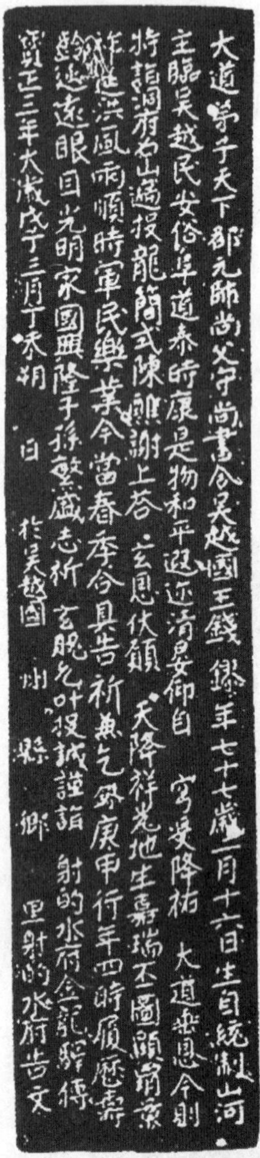

该简可能系因故遗弃或不慎遗失，而非正式投放。告文中有“伏愿天降祥光，地生嘉瑞，丕图显霸，景祚延洪，风雨顺时，军民乐业”。相较前述“太湖水府”告文，再注意到另有一枚钱镠62岁（913）时投放于“射的潭水府”的银简告文也言及战事①：

……吴越王、臣钱镠，六十二岁，二月十六日生，本命壬申。自统领三藩，封崇两国，廓清吴越，莸泰黎元，皆荷玄恩，敢忘灵祐。昨者，当使所发，应援湖湘兵士及讨伐犯境凶徒，遂沥恳情，仰告名山洞府，果蒙潜加警卫，继殄豺狼。已于中元之辰，普陈斋醮，今则散投龙简，上诣诸洞仙籍、水府真宫，备罄丹诚，用酬灵咒。兼以方兴戈甲，克殄淮夷，敢希广借阴功，共资平荡，早清逆寇，以泰江南。其次，愿两府封疆，永无灾难，年和俗阜，军庶康宁……金龙驿传。

太岁癸酉八月庚午朔二十日己丑于

越州会稽县五云乡石帆里射的潭水府告文

图18　钱镠77岁所投银简之三（拓本）

“射的潭水府”或为“射的水府”之全称，也许正如其名“射的”而被认为主管兵戎战事。再者，前揭为兵戎之事而祈神佑秦获胜、咒楚败亡的“诅楚文”，或可视作钱镠“射的潭水府”告文及其同类之祖型。

不论其投放动机或目的如何，由图16～图18所示三简可以推论，在宝正三年（928）钱镠77岁生日后次月或具体的第四十日所投之简应当还远不止这三两枚，不过也无从估算其具体数量。另从图17所示简文字迹之粗劣散漫看，或许投放量过大，以致人手不够。为何在生日后第四十日大量投放？尚待考证。

2016年5月，在浙江台州黄岩南宋赵伯澐（宋太祖赵匡胤七世孙）墓中，出土

① 王育成：《考古所见道教简牍考述》，《考古学报》2003年第4期，第483～510页。

一枚南唐先主烈祖李昪元四年（940）十月投龙玉璧（图19），直接显示了投龙简仪在唐宋间的传承，其上有49字铭文曰：

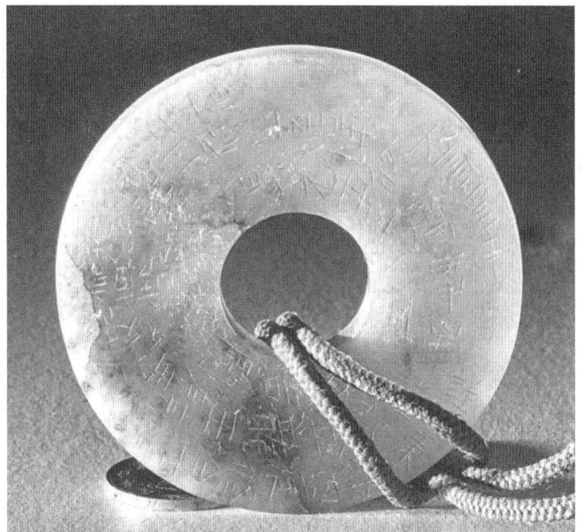

图19　南唐先主烈祖李昪元四年（940）十月投龙玉璧

> 大唐皇帝昪，谨于东都内庭修金箓道场，设醮谢土，上仰玄泽，修斋事毕。谨以金龙玉璧，投诣西山洞府。
>
> 升元四年十月日告闻①

显然，这是山简告文。可是，为何把告文刻在玉璧上？是简璧合一还是另有玉简？如果另有玉简，简上是否有告文？简上若另有告文，其文是否与璧同？若同，是否有啰唆之嫌？若不同，其文辞又如何？璧上文辞，除言及金箓道场外，似未涉投诣的具体事由或目的。有待更完整的成套投龙礼器的发现方可判明。

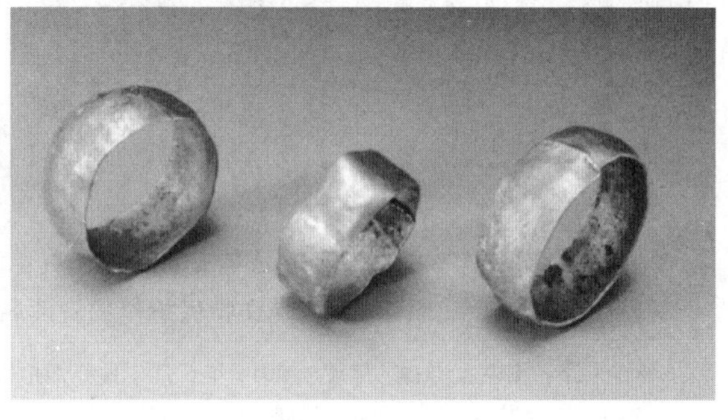

图20　北宋真宗天禧二年金龙、金钮

在宋代，道士继续整理投龙简仪，见存于道藏的有张商英（1043～1121）删定的《金箓斋投简仪》。宋代皇帝投龙遗存亦有多件。据说1982年整修太湖西山岛林屋洞时，出土了一套较为完整的北宋真宗赵恒（968～1022）天禧二年（1018）的投龙遗物，其中包括金龙一件，金钮三只（图20），玉简

① 《黄岩宋墓出土文物龙玉璧解读》，《台州晚报》，http：//paper. taizhou. com. cn/tzwb/html/2016－08/27/content_ 720930. htm。

一枚。[①] 宋真宗也是有确切记载的第七位和最后一位实施过封禅典礼的皇帝，其禅地玉册在1931年被发现，今藏于台北“故宫博物院”。

2003年8月，济源市政府为加强文物保护，对济渎庙进行全面整修，在修整庙内北海池时，发现残损玉简一枚（图21）。该简虽已残缺，但首尾可见，可定斋主、事由以及投送年月。今据笔者在济渎庙所见该简照片释文如下：

> 大宋嗣天子，臣赵顼……/三七人开启同天节金箓道场……/水府，投送金龙玉简，愿神愿仙，三元同存，九府水帝……/奏，上闻/九天，谨诣/水府，金龙驿传。
>
> 熙宁元年太岁戊申四月壬寅朔……

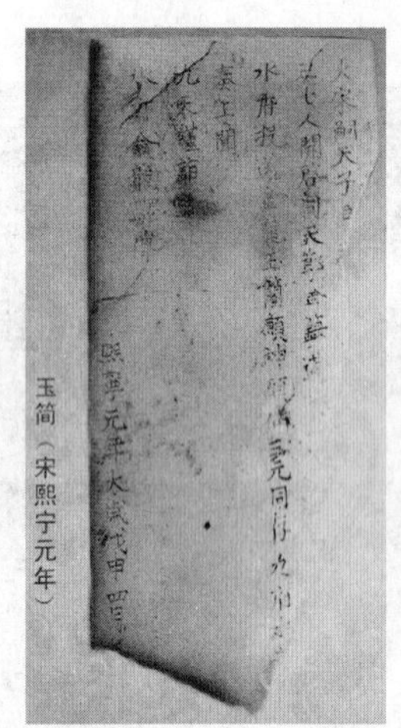

图21　左：宋熙宁元年玉简残片；右：发现左图所示玉简的国家重点文物保护单位济渎庙济水源头北海池

资料来源：图左、图右，笔者于2011年6月3日分别拍摄于济渎庙展廊和济水源头北海池。

简文标明，此简投于宋熙宁元年（1068）四月，可能是宋神宗赵顼（1048～1085），登基次年（二十周岁）生日（“同天节”，四月初十），“开启同天节金箓道场”，然后遣史奏告济水神而投送的，兴许同时还有“土简”“山简”。

① 程义：《宋真宗天禧二年林屋洞道教投龙遗物简介》，《中国道教》2010年第1期，第37～39页。

为帝王或后妃诞辰投龙简或为宋代惯例，见存著录的北宋王室诞辰简，还有神宗之子哲宗赵煦（1077～1100），在元祐五年（1890）七月十六日（《宋大诏令集·建坤成节诏》），为其嫡母向太后（1046～1101）诞辰坤成节做金箓道场所投玉质山简残片（图22）。

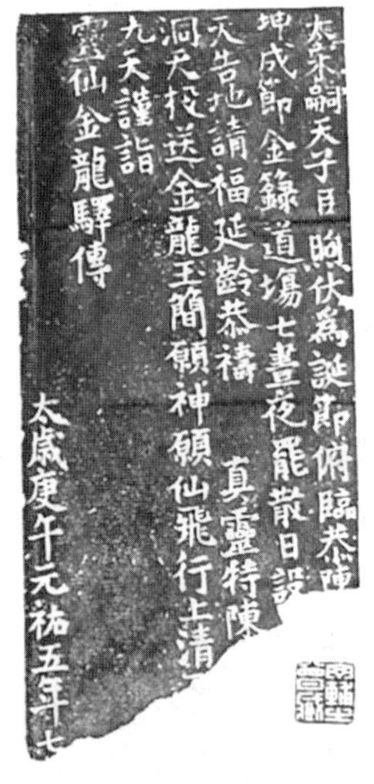

图 22　左：宋元祐五年坤成节玉质山简残片；右：不能确定目的和年份的宋熙宁玉质山简残片

传世北宋皇帝所投（玉）简，还有传出土于江苏省兴张公洞的一批，系北宋各代皇帝所投。如王育成先生亲见实物的有北宋徽宗崇宁四年（1105）玉简①，该简正面刻文 7 行，部分字体漫漶不清，刀法草率（图略），其文为：

> 大宋嗣天子臣……佑……临……于□□道□□宫此功德前，命道士三七人，开启保夏金箓道场□日，罢散日设周天大醮一座，二千四百分位……来告，祀请□延□泰禧……陈大醮。今者告祈……水府，投送金龙玉简，愿神愿仙，三元同存。九府水帝、十二河源、江河淮海、溟泠大神，鉴此丹恳，今为腾奏闻九天。谨诣水府，金龙驿传。
>
> 大宋崇宁四年太岁乙酉六月丙寅朔三日戊辰，于道场内吉时告闻

该简告文虽然残缺不全，但可看出同道藏所收张商英删定《金箓斋投简仪》所示简文范例基本一致，表明《道藏》也反映着历史实际。

唐诗、宋词是分别兴盛于唐、宋两朝的文学形式，不过与前述唐诗大量反映唐代

① 王育成：《考古所见道教简牍考述》，《考古学报》2003 年第 4 期，第 483～510 页。

投龙盛况相比，宋词有关投龙的吟诵似乎并不多见，以笔者管见所及，在宋词（以及宋诗）所见反映这一活动的文例，可确定者目前还只有北宋初年柳永（987？～1053？）的《巫山一段云》词[①]：

琪树罗三殿，金龙抱九关。上清真籍总群仙。朝拜五云间。

昨夜紫微诏下。急唤天书使者。令赍瑶检降彤霞。重到汉皇家。

这或显示，投龙简仪虽然在宋代还有继续实行，但其影响已远不及唐代，受关注度之所以在盛唐高潮后逐渐降低，除经济因素之外，更重要的原因或许是由于缺乏真正灵验事例。

金、元二朝，虽主政者非汉族，但中原传统祭祀依然得到延续，元代投龙简遗存也多有发现，著名者有尚存于济渎庙的赵孟頫（1254～1322）书元延祐元年（1314）《投龙简记》[②]，其中：

……奉玉符简、黄金龙各二，诣济渎清源善济王庙、天坛王母洞投沉□□焉。应极等以六月乙巳至济源祠，肃恭宓芬，陈蒇醮礼。翼日丙午昧爽，致命藏龙简于济渊，水清可鉴。是夜，天大雷电，以风沛然下雨，田畴枯槁，顿为沾足。越三日己酉，至天坛紫微宫，如济礼。明日，登坛扣王母洞投送，礼成而退……今兹飞龙在天，光烈如此，首有事于天坛济源，而山川之灵感若是……

表明本次投龙简是先在济渎庙投水简之后，再到王屋山天坛王母洞投山简，同张商英删定《金箓斋投简仪》开头所述“山水简二面。春夏诣孟州王屋洞天、济渎水府”一致，这也表明道教投龙简仪在游牧民族王朝依然延续，说明道教在传承传统文化方面的重要作用。山、水二简被投放于王屋山上下，如此临近，华夏大地，难觅其类，这大概也说明济源地区在中国传统文化中的重要地位。其中“有事于天坛济源”之语，再次显示了以“有事”某山川而表示祭祀某山川的传统。存于济渎庙的尚有

① 柳永《巫山一段云》词见存共五阕之二，另四阕似亦均同道教有关。另有（宋）陈肃诗《投龙潭》：“流瀑落深潭，叠响如惊雷。跳波夹乱石，突兀寒如堆。潭上片云起，千山风雨来。”或许也同道教投龙简活动有关联。

② 碑存济渎庙，有玻璃防护罩，但《道家金石略》中未见著录。笔者据济渎庙济渎文化长廊所示拓片释读。

《济渎投龙简记》[①]、《大朝投龙记》[②] 二碑。另见于《道家金石略》的还有《济渎投龙简记》《济祠投龙简灵应记》《大元投奠龙简之记》《周天大醮投笼简记》。

作为元代文献，有邓牧《洞霄图志》载："汉武帝元封三年，始建宫坛于大涤洞前，投龙简于祈福之所。"不论属实与否，都说明道教投龙简仪在元代依然受到关注，同时也说明该仪式对传统宗教礼仪的继承性。

明代王室多崇道教，连天坛的祭天乐团也由道士掌管，以致其住所被称作"神乐观"[③]，足见明帝对道教之重视，同时也显示帝王作为最高祭祀，可据自己的喜好选择道士或儒者或其他人员作为助祭或代祭。又据清版《济源县志》载："前朝岁时赍金龙玉简钮璧青丝诣济渎投进，亦于天坛投金龙玉简，碑文虽未录，然亦盛事。每岁三月间，远近进香者多密带金银仙佛银娃金盒之类，乘人不见，抛于池中，谓之抛长生。"不仅记述了明朝延续在济源定期同时投放水简和山简的传统，而且记载了堪称投龙之民间版的"抛长生"习俗，这正是投龙简仪得以长期流传的社会基础。

或由于张三丰传说以及真武信仰的影响，武当山在明代成为新的道教中心，同时也就成了新的龙简集中投放地。典型的明代投龙简仪礼器遗存是1981年出土于武当山紫霄宫前禹迹池的金龙、石简、玉璧，这是我国现存少有的一套比较完整的道教投龙简仪礼器（图 23）[④]。其中石简正面为道符，背面为告文：

图 23　明湘王（朱柏）建文元年投龙、石简、玉璧

今谨有上清大洞玄都三景弟子湘王，以今上元令节开建太晖观太晖三景灵坛，启修无上洞玄灵宝崇真演教福国裕氏济生度死普天大斋，计一千二伯（百）

① 济源市政协文史委、济源市文物局：《王屋山部分道教碑文》，内部资料，2011，第 38 页，篆额《大朝济渎投龙简记》。

② 篆额：《投龙之记》，亦见于陈垣编纂《道家金石略》，第 562 页。

③ 朱元璋于洪武十二年（1379）创设于南京，朱棣于永乐十八年（1420）迁都北京时神乐观随迁。

④ 范学锋、张全晓：《武当山明代"投龙"法器》，《中国宗教》2009 年第 5 期。

分，通五岳宵。今则行道事竟，投简灵山。愿神愿仙，长生度世，飞行上清。五岳真人，至圣至灵，乞削罪录，上名九天，请诣灵山，金龙驿传。建文元年岁次己卯正月壬申朔十五日丙戌。上清大洞经录法师臣周思礼于武当山福地告闻。

当然，这只是明王室亲王级别的投龙，明帝名义的投龙礼器遗存尚未见报道。不过，据说在湖北省钟祥市明显陵七星冢有龙简出土[①]，这是不是明帝名义的投龙遗存，尚待考察。

至清代，虽然朝廷对道教的支持衰减，但五岳四渎等山川祭祀依然沿袭不辍[②]。据《济源县志》记载，康熙八岁登基，二十三年离宫出巡，二十七年封孝庄皇后为圣文皇后，三十六年“荡平漠北”，五十八年封孝惠皇后为圣章皇后以及康熙五十大寿、六十大寿，都曾颁诏并派使臣到济渎庙祭奠济渎神和北海神。康熙和乾隆还分别为济渎庙亲书赐匾“沇济灵源”“流清普惠”。[③]《济源县志》中还有关于乾隆年间祭祀济渎神祭品、礼器等位置的记述。[④] 由此当可推定投龙简仪在清代仍有行持。

有关道教投龙简的记载，虽然大量见存于碑刻，且有许多相关礼器陆续被发现，但少见于（教外）文献记载，特别是被视作正史的《二十四史》或《二十五史》，基本没有正式直接记载。这是否说明撰史者们在某种程度上存在某些偏见，也是值得关注的。

七　结语

综上所述，大致可认为道教投龙简仪是来源于传统天地山川崇拜和天道信仰，综合山川就祭与望祭，并参考蕴含封禅的巡狩礼仪以及代祭方式等，结合现实社会中已经稳定的驿传制度，再加“以龙负简”之创意而形成的一种道教祭祀礼仪，甚至堪称“函祭”。其除罪、祈福或求长生等愿望都体现着道教的贵生本意。不用牺牲的祭祀方式，更是道教贵生教义对传统祭祀礼仪的重大发展。

---

① 2009年1月16日20:00 CCTV-4《走遍中国》节目，是有关明显陵七星冢的专题，其中提到在该陵区发现龙简，节目中有用于负简之“龙”的镜头，但未见简出镜。详情待查。

② 《清史稿》多处述及。不过，天坛神乐观在乾隆八年（1743）被改名为神乐所。乾隆十九年（1754）定名为神乐署，这或显示清不如明重视道教。

③ 转引自政协济源市委员会编《济源历史文化精编》，中国文史出版社，2005，第49页。

④ 转引自政协济源市委员会编《济源历史文化精编》，第50页。

后来，仪式不断完善，以至成为官方祭祀天地岳渎的典礼。其生息历程或可概括为：大致形成于魏晋并迅速成为国家祭祀礼仪，盛行于李唐，流传至五代宋、元、明，及至清代而逐渐衰微并随帝制的终结而停止。但是，目前仍在广泛实行的（建筑）工程奠基仪式，可能亦为和道教投龙简仪同源之上古投埋简册以镇伏天地山川礼仪之流变。

道教投龙简仪作为一种宗教祭祀仪式，在信仰基础上，承继悠久的天地山川崇拜和天道信仰传统；在仪式程序上，折中就祭与望祭并参考巡狩以及代祭等礼仪；在礼器信物上，基于已有数千年历史的龙崇拜和现实中成熟的邮驿制度，在简、璧等传统礼器之外，加入作为信使的“龙”，“以龙负简”“上达九天”，这是同过去单纯投埋简册的最大区别，是道士们的创意之所在，仪式名称中的“投龙”二字，最生动地说明了这一点。投龙简仪的最通行简称是字面含义仅为投递信使之“投龙”，而非表达内涵的“投简”，似乎反映人们宁可省去过去已有的作为内容核心的简册部分，而强调新增加的“龙”，以求新意。结合同时投放的作为祈愿告文载体之玉简（或玉册，或金银等贵金属简册），象征天、地、水之玉璧，象征歃血之金钮，象征割发之青丝，等等，不难发现，投龙简仪实乃综合天地山川崇拜和天道信仰、龙崇拜、玉崇拜、金崇拜、文字崇拜①，以及金玉配崇拜、血崇拜、发崇拜、权威崇拜（现实社会中驿传制度实为世俗权力之体现），等等，集国人传统信仰与崇拜之大成。这些，大概也正是投龙简仪这一道教对传统祭祀礼仪的综合创新且能够迅速得到帝王认同并成为国家礼仪的主要原因之所在。结合文化人类学做更加广泛全面、深入细致的考察，当有更值得期待的成果。

① 告文与道符。《淮南子·本经训》中有“昔者仓颉作书而天雨粟，夜鬼哭”之说。

中古道教仪式中的两种辩论活动及其渊源

——以两件敦煌遗书资料为中心

曹　凌

内容摘要：本文主要以两件敦煌遗书为基础，讨论了唐代道教和辩论有关的两种仪式内容——论义和论衡。

论义是教内依托讲经法会进行的辩论活动，对于教理、教义的发展有重要的意义，但之前未受到学界的重视。本文根据新公布的羽72aV号敦煌遗书提出至迟在唐代道教内部已经存在这样的活动，其主要形式源自佛教的论义。其在道教思想史上的作用值得进一步加以研究。

论衡是由佛道两教或儒释道三教进行的跨宗教辩论活动，往往也是依托法会进行，在唐代并成为皇帝生日时的重要行事之一。本文整理了P.2820号中道士对论衡活动的记录，并以此与传世文献中一些相关内容进行了比较，提出论衡活动的仪式程序也是源自佛教论义，但是根据跨宗教的特点有所调整。(尤其宫廷中举行的）论衡在发展过程中逐渐演化为表演性的活动，因此其对教理发展的重要性可能被普遍高估了。

关键词：佛道论衡　论义　辩论仪式　佛道关系

作者简介：曹凌，哲学博士，上海师范大学哲学与法政学院讲师。

中古佛教讲经法会中往往会安排辩论的环节，文献中多将其称为论义。① 这种活动是教内探讨义理、阐扬教说的重要平台，对于佛教义学的发展以及章疏的写作都起到了重要的作用。② 敦煌遗书中也保留了不少和论义有关的文书资料，为我们了解六朝唐宋之间

① 论义或写作论议，有时也被冠以讲论等称呼，为了方便我们依照侯冲《汉地佛教的论义》一文的研究将其称为论义。

② 牟润孙《论儒释两家之讲经与义疏》(《新亚学报》第四卷第二期，后收入《现代佛学大系》26册，弥勒出版社，1984，第1~63页）一文虽然对论义的具体做法有一些误解之处，但是关于义疏与论义的关系，以及儒家讲经、义疏与佛教论义的关系等问题都提出了很多精彩的见解，是较有参考价值的研究，请参看。

佛教论义仪式提供了丰富的资料。然而似乎始终缺少直接的证据印证道教内部是否存在此类活动。另外，六朝及隋唐时佛道两教以及儒释道三教之间有被习称为（佛道或三教）论衡的跨宗教辩论活动。这种活动多是依托法会进行，与论义有很大关联。可惜的是道教方面对这种活动的记述也非常少见，相关研究因此基本是依托佛教的资料进行。本文希望以两件敦煌材料为中心，就中古道教中这两种辩论式的仪式活动内容略作探讨，并尝试从仪式的角度评估它们对道教义学发展的不同作用，为进一步的研究做一些基础的工作。

一　羽72aV之一与道教的论义

羽72aV之一是杏雨书屋所收藏敦煌遗书之一，其正面为《十六国春秋》残篇，上有“李盛铎印”等印文，当是经李盛铎之手流传到日本的。[①] 本文所关心的文书位于残卷的背面。由于本文献识读起来较为困难，笔者在此根据《敦煌秘籍》所公布的图版略作整理如下。[②]

［录文］

03　法师玄心内◇［朗］◇（齐?）日□□高门神德外资

04　足（?）江汉河志积润衣冠新◇◇◇◇凤

05　之山文理深沉再阐灵龟之奥但某滥居

06　仙伍识性未弘虽遇法筵迷同曩日欲

07　有咨请幸愿虚◇

08　法师璧落垂诠紫宫腾誉演微言于

09　宝座满魄或◇揽仙秘于玉京幽魂离

10　苦◇九翻□相◇理阐◇种云何之门似

① 刘永明：《日本杏雨书屋藏敦煌道教及相关文献研读札记》，《敦煌学辑刊》2010年第3期，第68～83页。著录此件并拟名为《道教相关艺文杂录》，较为准确却仍无法完全说明其作用。

② 本录文参考了日本京都大学会读班中佐藤礼子所作的录文，在此谨致谢意。其中残卷前二行字迹极难分辨，且似乎与本文的讨论关系不大，故我们从第三行开始录文。整理中所会使用的简符如下（下文录文亦同）。

底本残缺处以□表示，残去字数不明时以□……□表示。

原卷字迹无法辨认者以◇表示。

原卷字迹有残缺但可大致判断其原字者则在［］号内括入可能的字。

原文有误字情况下于（）内加以说明，有疑问则以（?）表示。

11 逢玄圣之□□□□□□之□但某本志

12 江湖寄情道术□□□义战◇［悚］

13 堪未审法师招携以不

14 法师芳桂斋（齐?）荣松◇◇◇◇◇九万方

15 羽（玉?）于南溟激水三◇◇回鳞◇◇◇怀珠

16 蕴玉苞含天◇□……□◇◇◇◇

17 ◇之气万□……□理当时◇道

18 □……□灵性暗昧惟

［下残］

上述文书中共涉及两个角色，分别是“法师”和“某”——文书的宣读者。文中提到法师“揽仙秘于玉京”，宣读者则“滥居仙伍”“寄情道术”，说明文书预想的使用场合中，宣读者及其中所涉及的法师都是道士。全卷亦未涉及佛教独特的概念、术语，故知其性质当是道教文书。又，文中提到文书的宣读者“虽遇法筵”，参考同类的佛教文书可以知道所指即斋供法会。综上可以确定这件残片中所记文书是道教法会所用的仪式文书。

进一步分析可以发现上述残片实际包含了三个结构类似的段落，分别都以“法师”一词开始。其中前两段尚完整，最后一段则已残去结尾。两个完整的段落都可分为三个部分：

（1）赞法师；

（2）自谦辞；

（3）请法师。

可惜的是，上述文书中未明确说明其仪式的性质。但在敦煌佛教仪式文书中却可发现一类结构相类、表达相近的文书。例如 S. 1172V 中即包括如下一段：

法师天下振名，海外知委。在身附山岳之才，智略过陈平之用。九流七略之典，生小以知，五车万卷之书，童蒙以解。居僧无著之再出，在俗孔丘之后身。谈释教词若悬河，赞儒光冰消瓦解。此则法师名播天下也。但厶乙虽寄释门，滥叨真境，九[①]四禅之路曾无游心，三明八解之原拒能澄虑。忝蒙沾席，叵欲咨

① 此下疑缺“想”字。

来，去住随情，有疑当辩。

两相比较可以发现，此则文例与上述道教文书具有相同的结构。而这类佛教文书有其非常明确的使用场合，即法会中的论义活动。

所谓论义是讲经（或转经）法会中的问答仪式。虽然它并非讲经法会必备的内容，但较隆重的法会多会安排。此外，热衷探讨义理的僧俗聚会时往往也会进行这样的活动。在佛教的论义活动中，一般会由一个僧人（特殊情况下也可以是俗人）踞高座负责回答问题。敦煌遗书中经常将其称为“西座”或“西座法师”。① 在正式进入辩论之前，会有一个宾主双方互相致辞的阶段。在这一段落中，问难者首先须赞叹国家、皇室、地方长官、当地僧官等，随后称叹西座法师之德并自谦，进而提出对论的要求请法师回复。接着，西座法师称赞问难者并自谦，表示同意对论。最后，问难者再对法师略表赞叹并竖论端（辩论的主题），由此进入问答的阶段。其中便需要使用上述格式的论义文书。

当然随时、地以及具体仪式情况的不同论义的程序会有各种变体，但基本上宾主之间互相称赞并自谦，共同表示同意进行论难应当是必需。有时在此一阶段，论义的一方也可表示不愿意进行辩论，由此终止论义活动。② 因此这一番往返也并非全是客套。而就笔者管见，并无其他的仪式文书采用相同的格式。因此这种文体可以说是论义文标志性的内容。此外羽 72aV 之一中各节最后一句的请辞（“欲有咨请”和“未审法师招携以不”）也与佛教论义文书对应段落写法非常接近。由此可知前述羽 72aV 之一号文书即是道教教内论义所用的论义文范文。具体来说，这两道文书当是问难者请求法师允许自己发问时所用文辞，其主旨在于说明自己有所“咨请”，请法师予以回应。由于这两道文书都显然并非实用文书，可见这种论义仪式在敦煌较为普遍，而非偶一为之。推而广之，笔者认为至少在唐代道教内部确实存在在讲经法会中进行论义的做法，并可能对道教教义和章疏的发展有重要的影响。③ 前贤学者在讨论类似《道教义枢》之类材料时往往提到它们和佛道论衡有关，但较少关注教内辩论的作用。如下文所将说明，笔者认为佛道论衡和三教论衡在教义上的讨论并不深入，并在

① 关于佛教的论义以及敦煌遗书中的论义文书侯冲《汉地佛教的论义》（收入侯冲《汉传佛教、宗教仪式与经典文献之研究》，博扬文化，2016，第 101 ~ 128 页）一文已经作了非常细致的研究，请参看。

② 例如敦煌遗书 P. 4356V 中即有问难者无法竖义时所用的文辞，参见侯冲上揭文第 104 ~ 105 页。

③ 笔者认为道教内部的这种论义活动应该在南朝时期就已经出现。限于篇幅，拟另文再作详论。

中晚唐时期已经程序化，故对于教义发展所能起到的作用非常有限。因此在讨论这一时期道教义学发展时似乎更有必要进一步重视教内论义的作用。

二　P.2820佛道（三教）论衡道士答辞残篇与论衡的仪式

中古时期佛道之间或三教之间各种形式的辩论颇为不少，但本文所说的佛道论衡或三教论衡（由于很多情况下两者无法明确区分，若无特别限定我们将其统称为论衡仪式）则是在正式的场合进行的具有一定规制的仪式活动。其中堪作代表者，即唐代宫廷所举行的三教或佛道论衡。正如陈寅恪所述，“至李唐之世……如国家有庆典，则召三教之学士，讲论于殿庭”。[①] 具体来说，由宫廷组织的论衡仪式在南北朝晚期就已经出现。唐初李渊、李世民也曾组织过多次的三教论衡或佛道论衡的活动。在高宗朝到玄宗朝，此类活动更趋频繁，并有制度化的倾向。[②] 德宗朝之后帝王降诞日法会进行三教论衡成为定制。故唐文宗虽然并不喜欢参与此类活动，却仍说“降诞日设斋起自近代，朕缘相承已久，未可便革，虽设斋会……至僧道讲论都不临听”，只是表示自己不会参加但每年仍会照例举行。[③]

论衡仪式作为唐代佛道关系以及政教关系的一个重要窗口，已有不少前贤学者加以关注。[④] 可惜相关仪式的实际记录较少，故对其仪式程序的研究仍不充分。并且此

① 陈寅恪：《冯友兰中国哲学史下册审查报告》，《陈寅恪史学论文选集》，上海古籍出版社，1992，第510页。

② 唐代宫廷论衡的情况，武玉秀《隋唐五代之际的宫廷三教论衡》（《世界宗教研究》2013年第3期，第23～30页）一文作了相当详细的列举和梳理，请参看。

③ 《旧唐书》，中华书局，1975，第552页。按，《续事始·三教论义嘲谭》引《嘉话录》云降诞日举行三教论义的做法始于德宗朝，随后成为常制。不过唐德宗以前当已有降诞日讲论的做法，此时可能是进一步制度化为每年降诞日法会中的固有内容（《续事始》，收入《说郛》卷10，中国书店影印涵芬楼本，1986）。故《新唐书·徐岱传》卷161也说德宗岁岁均招三教于麟德殿讲说云（《新唐书》，中华书局，1975，第4984页）。

④ 相关研究如张弓《隋唐儒释道论议与学风流变》（《历史研究》1993年第1期，第43～59页）、周勋初《三教论衡的历史发展》（《古典文献研究》，2006，第8～13页）、刘立夫《唐代宫廷的三教论议》（《宗教学研究》2010年第1期，第147～154页）、朱凤玉《三教论衡与唐代争奇文学》（《敦煌研究》2012年第5期，第80～85页）、武玉秀《隋唐五代之际的宫廷三教论衡》（《世界宗教研究》2013年第3期，第23～30页）等都对相关问题作了不少开掘。此外，任半塘以戏剧研究的视角对三教论衡也作了非常有趣的研究，见《唐戏弄》上册，上海古籍出版社，1984，第739～745页。刘林魁则持续关注这一问题，先后发表了《北周三教论衡与南朝佛教文化》［《宝鸡文理学院学报》（社会科学版）2012年第5期，第57～61页］、《梁武帝舍道事佛与唐代三教论衡》［《中南大学学报》（社会科学版）2015年第1期，第234～239页］、《〈慧琳音义〉所见〈利涉论衡〉〈道氤定三教论衡〉考》（《宗教学研究》2015年第2期，第85～89页）等一系列的论文。

类记录多是出自佛教徒之手，其中又以《集古今佛道论衡》材料最多、记录最详。但由于此书护教书的性质，不免会有歪曲夸张之处，对仪式内容也颇多省略。最近笔者在敦煌遗书 P. 2820 号中找到两段论衡仪式道士答辞的残篇，虽然残存文字不多，但从内容判断应该是出自道教方面的记录，可以说是非常少见的资料。且其中透露仪式信息较多，正可勾连起《集古今佛道论衡》① 和白居易《三教论衡》中散乱的仪式内容。因此笔者在此想参考侯冲所提供的录文将其略作整理，并结合儒佛两教的记录就其中所体现的仪式特点略作说明。②

录文如下：

[第一段]

论义道士答言

黄（皇）天无亲唯德是补（辅）白日有短唯道

可长伏惟　　我今皇帝万岁映明

千年钻圣遇还而恩谈草木正干

坤而令宿蛮移伏惟　　府主侍中金

堤上将玉陆元臣能捧国而理民

善安边而托土但　　玄虚述（术）无起

雨法不化龙道德荒虚精神

劣若（弱）适敌论法师于所习业

内所讲经中立佛本行已（义）为

① 《集古今佛道论衡》卷丁记录了高宗朝时期一系列佛道论衡的活动，见于《大正藏》第 52 册，第 387 ~ 395 页。为避免烦冗，以下引用不再一一注明出处。

② 刘林魁《唐五代帝王诞节三教论衡考述——以白居易〈三教论衡〉为核心》（《佛学研究》2014 年总 23 期，第 123 ~ 134 页）一文对三教论衡的仪式进行了较为细致的研究，并且将其与高宗朝的佛道论衡进行了比较，其中颇多发明，视角也非常独到。不过由于未和教内论义的仪式进行充分的比较，似乎仍有些误读之处。例如刘文根据白居易《三教论衡》认为三教论衡每一座只有一个座主，白居易所记第一座便都是白居易作为座主，由他宣讲开场的序言，主导整个仪式的进程。然而由其第一段较详的白文中只赞佛僧未赞道士，可见此段并非为整个仪式开场，而是特别针对第一节义林发问白答的部分。故就此文来分析，当时三教论衡似乎并无特定的座主，更不能由此判断佛道两家无开场词。根据一般论义的规范，主答者应先升座，升座时例有赞辞。《三教论衡》文中包括了佛、道两教主答的部分，两教代表应该也会先赞叹皇恩并升座，只是白居易未尝记录。此外如 P. 2820 号所示，第一次发问时问难者可能也会有类似开场白的辞句，赞扬教法以及敌论的法师。白居易开始请问道教时即有此类文句（刘文将其称为过场），则佛道两教代表发言时应当遵循相同的模式。

论者谨问　　且佛者何义本

行者何言有何行相公能得称

本行分疏有理且踞花台若

也若门门（闷闷?）拽乐（落）花座把脚倒

挂莫言不道

[第二段]

又答

人而不觉起（岂）知经籍之众焉

法而未成无◇信云鹤之乘

矣适奉法师答我言

佛为觉义自觉觉他觉行

圆满因之为佛本◇不然

琉璃王坐煞释种苦恼尤多

阿难请（?）佛有三何为不乘（?）

度而又宠◇爱子恒深得

向父生明事称喜之阿难

来□生示之摩耶起坐说

法上下不等憎爱骸（?）然而说

本行慈悲是◇内心平

等聊申三难请答将来

若也望对众没◇◇◇

敌论法师饮嘲道小名

示◇本法作◇戒又所教处

去来之似小名◇◇◇

龙化◇之来去◇问法

[录文完]

P. 2820 号主要内容是佛教斋文的范文，其中一部分被题为《杂斋文一卷》。本文所涉及的内容分为两段出现在这些斋文范文之间，笔体与斋文显然不同。其中首段文字末行被写在题名之下，可见是在其他内容写完后再写入。又，这两段文字的笔法还有越写越草的趋势，最后几行文字几难辨认。综合来看它可能是作为习字利用原卷空白处写上的，所抄原本一时难以确知。文中小字“玄虚”当是道士自称名。笔者尚未查到关于这位道士的记录，但从其名未被隐去这一点来看，这份材料很可能并非出自文范类的文献，而是有其他源头。[①] 但同时它保留了较多仪式性的内容，似乎也并非出自护教类的文献。文中提到的“府主侍中”当为此次论义仪式的主办者。换言之这次论义活动是发生在藩镇而非宫廷之中，府主则是藩镇之长。[②] 由于敦煌似乎并无人使用过侍中头衔，这次辩论当发生在敦煌之外的某处节镇，撰作的时间则大约是晚唐五代的时期。由于藩镇长官普遍自属高官，进一步确认这位“府主侍中”的身份较为困难。

与《集古今佛道论衡》中的记录比较可以发现此文对道教方面的观点未作节略，反而是详细进行说明。故笔者认为这段内容应当并非出自佛教方面的记录，而是出自道教徒之手。因此其中对道教方面的记录较为可信。此外这件文书对仪式的记录较为详细，也为研究论衡仪式的形式提供了不可多得的参考。

本节中笔者首先参考儒、佛两教的记录讨论论衡仪式与佛教教内论义之间的共性。这一点对于理解论衡仪式的渊源具有重要的意义。

残篇第一段当是在论难开始之初道士的难辞。此时敌论法师已经竖佛本行义，道教方面第一次发问，但并不提出具体的疑难，而是要求对方解释佛本行义的内涵。在《三教论衡》中也可看到类似的情况。白居易首先答问，佛教方面第一问即是要求他就“何为四科，何为六义，其名与数”进行说明。在白居易解释之后，僧人才就曾参何以不列四科进行针对性的问难。同样的，白居易对佛道两教提问时第一个问题也都是“请陈大略”或“请言要旨”。[③] 杏雨书屋藏羽 271 号萧子良《杂义记》残篇对南齐时代一系列论义活动进行了简要的记录，其中各段问答都是先由法师作“解”——对论题的解释，再由各人提问，法师回答。由此可见这种做法在南朝时期佛教的教内论义中已经存在。五代时期敦煌佛教的论义基本也遵循这一模式。如

① 文范类的文献往往是由实用文书改写而来，但是例会隐去其中称名，而代之以某甲、某乙等。敦煌文书中甚至可以看到直接在实用文书涂去姓名以将其改为范文的例子，足见这是范文作品的特征。

② 类似的情况，在《全唐文》中收有《资州刺史叱千公三教道场文》一首，可说明 8 世纪地方长官即可举行论衡仪式。

③ 白居易：《三教论衡》，白居易撰、朱金城笺校《白居易集笺校》，上海古籍出版社，1988，第 3673～3684 页。《集古今佛道论衡》主要记录的是佛道论难之中最为激烈的内容，所以似乎多省略了第一问的问答。但显庆二年论衡记事中提到李荣竖六洞义，佛教方面也是先“问六洞名数”才针对性地提问。

P. 2807 号中问难者立义并请对方“一一料简”说明其内涵，S. 4275 号论义文则是先由问难者立三界唯心义，法师略赞，难者便问“何者是三，何义为界，复由何义而此三界而唯心耶”，令法师解释。因此佛道论衡中的这种发问模式当即是沿用了佛教论义的旧轨。

就结构言，残篇第一段的内容也与佛教论义文相似。如上所述，这段内容已经是在论义正式开始之后，但由于是第一次发问所以仍然有一些格式化的内容。先是简短的赞道，再是赞叹皇帝与斋主，随后自谦才开始发问。[①]《三教论衡》记载了白居易作为主答者时所用的序文，其最后为“发问既来，敢不响答”，可知实际性质与前述论义开始前所用的论义文相当。从格式来看，它也有赞叹皇帝降诞功德、自谦和赞叹法师的内容，最后也是提示敌论法师发问，与佛教论义文格式不殊。唯以“谈论之先，多陈三教，谈杨演说，以启谈端，伏料圣心，饱知此义……臣故略而不言”替代了惯例的赞叹三教的文辞，算是较为特殊之处。《集古今佛道论衡》可能由于这一类段落较为平淡客套，往往加以省略，不过显庆二年四月条下记僧慧立升座后有赞叹帝后功德以及赞叹佛化的内容。虽然“文多不载”无法了解其详情，但可见唐初佛道论衡中佛教方面也采用同样的格式。[②] 由此可见论衡仪式中论义文格式也是仿自佛教论义文，只是根据三教论衡的特点略作了一些改动。

残篇第二段的内容包括两个部分。第一部分提出佛法非如僧人所讲平等慈悲，故申三难质问。这无疑是论辩进行过程中一个正常的提问，与仪式结构无太大关联。最后部分以“敌论法师饮嘲”开始。则其尾段模糊不清的文字很可能就是嘲辞。任半塘、朱凤玉、刘林魁等都已注意到，论辩中的嘲谑是三教论衡最大的看点之一，甚至对后代的戏剧、文学也有所影响。《集古今佛道论衡》所记内容即包括了大量僧道之间互嘲的嘲辞。这些嘲辞或是韵文，或是散文，总之就是调笑对方，要对方难堪。[③]

---

① 如下所述，三教论衡经常是由主答的法师竖义，因此可能导致第一次问难实际也就是问难者第一次发言。第一次问难时加入这些套语的做法很可能是出于这种格式而进行的调整。

② 可资参考的是在《续高僧传·慧乘传》中也提到武德八年的三教论衡的开场词即是按照当时仍是秦王的李世民的要求“但述佛宗，先敷帝德”，此后记慧乘的发言即是按此要求先“宣帝德”，再“述释宗”，最后“以二难双征两教”（《大正藏》第50册，第634页，又参见《集古今佛道论衡》卷丙的对应内容）。故这种程序至迟在唐代初年即已成立。

③ 白居易《三教论衡》中并无嘲语，可能有两方面的原因。一方面，儒家的代表可能并不乐于参加到互相嘲谑的活动中；另一方面，如前所述文宗对于三教论衡并无兴趣，甚至说自己未曾参与过这个活动。从白居易文中来看这场辩论似乎确实是对圣宣扬，未详原委。但无论如何，即使皇帝确实在场，但由于他并不喜好此类活动，参加者大体也明白这不过是走个过场，绝不敢妄作嘲谑。此外，白居易的开场白中省略了赞叹三教的内容，或许也是出于类似的原因。

这些互嘲无疑有取悦观众的意图，皇帝也往往为此解颐大笑。但另一方面，嘲谑亦极需临时的机辩，对方嘲来即须解嘲，不然便落下风。根据《集古今佛道论衡》，在显庆五年论《化胡经》事的论衡仪式中，由于怀疑对方宿构答辞，李荣还“请共嘲烛”以测试双方的论辩能力。由此可见嘲谑之受到重视也源于它很能体现论者的辩论素养。但嘲谑也并非三教论衡所独有。如《高僧传·僧印传》即提到“问论中间，或厝以嘲谑”,[①]《法镜传》云其“义学功浅而领悟自然，造次嘲难必有酬酢”[②] 说明南朝佛教论义中便已常有嘲语，能够合适地加以应对也被认为是值得称道的能耐。在《法华经文句辅正记》中还记录了南陈时期吉藏与沙弥法盛之间的互嘲，据说正是因为吉藏应对有节机辩峰起，使得法盛服膺。[③] 南北朝时期佛道之间的辩论可能也已经有类似的内容。如《高僧传·道盛传》云盛尝与陆修静论议，道盛“词气俊发，嘲谑往还，言无暂扰”即是其例。[④] 晚唐五代时期佛教教内论义仍常用嘲谑。如 P. 2807 号即有“主嘲辞”，说如果对方还要追问，“即是个没孔铁捶”等。[⑤] 五代僧义楚在归纳论义的十大要点时也将嘲谑列入其中，作为最末两项。[⑥] 就此来看，嘲谑可能也是首先在佛教论义中出现，随后为论衡仪式所接受并发扬光大。

综合以上内容可以看到，论衡仪式的基本结构是源自佛教的教内论义，即使是儒教或道教的代表在其中也遵循同样的仪式规程。各种材料中多将论衡仪式称为论义、论议或讲论，也多可作为佛教论义的异称可作佐证。另外，跨宗教进行的论衡仪式又对佛教论义仪式有所发展，显示出一些特色。在其成立之后也随时代而又有所变化。

三　论义与佛道论衡的不同

如上所述，论衡仪式基本采取了佛教论义的仪式结构，但也根据其自身特点有所调整。总体来说，这些差异主要是源于论衡仪式的跨宗教特点及三教（尤其佛道）间的紧张关系。

跨宗教特点对论衡仪式的影响主要表现在问答的程序方面。佛教教内论义一般由

① 《大正藏》第 50 册，第 380 页。
② 《大正藏》第 50 册，第 417 页。
③ 《卍续藏》第 28 册，第 687 页。
④ 《大正藏》第 50 册，第 376 页。
⑤ 参见本书第 181 ~ 182 页侯冲录文。
⑥ 义楚《释氏六帖》卷六，浙江古籍出版社，1990，第 99 ~ 100 页。

特定法师升座负责解答。论义开始时首先由问难者竖义（提出论题），上述法师随即进行解释，从而展开问答。但这两点都不适于跨宗教进行的论辩活动。

首先，论衡仪式需要给各方平等的发言机会，故往往是各方轮流升座应答。[①] 如《集古今佛道论衡》所记显庆三年四月的论衡便先后有两位佛教法师和两位道士升座答问。《三教论衡》所记的一座也是三教交叉问难。[②]

其次，论衡仪式中问答双方并非同一宗教的信徒，问难者并不一定娴熟对方的经典。此外或许也为了给各教正面阐释其教法的机会，因此至少在盛唐以前流行的是由主答的法师确定论辩主题。例如前述显庆三年的论衡仪式中首先是由会隐升座竖五蕴义，神泰升座竖九断知义，随后道士升座也是自立义端，僧人根据其所立义端进行提问。P. 2820 号中道士显然是问难者，辩论的主题则是敌论法师所立的“佛本行义”，可见五代时期仍有如此进行的论衡活动。[③]

论衡仪式（尤其佛道论衡）的另一重要特点是问答双方处于更加敌对的立场，很多情况下是将对方作为“邪”“伪”之教加以申斥，因此言辞较为激烈，仪式做法也有一些调整。其主要表现有二。

首先，P. 2820 号中道士的开场白并未赞叹敌论法师，且请对方解释论题时扬言若无法给出妥善回答就要将其“拽下花座，把脚倒挂”，言辞极为激烈。这些做法在教内论义文献中未尝见。笔者最近注意到敦煌遗书 P. 2174 号包括了数则中宗朝到玄宗朝之间御前佛道论衡中佛教方面所用论义文改写而成的仪文范本，[④] 表现了相似的特点。不仅不会赞叹对方法师，反是用各种譬喻将对方指为魔军、邪党，扬言要单刀直入与之血战。可见这种做法在佛道论衡中普遍存在，并且可以追溯到初唐、盛唐时期。

其次是嘲谑的分量极度膨胀。如上所述，嘲谑本是教内辩论也允许的内容，不仅考验双方的机辩，也有独特的娱乐性。佛道论衡中双方处于对立的地位，自然不免使用此类手段。而皇帝对这种滑稽内容的兴趣当也鼓励了参与者增加嘲谑的分量。因此

① 有学者将《集古今佛道论衡》卷丁所记贞观十二年的辩论也认为是三教论衡，但根据内文这次辩论的场合当是由皇太子召集的佛教讲经法会，讲经的内容是开《法华经》题。虽然有意识地召集了三教学者参与并进行辩论，但从性质上说似仍当归于佛教的讲经仪式，因此也并无儒、道代表升座竖义。

② 与刘林魁看法略有不同，笔者倾向于认为这次论辩中应该也有佛道之间的论辩，只是由于和白居易无关他没有进行记录。

③ 根据情况这一点并非一成不变。例如静泰与李荣对论《化胡经》事的论衡活动实际是由皇帝确定了主题才召集僧道入内讲论，双方都是“命题作文”，也就无所谓谁竖义端了。

④ 关于 P. 2174 号的情况此处无法详论，拟另文说明。

从《集古今佛道论衡》中的资料来看，嘲谑几乎喧宾夺主成了对论的主干，义理的讨论反而只是陪衬。[①] 故通过论衡仪式成名的僧人往往并非在理论方面有很高素养的学者，而多为机智有辩才的口舌之徒。如道宣介绍因在佛道论衡中有出色表现而成名的灵辩时便评论说“但恨言惟应物，理非独诣”，即是指此而言。因此这类论衡仪式虽然会以教义问题为话头，但双方的攻防更多是斗口舌而非争是非，对义理的阐发深度也相对有限。

需要注意的是白居易《三教论衡》体现出来的仪式做法与前文的归纳又有很大不同。首先，这次三教论衡仪式中是由问难者竖义。如白居易作答时是先请佛教法师提问，对方随即竖十哲四科之论端请白居易解释。白居易问难时亦是如此。其次，这次论衡仪式中白居易发问前都会赞叹对方法师。最后，全篇中并无嘲辞，讨论中也并未强调宗教间的矛盾，甚至退场辞都极为谦恭有礼。这种情况的出现当是与晚唐时期宫廷中三教论衡仪式的程序化取向有关。正如任半塘所曾指出，德宗朝三教论衡似乎已经是预有脚本的演出，而非临场的机辩。[②] 其最后也一定要归于三教同善之说，以悦帝情。观白居易此文，各方都进退有度，丝毫不见一般论义或论衡仪式中习见的激烈辩论，可能正反映了这样一种情况。由此来看，晚唐时期宫廷中制度化了的降诞日三教论衡仪式很可能已经演变为一种照本宣科的演出，有如一出旨在表现三教在皇权的控制下和乐融融场面的活剧。[③] 出于这一目的，在仪式的形式上也有所调整。同时，这种程序化的三教论衡似乎还会刻意回避三教间的矛盾，故也不会就教义进行实质性的探讨，只是象征性地就某些吉祥的话题来回说上两番。因此这种论衡仪式已不再具有宗教间义理交流平台的作用。然而由 P. 2820 号可以知道在唐晚期、五代还存在较激烈的论衡仪式，其程序也基本沿袭了唐中早期论衡仪式的做法。可惜由于资料的限制，晚唐五代时期这两种不同形式的论衡活动相互之间的关系究竟如何尚难定论。

四　结论

本文主要以两件敦煌遗书为基础，讨论了唐代道教和辩论有关的两个仪式内

① 关于嘲谑问题，任半塘、朱凤玉、刘林魁等都有所注意，可参看。

② 陈寅恪也有类似的看法，见《元白诗笺证稿》，河北教育出版社，2002，第 630 页。

③ 刘林魁《唐五代帝王诞节三教论衡考述——以白居易〈三教论衡〉为核心》一文指出晚唐诞节论衡的内容实际都是以颂寿为主轴选择论题，并且会避免不吉利的内容。

容——论义和论衡。

论义是在讲经仪式中进行的教内辩论。这种仪式一直是佛教义理发展以及义疏撰作的重要背景。根据羽 72aV 之一号遗书则可知至迟在唐代道教也引入了这种仪式。其基本形式仍然沿用佛教的做法。这一仪式内容的出现无疑也会对道教义疏学以及道教思想的发展注入新的动力，两者之间的关联值得进一步探讨。

论衡仪式则是跨宗教的论辩仪式，其中最具代表性的是在宫廷中进行的御前辩论。此类仪式在南北朝时期已经出现，并且在唐代得以制度化而成为帝王降诞等重大节庆场合的重要一环。这类仪式的基本形式也是源自佛教的教内论义，但是又根据其特点有所改造，使其具有一些独特的特性。

在唐早期，这类仪式中确实会就各教教义进行讨论争辩，由此而成为宗教精英互相交流思想的平台。但是其气氛往往过于火爆，参加者更多是争口舌上的胜负。因此这类交流的有效性和深度都相当可疑。到晚唐时期，论衡仪式又逐渐演化成根据特定脚本进行的带有较强表演性的仪式活动，主要目的在于彰显皇权对宗教的态度，以及为仪式提供娱乐。随着仪式目的的这种变化，其作为宗教间互相辩论、交流义理平台的作用也更显淡薄。总之，与教内的论义相比，论衡仪式对于宗教义学发展的作用似乎始终相当有限。就此而言，笔者认为不应过分强调此类跨宗教辩论在道教义学发展过程中的重要性。

东晋、南朝时期道经的出世及相关问题*

王皓月

内容摘要：传说与史实掺杂难分，是研究道教经典研究时遇到的最大难题。特别是关于东晋、南朝时期成书的《上清经》和《灵宝经》，我们一方面可借陶弘景和陆修静所留资料推测很多经典的大致出现时期，但另一方面又必须谨慎看待传说与史实的区别，需要从教理和历史两个角度去分析道经的出世。相比《上清经》清晰明确的出世论，《灵宝经》的出世论则较为复杂，混合了两种不同的类型，元始旧经、元始系《灵宝经》和仙公系《灵宝经》流传到人间的途径各不相同。《上清经》形成了“真人降经，灵媒解读”的经典出世模式，仙公系《灵宝经》形成了“神话祖先，家族传承”的模式，元始旧经是“天宫藏经，随劫度人”模式、元始系《灵宝经》的出世则是“帝王祥瑞，横空出世”模式。

关键词：六朝　道经　《上清经》　《灵宝经》　出世

作者简介：王皓月，中国社会科学院世界宗教研究所副编审。

一　序言

传说与史实掺杂难分，是研究道教经典成书年代及经典间相互关系时遇到的最大难题。特别是关于东晋、南朝时期成书的《上清经》和《灵宝经》，一方面可借陶弘景和陆修静所留资料推测很多经典的大致出现时期，但另一方面又必须谨慎鉴别他们编造虚构的传说，防止将其与史实混淆。

相比《上清经》清晰明确的出世论，《灵宝经》的出世论则较为复杂，混合了两种不同的类型。按照《灵宝经》的出世论的说法，人间流传的《灵宝经》源自天上

* 本文系国家社科基金项目“六朝道教变革史考”（项目号：17CZJ106）的阶段性成果。

紫微宫保管的灵宝经典的元始旧经。具体而言，元始系《灵宝经》和仙公系《灵宝经》流传到人间的途径各不相同。元始系《灵宝经》的出世论之中，元始旧经的十部妙经随着元始天尊在各劫出世度人而流传到人间。仙公系《灵宝经》的出世论之中，太极真人将天上的《灵宝经》的部分内容传授给葛仙公，通过这种途径《灵宝经》也流传到了人间。

二　东晋《上清经》的出世论

关于东晋《上清经》中“天文”概念的研究，[①] 已经基本解明了东晋《上清经》出世论的出现原因，而且确定这种出世论的提出者实际上就是东晋《上清经》作者杨羲和许谧、许翙父子，[②] 所以接下来主要想看一下其具体内容。[③]

东晋《上清经》的出世论之中，之所以用“出世”这个说法来表现《上清经》出现在人间，是因为他们认为《上清经》本来是由天书写成的天上的经典。南朝梁陶弘景（456~536）[④] 编纂的《真诰》[⑤] 卷1《运象篇第一》说：

> 今请陈为书之本始也。造文之既肇矣。乃是五色初萌，文章画定之时，秀人民之交，别阴阳之分，则有三元八会群方飞天之书，又有八龙云篆明光之章也。其后逮二皇之世，演八会之文为龙凤之章，拘省云篆之迹以为顺形梵书。分破二道，壤真从易，配别本支，乃为六十四种之书也。遂播之于三十六天十方上下也。各各取其篇类，异而用之，音典虽均，蔚迹隔异矣。校而论之，八会之书是书之至真，

① 关于东晋《上清经》天文概念出现的先行研究之中，已经表明其与中国传统的河图洛书，以及佛教的文字观的有关，参见〔日〕神塚淑子《六朝道教思想研究》，创文社，1999，第416~438页；谢世维《天界之文——魏晋南北朝灵宝经典研究》，台湾：商务印书馆，2010，第64~124页。

② 关于杨羲与许谧、许翙父子一同创作《上清经》，参见刘琳《杨羲与许谧父子造作上清经考》，《中国文化》1993年第8期，第104~110页。

③ 关于《上清经》的出世，参见杨立华《论早期道教上清经的“出世”及其与〈太平经〉的关系》，《北京大学学报》（哲学社会科学版）1999年第1期。另外，广濑直记以《紫度炎光神玄变经》为中心，分析了上清经之中出世经典、未出世经典和伪经的关系。《〈紫度炎光神玄变经〉の成立について》，《早稻田大学大学院文学研究科纪要》第53辑第1分册，2008。

④ 关于陶弘景的生平，参见麦谷邦夫《陶弘景年谱考略》（上）（下），《东方宗教》第47、48号，日本道教学会，1976。

⑤ 关于陶弘景的《真诰》的成书，参见石井昌子《道教学の研究——陶弘景を中心に》（国书刊行会，1980，第123~282页），以及前揭神塚淑子《六朝道教思想研究》（第17~122页）。

建文章之祖也。云篆明光，是其根宗，所起有书而始也。今三元八会之书，皇上太极高真清仙之所用也。云篆明光之章，今所见神灵符书之字是也。(8b～9a)

关于上文的意思，先行研究已经多次解释,① 其大意如下：天地开辟之时，三元八会群方飞天之书和八龙云篆明光之章出现。伏羲、神农二皇，将之改为八会之文为龙凤之章，将云篆之迹改为顺形梵书。之后，进而出现了六十四种书,② 散布于十方三十六天。现在，皇上太极高真清仙依然使用三元八会之书，《上清经》所载的神灵符书即是云篆明光之章。

天界真人们使用的三元八会之书和云篆明光之章为天文，以此写成的天界的《上清经》不是凡人所能解读的。但是，东晋时期人间流传的《上清经》是由凡人的隶书写成的，关于其理由，《真诰》卷19《翼真检第一》解释说：

伏寻上清真经出世之源，始于晋哀帝兴宁二年太岁甲子，紫虚元君上真司命南岳魏夫人下降授弟子，琅琊王司徒公府舍人杨某使作隶字写出，以传护军长史句容许某，并第三息，上计掾某某。二许又更起写，修行得道。凡三君手书今见在世者，经传大小十余篇，多掾写，真嗳四十余卷，多杨书。(9b－10a)

据此，天界的上清真经的出世始于东晋兴宁二年（364），紫虚元君南岳夫人魏华存向杨羲降授真经，用凡人能读的隶书写出，传授给许谧和许翙。现存的所谓三君手书，是杨羲、许谧、许翙三人书写的经典，主要是许谧写的十余篇的《上清经》及真人传，杨羲写书的四十余卷的真人口授（语录）。这里值得注意的是，根据1998年南京象山东晋王氏家族墓葬出土的墓志记载，魏华存（252～334）是历史上真实存在过的人物，其事迹并非完全虚构。③ 就是说，《上清经》出世的过程中，神化的历史人物成为虚构的神格和现实中人物之间的桥梁。之后仙公系《灵宝经》之出世论传授谱系的构建方式，也受到其影响。

---

① 神塚淑子：《六朝道教思想研究》，第428～429页；谢世维：《天界之文——魏晋南北朝灵宝经典研究》，第88～98页。

② 谢世维指出该六十四种书不仅仅是《易》的六十四卦的反映，如《普曜经》等中亚传来的佛经之中就有释迦年轻时学习六十四种书体的记载。谢世维：《天界之文——魏晋南北朝灵宝经典研究》，第90页。

③ 周冶：《南岳夫人魏华存新考》，《世界宗教研究》2006年第2期。

关于真人降授《上清经》的详细经过，《真诰》卷2《运象篇第二》进行了如下的记载：

> 六月三十日夜，九华真妃与紫微王夫人、南岳夫人同降。真妃坐良久，乃命侍女发检囊之中出二卷书，以见付。今写之题如左：
>
> 上清玉霞紫映内观隐书
>
> 上清还晨归童日晖中玄经
>
> 右二卷名目此题。本应是三元八会之书，杨君既究识真字，令作隶字显出之耳。(7a－7b)

南岳夫人魏华存与九华真妃、紫微王夫人一同降临，九华真妃拿出三元八会之书写成的《上清玉霞紫映内观隐书》和《上清还晨归童日晖中玄经》，因为杨羲懂三元八会之书，所以将经典翻译为隶书。由此可确定，《真诰》卷19的引文之中真人们将经典直接传授给杨羲，是因为他可以解读三元八会之书。

在天界《上清经》的出世过程之中，能解读三元八会之书的杨羲充当了真人们与许谧、许翙之间的灵媒。而在杨羲之前，一个名为华侨的人担当灵媒之职。《真诰》卷19《翼真检第一》记载：

> 又按众真未降杨之前，已令华侨通传音意于长史。华既漏妄被黜，故复使杨令授，而华时文迹都不出世。又按二许虽玄挺高秀，而质挠世迹，故未得接真。今所授之事多是为许立辞，悉杨授旨疏，以未许尔。(3b－4a)

据说，因为华侨经常私自泄露真人降授的内容，所以被辞退，杨羲成为接任的灵媒。关于灵媒存在的必要性，文中解释说许谧、许翙虽然是才能出众之人，但是与世俗的联系过于密切，无法直接与真人接触，所以需要灵媒作为中间人。《真诰》所载很多事，都是杨羲传达的真人的旨意，由许谧、许翙记录。因此，灵媒在《上清经》的出世过程之中是不可或缺的，但在《灵宝经》的出世论之中，我们看不到类似华侨和杨羲这种身份的人物，所以可以说灵媒的存在是《上清经》出世论的一个特征。

真人们口授天界的《上清经》，这也是陶弘景《真诰》这一书名的由来。《真诰》卷19《翼真检第一》的《真诰叙录》中说：

> 真诰者，真人口唆之诰也。犹如佛经皆言佛说。而顾玄平谓为真迹，当言真人之手书迹也。亦可言真人之所行事迹也。若以手书为言，真人不得为隶字。若以事迹为目，则此迹不在真人尔。且书此之时未得称真。既于义无旨，故不宜为号。(2a)

据此，陶弘景将书名定为“真诰”，意思是本书为真人们口说的教诲，与佛经中言佛说是一个道理。但是，南齐顾欢也编纂了一部《真迹》,[①] 这个书名并不妥当。理由是，真迹可以有两种解释，一种是真人书写经典的手迹，另一个是真人们的事迹。然而，真人们并没有用隶书书写经典，书中的事迹也非真人们的事迹，而是许谧、许翙的事迹。许谧、许翙在得到《上清经》之时还不是真人，所以不能称其事迹为真迹。这里虽然是就《真诰》和《真迹》的书名进行争论，但其逻辑清晰的论证依据的正是《上清经》的出世论，我们可以从中看出陶弘景对《上清经》出世的理解。

《上清经》本来是天上真人们用三元八会之书写成的，那么其出世前保管在何处呢？关于这点，《真诰》卷1《运象篇第一》记载，兴宁三年（365）六月二十三日夜，在真人们传授经典之后，南岳夫人魏华存这样解释：

> 又云宝神经是裴清灵锦囊中书，侍者常所带者也。裴昔从紫微夫人授此书也。吾亦有俱如此写西宫中定本。
>
> 问西宫所在。答云是玄圃北坛西瑶之上台也。天真珍文尽藏于此中。(7a)

据此，宝神经藏保管于西宫之中，西宫是玄圃北坛西瑶之上台，天界真人们的经典全部保存于该处。[②] 关于该西宫，《真诰》卷2《运象篇第二》写道：

> 君自受书于西宫，从北策景，乘軿东辕，握髦秉钺，专制东蕃。(8b)

说杨君从西宫得到了《上清经》。接着说：

---

① 《真诰》卷19《翼真检第一》说“而顾所撰真迹，枝分类别，各为部卷。致语用乖越，不复可领”，记载顾欢编纂了《真迹》一书。

② 神塚淑子指出，根据其他资料，西宫所在玄圃北坛西瑶之上台应该是昆仑山上西王母的宫殿，也就是连接天上界与人间的地方。参见神塚淑子《六朝道教思想研究》，第395页。

> 复二十二年明君，将乘龙驾云，白日升天，先诣上清西宫，北朝玉皇三元，然后乃得东轸执事矣。(9a)

明君升天之后拜访上清西宫，所以上清天似乎也有西宫。

虽然这里我们将东晋的杨羲、许谧、许翙创作的经典统称为《上清经》，但是作为一系列经典总称的《上清经》的名称在东晋中期还没有被使用，[①] 之所以以后出现这个称呼是因为这些经典被认为保存于上清天西宫。

《云笈七签》卷4所载顾欢的《上清源统经目注序》[②] 之中说“上清者，宫名也”，将“上清经”的“上清”二字解释为天宫之名。顾欢这个解释在时间上接近作为经典总称的《上清经》的称呼出现的时期，应该可以反映当时对《上清经》之名的一般理解。

前面引用的《真诰》卷19《翼真检第一》之中，可见“上清真经”这个称呼，但是在别的地方，仅仅使用“上经”和“真经”的情况比较多。《真诰》卷5《道授》所载经目之中，除了《上清玉霞紫映内观隐书》与《上清还晨归童日晖中玄经》这两部经典，几乎看不到冠以“上清”一词的经典。还有，由《真诰》之中卷1的“太虚元君昔遣诣龟山学上清道，道成受太上书”（12b）以及卷18“闻弟远造上法”一句的陶弘景注说“上清诸道也”（10b），可见上清道的称呼是存在的，但其不过是道法的美称，不能被视为《上清经》之名的由来。另外，论述三洞说的《灵宝经》之中，其实没有作为一系列经典总称的“上清经”，而是使用“洞真”，或者“大洞真经”等具体的经典名。如《太极真人敷灵宝斋戒威仪诸经要诀》中的“大洞真经三十九章”（12b），《太上洞玄灵宝智慧本愿大戒上品经》中的“大洞真经”（12b），敦煌资料P. 2356号《洞玄灵宝威仪真一自然经诀》中的“洞真玄经卅九章、消魔智慧”，《上清太极隐注玉经宝诀》中的“八素隐篇、金真玉光、消魔散灵、招仙步虚、飞行羽经”（1b），《太极左仙公请问经》卷下的“洞真”（10a－10b）等。然而，陆修静在元嘉十四年（437）的《灵宝经目序》之中说《灵宝经》伪经的制作方法包括

---

① 关于《上清经》的名称，参见福井康顺《上清经について》，《密教文化》1960年第48、49、50合并号，第5～18页。福井康顺认为，“上清经”这个名称在文献资料之中有“上清洞真之经三百卷”“上清大洞真经三十一卷”“上清大洞真经三十九章”这三个用例，因此上清是洞真经的美称。不过，福井康顺并没有讨论作为一系列经典总称的“上清经”之名的出现时期。

② 关于《上清源统经目注序》的作者是顾欢，参见小林正美《六朝道教史研究》，创文社，1990，第431～444页。

“删破上清”，因此此时“上清经”似乎已经被用于对比《灵宝经》的称呼。这样的话，作为经典总称的“上清经”的称呼，最早也是在三洞说形成的元嘉七年、八年（430、431）以后，[①]《灵宝经目序》创作的元嘉十四年（437）以前。还有，元嘉三十年（453）编纂的陆修静的《洞玄灵宝五感文》[②] 之中，可见洞真上清之斋、洞玄灵宝之斋的说法，因此推测当时的三洞说之中已经有了洞真部上清经的说法。这样来看，与《灵宝经》相对比的作为经典总称的《上清经》的名称应该是陆修静创造的。对于陶弘景等人而言，出世的《上清经》就是唯一的真经，因此不需要特意将其命名为“上清经”，用以区别《灵宝经》等。尽管东晋中期还没有确定作为系列经典总称的《上清经》，但对于没有门户之见者，按照刘宋陆修静的命名，将东晋二许等人传授的经典称为“上清经”并无不妥。

《上清经》是天宫保管的经典，通过真人降授在人间传播。虽然出世的经典数量十分有限，但是在天宫之中则是齐全的，真人们将这些经典名告诉许谧、许翙。如《真诰》卷5《甄命授第一》的《道授》之中，记载了裴君告诉许谧、许翙的上清经典之名，其中仅有《八素真经》《九真中经》《除六天之文三天正法》《石精金光藏景录形》《飞步七元天纲之经》《大洞真经三十九篇》《曲素诀辞》七个经典名被标注“在世”二字。就是说，许谧、许翙写下《道授》时，实际存在人间的《上清经》不过七部。

但是，被标注为“在世”的《上清经》基本是作为完本出世的经典，同时，真人们将一些没有出世的经典的内容片断告诉了许谧、许翙。例如，《真诰》卷9《协昌期第一》之中，在记载真人们传授的《丹字紫书三五顺行经》《石景赤字经》《紫度炎光内视中方》《太上天关三经》等经典内容之后，注释说“此四经并未出世”。一边记载这些经典的内容载，一边说这些经典尚没有出世，其原因是什么呢？《真诰》卷9“太上真人撰所施行秘要”的题注记载：

> 长史写本有题如此。此犹是众真授说经中所可修用，还童反白诸要事，令长史施行之耳。非成事一卷经也。(3a)

① 关于三洞说的成立时期，参见小林正美《新范式道教史的构建》，王皓月译，齐鲁书社，2014，第1～28页。

② 关于陆修静《洞玄灵宝五感文》的成书年代，参见小林正美《新范式道教史的构建》，王皓月译，第119页。

据其说法，真人们将尚未出世的经典之中可学的修行部分内容传给许谧。如其所言，可确认所谓未出世是指天界的经典没有完整地出世。

然而实际上，虚构的天宫中保管的经典的经目首先存在，大多数的经典尚未出世，其主要原因是这些经典根本没有被创作出来。因此，一个名为王灵期的人在东晋末利用这样的经目创作了大量的伪经。关于王灵期创作伪经的经过，《真诰》卷19《翼真检第一》写道：

> 复有王灵期者，才思绮拔，志规敷道，见葛巢甫造构灵宝，风教大行，深所忿嫉。于是诣许丞，求受上经。丞不相允，王冻露霜雪，几至性命。许感其诚，到遂复授之。王得经，欣跃退还寻究。知至法不可宣行，要言难以显泄。乃窃加损益，盛其藻丽。依王魏诸传题目，张开造制，以备其录。并增重诡信，崇贵其道，凡五十余篇……王既独擅新奇，举世崇奉，遂托云真授，非复先本。（11b－12b）

据载，王灵期看到葛巢甫造构的灵宝经典风靡一时，感到十分妒忌，就去许丞（许黄民）那里苦苦哀求，拿到了杨羲和许谧、许翙留下的《上清经》，同时参照《王君传》和《魏夫人传》等之中记载的经目，创作了五十余篇伪经。陶弘景判断王灵期所作经典并非真人传授的经典，所以将其排斥为伪经。当然，实际上，许谧、许翙留下的《上清经》也不可能是所谓真人传授的，而是与灵媒华侨、杨羲等人共同完成的。陶弘景之所以将别人创作的《上清经》说成是伪经，是因为他是许谧、许翙所传《上清经》的信奉者。

在陶弘景的时代，王灵期等人创作的伪经似乎相当流行。《登真隐诀》卷下诵黄庭经法“拜祝法三九素语玉精真诀曰”之注说：

> 中品目有三九素语。魏传目有玉精真诀三九素语，即应是此经也。但未行世。世中有伪者，无此诀也。（1a）

《魏夫人传》所载经目之中存在名为“三九素语”的经典，该经的伪经在当时已经存在，但真经并没有出世。这样来看，说出世与否，不是简单看当时是否存在与经目经典名对应的经典，而是要判断经典内容的真伪。换而言之，即便世间存在与天界经目经典名相同的经典，如果被判断为伪经的话，陶弘景是不会承认该经典已经出世的。陆修静在《灵宝经目》之中，在三十六卷元始旧经的经典名之下标注已世和未出之时，也必然带有对经典真伪的判断。

值得注意的是，《真诰》卷5《甄命授第一》之《道授》说世间流传的《三皇内文》不是真经：

> （裴）君曰：仙道有三皇内文以召天地神灵。右世中虽有，而非真本。(4a)

据此推测，二许认为葛洪《抱朴子·内篇》之中也记载葛氏一族之中传授的《三皇内文》并非真经，《三皇内文》的真经尚未出世。这条记载看似简单，但我们从中可以发现东晋中后期江南葛氏与许氏二族在经典正统性方面的争夺。另外，杨羲在东晋永和六年（350）从魏华存之子刘璞那里得到了《灵宝五符》[①]，按照《真诰》卷20的记载，陆修静敷述的《人鸟五符》，[②] 与杨羲传授的原本的《灵宝五符》不同。陶弘景说杨羲传授的《灵宝五符》是真经，而陆修静敷述的《人鸟五符》是伪经。如此看来，东晋中期至刘宋，各道流之间经典的交流十分频繁，内容上和形式上应该也有不少共通点。所以，《灵宝经》的出世论也不可避免地受到东晋《上清经》出世论的影响，关于这点后面会做详细分析。

最后需要说明的是，东晋《上清经》的出世论认为，许氏一族之所以从真人那里得到上清真经，并得以升仙，是因为许谧的七世祖许敬在后汉永初年间（107～113）拿出财产救济百姓，留下了功德。[③] 类似的说法后来在仙公系《灵宝经》的出世论和元始系《灵宝经》的出世论之中也能看到，常说这个人或神格因为前世或祖先功德，所以被传授经法。就是说，道教经典的出世论之中，过去的功德都是得到经典的重要理由。

---

① 关于杨羲所写《灵宝五符》，参见小林正美《六朝道教史研究》，第65～69页。

② 关于陆修静敷述《人鸟五符》，参见王皓月《析经求真：陆修静与灵宝经关系新探》，中华书局，2017。

③ 许谧的七世祖许敬是后汉顺帝时的司徒，关于其事迹，《真诰》卷4记载："吾七世父许子阿者，积仁着德，阴和鸟兽，遇凶荒之年，人民饥馑，加之疫疠，百遗一口。阿乃施散家财，拯其众庶，亲营方药，勤劳外舍，临人之丧，如失其亲，救人之患，如己之疾，已死之命悬于阿手，穷垂之身，抚之如子。度脱凶年，赖阿而全者，四百八人，仁德不谓，应作坠字，后当钟我等是以功书上帝，德刊灵阁，使我祖根流宗，泽荫光后绪。故使垂条结华，生而好仙，应得度世者五人，登升者三人，录名太上策简青宫。岂是尔辈所可豫乎。"（11a－11b）参见神塚淑子《六朝道教思想の研究》，第19页。

三 仙公系《灵宝经》的出世论

陆修静《灵宝经目》所记的仙公系《灵宝经》之中，有三部对应元始旧经的仙公系《灵宝经》，即《洞玄灵宝玉京山步虚经》、《太上无极大道自然真一五称符上经》和《太上洞玄灵宝真一劝诫法轮妙经》，及新经之中的《太上灵宝五符序》和《太上洞玄灵宝真文要解经》之外的经典。① 这些仙公系《灵宝经》具体内容各不相同，但都基于相同的出世论。该出世论与东晋《上清经》的出世论有很多共通之处，所以应该是参考东晋《上清经》的出世论写成的。

东晋《上清经》的出世论之中，构想了天宫保管的经典，以及南岳夫人魏华存和众真人通过华侨、杨羲向许谧、许翙传授经典的传授谱系。仙公系《灵宝经》的出世论，同样构想了天宫保管的《灵宝经》的旧经，以及始于太极真人向葛仙公传授经典的传授谱系。虽然仙公系《灵宝经》出世论的内容并不复杂，但关于其提出者和提出时期尚有讨论的余地。接下来，首先分析仙公系《灵宝经》出世论之中元始旧经的观念，然后考察其传授谱系。进后，由此推测仙公系《灵宝经》的创立者和形成时期。

对各部仙公系《灵宝经》之说进行归纳的话，可知太极真人向葛仙公传授的经典，基于天上玄都紫微宫保管的《灵宝经》的旧经。例如，《太上无极大道自然真一五称符上经》卷上的经典名之下注解说：

> 此乃太上宝之于紫微台。众真藏之于名山洞室。一曰秘于劳山之阴。(1a)

按照其说法，该经典所载《灵宝五称符》本来由太上（太上道君）保管于天上的紫微台，传授给众真之后，众真将之隐藏于崂山等名山之中。

还有，《太上洞玄灵宝真一劝诫法轮妙经》有下文：

> 太上高玄太极三宫法师玄一真人说：《太上洞玄灵宝真一劝诫法轮妙经》旧文藏于太上六合玄台。典经皆龙华玉女，金晨玉童，散华烧香，侍卫灵文。依科

① 关于仙公系《灵宝经》，参见小林正美《六朝道教史研究》第一篇第三章“灵宝经の形成”。

> 四万劫一传，太上有命，使付太极左仙公也。(1a)

其中所谓太上洞玄灵宝真一劝诫法轮妙经的旧文，应该就是指天上太上六合玄台保管的自古以来就存在的经典。

除此以外，《太上洞玄灵宝智慧本愿大戒上品经》写道：

> 此戒名智慧隐经道行本愿上戒宝真品。太上虚皇传太上大道君，道君传太微帝君，帝君传九微太真，太真传太极大法师，及传太极高仙王公，不告诸中仙矣。千年三传。(8a)

还有：

> 此戒名太上智慧劝进要戒上品，皆大智慧经上卷所言也。法传太极真人。(10a)

按照其记载，太极真人向葛仙公传授的智慧隐经道行本愿上戒宝真品，原本由太上虚皇传授给太上大道君，太上大道君传授给太微帝君，然后传授给太极真人。还有，设想太上智慧劝进要戒上品本来是天上的戒律，载于天界经典的《大智慧经上卷》。

另外，《太极左仙公请问经》卷上也从天界经典《太极智慧经上篇》引用了十善因缘。①

那么，原本天宫保管的《灵宝经》的旧经，是通过何种方式流传到人间的呢？为了解答这个问题，仙公系《灵宝经》之中设想了始于太极真人向葛仙公传授经典的传授谱系。

从敦煌资料 P. 2452 号仙公系《灵宝经》的《太上灵宝威仪洞玄真一自然经诀》

① 认为《太极智慧经上篇》是天界的经典，是因为其内容与元始系《灵宝经》的《太上洞玄灵宝智慧罪根上品大戒经》所收元始旧经的《智慧上品大戒》有很多内容相通的部分。刘屹分析了元始系《灵宝经》的《太上洞玄灵宝智慧罪根上品大戒经》与仙公系《灵宝经》的《太极左仙公请问经》卷上共通的部分，指出《太上洞玄灵宝智慧罪根上品大戒经》是参照仙公系《灵宝经》的《太极左仙公请问经》卷上写成的。刘屹：《“元始旧经”与“仙公新经”的先后问题——以“篇章所见”古灵宝经为中心》，《首都师范大学学报》2009 年第 3 期。笔者认为《太上洞玄灵宝智慧罪根上品大戒经》是元嘉十四年《灵宝经目》之后由以陆修静为中心的天师道道士编纂的第二次出世的元始系《灵宝经》。

中，可见如下的《灵宝经》的传授谱系：

> 太极真人称徐来勒，以己卯年正月一日日中时，于会稽上虞山传太极左仙公葛玄，字孝先。玄于天台山传郑思远、沙门竺法兰、释道微、吴先主孙权。思远后于马迹山传葛洪。仙公之从孙也。号曰抱朴子，着外内书典。郑君于时说：先师仙公告曰，我日所受上清三洞太真道经，吾去世之日，一通副名山洞台，一通传弟子，一通付吾家门子弟，世世缘（录）传至人。门宗子弟，并务五经，驰骋世业，志在流俗，无堪任录传者，吾当以一通封付名山五岳，及传子弟而已。吾去世后，家门子孙若有好道，思存仙度者，子可以吾今上清道业众经传之。当缘子度道，明识吾言。抱朴子君，建元六年三月三日，于罗浮山付世世传好之子弟。

这个传授谱系之中记载了太极真人至葛洪的传授经过，首先太极真人向葛仙公传授经典，然后葛玄向弟子郑思远、沙门竺法兰、释道微、孙权传授，最后郑思远传给葛洪。

与上述类似的灵宝经传授谱系在唐代孟安排集《道教义枢》卷 2 之中也能看到：

> 按真一自然经云：太极真人夏禹通圣达真，太上命钞出灵宝自然，分别大小劫品经，中山神祝八威召龙神经。又云徐来勒等三真，以己卯年正月一日日中时，于会稽上虞山传仙公葛玄。玄字孝先，于天台山传郑思远，吴主孙权等。仙公升天，合以所得三洞真经，一通传弟子，一通藏名山，一通付家门子孙，与从弟少传奚。奚子护军悌，悌子洪，洪又于马迹山诣思远盟受。洪号抱朴子，以晋建元二年三月三日于罗浮山付弟子海安君、望、世等，至从孙巢甫，以晋隆安之末传道士任延庆、徐灵期之徒，相传于世，于今不绝。(6a－6b)

如文中开头所说，其传授谱系源自《真一自然经》，与之前引用的仙公系《灵宝经》的《太上灵宝威仪洞玄真一自然经诀》中的传授谱系基本相同。只不过，省略了竺法兰、释道微这两个沙门弟子，在葛洪之后新加入了海安君、葛望、葛世，以及葛洪的从孙葛巢甫及其弟子任延庆和徐灵期。① 当然，本来仙公系《灵宝经》所记载的传授谱系只到葛洪，之后的传授谱系，特别是葛巢甫及弟子任延庆、徐灵期，应该是依

① 实际上，葛巢甫的弟子不应该仅有两人。参见小林正美《六朝道教史研究》，第 22～23 页。

据东晋末刘宋初期灵宝经实际的制作和传授情况。除此以外，《云笈七签》卷6所载《灵宝略纪》之中有与上文几乎相同的谱系，这里予以省略。①

那么，这样的仙公系《灵宝经》的传授谱系是基于什么创作的呢？推测应该有以下两个主要由来。其一，是葛洪《抱朴子·内篇》所载的《灵宝五符》等道书的传授谱系②；其二，是东晋《上清经》中的神格。值得说明的是，传授谱系之中包括了信奉佛教的弟子，这是受到了东晋《上清经》的传授对象包括佛弟子的影响③。

据葛洪《抱朴子·内篇·金丹篇》所载，神人们向左元放（左慈）传授道书，而左元放（左慈）传授给郑隐，郑隐传授给葛玄，最后葛洪从师父郑隐那里得到了经典。相比之下，仙公系《灵宝经》的传授谱系在《抱朴子·内篇》的传授谱系的基础上，提高了葛玄的地位，让太极真人徐来勒直接向葛玄传授经典。

向葛玄传授经典的太极真人这个神格，出自东晋《上清经》。④《真诰》卷5《甄命授第一》写道：

> 君曰：老君者，太上之弟子也。年七岁而知长生之要，是以为太极真人。
>
> 君曰：太极有四真人，老君处其左，佩神虎之符，带流金之铃，执紫毛之节，巾金精之巾，行则扶华晨盖，乘三素之云。（1b）

据此，老君是太极真人，太极四真人之中的左真人。还有，卷9《协昌期第一》写道：

> 太极真人云：读道德经五千文万遍，则云驾来迎。万遍毕未去者，一月二读之耳，须云驾至而去。（23a）

---

① 关于仙公系《灵宝经》之中传授谱系的考察，参见谢世维《天界之文——魏晋南北朝灵宝经典研究》，第四章“系谱与融合：太极五真人颂”之“四、太极真人徐来勒与葛玄”。

② 关于《抱朴子·内篇》所载从左慈到葛洪的道书传授谱系，参见小林正美《六朝道教思想研究》，第13～18页。

③ 王承文指出，东晋《上清经》和《灵宝经》传授谱系之中可见佛弟子，可以看出吸收佛教并进行超越的意图。参见王承文《敦煌古灵宝经与晋唐道教》，第31～137页。神塚淑子则认为，葛仙公并非郑隐那样的道士或竺法兰那样的沙门，而是成为隐士或道士沙门。即，葛仙公被视为超于了一般道教（道术）和佛教的存在。参见神塚淑子《六朝灵宝经に见える葛仙公》，载麦谷邦夫编《三教交涉论丛》，京都大学人文科学研究所，2005。

④ 仙公系《灵宝经》之中太极真人的神格与东晋《上清经》的关系，参见谢世维《天界之文——魏晋南北朝灵宝经典研究》，第四章“谱系与融合：太极五真人颂”之“三、太极真人与传承体系”。

在这里，太极真人老君说，读一万次《道德经五千文》的话，就可以升仙。现存仙公系《灵宝经》之中，太极真人高度评价《道德经》，其思想倾向可以追溯至东晋《上清经》。当然，东晋《上清经》之中，《道德经》的价值尚未特别高，而陆修静整理的仙公系《灵宝经》之中，对《道德经》的信奉得到强化，这被认为是反映了刘宋天师道的思想。①

仙公系《灵宝经》的《太上灵宝威仪洞玄真一自然经诀》之中，太极真人有时被称为徐来勒，但徐来勒不过是个假名。《太极左仙公请问经》分为上、下二卷，卷上由葛仙公和高上老子（太上太极高上老子无上法师）的对话构成，卷下由葛仙公和太极真人（太极真人高上法师）的对话构成。由此推测，太极真人和高上老子是同一神格。还有，仙公系《灵宝经》的《太上无极大道自然真一五称符上经》之中，也记载了老君传授解说《灵宝五称符》，所以仙公系《灵宝经》之中太极真人和老君其实是相同的神格。这样的话，该仙公系《灵宝经》中的太极真人的神格无疑源自东晋《上清经》所说的作为老君的太极真人的神格。

因为作为老君的太极真人这个神格，被东晋《上清经》所使用，所以陶弘景是承认这个神格的。但是对于葛玄的太极左仙公的称呼，陶弘景则表达了质疑。《真诰》卷 12《稽神枢第二》所载陶弘景的注说：

> 葛玄，字孝先，是抱朴从祖，即郑思远之师也。少入山得仙，时人咸莫测所在，传言东海中仙人，寄书呼为仙公。故抱朴亦同然之。长史所以有问，今答如此，便是地仙耳。灵宝所云太极左仙公，于斯妄乎。(3b)

按照其说法，葛玄入山成为仙人，当时的人不知其所在，就传言为东海仙人，这便是仙公之称呼的由来。但是，葛玄终究是地仙，《灵宝经》将他称为太极左仙公毫无依据。

在东晋《上清经》之中有太极四真人，老君是其中的左真人，而仙公系《灵宝经》之中，也有四位太极真人，太极真人徐来勒以外，还有太上玄一三真人。仙公系《灵宝经》的《太上洞玄灵宝真一劝诫法轮妙经》之中，太上玄一三真人向葛仙

① 关于仙公系《灵宝经》所见对《道德经》的评价，是刘宋天师道思想的影响，参见小林正美《六朝道教史研究》，第 172～176 页。

公传授《灵宝经》的旧经，而通过太上高玄太极三宫法师玄一真人的称呼，也可知三真人也被认为是太极真人。① 推测该玄一三真人源自东晋《上清经》中的玄一真人。《真诰》卷14《稽神枢第四》写道：

（范）伯慈不乐于世，遂辞去入天目山，服食胡麻，精思十七年。大洞真仙司命君下降，受三十六篇经，后服还丹白日升天，今为玄一真人。(12a)

说一个名为范伯慈的人，在天目山修行十七年，大洞真仙司命君将三十六篇真经传授给他，让他升仙成为玄一真人。这个玄一真人的称呼，也被后来的仙公系《灵宝经》所吸收。

这样来看，仙公系《灵宝经》的传授谱系之中明显有东晋《上清经》的影响，而且还有一点，即仙公系《灵宝经》出世论中因缘的观念也是出自东晋《上清经》。仙公系《灵宝经》之中，记载了葛玄七世祖的功德，说正是因为这些功德，太极真人向葛玄传授了《灵宝经》。例如，《太上洞玄灵宝真一劝诫法轮妙经》之中，太上玄一第三真人真定光说："子七世有惠，割口救穷，仁及鸟兽，福流后代，润洒子身。"(3a－3b)。前面说过，许谧的七世祖（许敬）的功德被作为许谧、许翙得到上清真经的理由，而仙公系《灵宝经》显然也受到了这种说法的影响。②

以上为仙公系《灵宝经》出世论的基本内容，并对及其与东晋《上清经》出世论之间的关系进行了分析，那么这个出世论是何时，由谁提出的呢？存在的可能性不过三种。一是葛巢甫在隆安年间造构灵宝经之时提出的；二是葛巢甫的弟子们在东晋末或者刘宋初期提出的；三是刘宋初期的天师道道士提出的。其中，最为合理的是第一个，即仙公系《灵宝经》出世论的基本内容在葛巢甫于隆安年间造构《灵宝经》之时就已经存在。理由如下。

现存仙公系《灵宝经》之中，明显可以看到刘宋天师道的思想，因此其最终的编纂者应该是刘宋天师道的道士。③ 但是，这并不意味着仙公系《灵宝经》的出世论在葛巢甫之时尚未形成，是进入刘宋之后由天师道所提出的。原因是，迄今的《灵

① 参见神塚淑子《六朝霊宝経に见える葛仙公》。

② 参见神塚淑子《六朝霊宝経に见える葛仙公》。

③ 关于仙公系《灵宝经》的编纂者是刘宋天师道的道士，参见小林正美《六朝道教史研究》，第一篇第三章"灵宝经の形成"。

宝经》研究表明，《灵宝经》的成书过程十分复杂，新旧内容混杂的情况十分普遍，仅仅依据较新的内容，无法推测整部经典的成书年代。① 实际上，葛巢甫最初造构的《灵宝经》，在形式结构上应该接近现存的仙公系《灵宝经》，之后天师道道士将其吸收进自派的经典之时，加入了刘宋天师道的“三天”的思想等新内容。当然，还有一部分仙公系《灵宝经》被刘宋天师道道士改编为元始系《灵宝经》，或者被陆修静判定为伪经，遭到了废弃。

虽然《灵宝经》的成书过程十分复杂，但是通过研究其中思想的形成及变化，我们完全可以区分经典的新旧内容，推测该经典的成书和演变。具体而言，通过仙公系《灵宝经》的出世论内容，可以确认现存仙公系《灵宝经》的出世论在葛巢甫造构《灵宝经》之时就已经存在。就是说，葛巢甫造构的《灵宝经》，主要记录的是太极真人向葛仙公传授经典的经过和传授的内容。正如，东晋《上清经》出世论所体现的，在人间出世的天界经典，是真人们通过历史人物传授给现实中的人的。换种说法，传说和现实之间，必然有担当中介作用的历史人物。在《上清经》出世的过程之中，历史人物主要是神格化的魏华存，现实中的人是灵媒杨羲，以及许谧、许翙父子。通过这些神格化或尚未神格化的真实的人物，天界的真经传授给世间的凡人。虽然这种传授谱系是虚构的，却是经典神圣性的根据，如果没有合理可信的传授谱系，那就无法说明经典的由来，自然也就无法被认可为真经。也正是因此，陶弘景指出王灵期的经典不是真人传授的，而是自己编造的，所以是伪经。

葛巢甫造构《灵宝经》时，首先必须考虑的问题是，原本存于天界的经典是如何与现实的自己相联系。仅仅有符图、存思法等主体内容，尚不能被称为经典，因为需要说明其由来和传授的方法，这是作为经典的基本内容构成。见三卷本《太上灵宝五符序》，其序的核心内容正是《灵宝五符》的传授谱系。

仙公系《灵宝经》之中，太极真人向葛仙公传授的《灵宝经》有三种传授方法。仙公系《灵宝经》的《太上洞玄灵宝智慧本愿大戒上品经》记载：

① 小林正美的《灵宝经》研究认为，一部《灵宝经》之中常常混合了新旧的内容，例如《灵宝五篇真文》比元始系《灵宝经》的《元始五老赤书玉篇真文天书经》更早成书，元始系《灵宝经》的《洞玄灵宝自然九天生神章经》之中，《三宝大有金书》等有关三洞说的部分是刘宋天师道道士加入的，还有三卷本《太上灵宝五符序经》的内容，也是不同时期形成的。参见小林正美《六朝道教史研究》第一篇第二章“《灵宝赤书五篇真文》の思想と成立”，第二篇第一章“《九天生神章经》”，第一篇第一章“《太上灵宝五符序》の形成”。

> 仙公告弟子郑思远曰：……吾去世也，将有乐道慈心居士来生吾门者，子当以今道业事事一道付之。法应世世录传也。皆是我前世与彼有宿恩，因缘使然也。子以一通依科传付弟子佳者也。若无其人一通封付五岳名山矣。此太极真人口诀。子秘之慎之慎之时思之。(18a－18b)

或《太极真人敷灵宝斋戒威仪诸经要诀》：

> 南岳先生郑君曰，吾先师仙公常秘比书，非至真不传也。万金不足珍矣。仙人相授于口，今故书之。仙公言书一通封还名山，一通传弟子，一通付家门子孙，世世录传知道者也。与灵宝本经俱授之，道家要妙也。(23a)

据其记载，三种传授方法是，第一传授给子孙，第二传授给弟子，第三隐藏于名山。

葛巢甫是葛洪的从孙，葛玄的子孙当然是传授的对象。陆修静在《灵宝经目序》之中讲述《灵宝经》的出世和传授之时，完全不提葛巢甫，他整理的仙公系《灵宝经》所载传授谱系也到葛洪为止。然而，葛洪至陆修静之间的传授谱系不可能是空白。仙公系《灵宝经》的传授谱系中，葛洪的从孙葛巢甫作为传授经典者是妥当的。特别是，陶弘景也说葛巢甫实际造构了《灵宝经》，一时十分流行，所以他必然是与《灵宝经》有密切的关系。孟安排集《道教义枢》卷2，将葛巢甫及弟子任延庆、徐灵期加入仙公系《灵宝经》的传授谱系之中，也是因为葛巢甫这个人物在《灵宝经》的成书和传授过程之中是不能忽视的存在。

众所周知，历史上江南葛氏与许氏二族之间有很深的渊源，从东晋末期至刘宋初期创作的《灵宝经》之中有很多源自东晋中期《上清经》的思想，仙公系《灵宝经》的出世论参考东晋《上清经》的出世论也是正常的。具体而言，从太极真人向葛仙公传授经典开始的传授谱系的构成，十分类似南岳夫人魏华存和众真人通过灵媒杨羲，向许谧、许翙传授经典的传说。不过，二者也有不同之处。东晋《上清经》的出世论之中，通过灵媒杨羲，向现实中的人许谧、许翙传授经典，而在仙公系《灵宝经》的出世论之中，不存在灵媒，取而代之的是借助葛氏家族内部传授谱系与现实中的人葛巢甫相联系。东晋中期之东晋末期编纂的《灵宝经》和《上清经》等道书，基本上不是在某一个规模化的教团之中，而是在父子或师徒之间传授，所以葛巢甫在仙公系《灵宝经》之中提出以葛氏一族为核心的传授谱系，让天界的经典与现实中的自己相联系。这样的话，葛巢甫造构的《灵宝经》就会变为具有合理传授谱系的家传真经，所以受到当时人们的追捧也就不足为怪了。如果仙公系《灵宝经》出世论的核心内容，即传授谱系是葛巢甫提出的话，则可以认为仙公系《灵宝经》出世论的提出者就是葛巢甫。

明确仙公系《灵宝经》出世论提出者是葛巢甫，对于灵宝经研究有着不小的意义，因为我们由此可以推测出葛巢甫造构的《灵宝经》具有怎样的形式。关于葛巢甫造构《灵宝经》，陶弘景《真诰》卷19《翼真检第一》记载说：

> 复有王灵期者，才思绮拔，志规敷道，见葛巢甫造构灵宝，风教大行，深所忿嫉。

现在的学者一般认为葛巢甫造构《灵宝经》的时间为东晋隆安年间（397～401）。[①]但是，陶弘景的记载中没有详细说明葛巢甫造构了什么样的《灵宝经》。因此，现在的学者只能从陆修静的《灵宝经目》所载的《灵宝经》中，猜测葛巢甫造构的灵宝经有哪些。[②]然而，如后面所说明的，陶弘景在《真诰》卷20之中，指出《灵宝经目》所载的《灵宝经》是陆修静敷述的，即《灵宝经目》所载《灵宝经》并非葛巢甫造构的《灵宝经》的原本。当然，《灵宝经目》所载《灵宝经》之中，很多属于葛巢甫造构的内容。如元始系《灵宝经》的《元始五老赤书玉篇真文天书经》所载的《灵宝五篇真文》就被认为是由葛巢甫所作。还有，现存仙公系《灵宝经》之中，保留了葛巢甫创作的出世论。虽然还有待进一步研究，但现存仙公系《灵宝经》之

① 参见小林正美《六朝道教史研究》，第19页。另外，大渊忍尔推测是405～410年之间。参见大渊忍尔《道教とその经典》，創文社，1997，第102页。

② 小林正美指出，葛巢甫造构的是《灵宝五篇真文》，并非元始系《灵宝经》，但是元始系《灵宝经》是基于葛巢甫造构的经典编纂的。小林正美：《六朝道教史研究》，第136页。大渊忍尔认为，葛巢甫造构了旧目所载的全部经典，及元始系《灵宝经》。参见大渊忍尔《道教とその经典》，第89～96页。Michel Strickmann，Stephen R. Bokenkamp，Kristofer Schipper，Isabelle Robinet认为，《灵宝经目》所载经典几乎都是葛巢甫造构的。参见 Michel Strickmann，"The Mao Shan Revelations：Taoism and the Aristocracy，" *T'oung Pao*，63，1977，pp. 1－63；Stephen R. Bokenkamp，"Sources of the Ling-paoscriptures，" in M. Strickmann, ed.，*Tantric and Taoist Studies in Honour of R. A. Stein*，Vol. 2，pp. 434－486；Bruxelles，Institute Belge des Hautes Études Chinoises. Kristofer Schipper，"Purity and Strangers：Shifting Boundaries in Medieval Taoism，" *T'oung Pao*，80，1994，pp. 61－81；Isabelle Robinet，*Histoire du taoïsme：des origines au XIVesiècle*，Paris：Les Editions du cerf，1991，translated by Phyllis Brooks，*Taoism：Growth of a Religion*，Stanford University Press，1997。

中一定还有其他葛巢甫所做的内容。这样来看，葛巢甫造构的《灵宝经》在形式上与现存仙公系《灵宝经》类似，其内容一部分也保留在现存的元始系《灵宝经》和仙公系《灵宝经》之中。

最后需要说明的是，关于葛巢甫创作的仙公系《灵宝经》出世论，还有不明确的地方。这就是所谓《灵宝经》之旧目的问题。东晋《上清经》出世论之中，存在天界《上清经》的经目，就算没有出世，该经典也被经目所记载。陆修静《灵宝经目》之中收录了作为元始旧经的十部妙经的经目，即通常所说的旧目，但该旧目难以判定为葛巢甫所编经目的原貌。至于其理由，在之后讨论陆修静与《灵宝经》关系之时详细论述。这里能说的是，陆修静完全不提及自己所传授《灵宝经》及经目与葛巢甫的关系，还有，陆修静在陶弘景的《真诰》之中，被视作与王灵期同类，所以陆修静整理的《灵宝经》或旧目几乎不可能是葛巢甫所传经典和经目的原样。在仙公系《灵宝经》的出世论之中，看不到十部妙经的观念，甚至没有提及旧目的存在。但是，葛巢甫已经设想出了天界紫微宫保管的旧经，而天界经典的经目在东晋上清经传之中经常出现，所以葛巢甫模仿制作出灵宝经的旧目也是十分可能的。或者进一步说，葛巢甫所作灵宝经的旧目或许成为之后陆修静所传旧目的原型。

四　从天文到元始旧经的成书的经过

元始旧经的明显特征是重视天文，即认为《灵宝经》源自天文，而不是由人创作的。[①] 在南朝梁代宋文明《通门论（拟）》所载《灵宝经》十二类的分类之中的本文就是天文，是元始旧经的核心内容。所以，讨论元始旧经成书之时，首先要看一下本文部分的天文是如何形成的。

根据《通门论（拟）》的说明，天文即自然天书八会之文，一共1110字，分为668字的《灵宝五篇真文》[②]、256字的《三十二天内音玉字》[③]、63字的《皇人太上

① 关于《灵宝经》中所见的天文的概念，参照王承文《敦煌古灵宝经与晋唐道教》（中华书局，2002）第六章第三节“灵宝‘天文’的宗教神学渊源及其在中古道教经教体系中的重大意义”，以及谢世维《天界之文——魏晋南北朝灵宝经典研究》（台湾商务印书馆，2010）第一章天文与出世：道教经典结构模式。

② 《元始五老赤书玉篇真文天书经》所载的秘篆文版本的《灵宝五篇真文》的字数是672字，这是正确的《灵宝五篇真文》的字数，《太上洞玄灵宝赤书玉诀妙经》所载的668字的释文有误，导致《灵宝五篇真文》的字数被误传为668字。

③ 秘篆文和释文都收录于元始系《灵宝经》的《太上灵宝诸天内音自然玉字》中。

真一经诸天名》（又名《真一食五芽天文》）① 以及123字无法解读的天文。关于《灵宝五篇真文》的由来，元始系《灵宝经》的《元始五老赤书玉篇真文天书经》中写道：

> 《元始洞玄灵宝赤书玉篇真文》生于元始之先，空洞之中。天地未根，日月未光……天地得之而分判，三景得之而发光。灵文郁秀，洞映上清，发乎始青之天，而色无定方。文势曲折，不可寻详。元始炼之于洞阳之馆，冶之于流火之庭，鲜其正文，莹发光芒，洞阳气赤，故号赤书……元始登命，太真按笔，玉妃拂钟，铸金为简，刻书玉篇，五老掌录，秘于九天灵都之宫。玉女典香，太华执巾，玉童侍卫，玉陆朝轩，九天上书，非鬼神所闻。(1b－2a)

据其所言，《灵宝五篇真文》出现于天地混沌的宇宙之初，但真文尚未显明，在天地开辟之后，《灵宝五篇真文》在始青天大放光彩。也就是说，《灵宝五篇真文》原本是先于宇宙和元始天尊存在的。之后，元始天尊于洞阳之馆冶炼真文，其发出红色光芒，所以称为赤书。然后，由元始天尊和太真等神格，记录了天书《灵宝五篇真文》，将其刻于金简之上，藏于九天灵都之宫（相当于紫微宫）。

而元始系《灵宝经》的《太上灵宝诸天内音自然玉字》卷1之中，天真皇人这样论述《三十二天内音玉字》的由来：

> 天真皇人曰：天书玉字，凝飞玄之气以成灵文，合八会以成音，和五合而成章。大运启期，琳琅自生，神风虚奏，韶响洞鸣，焕乎诸天之上，朗曜太幽之中，与龙汉而俱化，披赤明于延康。(1a)

据此，天文的自然玉字是凝飞玄之气构成，自然而生，与龙汉同时出现，历经延康与赤明。

元始系《灵宝经》的《太上洞玄灵宝赤书玉诀妙经》之中，虽然收录了新经的《太上灵宝五符序》中的《皇人太上真一经诸天名》（《真一食五芽天文》）的内容，

---

① 应为64字，收录于《太上灵宝五符序》卷下和元始系《灵宝经》的《太上洞玄灵宝赤书玉诀妙经》卷下。《太上灵宝五符序》之中又称《皇人太上真一经诸天名》为《真一食五芽天文》。

但没有详细说明这些天文的由来。参照《太上灵宝五符序》的话，则为：

> 此书乃生录之首篇，上天之灵符，太上之宝文矣。

说《皇人太上真一经诸天名》（《真一食五芽天文》）是天上的灵符，太上的宝文。所以，其原本应该就是天文。

除了上述三种被十二类中算作本文的天文，元始旧经中还有很多应该属天文的内容。如元始旧经的《灵宝五称文》收录于仙公系《灵宝经》的《太上无极大道自然真一五称符上经》，虽然没有被算入本文类的天文，但关于其由来的论述与《灵宝五篇真文》类似，似乎也可以视为天文。《太上无极大道自然真一五称符上经》卷上写道：

> 老君曰：混沌之初，微妙之源。开辟以前，如有灵宝自然真文，象帝之先，吾为灵宝大道之渊门，受其精妙，即为天地人之神，五符清浊气分，吾将去矣。符经秘于紫房，传告无穷。

或者：

> 老君曰：太上灵宝，生乎天地万物之先，乘于无象，空洞大道之常，运乎无极，无为而混成自然。

也是说在天地开辟之前，有灵宝自然真文。但这里的“灵宝自然真文”不是《灵宝五篇真文》，而是指《灵宝五称符》。

此外，《九天生神章》似乎也应该属天文。元始系《灵宝经》的《洞玄灵宝自然九天生神章经》写道：

> 天尊重告飞天神王：此九天之章，乃三洞飞玄之气，三会成音，结成真文，混合百神，隐韵内名。

也就是说，《九天生神章》为三洞之气构成，包含了众神的名讳，应该也属天文。

通过以上，可以认为，作为元始旧经的根本的天文是自然出现的，一般在宇宙混沌之时就已经存在了，或者与宇宙同时诞生，由气所构成，不是元始天尊创作的。

那么，自然而生的由气构成的天文是如何成为元始旧经的呢？还有，元始旧经之中，除了本文之外，还有其他的如戒律等并非是先于宇宙诞生的，这些部分内容又是怎么形成的呢？

关于作为十部妙经的元始旧经的成书，元始系《灵宝经》的《太上诸天灵书度命妙经》之中，除了前面引用的内容，还有：

> 天尊言：我昔龙漢之年，与元始天王、高上玉帝，同于此土遇灵宝真文，出于浮罗空山之上。凤凰孔雀、金翅䍐鸟，飞翔其巅。须央之顷，忽有五色光明，洞照一土，幽隐并见。我于空山之上，演出真文，撰十部妙经，始于此土出法度人，欲令法音流化后生，其法开张。

据此，元始天尊在龙漢与高上大圣玉帝撰十部妙经，出法度人。

还有，唐代孟安排集《道教义枢》卷2写道：

> 洞玄是灵宝君所出，高上大圣所撰。今依元始天王告西王母太上紫微宫中金格玉书灵宝真文篇目，十部妙经合三十六卷。

这里的洞玄是指代十部妙经的元始旧经，而灵宝君相当于元始天尊，所以也是说十部妙经是元始天尊所出示，由高上大圣玉帝撰写。而元始旧经的经目，也就是陆修静《灵宝经目》所载的三十六卷的元始旧经的经目，是元始天王传给西王母的。

此外，《云笈七签》卷6写道：

> 元始天王告西王母曰：太上紫微宫中金格玉书灵宝真文篇目有十部妙经，合三十六卷，是灵宝君所出，高上大圣所撰。具如《灵宝疏释》，有二十一卷已现于世，十五卷未出。

其内容与《道教义枢》的上文类似，是元始天王告诉西王母，三十六卷的十部妙经的元始旧经是元始天尊所出示，由高上大圣撰写。因为《灵宝疏释》中关于元始旧经二十一卷“已出”，十五卷“未出”的数字与《通门论（拟）》所载《灵宝经目》的内容吻合，所以《灵宝疏释》应该是指代南朝梁代宋文明的《通门论（拟）》。由此可以明确，《灵宝五篇真文》等天文虽然是在龙汉之前就已经存在，但在龙汉之时，元始天尊用灵宝天文宣教，而由高上大圣玉帝记录其内容，从而形成了十部妙经的元始旧经。

五　元始旧经的出世度人与五劫说

在元始旧经成书于龙汉之劫，而元始天尊也从龙汉之劫开始用元始旧经宣教，元始旧经也随着元始天尊的宣教而多次出世。元始系《灵宝经》的《太上诸天灵书度命妙经》之中，有如下详细的记载：

> 天尊告太上道君曰：龙漢之时，我为无形常存之君，出世教化……我过去后，天地破坏……混沌无期，号为延康。逮至赤明开光，天地复位，始有阴阳，人民备足，而有死生。我又出世，号无名之君，以灵宝教化，度诸天人……吾过去后，一劫之周，天地又坏，复无光明。五劫之中，幽幽冥冥，三气混沌，乘运而生。逮至开皇，灵宝真文开通三象，天地复位，五文焕明，日月星宿，于是朗曜，四时五行，阴阳而生。我于始青天中，号元始天尊，开张法教，成就诸天……至上皇元年，诸天男女，形改纯朴，心渐怠坏，恐至雕落，正教不全。是故，我身国国之造，成就诸心，我过去后，半劫之中，来生男女，心当破坏，转相疑贰，不信经教……今说是经，为诸来生，以度可度善心之人，明受谛听，深忆我言。太上道君，稽首受命。

概括地说，龙汉之劫，元始天尊号称无形常存之君，出世教化一切。之后，进入宇宙秩序崩溃的延康之劫。再到赤明之劫，宇宙的秩序恢复，元始天尊号称无名之君，再次出世教化一切。之后，宇宙的秩序再次崩溃。当进入开皇之劫的时候，宇宙秩序恢复，元始天尊号称元始天尊，再次开始宣教。而经过半劫，到了上皇元年，元始天尊有周游各国度人，诸天男女又开始堕落，并受到惩罚，元始天尊为了救度可救之人，又向太上道君宣教。

还有，元始系《灵宝经》的《太上洞玄灵宝智慧罪根上品大戒经》之中，也记述了元始天尊在不同的劫运宣教，以及十部妙经出世的情况：

> 天尊告曰：龙漢之年，我出法度人……我过去后，天地破坏，无复光明，男女灰灭，沦于延康幽幽冥冥亿劫之中。至赤明开光，天地复位，我又出世，号无名之君，出法教化，度诸天人……我过去后，一劫交周，天地又壤，复无光明，幽幽冥冥。五劫之中，至开皇元年，灵宝真文开通三象，天地复正，五文焕明，我于始青天中，号元始天尊，流演法教，化度诸天。始开之际，人民纯朴，结绳而行，混沌用心，合于自然，皆得长寿三万六千年……至上皇元年，心渐颓壤，恐至雕落，正法不全。故国国周行，宣授天文，成令入法，成就诸心。半劫之中，命渐雕落，寿得一万八千余年。

据此，元始天尊最早是在龙汉之劫宣教度人。之后的延康之劫，宇宙秩序崩溃。再到赤明之劫，元始天尊再次出世，号称无名之君，宣教度人。一劫之后，宇宙秩序再次崩溃。到了开皇之劫，宇宙的秩序恢复，元始天尊号称元始天尊，再次出法教化人民。经过半劫，到了上皇元年，人民的道德逐渐堕落，元始天尊再次宣教灵宝天文，用以教化人民。正如前面说过，元始系《灵宝经》之中的元始天尊的称号，正说明元始系《灵宝经》是开皇之劫和上皇之劫成书的。

此外，《云笈七签》卷3《灵宝略纪》有如下类似的论述：

> 述曰：经法元起量世，所谓与虚空齐量信不可计。劫劫出化，非所思议。过去有劫，名曰龙汉。爰生圣人，号曰梵气天尊。出世以灵宝教化，度人无量。其法光显大千之界龙汉一运，经九万九千九百九十九劫，气运终极，天沦地崩，四海冥合乾坤破坏无复光明。经一亿劫，天地乃开劫。名赤明。有大圣出世，号曰元始天尊。以灵宝教化其法兴显具如上说。赤明经二劫，天地又坏，无复光明。具更五劫，天地乃开。太上大道君以开皇元年，托胎于西方绿那玉国寄孕于洪氏之胞，凝神琼胎之府三千七百年，降诞于其国郁察山浮罗之岳丹玄之阿，侧名曰器度字上开元，及其长，乃启悟道真，期心高道，坐于枯桑之下，精思百日，而元始天尊下降，授道君灵宝大乘之法十部妙经。

据此，龙汉之劫，元始天尊号称梵气天尊，用灵宝天文教化众生。而在一段宇宙秩序崩溃之后，元始天尊在赤明之劫，再次出世界，号称元始天尊。宇宙的秩序再次崩溃，直到五劫，天地才复位。开皇元年，太上道君托胎西方绿那玉国洪氏腹中，三千七百年后诞生于西方绿那玉国郁察山浮罗之岳。太上道君长大之后，为了得道，在桑树下精思百日，元始天尊于是下降，授予他十部妙经。

关于元始天尊在不同的劫运出世度人的论述，《太上诸天灵书度命妙经》和《太上洞玄灵宝智慧罪根上品大戒经》比较接近，例如都说赤明之时，元始天尊号称无名之君，开皇之时，号称元始天尊，而《云笈七签》卷 3《灵宝略纪》之中说元始天尊在龙汉是号称梵气天尊，赤明时号称元始天尊。应该说，《太上诸天灵书度命妙经》和《太上洞玄灵宝智慧罪根上品大戒经》的基本一致的内容，更能代表早期的灵宝经中关于十部妙经出世度人的说法。

《灵宝略纪》提到元始天尊在开皇之劫向太上道君传授元始旧经，虽然《太上诸天灵书度命妙经》和《太上洞玄灵宝智慧罪根上品大戒经》看不到这样的说法，但元始系《灵宝经》的《太上洞玄灵宝上品戒经》中记载：

> 尔时，天尊以开皇元年七月一日午时，于西那玉国郁察山中浮罗之境香桑林所，授太上道君智慧上品大戒法文。

据此，元始天尊在开皇之劫最初的开皇元年，向太上道君传授了元始旧经的《智慧上品大戒》。因为，这里所载的元始天尊向太上道君宣教的场所和《灵宝略纪》之中所在太上道君降生的场所一致，所以《灵宝略纪》所在的元始天尊在开皇之劫向太上道君宣教的说法应该是源自《太上洞玄灵宝上品戒经》。

还有，元始系《灵宝经》的《太上洞玄灵宝真文度人本行妙经》写道：

> 于是道言：天元转输，劫劫改运。一成一败，一死一生。灭而不绝，幽而复明。灵宝出法，随世度人。自元始开光以来，至于赤明元年，经九千九百九亿万劫，度人有尘沙之众，不可胜量。赤明之前，于眇莽之中，劫劫出化，非可思议。赤明之后，至上皇元年，宗范大法，得度者众，终天说之，亦当不尽。我随劫死生，世世不绝，恒与灵宝相值同出，经七百亿劫中。会青帝劫终，九气改运，于是托胎于洪氏之胞，凝神琼胎之府，积三一千七百年。至赤明开运，岁在甲子，诞于扶刀盖天西那玉国浮罗之岳，复与灵宝同出度人。元始天尊以我因缘

之勋，锡我太上之号，封郁悦那林昌玉台天帝王，位登高圣，治玄都玉京。实由我身尊承大法灵宝真文，世世不绝，广度天人，慈心于万物，普济于众生，功德之大，勋名缮于亿劫之中，致今之报，为诸天所宗也。

其中太上道君说自己曾经在不同的劫多次与元始旧经一起出世，赤明之劫诞生于扶刀盖天西那玉国浮罗之岳，用元始旧经度人，元始天尊根据其度人的功勋，赐给他太上的称号。也就是说，太上道君在赤明之劫也曾经被传授元始旧经，并不是在开皇和上皇才开始被传授元始旧经的。当然，元始系《灵宝经》记录的不是元始天尊在赤明之劫向太上道君宣教的经过和内容，而是元始天尊在开皇和上皇向太上道君传授元始旧经的经过和内容。

此外，关于元始旧经的出世度人，之前引用的陆修静的《灵宝经目序》也说，十部妙经的元始旧经，成书于龙汉。延康之时，元始旧经被隐藏。赤明之时，元始旧经又兴起。开皇之后，在上皇元年，元始天尊进行宣教，众真整理编集天尊传授的十部妙经的内容，并添加杂要的内容。因此，概括各经典之中关于元始天尊在不同劫出世度人的说法，似乎元始天尊曾经在龙汉、赤明、开皇、上皇这四个劫出世度人。

如上所见元始旧经出世度人与元始系《灵宝经》的劫运观有密切联系，而元始系《灵宝经》的劫运观之中又五劫的说法，如《元始五老赤书玉篇真文天书经》卷下写道：

元始自然赤书玉篇真文，开明之后，各付一文安镇五岳，旧本封于玄都紫微宫。众真侍卫，置立玄科，有俯仰之仪。至五劫周末，乃传太上大道君。

《灵宝五篇真文》的旧经，藏于紫微宫。在五劫之末，传给太上大道君。那么，接下来考察一下《灵宝经》之中的五劫和元始旧经出世的关系。

关于五劫有两大问题，第一是五劫到底指代哪五劫，第二是五劫的顺序是什么。比较常见的五劫的解释，如唐代闾丘方达《太上洞玄灵宝大纲钞》写道：

大道既分，离为五行，流为五劫。每至劫终劫初，大圣出世，垂教说经，以度天人。所谓五劫者，龙汉木劫，赤明火劫，延康金劫，开皇水劫，上皇土劫。皆周而复始。

一般认为是龙汉、延康、赤明、开皇、上皇。但是，关于五劫也有不同的说法，如《诸天灵书度命妙经疏义》写道：

> 五劫者，有前龙汉，次延康，后龙汉，次赤明，次开皇即五也。开皇中又有上皇。上皇是道君行化为教主，对太极诸真说。

说五劫是前龙汉、延康、后龙汉、赤明、开皇，上皇是开皇之劫的一部分。之所以《诸天灵书度命妙经疏义》没有将上皇作为单独的一个劫，而是作为开皇之劫的一部分，是因为《太上诸天灵书度命妙经》之中说开皇半劫之后，进入上皇，如果开皇和上皇都是一个单独的劫的话，会与这个说法矛盾。并且，《太上洞玄灵宝智慧罪根上品大戒经》之中也可以看到开皇半劫之后进入上皇的说法。

虽然《诸天灵书度命妙经疏义》通过将上皇作为开皇之劫的一部分，来解释开皇半劫就进入上皇的矛盾，但是在元始系《灵宝经》之中看不到前龙汉与后龙汉的说法，增加一个龙汉，取消上皇的解释也不是十分合理。五劫的数字是固定的，而作为劫运的名称的龙汉、延康、赤明、开皇、上皇也是经常被说到的，所以五劫应该就是龙汉、延康、赤明、开皇、上皇。至于《太上诸天灵书度命妙经》和《太上洞玄灵宝智慧罪根上品大戒经》之中说开皇之后半劫进入上皇，这个说法似乎与大小劫有关。如《元始无量度人上品妙经四注》卷3的“龙汉延康，眇眇亿劫”的李少微的注写道：

> 此章论劫运成坏也。龟山玄箓曰：元洞，上皇炁也。天尊结元洞之炁，为玉历之书，其历以龙汉劫为初劫，开图曰赤明劫，终曰延康劫。循环无穷，终而复始。延长也，康安也。劫终之后，三界空坏，万物精爽，长安在太虚，故曰延康，为坏劫之称。赤明是开图之名，二者交周，是谓大劫。故终际皆号延康，中间开图，例曰赤明。其余开皇，上皇小劫名。

就是说，最初的劫号龙汉，然后是不断重复坏劫的延康和开图的赤明，次两劫为大劫，所谓开皇和上皇，为小劫之名。就是说，将五劫的说法与大小劫的说法相结合。

大小劫的说法在《五老》之中有论述，其中的大小劫是指代大、小阳九和大、小百六，阳九和百六源自西汉刘歆《三统历》，从东晋时期《太上灵宝五符序》开始，阳九和百六已经被作为大小劫的名称。① 而元始系《灵宝经》之中所见的龙汉、延康、赤明、开皇、上皇的五劫的说法，应该晚于大、小劫的大、小阳九和大、小百六，大约是在元始系《灵宝经》开始被编纂的5世纪20年代之后形成的劫运观。②如李少微所说，龙汉、延康、赤明是大劫的名称，而开皇、上皇是小劫的名称的话，则可以认为，小劫是大劫的一半，所以《太上诸天灵书度命妙经》和《太上洞玄灵宝智慧罪根上品大戒经》说开皇之后半劫进入上皇。所谓的五劫，也就是由三个大劫的龙汉、延康、赤明和两个小劫的开皇、上皇构成。

还有，关于五劫的顺序，《洞玄灵宝自然九天生神玉章经解》卷中写道：

> 又接征考《度人经》，龙汉、赤明、延康、开皇、上皇，合于五行，通为五劫之次序。若以本经定之，自赤明以来至于上皇，度二十四万人，方云开皇，则知上皇在开皇之前也。又与五劫之次序有差，使学者茫然难定，高明之士，更自详之。

指出关于有人考证《度人经》时，认为五劫与五行对应，开皇在上皇之前。而据《洞玄灵宝自然九天生神章经》之中先说到了上皇，然后说开皇，则似乎上皇在开皇之前，五劫的次序有不同说法，因此让人难以断定。五劫与五行对应，开皇在上皇之前的观点，在闾丘方达《太上洞玄灵宝大纲钞》之中也能看到，似乎是常见的一种说法。而查看《洞玄灵宝自然九天生神章经》的内容可知，其可能是说赤明至上皇应该有二十四万人受度，其中开皇以后，天界的仙曹缺乏，要选取十万人填补空缺，无法认为其是在说上皇在开皇之后。从《太上诸天灵书度命妙经》《太上洞玄灵宝智慧罪根上品大戒经》《灵宝经目序》等经典的内容来看，五劫的顺序应该就是龙汉、赤明、延康、开皇、上皇。顺便说明，《洞玄灵宝自然九天生神玉章经解》之中也认为五劫为龙汉、赤明、延康、开皇、上皇。

---

① 前揭小林正美《六朝道教史研究》，第404～409页，中文版李庆译《六朝道教史研究》，第388～391页。

② 元始系《灵宝经》之中明显可以看到佛教大乘主义的影响，应该是在佛教大乘主义兴起的5世纪20年代之后被编纂。当然，元始系《灵宝经》的《灵宝五篇真文》等内容可能早在东晋的葛巢甫之时就已经被创作出来。关于元始系《灵宝经》的编纂年代，参照前揭小林正美《六朝道教史研究》，第146～167页，中文版李庆译《六朝道教史研究》，第137～157页。

在《灵宝经》等道教经典之中关于劫运的论述有很多矛盾和模糊之处，导致现代的学者的论著之中没有统一的见解，想要提出一个可以完全合理劫运观几乎是不可能的，但是如何理解五劫对于理解《灵宝经》的教理体系有着非常重要的意义。这里尝试采用李少微的大小劫说，确定五劫为大劫龙汉、赤明、延康和小劫开皇、上皇，解决五劫与《太上诸天灵书度命妙经》和《太上洞玄灵宝智慧罪根上品大戒经》之中的开皇在半劫之后进入上皇之说的矛盾，可以说是对《灵宝经》的劫运观的最合理的解释。

六　元始系《灵宝经》的成书经过的三种类型

如上所述，从经典的成书时期和内容来看，通常所谓的《灵宝经》的元始旧经，其实存在元始旧经和元始系《灵宝经》的区别，而在陆修静的《灵宝经目》之中，二者已经被区分。通过以上的考察，元始旧经和元始系《灵宝经》的意思也变得明确。所谓元始旧经，是在龙汉之劫记录了元始天尊（即无形常存之君）的宣教的内容经典。元始系《灵宝经》是记录元始天尊的开皇之劫或者上皇之劫宣教的经过和内容的经典。值得注意的是，迄今往往将元始系《灵宝经》理解为元始天尊传授的经典，[①] 但这是不够严谨的。因为，正如佛典是记录释迦说教的经典，而不是释迦传给弟子的经典，道教的元始系《灵宝经》也是记录元始天尊说教的经典，而不是元始天尊所传授的经典。

不过值得注意的是，通过关于元始系《灵宝经》的序记载的成书过程可以发现，收录元始旧经内容的元始系《灵宝经》之中，不仅仅有记录元始天尊向太上道君宣教元始旧经的一种，也有元始天尊将元始旧经传授给其他的神格的情况，也有的经典甚至是太上道君在直接讲述元始旧经的内容，所以有必要对每一部元始系《灵宝经》的出世的过程进行具体的探讨。

根据成书过程的不同，可以认为元始系《灵宝经》具体有三种类型：第一，记录元始天尊对太上道君的宣教的经典；第二，记录元始天尊向其他神格宣教的经典；第三，太上道君论述的经典。由于经典数量众多，这里无法详细介绍每一部经典的成

---

① 刘屹认为，元始系《灵宝经》就是元始天尊传授的经典，参见刘屹《古灵宝经出世论——以葛巢甫和陆修静为中心》，第 160 页。

书过程，其类型如下所载。

第一，记录元始天尊对太上道君进行宣教的经过和内容的经典包括：《元始五老赤书玉篇真文天书经》、《太上洞玄灵宝空洞灵章》、《太上洞玄灵宝诸天内音自然玉字》、《太上洞玄灵宝智慧罪根上品大戒经》、《太上洞玄灵宝智慧上品大戒经》、《洞玄灵宝长夜之府九幽玉匮明真科》（后半部）、《太上洞玄灵宝元始无量度人上品妙经》、《太上洞玄灵宝诸天灵书度命妙经》、《太上洞玄灵宝三元品戒经》、《洞玄灵宝二十四生图经》。

第二，记录元始天尊向其他神格宣教的经过和内容的经典包括：《洞玄灵宝自然九天生神章经》（元始天尊传飞天神人）、《洞玄灵宝长夜之府九幽玉匮明真科》（前半部，元始天尊传上智童子）、《太上洞玄灵宝智慧定志通微经》（灵宝天尊传左玄真人、右玄真人）、《太上洞玄灵宝灭度五炼生尸妙经》（元始天尊传上智童子）。

第三，记录太上道君的宣教的经过和内容的经典包括：《太上洞玄灵宝赤书玉诀妙经》《太上洞玄灵宝真文度人本行妙经》。

另外，一个迄今被关注的问题是，在《灵宝经目》之中，与元始旧经对应的经典除了元始系《灵宝经》之外，还有三部仙公系《灵宝经》：《洞玄灵宝玉京山步虚经》、《太上无极大道自然真五称符上经》和《太上洞玄灵宝真劝诫法轮妙经》。如果明确了元始旧经与元始系《灵宝经》的区别，就可以明白陆修静将这三部经典与元始旧经对应，并不是说这三部经典是元始旧经或者元始系《灵宝经》，而是认为这三部仙公系《灵宝经》之中的内容收录了龙汉成书的元始旧经的内容。当然，实际上的原因可能是元始系《灵宝经》的数目不足，导致出世的元始旧经数目太少，所以陆修静后来认定这三部仙公系灵宝经中收录的也是元始旧经的内容，借此增加出世的元始旧经的数目。①

结　语

通过以上对东晋、南朝时期《上清经》和《灵宝经》出世的讨论，我们发现有以下问题值得注意。

第一，不同经典的出世模式有各自的特点。东晋《上清经》形成了“真人降经，

① 参见小林正美《六朝道教史研究》，第168页。

灵媒解读”的经典出世模式。灵媒在《上清经》的出世过程之中是不可或缺的。但在《灵宝经》的出世论之中，我们看不到类似的灵媒，可以说灵媒的存在是《上清经》出世论区别于《灵宝经》出世论的一个最大特征。关于《灵宝经》的出世论，仙公系和元始旧经、元始系《灵宝经》又有所不同。仙公系《灵宝经》形成了“神话祖先，家族传承”的模式，是在仙公系《灵宝经》出现之后构建了以葛氏家族为核心的传授谱系。元始旧经是“天宫藏经，随劫度人”模式，其内容收录于仙公系《灵宝经》和元始系《灵宝经》。元始系《灵宝经》的出世则是“帝王祥瑞，横空出世”模式，其被认为是刘宋皇帝刘裕登基的祥瑞，以此为契机出现在人间①。

第二，所谓出世，并不仅仅指世间流传了该经典，而且包括对经典真伪的判断。例如，《真诰》卷5《道授》之中，记载了裴君告诉给许谧、许翙的上清经典之名，其中仅有《八素真经》《九真中经》《除六天之文三天正法》等七个经典名被标注“在世”二字，这样的话，当时很多世间流传的上清经目中的经典就是伪经。《登真隐诀》卷下诵黄庭经法提到了《三九素语》的伪经。还有，《真诰》卷9《协昌期第一》之中，一边记载一些天上经典的内容，一边说这些经典尚没有出世，真人们只是传授了一小部分口诀等内容。我们由此可见，其实所谓未出世是指天界的经典没有真实地、完整地出世。这种出世的判断标准，在陆修静那里也是一样。陆修静《灵宝经目》在三十六卷元始旧经的经典名之下标注已世和未出之时，也必然带有对经典真伪的判断。

第三，道教经典通常是一种镶嵌结构，也就是说道教经典记录的是神格传授天上经典的过程和内容，人间的经典是大经，之中镶嵌了天上经典作为小经。这种结构的特点是，如果改变了传授的神格和传授的对象，那么不同经典之间可以很容易地相互改编。《上清经》可以被改为《灵宝经》，仙公系《灵宝经》也可以改编为元始系《灵宝经》。

总的来看，道教经典的出世方式是多样的，无论是东晋徐氏家族还是葛氏家族，还是陆修静等天师道道士，都是根据自身的情况和历史需要，为经典构造出世论的，或借助灵媒，或神话祖先，或编造祥瑞。对道经的出世进行教理的和历史的双重考察，对于我们理解道经具有重要意义。

---

① 关于元始系《灵宝经》的出世是“帝王祥瑞，横空出世”，参见王皓月《东晋末、刘宋时期道教与政权关系问题——以孙恩起事和五斗米道改革为中心》，载于《魏晋南北朝隋唐史资料》第31辑，上海古籍出版社，2015。

历史钩沉

南宋时代道士之头衔

——经箓的法位与“道法”的职名*

〔日〕酒井规史

内容摘要： 道士的位阶制度，从六朝开始，到唐代几乎完成了。唐代道士根据受法教程而被传授经箓，对应于所受到的经箓的位阶被授予法位。其后的北宋继续了同样的传授与位阶制度。

南宋以后，道士被传授了各种“道法”。天心正法、雷法等“道法”于北宋后期以后出现，在南宋时代非常流行。道士将来源于自己所用的“道法”的职名也吸纳为自己的头衔。本文说明南宋时代道士的头衔是由经箓的法位与“道法”的职名构成的。通过对头衔的分析，考察南宋时代道士的修行过程。

关键词： 道教　道士　道法　位阶制度　天心正法　雷法

作者简介： 酒井规史，日本庆应义塾大学商学部讲师。

一　序言

道士的位阶制度形成于六朝，至唐代基本完善。唐代道士根据受法教程而被传授经箓，对应于所受到的经箓的位阶而被授予相应的法位。其后的北宋继承了同样的传授与位阶制度。①

南宋以后，道士被传授了各种“道法”。天心正法、雷法等“道法”在北宋后期

---

* 原载《东洋の思想と宗教》第25号，早稻田大学东洋哲学会，2008。

① 〔日〕小林正美《唐代的道教与天师道》第二章“天师道的授法教程与道士位阶制度”，王皓月、李之美译，齐鲁书社，2013。原载《东洋の思想と宗教》第18号，早稻田大学东洋哲学会，2001。本文中的“道教”就指代小林正美所谓的天师道——三教之一的道教。

以后出现，在南宋时代非常流行。[①] 道士将来源于自己所用的“道法”的职名也吸纳为自己的头衔。本文说明南宋时代道士的头衔是由经箓的法位与“道法”的职名构成的。同时，通过对头衔的分析，本文考察了南宋时代道士的修行过程。[②]

二　北宋时代道士的位阶制度与法位

（一）

首先我们概观北宋时代道士的位阶制度与其法位。宋真宗咸平六年（1003）所编纂的《三洞修道仪》记载了五代到北宋初期的道士位阶。《三洞修道仪》序文这样概括当时的道教位阶：“三洞科格，自正一至大洞，凡七等”（2a－2b）。这个“七等”就指以下的七个位阶。

1. 初入道仪（正一部道士）

（1）录生弟子、南生弟子；（2）清真弟子、清信弟子；（3）知慧十戒弟子；（4）太上初真弟子；（5）太上正一盟威弟子·系天师某治某气祭酒·赤天三五步纲元命真人。

① 本文将宋代以后陆续出现的天心正法、雷法等新的法术称为“道法”。关于宋代“道法”的出现，参见〔日〕松本浩一《宋代の雷法》，《社会文化史学》1779 年第 17 号；Boltz，Judith，*A Survey of Taoist Literature：Tenth to Seventeenth Centuries*，Berkeley：Center for Chinese Studies，1987；卿希泰主编《中国道教史（修订本）》，第三卷第八章“南宋‘三山符箓’道派的流传”“内丹派南宗和净明道的形成”“东华、神霄、天心正法、清微等新符箓派别的兴起”，四川人民出版社，1996。本文只说明道教内部“道法”的传授。在宋代，民间的宗教者也使用了天心正法、雷法等“道法”。参见〔日〕松本浩一《宋代の雷法》；Boltz，Judith M.， “Not by the Seal of Office Alone，” in Gregory，Peter N. and Ebrey，Patricia Buckley，ed.，*Religion and Society in T'ang and Sung China*，Honolulu：University of Hawaii Press，1993。

② 有关宋代以后道士的头衔，有以下研究很有参考价值。〔日〕丸山宏：《金允中の道教仪礼学について》，道教文化研究会编《道教文化への展望》，平河出版社，1994；〔日〕丸山宏：《台南道教奏职文检》，福井文雅编《东方学の新视点》，五曜书房，2003；张勋燎、白彬：《四川自贡市邓井关罗浮洞南宋“太上断除伏连碑铭”石刻拓本考说》，《中国道教考古》第四卷，线装书局，2006；李志鸿：《道教天心正法研究》，社会科学文献出版社，2011。丸山宏的第一篇论文分析了金允中的头衔［本文中的（H）头衔］，第二篇论文说明宋代以后的道士的头衔由经箓的位阶与“道法”的职名构成。张勋燎与白彬的论文对于南宋时代的《太上断除伏连碑铭》中所见的道士的头衔［本文中的（G）与（I）的头衔］进行考察，也说明道士头衔中的法位与职名的双层结构。李志鸿对于天心正法的阶位制度进行考察，很有参考价值。本文以上述的研究为基础，收集了以上研究没提到的南宋时代的资料，全面分析南宋时代道士的头衔，也考察南宋时代的道士修行过程。

2. 洞神部道士

（6）太上洞神法师。

3. 高玄部道士

（7）太上紫虚高玄弟子；（8）高玄法师。

4. 升玄部道士

（9）太上灵宝升玄内教弟子；（10）升玄真一法师。

5. 中盟洞玄部道士

（11）太上灵宝洞玄弟子；（12）无上洞玄法师。

6. 三洞部道士

（13）三洞法师。

7. 大洞部道士

（14）上清大洞三景弟子；（15）无上三洞法师。

如先学所指出，这七个位阶基本上继承了唐代完成的位阶制度。① 道士首先被授予“初入道仪”记载的正一部的经箓，以后按照受法教程被传授新的经箓，直到大洞部道士为止升级位阶。而且，随着位阶的提高，道士的法位也根据以上（1）到（15）的顺序提升了。

（二）

南宋时代这个位阶制度还被继续施行。以下，以南宋道士的头衔为例说明一下。括号内为道士的姓名。②

① 〔日〕小林正美：《唐代的道教与天师道》第二章。本文根据该论文，整理了（1）到（15）的法位。《三洞修道仪》将（7）与（8）、（9）与（10）、（11）与（12）、（14）与（15）的每两个法位各看作一个法位。可是按照到唐代为止的经典的记载，小林正美的整理是很妥当的。

② 按照法位的序列，排列了（A）到（N）的头衔。资料来源如下。

（一）（A）到（F）、（J）：白玉蟾《传度谢恩表文》（《海琼白真人语录》卷一），嘉定十一年（1218）。

（二）（G）与（I）：《太上断除伏连碑铭》（《金石补正》卷一一三），宝庆元年（1225）。上述的张氏、白氏的论文中也有录文。

（三）（H）：《道法会元》卷一七八，宝庆元年（1225）。

（四）（K）：白玉蟾《虚夷堂记》（《白玉蟾全集》，自由出版社，1969），具体年代不明。

（五）（L）：白玉蟾《表奏法坛传度首过谢恩朱章》（《修真十书、武夷集》卷四七），具体年代不明。但白玉蟾《雷府奏事议勋章丹章》（《修真十书、武夷集》卷四七）中有类似的（转下页注）

（A）太上正一盟威法师、充驱邪院判官南昌典者、九灵飞步仙官、兼管雷霆都司鬼神公事（林柏谦）

（B）太上正一盟威法师、行上清混元天心五雷大法、差充主管驱邪院事、兼雷霆都司事（罗致大）

（C）太上正一盟威法师、行灵宝天心玉晨五雷大法、九灵飞步仙官、主管驱邪黄箓院事（庄致柔）

（D）太上三五都功职箓、神霄玉府右侍经（潘常吉）

（E）太上三五都功法箓弟子、奉行天心正法驱邪院判官、兼干五雷使院事（胡士简）

（F）太上三五都功紫虚阳光秘箓弟子、行上清北极天心正法、金阙内台炼度典者、驱邪院右判官（陈守默）

（G）高上紫虚阳光洞渊法师、南极天枢琼院右大判官同管院事（尹大先）

（H）灵宝中盟弟子、南曹执法典者、权童初府右翊治（金允中）

（I）上清大洞三景弟子、元化法师、同知神霄玉府天枢驱邪院事（王混成）

（J）上清大洞玄都三景法师、太乙雷霆典者、九灵飞步仙官、签书诸司法院鬼神公事（留元长）

（K）上清大洞三景法师、东岳先生、青帝真人、奉行玉府五雷考召大法、提领诸司诸院鬼神公事（赵汝浍）

（L）泰玄都正一平炁系天师清微天化炁南岳先生赤帝真人、神霄玉府五雷副使、上清大洞经箓弟子（白玉蟾）

（M）上清大洞宝箓弟子、五雷三司判官、知北极驱邪院事（白玉蟾）

（N）上清大洞法箓、奉行玄天真武秘法、统领玉虚三阵将兵、同管北极驱邪院事（曾安时）

这些头衔的前半部分就是来自所传授的经箓的法位或者被传授的经箓，但其中

（接上页注②）“泰玄都正一气系天师清微天化气天岳先生赤帝真人、神霄玉府五雷副使、上清大洞宝箓弟子”的头衔。这篇文章有嘉定八年（1215）的日期。

（六）（M）：白玉蟾《法曹陈过谢恩奏事朱章》与《忏谢朱表》（《修真十书、武夷集》卷四七）。前者的具体年代不明。后者有嘉定九年（1216）的日期。

（七）（N）：白玉蟾《云山玉虚法院记》（《白玉蟾全集》），具体年代不明。原文中“元天”的部分被认为是根据清代避讳写作的。本文订正为“玄天”。

（L）的头衔中最后的部分相当于法位。将这些法位和《三洞修道仪》所记载的法位对照，我们可以知道这些头衔的法位部分继承了北宋时代的位阶制度。

（A）林柏谦、（B）罗致大与（C）庄致柔是“太上正一盟威法师”。这个法位相当于《三洞修道仪》所记载的被授予《盟威箓》的（5）“太上正一盟威弟子・系天师某治某气祭酒・赤天三五步纲元命真人”。这是位阶制度最初步的受到正一部经箓的道士被授予的法位。

（H）金允中的头衔中的“灵宝中盟弟子”相当于中盟洞玄部道士的（11）“太上灵宝洞玄弟子”。对于自己的经箓传授，金允中说“允中行法之后，进品洞玄，佩中盟箓”（《上清灵宝大法》卷一〇，18a），这明确说明他是被传授《中盟箓》的（11）“太上灵宝洞玄弟子”。《上清灵宝大法》有时记载金允中的法位为“洞玄灵宝弟子”，这个法位相当于同一的法位。

（I）王混成是“上清大洞三景弟子”，（J）留元长是“上清大洞玄都三景法师”，（K）赵汝浍自称“上清大洞三景法师”。这些法位相当于《三洞修道仪》的（14）“上清大洞三景弟子”，是被传授大洞部（洞真部）上清经箓的道士的居上位的法位。（L）的“上清大洞经箓弟子”、（M）的“上清大洞宝箓弟子”这些部分也表明他们受到洞真部的上清经箓，是和上述的（I）到（K）的道士一样的法位。

其他的（D）、（E）、（F）、（G）的法位是根据被授予的法箓名称。虽然《三洞修道仪》中没有完全一致的法位，但从法箓的名称可以推测它们对应的位阶。（D）潘常吉有“太上三五都功职箓”的法位，（E）胡士简也有个“太上三五都功法箓弟子”的法位。这个“太上三五都功职箓”与“太上三五都功法箓”（以下将这两个法箓称为“三五都功箓”）没留下宋代的版本，所以使用有关资料来推测它的内容。

“三五都功箓”中的“三五”与“都功”的两个词都是与正一部有关的。首先说明“三五”这个词。正一部中冠以“三五”这个词的法箓是很常见的。唐代的经典《要修科仪戒律钞》卷一六记载“三五箓”（6b），唐代张万福《醮三洞真文五法正一盟威箓立成仪》也提到“太上三五上仙百鬼召箓”“太上三五星刚五斗箓”（14a）。而且，《正一修真略仪》所记的大部分的正一部法箓上冠以“三五”这个词。

“都功”这个词被认为是来源于各种经典所记载的“都功”。[①]“都功”就是天师

① 关于“都功”，参看陈国符《道藏源流考》附录四《南北朝天师道考长编》，中华书局，1963；〔法〕施舟人（K. M. Schipper）《“都功”の职能に关する二、三の考察》，福井文雅译，酒井忠夫编《道教の综合的研究》，国书刊行会，1983。施舟人涉及“都功箓”，很有参考价值。关于“都功版”的传授，另参见〔日〕小林正美《天师道的授法教程与道士位阶制度》。

道的职任的名称，从六朝时代到唐代，带有“都功”这个词的“都功版”是在正一部中传授下来的。而且，存在冠上“都功”这个词的法位，它们都是被授予正一部经箓的道士的法位。

唐代后期，叫作“都功箓”的法箓出现了。唐末五代的杜光庭《道教灵验记》卷一一《刘迁都功箓验》说，“都功箓”是张天师（张道陵）“升天之日，留剑及都功印，传于子孙”的。还记载其上“有符文、灵官”（5a）。

南宋时代的《无上黄箓大斋立成仪》卷一七说“不受都功、盟威箓，不可出官行斋”（7a）。没有被传授“都功箓”的道士不能举行出官与斋的仪式。《道法会元》卷一八一列举了有关上章仪式的神灵，其中“功曹”的项目说“只盟威箓者十二[①]人，只都功箓者七人，受都功盟威二十人”（16b），这意味着由于被传授“都功箓”，道士举行上章仪式时使用的体内神“功曹”也增加。南宋吕元素的《道门定制》卷三记载了八个“从事”的神灵“出都功录”（31a－b）。这些“从事”都有“录章”“呈章”等名称，可以推测他们都是有关上章仪式的神灵。南宋的《道门定制》卷三说“阳平化迁官”等二十四个“迁官”也是“都功箓”上所记载的（31a－b）。从他们的“阳平化”等名称来看，这些“迁官”被认为是天师道教区的二十四治（由于唐代避讳成为“化”）的神灵。

根据这些记载，我们可知在南宋的“都功箓”上记载了与正一部有关的上章仪式中使用的神灵和二十四治（化）的神灵。而且，南宋的“都功箓”也被认为是属于正一部的法箓。《无上黄箓大斋立成仪》卷一七说：“受道之士，先受正一盟威、三五都功，修持有渐，方可进受灵宝中盟、上清大洞诸箓”（7b）。讲述经箓传授的顺序时，一起提到正一部的“正一盟威（箓）”与“三五都功（箓）”。《道法会元》卷一七九说“只受盟威、都功箓，称正一弟子”（2a），《修真十书》卷四七《武夷集》所收的南宋白玉蟾《法曹陈过谢恩奏事朱章》中可以看到“太上三五都功正一盟威弟子”的法位（1b）。所以，我们可以推测（D）与（E）的道士就是被传授了属于正一部的“三五都功箓”的道士。

（F）陈守默是“太上三五都功紫虚阳光秘箓弟子”。加上“三五都功箓”，他还被传授“紫虚阳光秘箓”。这个“紫虚阳光秘箓”是怎样的法箓呢？唐代为止的经典中叫作“紫虚箓”的法箓很常见，被认为是属于太玄部的法箓。张万福《传授三洞

① 应该是“十三”。

经戒法箓略说》卷上记载了太玄部的《道德经目》中有“紫虚箓”的法箓（5b）。杜光庭的《太上三洞传授道德紫虚箓拜表仪》也提到“紫虚宝箓”（13a），从经典的记载来看，道士被传授《道德经》时，这个法箓也同时被授予。北宋《三洞修道仪》也说，被传授高玄部（就是太玄部）的道士的法位是“太上紫虚高玄弟子”，这个法位的名称也被认为是来源于“紫虚箓”的。

《无上黄箓大斋立成仪》卷一七讲述各种法箓，其中有“阳光敷演道德自然”的记载（7b）。推测这个“阳光”所指的是“紫虚阳光秘箓”。从法箓的内容来看，它是敷演《道德经》的主要思想的，一定与《道德经》有密切的关系。所以我们可以推测他是受到太玄部的“紫虚阳光秘箓”（很可能是同时被授予《道德经》）的道士。①

（G）尹大先的法位也有“高上紫虚阳光”的部分，他也一定是被传授“紫虚阳光箓”的道士。下面还有“洞渊法师”的部分，这个部分跟同一的碑文上所见的（I）王混成的“元化法师”部分一样，被认为是师号。② 他的法位本来是“高上紫虚阳光弟子”，但写作碑文时，很可能漏填了“弟子”这两个字。

如上所述，南宋时代的道士继续举行了与北宋时代大概一致的经箓的传授，是按照北宋时代道教的受法教程与位阶制度修行的。

三 “道法”的职名

（一）

前节列举的南宋时代道士的头衔中，不是法位的部分表示着什么呢？下面举一个例子来说明。（A）、（E）、（F）的三个头衔共同有“驱邪院判官”这个部分［（F）的头衔是“驱邪院右判官”，加上了“右”字］。而且，（E）、（F）的头衔之中接着有“奉行天心正法”与“行上清北极天心正法”的部分。所以我们可以推测“驱邪院判官”与“天心正法”有密切的关系。

---

① 金允中《上清灵宝大法》卷一〇说，“洞玄部有灵宝中盟秘箓”一阶，紫虚阳光箓次之（11a）。金允中认为南宋时代的“紫虚阳光箓”属于洞玄部。

② 关于宋代道士的师号，参见唐代剑《宋代道教管理制度研究》，中篇第四章“紫衣师号制度”，线装书局，2003。

天心正法是北宋后期出现的“道法”。通过天心正法的经典，我们可知“驱邪院判官”就是来源于天心正法独特的位阶的头衔。《太上助国救民总真秘要》（以下简称《总真秘要》）是北宋末期徽宗政和六年（1116）所编纂的天心正法的经典。这部经典卷六记载了关于天心正法的位阶。以下，分别位阶的阶段而引用资料。

> (a) 诸应驱邪院行法官、并称都大统摄三界邪魔事。初补右判官、次右大判官、次左判官、次左大判官。已上并谓同管勾院事。(b) 次功格高者、升入仙班。补为都天大法主同判院事、次加九天金阙大夫（谓一年内、救民及二十人、凶岁旱潦枯槁、刻日应祷陛补者）。(c) 次水部尚书、次木部尚书、次土部尚书、次金部尚书、次火部尚书（已上谓岁救数、过二十人）。(d) 次或救大害、功行优甚者、递相转补、次紫微宫使日直元君（谓岁终助国除灾、安宁境土、遣鬼兵阴助帝祚太平）。(e) 又一年内、能驱灭分野蝗虫灾怪、持法除去者、加九天金阙御史。(f) 又一年可发志愿、自于名山建立坛场、投词献章、上祝人君万岁、真有应验者、加金阙上仙侍中。(g) 又一年自了性理、出于物外、提拔群迷、出离五苦、亲诣南曹、忝注主圣臣贤、九族生天、万物受恩者、加紫府上相。次玄都大相、次太玄上相、次太极上相、次金阙上相。(h) 又一年通证大道无穷、不执文字、指喝有验、能治江河湖海蛟龙作害、山崩派决、真有利国济民、馘除大孽之功者、加无极上相。(18a－19a)

这个位阶制度跟天心正法的法术结构有密切的关系。使用天心正法的道士属于名为“北极驱邪院”的天界机关，在“北极驱邪院”的权威之下，向各种神灵发文书，希望达到所期待的目的。比如，要祈雨的话，向祖师上清大帝、太清大帝、玉清上帝发“奏状”，并对于管辖雨量的神灵也发“牒状”，祈愿神灵下雨。[①]

将这个法术结构作为前提来考察，就可以了解上面引用的（a）部分的含义。(a) 部分说，“诸应驱邪院行法官、并称都大统摄三界邪魔事。初补右判官”。这个“驱邪院行法官”就意味着施行“北极驱邪院”的职务的法官（使用天心正法的道士），他自称“都大统摄三界邪魔事”，首先被任命为“北极驱邪院”的“右判官”

① 《总真秘要》卷一〇“祈雨奏状式”“牒雨部式”。参见〔日〕松本浩一《“天心法”の起源と性格：特に“雷法”との比较を通じて》，《图书馆情报大学研究报告》第二十卷第二号，2001。

的职位。上面引用的资料之中，下划线的部分都是“北极驱邪院”的职名。(a)“右判官”就是地位最低的职名，以下按顺序逐渐晋升，升级到最高的（h）“无极上相”的地位。就是说，天心正法的位阶表示“北极驱邪院”的职位的序列。

（F）陈守默是“驱邪院”的“右判官”，可知他是“北极驱邪院”的最低的位次。(A）林柏谦与（E）胡士简的职名也是“判官”。按照上面的（a）部分，名为“判官”的职位都是“北极驱邪院”的下级的职。

关于（A）头衔中的“南昌典者”与（F）头衔中的“金阙内台炼度典者”的部分，《总真秘要》卷六没有对应的职名的记载。但是《道法会元》卷二四九《太上天坛玉格》中可以看到类似的职名。《太上天坛玉格》记载了复数的“道法”的位阶。其中，《北极驱邪院九品迁转品秩》的项目包括“驱邪院”的名称，被认为是天心正法的位阶。它记载的位阶跟《总真秘要》的有些部分不一样，但也有共同的部分。《总真秘要》是现存的天心正法经典中最早编纂的，以此可以推测《北极驱邪院九品迁转品秩》记载的就是北宋以后的天心正法的位阶。①

《北极驱邪院九品迁转品秩》记载了“从九品”到“正一品”的位阶。这个位阶也表示“北极驱邪院”的职位的序列。“从九品”的项目中有“北极驱邪院右判官、兼南昌上宫受炼典者、同管干驱邪院事”与“北极驱邪院左判官、兼南昌上宫受炼典者、同管干驱邪院事”的职名，“正九品”的项目中有“北极驱邪院（右、左）大判官、兼南昌上宫受炼典者、管干驱邪院事”的职名。

将（A）头衔的“驱邪院判官南昌典者”分为三个部分，与《北极驱邪院九品迁转品秩》所记载的职名比较，就发现“驱邪院”、“判官”与“南昌典者”的三个词是共同的，可以说是省略型。虽然加上了“金阙内台”，并把“右判官”的部分转到最后，可是（F）头衔的“行上清北极天心正法、金阙内台炼度典者”也可以说跟上述的“从九品”的职名大概一致。总的来说，（A）、（E）与（F）的三个道士就任天心正法的下级职位。

下面说明在天心正法的位阶制度中怎么晋升为上级的职。《总真秘要》卷六说，“诸行法官乃阳行阴报、并依式岁考功绩……依仪迁职”（1a）。就是说，使用天心正法，有功劳，可以晋升上级的职位。并在上面的（a）到（h）每个阶段需要立功劳。

① 从“南昌炼度典者”的职名来看，有可能天心正法与使用“炼度”仪式的“道法”融合起来。关于“南昌”的词与“炼度”仪式的关系，参见横手裕《张宇初の斋法观とその周边——南昌派考察序说——》，小林正美编著《道教斋法仪礼の思想的研究》，知泉书馆，2006。

《道法会元》卷二四九所收的《论迁转功劳格式》叙述了类似的升级的规定。这个项目包括天心正法以外的“道法”的位阶制度说明，评定功劳的方式也不一样，但立功劳而升级的位阶制度的结构大概一致。①

以上说明天心正法的位阶制度，可以指出两个特点。第一，天心正法位阶制度表示天界机关“北极驱邪院”的职位的序列。第二，为了晋升上级的职务，需要使用天心正法而立功劳。这个天心正法的位阶制度的结构跟从来的根据经箓传授的位阶制度不一样。(A)、(E) 与 (F) 的三个道士带有按照被授予的经箓的法位，也采纳了可以表示使用天心正法的“北极驱邪院”的职名，构成他们的整个头衔。

（二）

除了经箓的法位与天心正法的职名，(A) 与 (E) 的头衔的后半部还有其他的部分。这个部分被认为是别的“道法”的职名。《道法会元》《法海遗珠》等“道法”的经典，跟天心正法不同，有关职名与位阶的记载不太多。② 但从道士的头衔来看，可知道士在自己的头衔中采纳了被授予的“道法”的职名。这些职名也有类似天心正法的职名的特点。第一，职名中包括道士所属的天界机关的名称。第二，要是某些“道法”有位阶的话，自称反映位阶的序列的职名。

下面将南宋时代道士头衔中的职名和现存的“道法”经典对照，说明“道法”的职名的结构。而且，通过这个分析，也可知他们被传授什么样的“道法”。

首先说明 (A) 与 (E) 头衔的后半部。(A) 后半部的“九灵飞步仙官、兼管雷霆都司鬼神公事”之中，“九灵飞步仙官”的职名，也在 (C) 与 (J) 的称号中可以看到。这个职名被认为是有关《道法会元》卷一七九到卷一八七所收的《上清

---

① 《道法会元》卷五六（39a）、卷五七（11b）和卷一七七（18b）所记载的“道法”的位阶也是由功绩决定排序的。

② 有些“道法”经典记载了其职名与位阶制度。参见《道法会元》卷一〇、卷五六、卷五七、卷一二三、卷一七七、卷二六七，《法海遗珠》卷四一；《高上神霄玉清真王紫书大法》卷五。“道法”之中也有根据被传授的“道法”经典（科仪书）的多寡排列其职的顺序。《无上三天玉堂大法》卷二《玉堂法阶》记载了“玉堂大法”有二十四品的位阶，随着经典的传授，从“初品”开始，通过“七品”与“九品”，最后得到最高的“二十四品”。参见李志鸿《道教天心正法研究》。而且，本文提到的《总真秘要》卷六的引文后接着说“已上自日直元君至无极上相，计九位，迁职者合授上清九等大箓。方许入此宪格。余职并依诸仙官，以三元为首。洞神已下转行。初下元一品仙官，次知北极驱邪院使，中元一品仙官判北极驱邪院，上元一品仙官判酆都使”。按照这个记载，从引文中的 (d)“紫微宫使日直元君”到 (h)“无极上相”的九个职，就任时需被传授“上清九等大箓”。但这个“上清九等大箓”的内容不明确。并且，以下的“下元一品”、“中元一品”和“上元一品”的内容现在也还不明白。

五元玉册九灵飞步章奏秘法》的。[①] 但这个“道法”的现在的版本中没有位阶制度与职名规定的记载。

关于下面的“兼管雷霆都司鬼神公事”的部分，《道法会元》卷五六《上清玉府五雷大法玉枢灵文》与同书卷五七《上清玉枢五雷真文》记载了包括“雷霆都司鬼神公事”这个词的职名。“雷霆都司”被认为是相当于天心正法的“北极驱邪院”的天界关机。[②] 因为上述的两个“道法”都是五雷法系统的，可知（A）林柏谦被传授五雷法。

（E）的“兼干五雷使院事”意味着“兼任五雷使院的职务”。这个“五雷使院”也是天界机关的名称，相当于《道法会元》卷五六所见的“上清玉府五雷使院”。从这个部分来看，（E）胡士简也使用五雷法系统的“道法”。

以下说明其他道士头衔中所见的“道法”的职名。

（B）头衔的“行上清混元天心五雷大法、差充主管驱邪院事、兼雷霆都司事”的第一部分表示这个道士使用“上清混元天心五雷大法”。明代《道藏》中没有这个“道法”的记载。但从“上清混元天心五雷大法”的名称来看，可以推测这个“道法”是天心正法与雷法融合的。如上所述，第二部分的“驱邪院”就是有关天心正法的天界机关。第三部分的“兼雷霆都司事”表示这个道士兼任管辖雷霆的“雷霆都司”的职务。（B）的头衔包括有关天心正法与雷法的天界机关的名称，可知“上清混元天心五雷大法”是天心正法与雷法融合的“道法”。

（C）庄致柔头衔的“行灵宝天心玉晨五雷大法、九灵飞步仙官、主管驱邪黄箓院事”的第一部分表示这个道士使用“灵宝天心玉晨五雷大法”。这个“灵宝天心玉晨五雷大法”也是明代《道藏》中没有记载的。但从名称来看，被认为是五雷法系统的“道法”。如上所述，第二部分的“九灵飞步仙官”是有关“上清五院玉册九灵飞步章奏秘法”的。第三部分的“主管驱邪黄箓院事”意味着“主管驱邪黄箓院的职务”，但现在资料不足，无法知道这个“驱邪黄箓院”是什么样的机关。可能是有关这个道士使用的“灵宝天心玉晨五雷大法”的天界机关。可以知道（C）庄致柔使用了“灵宝天心玉晨五雷大法”与“上清五院玉册九灵飞步章奏秘法”这两个“道法”。

（D）潘常吉头衔中的“神霄玉府右侍经”的职名中，第一部分有“神霄玉府”

① 明代《道藏》所收的《上清五元玉册九灵飞步章奏秘法》被认为是继承南宋时代的版本。白玉蟾授予了（A）、（C）和（J）三个弟子这个“道法”。并且，同时代人的金允中《上清灵宝大法》卷一〇中批评的“九灵飞步章奏司”与“九灵飞步章奏印”各看到卷一八五与卷一八三。

② 《无上九霄玉清大梵紫微玄都雷霆玉经》列举了很多天界机关。其中看到“雷霆都司”（6a）。

这个词，可知它是有关神霄系统的“道法”的。《高上神霄玉清真王紫书大法》卷五《神霄补职官品》记载了“八品”到“一品”的职务的等级（6a－8b），但其中没有“右侍经”的职名。

（G）尹大先头衔中的“南极天枢琼院右大判官同管院事”类似《太上天坛玉格》的《天枢院九品迁转品秩》中相当于“正九位”的“天枢院右大判官、管干天枢院事”。“南极天枢琼院”是天界机关的名称，“右大判官”和“同管院事”两个部分跟天心正法的职名很相似。“右大判官”是倒数第二等级的职名，可知（G）尹大先使用“道法”而立功绩。但是无法知道《天枢院九品迁转品秩》是什么“道法”的位阶。

（H）金允中的头衔中，“南曹执法典者”部分是灵宝大法的职名。对于使用灵宝大法的职名，《上清灵宝大法》卷一〇《篆阶法职品》中金允中说，“今列五职，并以南曹执法冠其首云，南曹执法典者、南曹执法仙士、南曹执法仙官、南曹执法真士、南曹执法真官”。

头衔中的最后部分“权童初府右翊治”是“上清童初五元素府玉册正法”（下面略称“童初正法”）的职名。像天心正法一样，童初正法也有按照职的序列的位阶制度，《仙品班七品位》的项目列举了七级位阶（《道法会元》卷一七七、18b－19a）。金允中的职名相当于倒数第二的等级“童初府右翊治”，但他的职名最初还有“权”字。为了就任“童初府右翊治”的职位，他的功绩还是不足的。《仙品班七品位》的开头说，“初受法，非功进者带权字，功足者落之”。金允中使用童初正法而立功绩，晋升职的等级。

（I）王混成头衔的后半部是“同知神霄玉府天枢祛邪院事”。这个职名意味着“管辖在神霄玉府的天枢祛邪院的职务”。详细的内容不太清楚，但可知这个王混成被授予神霄系统的“道法”。

关于（J）留元长头衔中的“太乙雷霆典者”的职名，《道法会元》卷一¡八《高上景霄三五混合都天大雷琅书》中有叫作“太乙雷霆都司”的天界机关的记载（7a）。[①] 因为这部《高上景霄三五混合都天大雷琅书》就是雷法的经典，可以推测（J）留元长使用雷法。而且，（J）留元长跟白玉蟾一起以陈楠为师，所以他使用的雷法被认为是从陈楠流传下来的。[②]“签书诸司法院鬼神公事”的职名意味着在

① 《无上九霄玉清大梵紫微玄都雷霆玉经》记载了叫作“太乙雷霆司”的天界机关，类似于这个“太乙雷霆都司”（6a）。

② 关于白玉蟾与他的徒弟的事迹，参见〔日〕横手裕《白玉蟾と南宋江南道教》，《东方学报》1996年68册。

有关“道法”的复数的天界机关（诸司法院）担任管辖鬼神的职务（鬼神公事）。

（K）赵汝浍头衔的“奉行玉府五雷考召大法”部分意味着赵汝浍使用“玉府五雷考召大法”。这个“道法”在明代《道藏》中没有记载。白玉蟾《虚夷堂记》说，赵汝浍“考召鬼神，使役雷电”，可知这个“道法”是拘捕鬼神的考召法与雷法融合的“道法”。后半的“提领诸司诸院鬼神公事”部分跟（J）的“签书诸司法院鬼神公事”的职名一样意味着在有关“道法”的复数的天界机关（诸司诸院）担任管辖鬼神的职务。

（L）与（M）的头衔都是白玉蟾的。从（L）的“神霄玉府五雷副使”的职名来看，可知他使用神霄系统的五雷法。（M）头衔后半部分的“五雷三司判官、知北极驱邪院事”的职名类似《道法会元》卷五七所记的“北极驱邪院五雷判官”。从这些职名来看，可以推测白玉蟾使用了五雷法与天心正法或者这两者融合的“道法”。但明代《道藏》中没有记载与白玉蟾使用的完全一致的“道法”。①

（N）曾安时头衔的“奉行玄天真武秘法、统领玉虚三阵将兵、同管北极驱邪院事”的前半部分被认为是有关金允中言及的“真武三陈法”的。明代《道藏》没有收录这个“道法”的经典，但从“道法”的名称来看，可以推测跟真武神有关的。“奉行玄天真武秘法”部分意味着曾安时使用的“道法”就是“玄天真武秘法”。并他自称“统领玉虚三陈将兵”的职名，被认为是使用跟金允中提到的“真武三陈法”同一系统的“道法”。职名最后的部分有“北极驱邪院”，所以也有被传授天心正法的可能。

四　南宋时代的“道法”的传授

（一）

通过头衔的分析，上面说明了南宋时代道士的头衔是由根据经箓传授的法位和

---

① 关于白玉蟾使用的“道法”，参见〔日〕横手裕《白玉蟾と南宋江南道教》；Lowell Skar，“Administering Thunder：A Thirteenth-Century Memorial Deliberating the Thunder Rites,” *Cahiers d’ Extreme Asie*，1996，9（1）：159－202；〔日〕铃木健郎《白玉蟾の雷法说》，《东方宗教》2004年第103号。白玉蟾只有一个事例自称“高上神霄玉清府雷霆令、统一五雷将兵提领、雷霆都司鬼神公事”。这个头衔没有经箓传授的部分，只表示“道法”的职名。这个职名有“高上神霄玉清府”的部分，可以推测它是神霄系统的。《道法会元》卷一二三所收的《太上三五邵阳铁面火车五雷大法》记载了类似的“高上神霄玉府雷霆令五雷三司都典者”的职名。

“道法”的职名构成的。并且，有些道士被认为是受到了复数的“道法”。以下用具体的例子考察南宋时代道士之间的“道法”的传授。

（二）

从道士的头衔来看，有时带有同一的法位的道士也被传授不同的“道法”。比如，（A）、（B）和（C）三个道士都是“太上正一盟威法师”。但（A）林柏谦被授予天心正法与九灵飞步奏章秘法与雷法，（B）罗致大被授予了上清混元天心五雷大法，（C）庄致柔被传授了灵宝天心玉晨五雷大法与九灵飞步章奏秘法，每个道士使用不同的“道法”。

与之相反，也有法位不同的道士被传授同一“道法”的情况。如上所述，（A）、（E）与（F）的三个道士都被授予天心正法，但他们的法位不同。（A）林柏谦的法位是下级的“太上正一盟威法师”，（J）留元长的法位是高级的“上清大洞玄都三景法师”，可是他们都有“九灵飞步仙官”的职名，可以知道他们都被授予了九灵飞步章奏秘法。

从上面的例子来看，南宋没有“道法”之间的序列，也没有“道法”的传授的顺序。而且，没有完善经箓的法位与“道法”的职名的对应关系。[①] 这个原因被认为是当时多种的“道法”出现并派生的情况。当时随着许多“道法”派生，新的法印与职也陆续产生了。金允中与白玉蟾都批评当时的情况。[②]

明代《道藏》中的许多“道法”科仪书之中，其名称不同，但信仰对象的神灵与使用的方术类似的一批“道法”科仪书是常见的。按照金允中与白玉蟾的批评，可以推测南宋已经存在同一系统的“道法”也有多种版本的情况。所以，统一地排列“道法”的序列并决定“道法”传授的顺序是很困难的。

---

① 《道法会元》卷二五 ；《太上天坛玉格》说：“如行天心法、合受三五都功箓。行雷法、合受高上神霄箓。行灵宝法、合受紫虚阳光箓及灵宝中盟箓。行天蓬法、合受北帝伏魔箓。行六丁法、合受九天玄女箓。行玄灵式、合受北斗箓。行天枢法、合受上清回车毕道箓。行赵侯南法、合受赵侯箓。行出神入梦法、合受盟威箓。行三官法、合受三官箓。已上诸阶、皆以本箓为职。法箓相违、社庙切笑。”按照这个规定，有些道士要求被传授某个“道法”时已被传授特定的箓。比如，为了使用天心正法，必须被传授“三五都功箓”。虽然这个规定记载了几种“道法”与特定箓的对应关系，但是没有记载经箓传授的法位与“道法”的对应关系。而且，没有网罗当时存在的“道法”而排列许多“道法”的顺序。李志鸿已指出宋代以后的道士修行过程当中发现了“箓（经箓）”与“法”（本文所谓的“道法”）传授分离的倾向。参见李志鸿《道教天心正法研究》。

② 参见〔日〕丸山宏《金允中の道教仪礼学について》；〔日〕横手裕《白玉蟾と南宋江南道教》。

宋代道教受法教程与位阶制度被认为是很固定的。上文所述的道士的法位与《三洞修道仪》所记的法位大概一致，我们可以知道宋代道士通过同样的过程得到经箓。然而，“道法”有很多种类，同一系统的“道法”也有几种版本。因此有的道士受到哪个“道法”的传授是由他的师徒关系决定的。

（三）

为了确认上述的推测，本文分析头衔的道士之中，对金允中与白玉蟾的事例进行考察。这两个道士各自留下关于自己的“道法”传授的记载。

金允中被授予童初正法与灵宝法这两个“道法”，他的师徒关系也是明确的。[①]《道法会元》卷一七八《上清童初五元素府玉册正法》中金允中记载了自己被授予的童初正法的系谱（3b－4a）。根据这个记载，传授的顺序是：高景修—唐克寿—刘根朴—金允中。

《上清灵宝大法》卷一七《坛图幕式品》记载了《上清灵宝大法》传授的系谱。《上清灵宝大法》是灵宝法（灵宝大法）的科仪书，所以可以说这个科仪书的传授关系就是灵宝法传授的系谱。金允中的《上清灵宝大法》的版本是两个系统的版本融合起来的。第一个系统是上述的高景修到刘根朴三个道士传授下来的，第二个系统就是：田居实、蒋叔与、刘根朴、金允中传授的。从这两个“道法”的师徒关系来看，刘根朴授予了金允中两个“道法”。

金允中记载了自己的传授系统，对此白玉蟾留下了自己将“道法”传授给弟子时的记载。《修真十书》卷四七所收的《表奏法坛传度首过谢恩朱章》就是白玉蟾授予弟子“道法”时的上章文，其中有如下记载：

> 愿传天上九灵飞步章奏大法一阶。腾神飞章、朝谒关奏、复自稽颡兴嗟希有难遇。并传太上紫枢玉晨洞阳飞梵炼度大法一阶。摄召幽灵、行持炼度、拜章既尔、炼度复然。苟有驱禳以何感应、仍受太上五雷大法一阶。祷雨祈晴、呼风召雪、封山破洞、伐庙除邪、斩馘蛟龙、制伏狼虎、驱除旱魃、扫荡蝗螟、疗病禳灾、赏善罚恶。尽肘步膝行之切、愿心传口授之真。(8b－9a)

① 关于金允中的师徒关系，参见〔日〕丸山宏《金允中の道教仪礼学について》。

白玉蟾同时授予了“天（太）上九灵飞步章奏大法”、“太上紫枢玉晨洞阳飞梵炼度大法”与“太上五雷大法”三种“道法”。刘根朴与白玉蟾授予的“道法”的种类不一样，数量也不同。按照这两个事例，可知有的道士被传授的“道法”是由其师徒关系决定的。①

五　结语

以上说明南宋时代道士的头衔是由根据经箓传授的法位与“道法”的职名构成的，并通过对头衔的分析，可以知道南宋道士在根据位阶制度进行修行的同时，受到（有时复数的）“道法”的传授。

元代碑文中也可以看到与南宋时代同样的头衔。以下举两个例子。

（O）太上紫虚道德五千文秘箓弟子、同句（“勾”的错误）北极驱邪院事、充本州道教威仪、通和大师、赐紫（刘尚志）（《浚县金石录》卷下《元浚州重修神霄宫碑》）

（P）□上三五都功□□弟子、奉行北极驱邪院事道士（田士诚）

（《山右石刻丛编》卷二四《长春观记》）

从（O）刘尚志的头衔的前半部分“太上紫虚道德五千文秘箓弟子”，可以推测他被授予了《紫虚阳光箓》与《道德经》（五千文）。后半部分的“同勾北极驱邪院事”表示这个道士从事北极驱邪院的业务，他就是使用天心正法的道士。以下部分的“充本州道教威仪”表示他是管辖浚州道教的道官，“通和大师、赐紫”部分是朝廷赐给了师号与紫衣。

（P）田士诚的前半部分“□上三五都功□□弟子”缺了几个字，但将这个部分对照（D）与（E）的头衔，可以复原“太上三五都功法箓弟子”或者“太上三五都功职箓弟子”。就是说这个法位表示这个道士受到了正一部的传授。以下的“奉行北极驱邪院事”部分跟（O）的场合一样，表示这个道士使用天心正法。

① 笔者推测有道士从复数的师得到复数的“道法”的可能。就是说，从有的师传授到某个“道法”，然后从别的师传授到另外一个“道法”，这样的情况是可能存在的。此事尚未清楚，待考。

并且，有些明代道士也有类似南宋时代道士的头衔。以下看武当山的事例，进行说明。

敕建大岳太和山静乐宫提点、参授上清大洞经箓、灵宝领教仙师、南曹执法典者、行雷霆诸司院府事（高洞阳）①

开头的部分是官名，意味着高洞阳是根据敕令所建立的静乐宫的管理官。从第二部分的“参授上清大洞经箓”来看，他被授予上清经箓。第三部分的“灵宝领教仙师②、南曹执法典者”的前半部分包括“灵宝”两个字，后半部分是与金允中同一的灵宝大法的职位，可以说这个部分是灵宝大法的职位。最后的部分“行雷霆诸司院府事”类似于（B）头衔中的“雷霆都司事”，被认为是雷法的职位。就是说，这个道士得到上清经箓，并使用灵宝大法与雷法两个道法。

如上所述，南宋时代开始的经箓与“道法”兼修的修行方式，后代也依然存在。多种“道法”的出现引起了道士修行过程与宗教活动的很大的变化。

【附记】

2008年本文发表后，笔者发现了另外一个南宋道士头衔的例子。《栝苍金石志》卷五《天庆观钟铭》有绍兴三年（1133）的日期。它记载了叫作吴师正的道士的头衔如下：“处州天庆观，太上正一盟威、高上神霄九一六阳太平铺化法箓典者、太微仙佐、行上清北极天心正法、敕差副道正权道正、赐紫灵希大师”。根据这个头衔，我们可以知道以下消息。吴师正属于处州天庆观（在现在的浙江省丽水），被传授了太上正一盟威箓（“太上正一盟威”），很可能是被授予神霄系统的法箓（“高上神霄九一六阳太平铺化法箓典者”），还使用天心正法（“行上清北极天心正法”）的道士。并且，他是“敕差副道正权道正”，由敕命就任了管辖该地域道教的副道正，还被朝廷赐予紫衣与师号（“赐紫灵希大师”）。

① 参看《武当金石录》，丹江口市文化局，1990，第55页、第56页、第59页。

② 编纂《上清灵宝大法》的五契真的头衔是“上清三洞弟子、灵宝领教嗣师”，这个职名类似于“灵宝领教仙师”。金允中在《上清灵宝大法·总序》中批评了这个职名。

论元朝道教事务管理政策的形成和内容

林巧薇

内容摘要： 宗教信仰在蒙古人的政治和社会生活中占有比较重要的地位，这与以儒家为主导的汉族王朝不同。蒙古帝国入主中原后，在元朝的政治体制中宗教相应的扮演着较为重要的角色。虽然为顺应汉地形势，元朝采用汉式中央集权官僚制为主要行政制度，但是蒙元政府对宗教的管理却不同于先前的中原王朝。本文主要讨论元朝统一中原前后，蒙元朝廷对道教管理政策的形成和调整以及对道教管理机构进行建立的过程。

关键词： 元朝　道教　宗教政策

作者简介： 林巧薇，哲学博士，中国社会科学院世界宗教所副研究员。

13世纪成吉思汗及其子孙的征服战争锋及欧亚大陆，其创建了历史上幅员最广的大陆帝国——蒙古帝国。蒙古帝国第五代皇帝忽必烈即位中原，建立元朝，缔造了中国史上的第三次大一统。此次大一统并非源于中原内部实现统一的推动，而是来自蒙古帝国征服世界的强烈欲望。元朝统一中国其实是蒙古人缔造蒙古帝国的一环。这决定了元朝政权的性格与我们所认知的典型汉族王朝不同。立国中原以后，忽必烈顺应汉地形势采用汉制，俨然一位中原帝王，同时作为蒙古大汗国，他又需要维护对蒙古世界各汗国的统治合法性，因此蒙元朝廷不可能全盘采用汉法。元朝作为一个幅员辽阔、民族众多的少数民族王朝，难以在全国推行单一的制度，因此多采用“诸制并举”的二元或多元政策。

讨论元朝所实施的宗教政策，我们需要先检视一下蒙古人对宗教的认识和基本态度。元朝建立以前，蒙古帝国统治下民族众多，语言文化互不相同，宗教信仰亦不相同。基于蒙古族早期信奉的万物有灵的萨满信仰，蒙古贵族基本上能持有宽容而多元的宗教态度对待各种宗教。《世界征服者史》作者志费尼认为：“（成吉思汗）因为不信宗教，不尊崇教义，所以，他没有偏见，不舍一种而取另一种，也不尊此而抑彼；不如说，他尊敬的是各教中有学识的、虔诚的人，认识到这样做是通往真主宫廷的途径。”[①] 事实上，成吉思汗信奉“腾格里神”，而且在萨满教信仰的影响下，成吉思汗认为基督教、佛教、伊斯兰教和道教的各种神和圣者没有什么差别。这些不同宗教表达的都是通往神的信仰，只是由于文化差异，其宗教的表达方式不同而已。大多数蒙古人也持有这种宗教认识。

随着蒙古人与其他民族交往的日益增多，藏传佛教、道教、基督教、伊斯兰教等其他宗教信仰逐渐传入了蒙古地区。在蒙古帝国窝阔台时期，蒙古帝国的首都哈拉和林城中建有寺院、道观、教堂和礼拜寺等世界各主要宗教的活动场所。各类宗教人士也聚集到哈拉和林。[②] 1235 年，窝阔台汗在哈拉和林修建道观，并向尹志平和李志常下旨要求选派道士前去主持。[③] 在蒙古四大汗国时期，成吉思汗的子孙虽然有皈依伊斯兰教的，有归奉基督教的，还有信奉藏传佛教的，但是基本上继承了成吉思汗对待各种宗教的宽容态度。[④] 其中，蒙哥汗统治时期，佛教和道教之间曾发生过历史上著名的佛道论争。虽然宗教辩论的结果是全真道失利，但是蒙哥汗在此次佛道之争中并没有表现出鼓励和支持佛教的态度。从《多桑蒙古史》的记载中可以看出蒙哥汗本人对各种宗教没有偏见，但是也没有特别支持某个宗教的倾向。[⑤] 蒙哥汗以主持宗教辩论的方式而准许各派教徒进行自由辩论，其实体现出蒙哥汗所持宽容而多元的宗教态度。

忽必烈统治时期，对各族宗教的态度也比较宽容。但是与之前蒙古大汗以信奉萨满教为主不同，忽必烈转向信奉藏传佛教。蒙哥汗三年（1253），忽必烈奉八思巴为上师，受密教灌顶。中统元年（1260），忽必烈即位，尊八思巴为国师，使其统领天下佛教徒。至元元年（1264），忽必烈建立元朝，又奉八思巴为帝师，以藏传佛教为国教。此后元朝皇室以信仰藏传佛教为主。元朝建立了以藏传佛教为国教并设立以西

① 〔伊朗〕志费尼：《世界征服者史》（上册），何高济译，内蒙古人民出版社，1980，第 29 页。

② 耿升、何高济译《柏朗嘉宾蒙古行纪鲁布鲁克东行纪》，中华书局，1985，第 292 页。

③ 《一二三五年盩厔重阳万寿宫圣旨碑》：“皇帝圣旨，道与清和真人尹志平、仙孔八合识李志常：我于合喇和林盖院来。你每拣选德行清高道人，教就来告天住待。仰所在去处赍发选送来者。准此。乙未年七月初九日。”（蔡美彪：《元代白话碑集录》，科学出版社，1955，第 4 页）此文又见山东潍城《玉清宫圣旨碑》。

④ “他们虽然选择一种宗教，但大多数不露任何宗教狂热，不违背成吉思汗的札撒，也就是说，对各种宗教都一视同仁，不分彼此。”〔伊朗〕志费尼：《世界征服者史》（上册），何高济译，第 29 页。

⑤ “三教之徒（基督教、伊斯兰教、佛教）皆努力求新入教者于蒙古人之中，尤盼皇帝之信仰。唯蒙哥谨守成吉思汗遗教，对于任何宗教，待遇同等，无所偏袒。”〔瑞典〕多桑：《多桑蒙古史》（上册），冯承钧译，中华书局，1962，第 264 页。

藏高僧为帝师的制度。在佛教与道教之间，忽必烈的宗教倾向更青睐于佛教。

宗教信仰在蒙古人的政治和社会生活中占有比较重要的地位，这与以儒家为主导的汉族王朝不同。蒙古帝国入主中原后，在元朝的政治体制中，宗教也相应地扮演着较为重要的角色。虽然为顺应汉地形势，元朝采用汉式中央集权官僚制为主要行政制度，但是蒙元政府对宗教的管理却不同于先前的中原王朝。本文主要讨论元朝统一中原前后，蒙元朝廷对道教管理政策的形成和调整以及对道教管理机构的建立。

一 因俗而治、兼容并蓄的民族宗教政策

忽必烈统一中原以后，元朝成为一个幅员辽阔、民族众多的少数民族王朝。面对其境内并存的各种民族宗教，“因其俗而柔其人”的政策被广泛应用。虽然元朝尤崇佛教，但是在宗教政策上比较平等。对道教、汉地佛教、基督教和伊斯兰教等都实行因俗而治、兼容并蓄的宗教政策。在宗教管埋形式上基本一视同仁，分别设立专门机构对各个宗教进行管理，其中以宣政院管理佛教、集贤院管理道教、崇福司管理基督教和回回掌教哈的司管理伊斯兰教。

元以前的王朝主要以僧道官制和度牒制为管理佛道教的基本制度。僧道官主要由皇帝敕封或朝廷选取声望高且有学识的僧人和道士担任，有品级和定额，被编入朝廷职官序列，主要负责协助朝廷监管寺观及信众。但是僧道官的身份地位是不能与儒臣相比的。度牒是由政府部门颁发给佛道教出家人的身份凭证，主要用于稽查考核僧道的人数和资质。

僧道官制度的设置始于南北朝。梁武帝天监二年（503），置大、小道正。梁武帝普通六年（525），敕命法云为大僧正。北周效法梁朝，设司玄之职，掌道门之政。① 隋代则以鸿胪寺典寺署及昭玄寺为管理佛寺及僧尼的机构，但未明确记载管理道教的官署。但是隋朝设置崇玄署，改道观为玄坛，置官员监管。② 唐代，僧道官制及其管理部门则历经数次变动。唐初，天下僧尼及道士女官皆隶籍鸿胪寺。武周延载元年（694），敕僧尼隶籍礼部下属的祠部，掌管祠祀、天文、卜筮、医药及道佛之

① “崇玄署：……后周有司寂上士、中士，掌法门之政；又有司玄中士、下士，掌道门之政。”［（唐）李林甫等撰，陈仲夫点校《唐六典》卷16，中华书局，1992，第467页］

② “隋置崇玄署令、丞。炀帝改佛寺为道场，改道观为玄坛，各置监丞。”［（唐）李林甫等撰，陈仲夫点校《唐六典》卷一六，第467页］。

事。开元二十四年（736），唐玄宗诏道士女官隶籍宗正寺，下设崇玄署令、丞，掌京都诸观名数与道士帐籍、斋醮之事。天宝六年（747），始置左右街功德使，以僧尼属之。唐宪宗元和二年（807），以道士女官隶籍左右街功德使。唐武宗又分置佛道二教，于太清宫置崇玄馆，会昌二年（842）以僧尼隶属礼部下属的主客。宣宗即位后废崇玄馆，僧尼复隶两街功德使。至此，佛道二教隶属同一管理部门。唐后期，左右街功德使之下已设有僧录司，但尚未见设有道录的记载。唐代道士出任道官者，称为道门威仪。在两京、地方州县及名山宫观，都设有道门威仪。唐代实行颁发度牒并定期造籍申报的制度对僧道进行监管。《唐会要》卷四九记载天宝六年五月制诰："所度僧尼令祠部给牒。"北宋因袭唐制，初以功德使掌道官选授，以礼部祠部司管道冠、童行帐籍和披戴文牒。元丰改制后，以鸿胪寺统管道释事务。鸿胪寺下设左右街僧录司、道录司，分掌僧尼、道士、帐籍及僧道官补授之事。[①] 南宋废鸿胪寺，并入礼部，改为尚书祠部管理佛道二教事务，掌"诸州僧、尼、道士、女冠、童行之籍，给剃度受戒文牒"。[②] 在北方，金朝亦设僧道官，隶属礼部。金朝还规定僧尼、道士、女冠皆须通过礼部考试，能诵通经书者才发给度牒。金章宗明昌元年（1190）六月，敕僧道每三年一试。[③] 金朝礼部规定："凡试僧、尼、道、女冠，三年一次，限度八十人……僧尼官见管人及八十、道士女冠及三十人者放度一名。"[④]

在元朝，佛教和道教的管理部门是分别设立的。宣政院掌管全国佛教事务并统辖吐蕃地区事务，而道教管理归属集贤院。至元元年（1264）设立总制院，院使秩正二品，以国师八思巴领之。至元二十五年（1288），总制院改名为宣政院，秩从一品，用三台银印，以帝师领院事。至元二十二年（1285），设立集贤院，秩从二品。集贤院不仅掌管道教事务，还负责提点学校、征求隐逸、召集贤良等事务。

蒙元朝廷对僧道的管制相对宽松，对僧尼、道士出家的人数及资质限制较少。窝阔台汗九年（1237）耶律楚材曾建议为了防止僧道过多地逃避赋役，应对僧道实行度牒制，要求僧道皆须通过考试才能发给度牒并允许居住寺观。[⑤] 至元二年元世祖下

① （元）脱脱等：《宋史·职官志五·鸿胪寺》卷一六五，中华书局，1977，第3903页。

② （清）徐松：《宋会要辑稿》第3册《职官十三》，中华书局1957年影印本，第2672页。

③ （元）脱脱等：《金史·章宗本纪》，中华书局，1975，第215页。

④ （元）脱脱等：《金史·百官一》卷五五，第1234页。

⑤ 宋子贞《中书令耶律公神道碑》："丁酉（1237年），汰三教，僧道试经通者给牒受戒，许居寺观。儒人中选者则复其家。公初言僧道中避役者多，合行选试，至是始行之。"（《国朝文类》卷五七，四部丛刊初编集部第331册，上海涵芬楼影印本，第18页）

旨要求对僧人进行考试选拔：

> 僧人每三年一次试五大部经，仰总统所选择深通经义有名师德，于各路置院选试僧人，就设监坛，大德登坛，受具足戒，给付祠部，然后许令为僧。仍将选中僧人造簿申总统所类，呈省闻奏。①

但是事实上考试的规定均未认真实行。至元二十九年（1292）宣政院管理僧尼时，要求僧尼披剃出家由本寺院的住持、耆老等人向宣政院申报即可给予出家凭据。② 道士的管理也大致相似。忽必烈下旨江南地区的道士由张天师掌管，“无张天师文字的，休做先生者”。③ 张天师主领江南道教事，能自出牒度人为道士。《通志条格》记载僧尼如果还俗时，需要交还公据和袈裟，报备本地官府并不再豁免差役。④ 可见，元朝对僧尼、道士出家的人数及资质虽然限制较少，但仍效仿前朝对僧道颁发度牒（元时称“公据”）以确认其宗教职业身份。只是僧尼的度牒由宣政院颁发，道士、女冠的度牒则由给集贤院颁发。

元朝对僧道同时实行户籍管理。蒙古国灭金后，窝阔台汗乙未年（1235）第一次在“汉地”（原金朝统治的地区）进行户口登记，史称“乙未括户”。蒙哥汗统治时期至忽必烈建立元朝时期又举行过两次人口登记。元朝统一江南以后，至元二十六年（1289）则举行第四次人口登记。在此基础上，元朝建立了“诸色户计”户籍管理制度。蒙元政府将其管辖人口划分为各类户，分别承担不同的赋役，规定各种户计一旦入籍就不准变动，而且世代相袭。根据从事职业种类不同，宗教职业者被划分为僧户、道户、尼户、答失蛮户、也里可温户等。僧道可以在户籍上自成一类。僧户、道户的名称最早见于“乙未括户”时。至元二十六年登记江南籍户时，僧户、道户亦作为“诸色户计”的项目进行登记。据《至顺镇江志》所载，至元二十七年镇江府的户籍之数中“僧户三百三十，口二千四百三”，“道户为一百四十一，口五百七十”。⑤

---

① 《通志条格》卷二九，浙江古籍出版社，1986，第323～324页。

② “议得：今后如有披剃之人，如是通晓经文，或能诗颂书写，或习坐禅，稍有一能，方许本寺住持、耆老人等保明申院，以凭给据披剃。”（《元典章》卷三三，天津古籍出版社，2011，第1132页。）

③ 《元典章》卷三三《有张天师戒法做先生》，第1140页。

④ “至元二年二月，钦奉圣旨条画内一款：遇有僧尼还俗者，仰元礼师长追取公据、袈裟，牒送本处官司，与民一体应当差役，无致两耽。”（《通志条格》卷二九，第324页。）

⑤ 《至顺镇江志》卷3，《续修四库全书》史部地理类，第584页。

其实，元以前唐宋时期已对僧道徒采用登记账籍的方式纳入户籍管理。《新唐书·百官志一》载："户部郎中、员外郎，掌户口、土田、赋役、贡献、蠲免、优复、姻婚、继嗣之事，以男女之黄、小、丁、老为之帐籍。"僧道虽然作为宗教的出家人，但是也需要纳入诸王朝的户籍管理制度中。对僧尼贯之以籍账，即将僧道名籍簿册编订呈送官府，其目的主要是管理和控制人口，防止国家的赋税和徭役流失。唐玄宗时已有僧道账籍的记载。《新唐书·百官志》称："两京度僧尼、道士女官，御史一人莅之。每三岁，州县为籍，一以留县，一以留州；僧尼一以上祠部；道士女官，一以上宗正（寺），一以上司封。"唐朝基本对僧尼、道士、女冠，以州县为籍，实行三年一造籍的制度。而且僧道的簿籍共有三份，分别存于县、州、祠部（或宗正寺）。①后周、北宋沿袭此制，凡僧、道童行每三年造账一次上报祠部。神宗熙宁二年（1069）诏：

> 尚书祠部遍牒四京及诸道州府军监，今后应僧、尼、道士、女冠身亡事故，其元受披剃文牒、戒牒等，并仰诸处依旧例抹讫，更于行空处批凿身亡事故年月因。依本州军官押字用印讫，具状缴连入递申纳本部。②

尚书祠部要求地方官吏须随时对僧道童行入账，对僧道死亡、出游及逃逸等情况进行登记，还要把僧道死亡事故的时间、缘由及时上报。每三年一次上报祠部。元朝将僧道登入户籍基本上也是源于前朝"汉法"。而元朝按照"诸色户计"的规定，将道教、佛教、基督教和伊斯兰教宗教徒都单独立户，区分出僧户、道户、尼户、答失蛮户、也里可温户等，则体现出了元朝对各民族宗教实行宗教平等的政策。

对僧道实行户籍管理主要与王朝征收赋税和徭役有关。在唐朝，僧道曾获得免赋役的待遇。因而宪宗元和二年（807）颁布禁令："天下百姓不得冒为僧尼道士，以避徭役。"③在宋朝，僧道免除不亲自服徭役、力役，但是还要专门被征收"免丁钱"。北宋基本上免除了僧道寺观的两税，但是仍征收其他杂税。南宋的法令则规定

---

① 关于唐朝僧道籍帐的研究可参考〔日〕池田温《中国古代籍帐研究》，中华书局，1984，第192～193页；周齐《唐代国家对僧尼的管理——以僧尼籍帐和人口控制为中心》，《中国社会经济史研究》2008年第3期。

② 《宋会要辑稿》第3册《职官一三》，第2674页。

③ （宋）宋敏求编《唐大诏令集》卷七〇，商务印书馆，1959，第391～392页。

诸寺观的庙产田地不得免税租。[①] 可见，两宋的僧道需要承担比较繁重的赋税。

元朝则给予了僧道诸多赋税徭役的减免和优待。全真道从成吉思汗率先享有了豁免差发赋税的权利。1223 年成吉思汗曾给丘处机下圣旨，曰：

> 丘神仙应有底修行院舍等，系逐日念诵经文告天底人每，与皇帝祝寿万岁者。所据大小差发赋税，都休教著者。据丘神仙应系出家门人等，随处院舍都教免了差发税赋者。其外诈推出家影占差发底人每，告到官司治罪断案主者。奉到如此。不得违错。须至给照用者。[②]

成吉思汗因丘处机等道士负责为皇帝告天祈福而敕免了道士的差发赋税。而成吉思汗给予全真道的优待并未同时施予佛教和其他道门。[③] 窝阔台时期，对和尚、道士、回回和也里可温等徒一并实行免除差役但需要出纳地税和商税的政策。蒙哥汗时期还一并免除了僧道的地税、商税。中统五年（1264）忽必烈则要求僧道若种田则须出纳地税，做买卖则须出纳商税。[④] 至元二十六年（1289），元朝实行“诸色户计”后，元世祖重申僧道在赋税徭役上依例出纳地税和商税，其余杂泛科差并行免放的政策。[⑤]

此外，在司法上元代的僧道也享有一定的宗教司法权力。至元五年（1268）元世祖给全真道士李道谦的圣旨中提到：

> 更先生每不拣有甚么公事呵，这李提点（李道谦）依理归断者。你每这众先生每，依着这李提点言语里，依理行踏者。更俗人每有争告的言语呵，倚付了

---

① （宋）《庆元条法事类》卷四七《赋役门》，续修四库全书第 861 册，上海古籍出版社，第 488 页。

② 蔡美彪：《元代白话碑集录·一二二三年盩厔重阳万寿宫圣旨碑（一）》，科学出版社，1955，第 1 页。

③ “独免丘公门人科役，不及僧人及余道众。古无体例之事，恣欲实行。”［（元）祥迈：《辩伪录》卷 3，《大正藏》第 52 册，第 766 页］

④ “中统五年正月，中书省奏准节该：已前成吉思皇帝时，不以是何诸色人等，但种田者俱各出纳地税外，据僧、道、也里可温、达失蛮，种田出纳地税，买卖出纳商税，其余差役蠲免有来。在后哈罕皇帝圣旨里也教这般行来。自谷由皇帝至今，僧、道、也里可温、达失蛮地税商税不曾出纳，合无依旧征纳事。准奏。仰中书省照依成吉思皇帝、哈罕皇帝圣旨体例，僧、道、也里可温、达失蛮、儒人种田者，依例出纳地税，买卖者出纳商税。据不该纳丁税蒙古、回回、河西、汉儿、并人匠及不以是何投下诸色人等、官豪势要之家，但种田者依上征纳地税外，仰行下领中书省左右部兼诸路都转运司、随路宣慰司一体施行。”（《通志条格》卷二九，第 329～330 页）

⑤ 《通志条格》卷二九《商税地税》，第 329 页。

的先生每的头儿与管民官一同理问归断者。不依体例行，做解寻勾当的做呵，说谎的先生每，管城子达鲁花赤官人每根底，分付与者。[①]

可见，元世祖已赐予全真道官审理和决断道门内部纠纷的权力。一般道门内案件地方官吏无权过问，只有奸盗、诈伪、致伤人命等重大刑案由地方官员审问。而且在涉及道士与一般民众纠纷案时，道官会同地方官吏共同审理。此后，僧道涉及司法纠纷或案件时大多依此规定执行。如皇庆二年（1312），元仁宗关于僧道词讼就规定：

今后管民官休管和尚每者。依在先圣旨体例，奸盗诈伪，致伤人命，但犯重罪过的，管民官问者。除这的之外，和尚每自其间不拣甚么相告的勾当有呵，各寺院里住持的和尚头目结绝了者。僧俗相争田土的勾当有呵，管民官与各寺院里住持的和尚头目一同问了断者。合问的勾当有呵，管民衙门里聚会断者。和尚头目约会不到呵，管民官依体例断者。他每谁迟了勾当呵，监察廉访司官人每依体例察者。和尚每无衙门么道，管民官休搔扰者。[②]

元朝的司法体制中，佛道教拥有相对独立的宗教司法权力。不仅僧道等享有不受普通法律制裁的特权，而且僧道官享有决断宗教内部纠纷的自主权。这体现出蒙元社会对佛道教及其他各种宗教的承认和重视程度不同于前代中原汉族王朝。

二　元朝政府对道教事务管理政策的制定及变更

1. 敕封掌教宗师与道门的自治权

宋、金时期，一般敕封著名道士“真人”等头衔。元朝时期，道教各派对本宗掌教一般尊称为宗师。元朝廷效仿前朝授予各派宗师“真人”或“大真人”封号，用以确定各派掌教宗师合法性的地位。得到敕封的道派宗师对教内各种事务拥有自治权。道派掌教宗师得到册封并且拥有道门自治权始于蒙古统治时期。

1222 年，丘处机觐见了成吉思汗。成吉思汗尊称丘处机为“丘神仙”，赐予其一

① 《元代白话碑集录·一二六八年盩厔重阳万寿宫圣旨碑》，第 23 页。

② 《通志条格》卷二九，第 325 页。

等贵臣所用的金虎符，蠲免全真教门下所有的赋役，还召令其管理“天下出家善人”。成吉思汗对丘处机的封赐可谓优厚。自此全真道获得蒙古帝国的正式承认。从蒙古统治时期至元朝末年，全真教掌教历经十四位宗师执掌教门。丘处机在世没有被蒙古统治国加封为“大宗师”的称号。至尹志平掌教时期，获封“大宗师”称号，但是相关史料并未记载尹志平是否被敕与“大宗师法印”。① 1238 年尹志平让位李志常，李志常“上元日，作大斋，授大宗师法印”。② 说明从李志常开始全真道掌教同时拥有享有“大宗师”的称号和专门的印信“大宗师法印”。1256 年全真道掌教李志常临终前向朝廷奏明以张志敬继承，“悉以符印法衣付之”。中统三年（1262），朝廷赐掌教张志敬制书。至元九年（1272）祁志诚嗣教，朝廷“锡玺书卫其教”。③ 在现存相关文献中仍有保留了苗道一、常志清、孙德彧、孙履道等人所受制书。

从蒙古窝阔台时期开始，全真掌教的更迭都需要蒙元朝廷的承认和敕书。全真掌教所得到“大宗师”的封号和“大宗师印”并非空的荣誉头衔，而是拥有实际的宗教权力。最早丘处机由于得到成吉思汗的“管领出家善人”诏令，已经开始出师号和赐观额。但是因未得到授权，耶律楚材批评其“自出师号私给观额，自填圣旨谩昧主上”。④ 据全真教史记载，蒙古贵由汗已正式授予全真教掌教宗师李志常赐道士师号和赐宫观额名的权力。李道谦《终南山祖庭仙真内传》载：“丙午，定宗皇帝即位，诏师（按：指李志常）以戊申上元日就长春宫设普天大醮。仍降玺书，凡名山大川，诸大宫观及玄门有道之士，委师就给师德名号岁舍。”⑤ 大蒙古国蒙哥汗时期，太原府平遥县太平崇圣宫的兴修和宫观定名的过程则是能充分反映出当时全真掌教决定宫观修建和赐额的例子。《一二五二年平遥崇圣宫给文碑》记载：

蒙哥皇帝圣旨裏，宣谕倚付汉儿田地里应有底先生每底官人李真人，悬带御前金牌，钦奉蒙哥皇帝御宝圣旨，拣数勾当等事。除钦依外，据太原府平遥县太平崇圣宫提领燕志静状告□□今年六月内，蒙掌教宗师法旨，该清和大宗师法

① 参见（元）戈彀《玄门掌教清和妙道广化真人尹宗师碑铭并序》、贾馘《大元清和大宗师尹真人道行碑》、王恽《大元故清和妙道广化真人玄门掌教大宗师尹公道行碑铭并序》（陈垣：《道家金石略》，文物出版社，1988，第 567、680、689 页）。

② 《玄门掌教大宗师真常真人道行碑铭》，陈垣：《道家金石略》，第 579 页。

③ 《玄门掌教大宗师存神应化洞明真人祁公道行之碑》，陈垣：《道家金石略》，第 700 页。

④ （元）祥迈：《辩伪录》卷 3，《大正藏》第 52 册，第 766 页。

⑤ 李道谦：《祖庭仙真内传》卷下，涵芬楼《正统道藏》第 3 册，第 11b 页。

旨：自燕京令道众前来重修太平崇圣宫，并张赵下院，玉清观主持勾当道司，将本宫并下院一切差使已行除免外，若不呈告，诚恐已后别无执凭，乞详酌出给文字事。得此文状，除别行外，已将本宫并下院差事行下道司除免去讫。仍仰本宫道众照依前项清和大宗师法旨，在意兴修住持勾当。所有执照，须至出给者。

右给付平遥县太平崇圣宫收执照用，准此。

壬子年七月初五日①

又《一二五三年平遥崇圣宫给文碑》记曰：

今据太原府路平遥县太平崇圣宫提点李志端状告："伏为本宫自唐朝以来，有元幸道士薛守玄重修兴建，额曰'太平观'。后至宋朝元祐年间，改为'清虚观'。今自大朝兴国以来，为本宫兵革之后，殿宇房屋全无损坏，因此，有本县长官梁瑜并万户梁瑛等经诣本府，乞改名额为太平兴国观。各有已立碑记。近蒙掌教大宗师真人师父，再更为太平崇圣宫名。李志端依奉，已于壬子年七月十五日安置牌额悬挂了。当在手别无文面，乞给赐凭验事。"得此文状，为此取覆过奉掌教大宗师真人师父法旨前来，已曾亲书太平崇圣宫名额付下去来。今既已建立名牌悬挂外，今准见告事，因合给与公据付本宫。主者已久照用施行。仍依提点李志端劝率道众，依时念经，告天，祝延圣寿万安者，以报国恩。无得分毫懈怠。须议出给者。右给付太平崇圣宫主者。准此。

癸丑年正月日②

在《一二五二年平遥县太平崇圣宫给文碑》中，全真掌教宗师尹志平和李志常能颁布法旨，能命令道众兴修宫观、任命主持、决定免除本宫观道众的差役，而当地官府则依照宗师的法旨给宫观颁发公据。1253 年的碑文中，全真掌教宗师李志常能给宫观赐额，而当宫观名与当地官府原有命令发生争议时，当地官府亦依照掌教宗师李志常的法旨来判定。可见，全真掌教颁布的法旨不仅对教内事务有效令，而且能得到蒙古政府的承认。

---

① 《元代白话碑集录·一二五二年平遥崇圣宫给文碑》，第 18 页。
② 《元代白话碑集录·一二五三年平遥崇圣宫给文碑》，第 19 页。

唐宋时期，赐僧道师号都是皇帝赐予僧道恩典与荣宠，是朝廷笼络僧道的重要手段。宋朝规定道士要取得紫衣师号，需由左右街僧道录推荐再由朝廷批准，或者当皇帝诏见一些道行高深的僧道时由皇帝敕封。唐宋时期，宫观创建和宫观赐额皆需要由官府进行管理，并严格限制私建的宫观。这是政府管理佛、道二教的一项重要内容，通过管理和控制寺院数量和规模以免国家劳动力和赋税人口的流失。而大蒙古国却将这项重要的宗教管理权授予全真掌教。

全真道掌教还从大蒙古国获得了另一项重要的宗教管理权，即任免道官和宫观主持。《栖真子李尊师墓碑》记载尹志平掌教时曾赐号全真道士李志明"道体冲虚大师"，命其任本府道录并管领一路道教事；至李志常掌教时，李志明被任命为"河东南北两路道教副提点"，后升正提点。[①] 从全真道士李志明的道职升迁过程中可看出全真掌教能自行任免本门道官。

因此，在大蒙古国时期，全真掌教大宗师已拥有赐道士师号、宫观赐额、任免宫观住持等处决教内各种事务的最高裁决权。全真道实际上从蒙古政府手中获得了一部分相当重要的宗教管理权。可见在初创期，大蒙古国政权采用了有别于中原汉地政权的宗教管理方式。这主要体现在大蒙古国允许全真道拥有一定的宗教自治权和管理权。不过，随着忽必烈入主中原并实行"汉法"后，全真道所获得的这部分宗教管理权被逐渐减少并被收归至中央政府。

在忽必烈设立以集贤院为中央的道教事务管理机构之前，这种由朝廷敕封道派掌教宗师并授予道门一定的宗教自治权的宗教管理方式也同样适用于其他道教门派，如北方的新兴道教教派太一教和真大道。

太一教四祖萧辅道在忽必烈潜邸时主动与之结交。大蒙古国贵由汗元年（1246）萧辅道首次入侍忽必烈藩府，1247 年忽必烈的母亲唆鲁和帖尼名下懿旨赐萧辅道"中和仁靖真人"号，传度太一法箓事。[②] 蒙哥汗二年（1252），萧辅道再次应忽必烈相召入侍。自此，太一教取得了忽必烈的信任和支持。忽必烈潜邸时，四祖萧辅道请以弟子李居寿嗣教。忽必烈登基以后，中统二年（1261）世祖正式加封太一教于五祖李居寿"太一演化贞常真人"号，授掌教宗师印信。至元十一年（1274），元世祖

---

① 《栖真子李尊师墓碑》："清和宗师嗣教，命管领一路道教事，仍兼本府道录，复以道体冲虚大师之号畀之……己酉（1249），真常真人以师践履之实，洋溢远迩，迁河东南北两路道教副提点……中统二年，即升副为正。"（陈垣：《道家金石略》，第 582 ~ 583 页）

② 《太清观懿旨碑》，陈垣：《道家金石略》，第 840 ~ 841 页。

敕建太一宫于两京，命五祖李居寿居住。至元十三年元世祖授太一掌教宗师印信。此后历任祖师皆沿例授封，如六祖李全佑的封号是纯一真人，七祖蔡天佑的封号为“太一崇玄体素演道真人”。据王恽《凝寂大师卫辉路道教都提点张公墓碣铭并序》所载，太一高道张居佑曾被五祖李居寿“命知宫事”“升充提举”，至元十九年时又被六祖李全佑赐授“凝寂大师、卫辉路道教都提点”。[①] 可见，太一教掌教宗师也拥有任免本宗门下道职的管理权。

真大道五祖郦希诚得到蒙哥汗的尊礼，授为“太玄真人”，赐教名“真大道”，给玺书护持。[②] 至元五年，元世祖忽必烈任命真大道五祖孙德福统辖诸路真大道徒，并授予“通玄真人”封号。[③] 此后真大道历任掌教也都被加封为真人。据《洛京缑山改建先天宫记》记载：

> 有河南路洛京提点举师杜公德元，来诣师堂……届于丙午，蒙先师五祖真人法旨，令德元与尊宿老大师李德甫，引领徒门郦德和、侯德宝等同来，偕杨德元住此，启修真开化之途。继承师命，赐德元紫衣明照大师号，补作法师，随即升充保举，仍赐杨德元为紫衣清和大师，迁以法师之职。[④]

据此可知，真大道掌教宗师也能给本宗门徒赐紫衣师号并任命道职。元世祖时期，真大道也如全真道一样，拥有一定的宗教自治权和管理权。

至元八年（1271），世祖忽必烈改国号为元。大蒙古国对中国的统治进入元朝时期。在元世祖统一江南之前，忽必烈基本沿用大蒙古国时期对全真道的管理方式管理北方道教。至元十三年（1276），元世祖忽必烈实现天下一统，遣使诏请三十六代天师张宗演进京觐见。至元十四年世祖特赐张天师“演道灵应冲和真人”，给三品银印，命主领江南道教事，得自出牒度人为道士；江南诸路设道录司、州设道正司、县设威仪司，皆属其管辖[①]。此时，元世祖沿用了大蒙古国时期蒙元朝廷所采用的敕封道派掌教宗师并授予道门一定的宗教自治权的这种宗教管理方式。如此，三十六代张

---

① 《凝寂大师卫辉路道教都提点张公墓碣铭并序》：“还，贞常真人以师贞干有节，命知宫事，继升充提举……至元十九年，六代纯一真人嗣主法席，以师道行纯粹，勤恪有功，言于朝，宣授凝寂大师，卫辉路道教都提点。”（陈垣：《道家金石略》，第862页）

② 《书刘真人事》，《道家金石略》，第836页。

③ 《元史·释老传》；《洛京缑山改建先天宫记》，《道家金石略》，第818页。

④ 《洛京缑山改建先天宫记》，陈垣：《道家金石略》，第818~819页。

天师才能获得主管江南道教的宗教管理权。

三十七代天师张与棣，至元辛卯（1291）嗣教，应召入觐，赐号体玄弘道广德真人，管领江南诸路道教事，并赐金冠法服。三十八代天师张与才，元贞元年（1295）入觐，次年赐号太素凝神广道真人，管领江南诸路道教事；别降玺书自给牒度人为道士，免宫观差赋及远输之役。大德八年（1304），因平潮患之功加授正一教主、兼领三山符箓。元武宗至大初，加号大真人，特授金紫光禄大夫，封留国公，给金印，秩视一品。三十九代天师张嗣成，延祐三年（1316）嗣教，应召入觐，建醮于长春宫，赐宝冠金服。次年授太玄辅化体仁应道大真人，主领三山符箓，掌江南道教事。直至元末，元朝政府对历任天师都赐封其“真人”，并授予管领江南诸路道教事务的权力。

张留孙随天师张宗演入朝，受到元世祖的赏识和重用。至元十五年（1278）元世祖命张留孙称天师，而张氏固辞不受。元世祖另赐张留孙“玄教宗师，授道教都提点，管领江北、淮东、淮西、荆襄道教事，佩银印”。[①] 元世祖不仅给张留孙赐号，而且将淮东、淮西、荆襄等路的道教事务交给张留孙管辖。此后继任的玄教宗师吴全节、夏文泳等人皆总摄江淮、荆襄等处道教都提点。直至元末，玄教大宗师一直掌控着江淮、荆襄等地区的道教事务。

南方道教除了龙虎山天师和新起的玄教，传统的茅山上清派、阁皂宗也都受到了蒙元朝廷的尊崇。杜道坚为南宋著名的茅山上清派道士，曾获宋度宗召见赐号辅教大师。至元十三年（1276），茅山道士杜道坚随伯颜至上都，觐见元世祖忽必烈。杜道坚虽获忽必烈玺书护持宗阳宫，但是并未被授予“真人”的称号。[②] 考元代道教碑铭，茅山、阁皂的道派宗师在元世祖时期都曾未被赐封为真人称号。元世祖时期，茅山上清派和阁皂宗并未获得元世祖的敕封道派掌教宗师。两派在南方道教的管理上需要遵从张天师和玄教大宗师。

在成吉思汗和蒙四汗国时期，蒙古政府对道教管理制度属于初创期。全真道与蒙古国接触，因此全真掌教最早获得大蒙古国的承认和敕封，全真道亦首先从蒙古政府手中获得部分的宗教自治权和管理权。这种宗教管理方式是有别于中原地区的。此后伴随着蒙古统治势力的扩张，太一教、真大道以及江南的正一教都与蒙元政府产生接

① （元）袁桷：《清容居士集》卷三四《有元开府仪同三司上卿辅成赞化保运玄教大宗师张公家传》，文渊阁四库全书，第1203册，台北：商务印书馆，第461页。

② 《大户持杭州路宗阳宫碑》，陈垣：《道家金石略》，第892页。

触和认识。元世祖忽必烈敕封正一道天师、全真道掌教宗师、真大道掌教宗师、太一道掌教宗师及玄教大宗师等五大道派宗师，分别授予其一定的宗教自治权。在元世祖时期，蒙元朝廷正式承认的只有这五大道派宗师。在元朝道教管理制度中，全真道、太一教、真大道、龙虎山天师及玄教这五大道派才获得了相应的道门宗教管理权。

2. 元朝道教事务管理区域的划分

蒙元皇室入主中原之前，成吉思汗曾召令丘处机“管理天下出家善人”。宪宗元年（1251），“以僧海云掌释教事，以道士李志常掌道教事”。[①] 宪宗时期，全真道道士李志常被赋予主掌道教的权力。元朝统一江南以后，元代道教管理范围中存在全真道、太一教、真大道及江南正一教、茅山上清派、阁皂宗、新兴的玄教等众多道派。道教亦从北方全真道一枝独大的局面转变为以南方龙虎山为核心的正一派与全真道相互制衡的发展态势。面临新的局面，元世祖需要对道教管理政策进行调整和重新制定。首先，元世祖对元朝道教事务管理区域的进行划分。

窝阔台六年（1234），金朝灭亡后蒙古汗廷派遣大断事官进驻中原，建立燕京行尚书省总领汉地。对原金朝所辖之地基本上仍沿用金朝旧制。在蒙古四汗国时期，始终未能建立完整的地方管理体制。中统元年（1260），世祖忽必烈即位，考前代之制，遵用汉法，开始全面整顿和订立朝仪和官制。于是“一代之制始备，百年之间，子孙有所凭藉矣”。[②] 其中，至元初置诸路总管府，用以治理地方行政。[③] 作为路级行政机构的总管府，首先推行于北方各地。据史料所载全真道道官曾有“诸路道教提点”“管理诸路道教”“提点陕西五路西蜀四川道教”等职，似与“路总管府”有关联。兹略证如下。

蒙哥汗以李志常掌道教事。1256 年张志敬承继，李志常“悉以符印法衣付之”。中统三年（1262），元世祖赐掌教张志敬制书。至元九年（1272）祁志诚嗣教，朝廷锡玺书。至元二十二年（1285），张志仙嗣教。检视历任全真掌教从蒙元朝廷敕封头衔和职位，可以发现两个主要变化：其一，从元世祖首授张志仙“掌管诸路道教事”之职，此后历任全真掌教皆明确具有掌管诸路道教所的权力；其二，元武宗即位以后，赐予全真掌教苗道一“商议集贤院道教事”的职位，此后历任全真掌教皆出任此官职，参与集贤院的决策。

---

① 《元史》卷三《宪宗纪》，中华书局 1976 年点校本，第 45 页。

② 《元史·百官志》卷八五，第 2120 页。

③ 《元史·百官志》卷九一，第 2316 页。

本处需先讨论“掌管诸路道教所”职衔的含义，集贤院则于下节详述。从现存史料考察，全真掌教张志仙最早被授封“掌管诸路道教所”或“管领诸路道教事”的职衔。[①] 张志仙掌教始于至元二十二年（1285）。除蓝道元资料不详外，全真道六任掌教张志仙、苗道一、常志清、孙德彧、孙履道、完颜德明皆领“掌管诸路道教所”一职。可见该职位由元世祖设立并延续到元末。但是担任此职位，全真道掌教管辖的范围是哪里，“诸路道教所”为哪几路，是否可理解为掌管元朝境内的所有道教所，检视现存材料尚未见对此道职职掌的解释。

据《冲和真人潘公神道之碑》记载，全真教门中著名的十八大士之一潘德冲曾在尹志平掌教时出任燕京都道录，李志常嗣教后1242年升任诸路道教都提举，又于乃马真后四年（1245）出任河东南、北两路道教都提点，兼领河东永乐宫。潘德冲的历任道职中不仅是全真道教内职务，更是担任与地方行政机署衙相应的道官。这说明在蒙古灭金后，全真道道士已出任蒙古汗国所统辖汉地的道官。潘德冲所任“诸路道教都提举”是全真道士道官职衔中最早涉及“诸路道教”的说法。另外，祁志诚在至元八年出任“诸路道教都提点”，至元九年则升为全真掌教。至元二年（1265）元世祖对北方汉地政治区域进行大幅的调整，将中原地区的州县进行合并和设置路州，将原金代所划的十余路级机构重新拆分为三十余路，即河间路、永平路、真定路、顺德路、广平路、彰德路、大名路、怀庆路、卫辉路、东平路、东昌路、济宁路、曹州、濮州、高唐州、泰安州、德州、恩州、冠州、益都路、济南路、般阳副路、宁海州、太原路、平阳路等。[②] 全真道所设置的“诸路道教都提点”应与当时元世祖对北方汉地政区的调整有关。元世祖统一江南之前，全真道掌教管辖的范围应该是对应着元朝所辖的北方汉地政区。祁志诚之后，张志仙职衔加“掌管诸路道教事”。张志仙掌教始于至元二十二年（1285），已是元朝灭宋以后。南北统一后，全真道掌教所授“掌管诸路道教所”一职是否可理解为掌管元朝境内的所有道教所，史料中没有更多关于此职位的信息，现只有通过对元朝其他道派的考察来进一步分辨这个问题。

至元十三年（1276），龙虎山道士张留孙随三十六代天师张宗演觐见元世祖。至

① 《祁公道行之碑》的碑末署题：“大元大德三年三月望日，玄门演道大宗师嗣教、辅元履道玄逸真人、掌管诸路道教事张志仙立石。”（《道家金石略》，第700页）

② 关于元世祖在中原地区置路州的统计情况请参考李治安《元代争取地理的变迁轨迹与特色新探（一）》，《历史教学》2007年第1期，第10页。

元十四年（1277），元世祖赐三十六代天师张宗演“领江南诸路道教”。（张天师）给三品银印，令主江南道教事，得自出牒度人为道士。诸路设道录司、州设道正司、县设威仪司，皆属焉。”① 此后，三十七代至四十一代张天师皆受蒙元皇室制诰“管领江南诸路道教事”。

张留孙随天师张宗演入朝，受到元世祖的赏识和重用。至元十五年（1278）五月，元世祖首先任命张留孙担任“江南诸路道教都提点”。② 同年九月，元世祖又命张留孙“管领江北、淮东、淮西、荆襄等路新附州城道众”。③ 同年闰十一月，元世祖授张留孙“玄教宗师”称号。圣旨云：“凝真崇静通玄法师、江南诸路道教都提点张留孙可特赐玄教宗师。依旧总摄淮东淮西荆襄等路道教勾当、江南诸路道教都提点如故。宜令张留孙准此。至元十五年闰十一月日。”④ 至元二十五年（1288）七月，元世祖革去张留孙“江南诸路道教都提点”一职，而另加张留孙“玄教宗师、总摄江淮荆襄等路道教都提点同集贤院商议道教事”。⑤

从至元十五年（1278）到至元二十五年（1288），天师张宗演主管江南道教事务，张留孙则作为张天师的助手担任“江南诸路道教都提点”一职。元世祖在收复淮东、淮西、荆襄等地后，没有任用张天师或全真掌教进行管辖，而是启用了道士张留孙总摄江淮荆襄等路道教事。此后继任的玄教宗师吴全节、夏文泳等人皆总摄江淮荆襄等处道教都提点。玄教是在元朝皇室的扶植中逐渐兴起的。直至元末，玄教大宗师一直掌控着江淮荆襄等地区的道教事务。

笔者认为元世祖灭宋以后，并未将新得南宋疆域的道教事务交给全真道统辖，而是考虑以地域为界限划分出不同的道教事务管理区域。元世祖赐张天师“领江南诸路道教”。“江南诸路道教”应指长江以南地区的道教事务。元世祖命玄教宗师管领江北、淮东、淮西、荆襄道教事。此地域范围应指淮河以南、长江以北的江淮地区和荆襄地区的道教事务。可见，淮河以南的道教事务划分为两个区域，并分别由玄教宗师和张天师管辖。而全真道掌教所被授予“掌管诸路道教所”一职，并非指管理元朝境内的诸路道教事务，而是指管理淮河以北的道教事务。因此，元朝统一

① （元）明善敕编，周召续编《龙虎山志·人物上·天师·张宗演》，王卡、汪桂平主编《三洞拾遗》第13册，黄山书社，2005年，第18页。

② （元）明善敕编，周召续编《龙虎山志·大元制诰·大宗师·授都提点》，第38页。

③ （元）明善敕编，周召续编《龙虎山志·大元制诰·大宗师·领荆淮道教》，第38页。

④ （元）明善敕编，周召续编《龙虎山志·大元制诰·大宗师·授玄教宗师》，第38页。

⑤ （元）明善敕编，周召续编《龙虎山志·大元制诰·大宗师·商议集贤院道教事》，第38页。

中原之后，元朝疆域内形成了三个道教事务管理区域，即以全真道掌教主管北方诸路道教事，玄教大宗师管领江北、淮东、淮西、荆襄道教事，张天师主管江南诸路道教。

蒙元统一江南以后，元世祖没有让全真道获得对南方道教的管辖权，而是采取了扶植南方道教借以钳制全真道的策略。元世祖也没有让张天师获得全面控制南方道教的权力，而是启用龙虎山道士张留孙。元世祖将江淮、荆襄等地区的道教事务交给张留孙掌管，为张留孙及其本宗门下势力的发展奠定了基础。

3. 中央政府设立集贤院

至元十五年，元世祖在疆域内重新划出三个道教事务管理区域。之后，忽必烈对道教的管理再次做出重要的调整。至元二十二年（1285），元朝开始在中央政府设立管理全国道教事务的机构——集贤院，将对全国各道派的管理统辖于集贤院之中。

最早设立集贤院的记载见于唐代。唐开元五年（717），因于乾元殿写经、史、子、集四部书而置乾元院使。十三年，改名集贤殿书院，通称集贤院，主要“掌刊辑经籍”。[①] 宋太宗太平兴国三年（978），创立昭文馆、集贤院、史馆三馆书院，赐名崇文院，皆沿唐旧制之名，主要管理图书经籍。[②] 金朝借鉴宋三馆之制，金宣宗于贞祐五年设立宏文、集贤二院。宏文馆掌管校译经史之职，集贤院则史文不详，无法考见其职。[③] 唐宋时期，中央朝廷设立集贤院主要负责管理图书经籍，并不参与宗教管理事务。《元史》记载元朝所设集贤院“掌提调学校、征求隐逸、召集贤良，凡国子监、玄门道教、阴阳祭祀、占卜祭遁之事”。[④] 与唐宋时期相比，元朝集贤院的机构职能更多，国子监事宜、召集贤良、管理道教、阴阳祭祀、占卜等事务皆归其管辖。由此，元朝的全国道教事务统归在集贤院管理之下。

元代集贤院的设立与玄教大宗师张留孙的奏议密不可分。元朝初期，集贤院与翰

---

① “集贤殿书院。学士、直学士、侍读学士、修撰官，掌刊辑经籍。凡图书遗逸、贤才隐滞，则承旨以求之。谋虑可施于时，著述可行于世者，考其学术以闻。”［（宋）欧阳修、宋祁撰《新唐书》卷47《百官志二》，中华书局，1976，第1212页］

② “秘书省……秘书郎二人，掌集贤院、史馆、昭文馆秘阁图书，以甲、乙、丙丁为部，各分其类。”（《宋史》卷一六四《职官志四》，中华书局，1976，第3873页）

③ “集贤院贞祐五年设，知集贤院从四品，同知集贤院从五品。司议官正八品，不限员。咨议官正九品，不限员。谨案金之宏文集贤二院，盖亦沿宋三馆之制。特宏文尚有校译经史之事，集贤则史文不详，无由考见其职掌矣……又元有昭文馆大学士仅为加衔，集贤院则掌提调学校、征求隐逸、召集贤良。虽有大学士、学士、侍读、侍讲学士等官，并不典司图籍，与三馆旧制不同。”［（清）纪昀等撰《历代职官表》卷二五，上海古籍出版社，1989，第484页］

④ 《元史》卷八七《百官志三》，中华书局，1976，第2190～2192页。

林国史院属于同一官署。至元二十二年（1285），元世祖擢商议集贤事，玄教大宗师张留孙奏议分翰林掌诏告国史，集贤管天下贤士，以领道教。[①]

集贤院自设立以后，其官署职品和人员编制主要经历了三次重要的机构调整。至元二十二年，集贤院初设，秩从二品，置大学士三员、学士一员、直学士二员、典簿一员、吏属七人。至元二十四年（1287），集贤院升正二品，置集贤院使一员；大学士二员，从二品；学士三员，从二品；侍读学士一员，从三品；侍讲学士一员，从三品；直学士二员，从四品；司直一员，从五品；待制一员，正五品。大德十一年（1307），集贤院升从一品，置院使六员。皇庆二年（1313）以后，集贤院定置大学士五员，从一品；学士二员，正二品；侍读学士二员，侍讲学士二员，并从二品；直学士二员，从三品；经历一员，从五品；都事二员，从七品；待制一员，正五品；修撰一员，从六品；兼管勾承发架阁库一员，正八品；掾史六人，译史、知印各二人，通事一人，宣使七人，典吏三人。[②]

在管理道教事务方面，集贤院设有“同知集贤院道教事”一职。该职主要由朝廷选取道派掌门担任，为集贤院在管理道教进行咨询和建议，参与朝廷对整个道教的管理工作。蒙元政府正式册封了正一道天师、全真道掌教宗师、真大道掌教宗师、太一道掌教宗师及玄教大宗师等五大道派宗师。但是元代文献记载中，只见全真道掌教、正一道天师和玄教大宗师三大道派宗师皆曾担任“同知集贤院道教事”。如下：

> 上天眷命皇帝圣旨：……咨尔凝和持正明素真人苗道一……特授玄门演道大宗师管领诸路道教商议集贤院道教事，余如故。宜令。准此。至大元年七月。[③]
>
> 长春宫提点常某（常志清）授玄门演道大宗师、掌教真人，管领诸路道教所、商议集贤院道教事。[④]
>
> （孙德彧）仁宗皇帝累加恩命，召至京师掌道教，号曰：特授神仙演道大宗

① “用公奏，以天师宗演为真人，掌教江南，分集贤、翰林为两院，以道教隶集贤，郡置道官，用五品印，宫观各置主掌，为其道者复之无所与。”［（元）虞集：《道园学古录》卷50《张宗师墓志铭》，文渊阁《四库全书》第1207册，台湾商务印书馆，第702页］

② 《元史》卷八七《百官志三》，第2190～2192页。

③ 《永乐宫圣旨碑》，《道家金石略》，第727页。

④ （元）袁桷：《清容居士集》卷三七，文渊阁四库全书，第1203册，第498页。

师、玄门掌教、辅道体仁文粹开玄真人、管领诸路道教所，知集贤院道教事。①

（孙履道）知集贤院道教事。②

（完颜德明）知集贤院道教事。③

泰定二年正月壬午日……制加（张嗣成）翊元崇德正一教主知集贤院道教事……至元，再召入见上于明仁殿，时京畿旱，诏祷雨崇真宫，大应……三年三月，颁制加知集贤院事。④

皇帝圣旨：玄教宗师总摄两淮荆襄等路道教江南诸路道教都提点张留孙可授玄教宗师总摄江淮荆襄等路道教都提点同集贤院商议道教事。宜令张留孙准此。至元二十五年七月日。⑤

皇帝圣旨：玄教宗师总摄江淮荆襄等路道教都提点同集贤院商议道教事张留孙可授玄教宗师志道弘教冲玄真人总摄江淮荆襄等路道教都提点同知集贤院道教事。宜令张留孙准此。元贞元年七月日。⑥

皇帝圣旨：（张留孙）可加授特赐上卿玄教大宗师志道弘教冲玄仁靖大真人知集贤院事领诸路道教事。宜令准此。大德十一年十月日。⑦

据上述材料，至大元年（1308）元武宗赐予苗道一“商议集贤院道教事”。此系全真道担任该职位的最早记录。此后全真掌教曾出任此官职，参与集贤院的决策。元朝历任张天师中只有三十九代天师张嗣成因祈雨祷雪有功而深受宠信，在泰定二年（1325）曾被赐予“知集贤院道教事”，至元三年（1337）元惠宗又封赐其“知集贤院事”的职位。与全真道和龙虎山张天师相比，玄教大宗师在集贤院设立之初（1285）就开始从中担任重要职位。至元二十五年（1288）元世祖赐玄教大宗师张留孙“预议集贤院”一职，玄教掌教开始在集贤院担任职务。元贞元年（1295），元成宗诏张留孙“同知集贤院道教事”。大德十一年（1307）九月，武宗即位不久，命张留孙“知集贤院事，领诸路道教事”。后至大二年（1309），赐张留孙领集贤院，位

① （元）虞集：《道园学古录》卷五〇《玄门掌教孙真人墓志铭》，第699页。

② （元）吴澄：《吴文正集》卷九〇《封孙真人制》，文渊阁四库全书本，第1197册，第836页。

③ 《皇元特授神仙演道大宗师玄门掌教辅道体仁文粹开玄真人管领诸路道教所知集贤院道教事孙公道行之碑》碑末署名，《道家金石略》，第787页。

④ 《汉天师世家》卷三，涵芬楼《正统道藏》第3册，第19a~19b页。

⑤ 《龙虎山志·大元制诰·大宗师·商议集贤院道教事》，第38页。

⑥ 《龙虎山志·大元制诰·大宗师·加真人同知集贤院道教事》，第38页。

⑦ 《龙虎山志·大元制诰·大宗师·加大真人》，第39页。

大学士上。[①] 张留孙去世后，吴全节继任玄教大宗师。后至元二年（1336），吴全节任同知集贤院道教事。[②] 成宗时期，曾拜吴全节为集贤学士。元顺帝时期，吴全节逝世后夏文泳嗣教为第三代玄教大宗师，并出任“同知集贤院道教事”的职位。得到朝廷正式承认的五大道派宗师中，真大道掌教宗师和太一道掌教宗师则未见授予该职位。集贤院作为元代管理道教事务的中央行政机构，其对道教事务的管理主要吸纳全真道、龙虎山张天师和玄教三个道派参与其中。

元世祖时期随着集贤院的设立，之前各个道派所拥有的宗教自治权也逐渐收归至朝廷，尤其是全真道曾在大蒙古国时期所获得的部分宗教管理权逐渐削减并被收归至中央政府。例如，至元二十二年（1285）集贤院初设，全真道适逢掌教祁志诚退职而由张志仙接位。据李谦《玄门掌教大宗师存神应化洞明真人祁公道行之碑》载：“至元二十二年春二月，（祁志诚）移书集贤院，举道教提点张志仙自代。集贤院以闻，诏可。”[③] 此次全真道掌教更替中，祁志诚推荐新任掌教宗师的事宜需要向集贤院奏闻。可见此时集贤院已成为统管全国道教事务中央机构，全真道亦已完全在集贤院的统辖之下。而玄教大宗师张留孙因为在设立集贤院的过程中起到关键作用，所以在元世祖时期张留孙已经得到参与集贤院事务的官职。这为张留孙在蒙元朝廷中获得更高的政治地位、在全国道教事务管理中获得更多的权力提供了机会。

4. 元朝地方道教事务的管理方式

在元世祖对道教管理政策和方式重新调整后，元朝的道教管理基本上形成中央以集贤院统管、地方以三个道教事务管理区域为主的格局。揭傒斯曾记载元朝在天下郡县设置道官，“又置南北道教所以领之”。[④] 元朝政府在全真道掌教的主管北方诸路道教，玄教大宗师管领江北、淮东、淮西、荆襄道教和张天师所主管的江南诸路道教地区分别设置道教所，以负责管理地方上的道官与道教日常事务。如元代碑刻中《纯阳万寿宫札付碑》记“皇帝圣旨里玄门道教所”；《承天观公据》记“伏为道远昨于

① （元）袁桷：《清容居士集》卷三四《玄教大宗师张公家传》，第 462 页。

② （元）虞集：《道园学古录》卷二五《河图仙坛之碑》，第 363 页。

③ 《玄门掌教大宗师存神应化洞明真人祁公道行之碑》，《道家金石略》，第 700 页。

④ “庐陵高敏则君者，博达深识之士也，有所善颐浩先生。颐浩先生者，郡之安福人也，名同寅，字惟寅，姓陈氏。宋咸淳中，弃家入清真观为道士。至国朝，天下郡县置道官，又置南北道教所以领之。其教所号之曰明素葆真大师教门高士，以为郡道录，即为之不辞。”［（元）揭傒斯：《揭文安公全集》卷 12，四部丛刊初编 237，上海书店，1989，第 27a ~ 27b 页］

大德八年八月祇受前江南诸路道教所札付”，都反映出道教所的存在。据元人吴澄言，“二教设官，一如有司，每日公署莅政施刑”。[①] 虞集曰：“国朝之制，凡为其教之师者，必得在禁近，号其人曰真人，给以印章，得行文书视官府。”[②] 这说明道教所具有地方道教的行政职能。

道教所的机构设置时间不详，应始设于元世祖时期。元世祖时期规定“路设道录司，州设道正司，县设威仪司”。[③] 道教所则应是管理各路道录司的上一级机构。宋金时期，路是地方的一级行政区，直属尚书省。元朝在地方始设行中书省，简称行省，行省下设路、府、州、县。路总管府是地方官府中仅次于行省的行政机构。各路设总管府以治民，地方各路行政、财赋、司法等均归总管府管领。至元二年（1265）元世祖对北方中原地区的州县进行合并，析分出三十余路州。至元十三年，南宋临安城陷落后，元世祖在南方大规模设置路总管府，升江南军、州为路。据《元史·世祖本纪》记载，“（至元十三年）十二月乙亥，定江南所设官府”，“十四年春正月丙申，以江南平，百姓疲于供军，免诸路今岁所纳丝银。赐嗣汉天师张宗演道灵应冲和真人，领江南诸路道教”。[④] 这说明张天师所管领的江南诸路道教应是与元世祖在江南所设诸路总管府相应的。

元世祖时期已为道教的管理订立了基本制度。中央以道教隶集贤院，地方道教事务管理机构以各个道教所分管，道教所之下路级设道录司，州设道正司，县设威仪司，置道官，宫观各置主掌。全真道、龙虎山天师道、玄教三大道派的掌教由朝廷任命，授予二品的印绶，分别授权掌管三大教区内的宗教事务。三大道派掌教之下下设诸路都提点为副手，在各自所管道教事务区内根据地方行政区划下设路道录司、州、县道正等职，三大道派掌教拥有教区内的直接管辖权。

以全真道的管理制度和方式为例，全真道掌教被授予“掌管诸路道教所”或“管领诸路道教事”的职衔，实际上主管北方诸路道教。《纯阳万寿宫札付碑》所记“玄门道教所”应是指全真道所掌管的道教所。据《卿云观记》，冀宁路全真道士李纯甫曾先后授受太原路都道录和掌教真人管领诸路道教的札付而升任各级道职：

① 《抚州玄都观藏室记》，《道家金石略》，第914页。

② 《真大道教第八代崇玄广化真人岳公之碑》，《道家金石略》，第830页。

③ 《龙虎山志》卷上《人物上·天师·张宗演》，第18页。

④ 《元史·世祖六》卷九，第186、187页。

> 至元辛卯（至元二十八年，公元1291年）春，授太原路都道录所札付，充本宗门下提领勾当。道录王公志广见其忠勤廉干，癸巳（至元三十年，公元1293年）秋，复加荐刻，授天下玄门演道大宗师掌教真人管领诸路道教付，身充本宗提点。①

这说明全真掌教宗师能任命教内各宗宫观提点一级职位，并由全真掌教宗师管领的诸路道教所发给正式的任命公文书。

在全真道的管理中，掌教主管全真道教内一切事务。掌教之下设有“诸路道教都提点”，负责全真道的地方事务。“诸路道教都提点”一般由全真教内的重要道士担任。如祁志诚在至元八年出任“诸路道教都提点”，至元九年才成为全真掌教。都提点一般居于长春宫，后弘期也有居于重阳万寿宫等地。历任提点有宋德方、张志素、王志坦、张志敬、孟志源、申志贞、祁志诚、孙德彧、杨德荣等人。此职一直延续到元末。在元代行省一级的道官中全真道道士曾担任“陕西五路西蜀四川道教提点”一职。1234年尹志平奏请李志远住持祖庭，兼提点陕西教门事。1276年皇子安西王教令又益以西蜀道教，遂称“陕西五路西蜀四川道教提点”。该提点一般兼领祖庭事。历任提点有李志远、綦志远、何道宁、高道宽、李道谦、陈德定、孙德彧。如孙德彧由“成宗加玺书，授陕西五路西蜀四川道教提点，领重阳宫事”②。秦蜀道教提点所的职官，除提点外，还下设副提点、通议官、提举。孙德彧曾任过通议官和副提点的职位。1320年杨道谦任陕西五路西蜀四川道教提举兼领重阳万寿宫事本宗提点。

全真道负责主持北方诸路地区道教事务，使得北方一些传统符箓道派都划归全真教统辖。易州龙兴观就是最典型的事例。易州龙兴观在元朝保定路易州地区，即现河北省易县。《易州龙兴观提点缑公功行记》记载，易州龙兴观兴建于唐代，属于传授正一盟威法箓的道观。至正八年（1348）正月，龙兴观提点缑德宁“进神仙玄门演道大宗师掌教大真人法旨，令充本宗门下提点”。③“神仙玄门演道大宗师掌教大真人”指全真教的末代掌教完颜德明，这表明易州龙兴观属于全真教管辖的范围。可

① 《卿云观记》，《道家金石略》，第736页。

② 《皇元特授神仙演道大宗师玄门掌教辅道体仁文粹开玄真人管领诸路道教所知集贤院道教事孙公道行之碑》，《道教金石略》，第787页。

③ 《易州龙兴观提点缑公功行记》，《道家金石略》，第980页。

见，全真道掌教所授“掌管诸路道教所”，实际上不仅包含全真道本宗门下的诸路道教事务，也包括北方地区的道教事务。诸路道教所一般由掌教管领。从现有史料看，除蓝道元资料不详外，从张志仙至完颜德明的六任全真掌教曾领“掌管诸路道教所”一职。该职位自元世祖即位始设，并延续到元末。

全真道的势力主要在北方地区，全真道掌教也主管了北方的道教事务。全真道掌教权力主要包括：管领诸路道教所；主领醮事；代皇帝祭祀岳渎；开坛授戒；授道人师号、紫衣，为其申请真人号；赐给宫观名额，并升观为宫；任命道官；任命宗门提点和宫观的住持；自武宗开始全真道掌教出任“知集贤院道教事”的职位，参与集贤院的道教事务管理。但是值得注意的是，在全真道掌教主管的北方诸路中，真大道亦得一路设立了道教管理机构。虞集云，真大道“得郡置道官一人，领其徒属，与全真、正一之流参立矣”。[①] 实际上，真大道得到卫辉路的管辖权。

元世祖赐天师张宗演“主江南道教事，得自出牒度人为道士。诸路设道录司、州设道正司、县设威仪司，皆属焉”。《承天观公据》所载“江南诸路道教所”应指张天师所掌管的道教所。龙虎山天师也大致采用和全真道相同的管理模式。张天师管领之下又设道录司。至元十五年（1278）五月，元世祖首先任命张留孙担任“江南诸路道教都提点”。[②] 至元十八年（1281）十二月，龙虎山道士李庭晰授“张天师下道教都道录”。[③] 同年，道士陈士囦授“张天师下道教都提举兼提点太上清正一宫事”。[④] 从至元十五年（1278）到至元二十五年（1288），张留孙曾经作为张天师的助手担任“江南诸路道教都提点”一职。

《元典章》记载江南的道士，必须“张天师根底要了戒法文字做先生者，没文字的人休做先生者”。[⑤] 说明张天师拥有度牒的授予权。张天师主管江南道教事务，管领江南各路、州、县等地方道司，拥有地方道官的任免权。程巨夫《洞阳万寿宫碑》载江西临江洞阳观道士郭务玄于成宗大德年间，至龙虎山见三十八代天师，“天师奇之，授龙兴玉隆万寿宫讲师，三年，改惠州道判，未几，迁临江”。[⑥] 又据邵元亨

---

① （元）虞集：《道园学古录》卷50《真大道第八代崇玄广化真人岳公之碑》，第691页。
② 《龙虎山志·大元制诰·大宗师·授都提点》，第38页。
③ 《龙虎山志·诸高士·李庭晰》，第57页。
④ 《龙虎山志·宫门·陈士囦主持》，第55页。
⑤ 《元典章》卷33《有张天师戒法做先生》，第1140页。
⑥ 《洞阳万寿宫碑》，《道家金石略》，第900页。

《玄元道院记》，“前至元逮今，凡所修为充廓，与师弟子交承之事，易以今古，皆请于嗣汉天师，然后行之。而有司亦间与有力焉”。[①] 这说明江南各路道观的宫观建设、宫观承继等各种内部事务也在天师的管辖之中。

玄教大宗师在辖区内负责管理度牒授予、道官选举、宫观兴修、宫观主持选拔等事宜。如安丰路濠州（今治安徽凤阳县）涂山禹庙为玄教大宗师所辖境内道观。《禹庙香火公据并重修禹庙记》记载：

> 皇帝圣旨里玄教宗师志道弘教冲玄真人总摄江淮荆襄等路道教都提点、同知集贤院道教事：据安丰路濠州道正司申备玄妙观主持潘宗野曾状告：本观自亡宋时分甲乙住持，自上而下，轮算住持。自归附以来，累年□造，未曾申明换给公据。及照得涂山禹帝香火，宋时隶属本观管领，拘确香资，修造养缮。乞备申上司给据付本观甲乙住持，管绍涂山香火，保结申照样事。得此，准申，合行出给公据付本观甲乙承袭住持，依旧管绍涂山禹帝庙香火，提督修造。仍仰依期焚修，祈廷皇帝圣寿，务在精勤，毋致怠慢，须议给据者。右据仰濠州玄妙观。准此。[②]

由以上引文可见，安徽濠州的玄妙观乃子孙庙。自宋入元以来，玄妙观未曾得到官府凭据。玄妙观主持潘宗野向主管该地区的玄教大宗师申报玄妙观的情况。玄教大宗师给予玄妙观由本观甲乙住持兼管涂山禹帝庙的香火的官府凭据。

武当山为江淮名山，地处玄教大宗师的管辖范围中。元代武当道教的发展离不开玄教宗师的大力护持。至元十六年，张留孙任玄教宗师不久，即将武当山五龙观改升为五龙宫。[③] 玄教宗师不仅负责管理武当山宫观的升格和敕额等事，武当山各宫观的道官亦由玄教宗师任命或提名上报皇帝批准。如《大岳太和山志》记载后至元三年（1337）玄教宗师吴全节任命全真道士李明良担任五龙宫住持。

宋朝政府对各地寺观的管理、僧道官任免、僧道与世俗百姓之间的法律纠纷等均须通报地方路、州、县政府，由地方政府呈报上级部门尚书省或皇帝，待审批后再由转运司传达给地方州县，最后由州县监督寺观或地方执行。通过这种运作程

① 《玄元道院记》，《道家金石略》，第954页。

② 《禹庙香火公据并重修禹庙记》，《道家金石略》，第879页。

③ （元）刘道明：《武当福地总真集·五龙灵应宫传记》，涵芬楼《正统道藏》第2册，第10b页。

序，宋朝政府牢牢地把持着佛道教的教权。相比而言，元朝给予了佛道教更多的宗教自治管理权。在一统中原以后，忽必烈在元朝疆域内划分出三个道教事务管理区域。全真道、张天师和玄教大宗师三大掌教宗师在各自辖区内拥有管领诸路道教所，授道人师号、紫衣，为其申请真人号、赐给宫观名额，并升观为宫、任命道官、任命宗门提点和宫观的住持等事宜的管理权力。即使关涉到教内与教外纠纷的事务，道教掌教宗师及其下属道教管理机构也有参与审理的权力。这是元以前的道教管理机构所没有的。

三 结语

元朝历史和社会的独特性决定其有别于其他中原王朝。源于蒙古人基本上持有宽容而多元的宗教态度来对待其境内并存的各种民族宗教，所以“因俗而治、兼容并蓄”的民族宗教政策得到主要推行。蒙元朝廷对佛道教的管制相对宽松。僧道在户籍管理、赋税徭役、宗教司法等方面获得了比唐宋时期更多的权益。

在成吉思汗和蒙古四汗国时期，蒙古政府对道教管理制度属于初创期。全真道因与大蒙古国的早期接触，而最早获得大蒙古国的承认和敕封。全真道亦最早从蒙古政府手中获得部分的宗教自治权和管理权，为全真道在北方地区的发展获得有利的条件。此后伴随着蒙古统治势力的扩张，元世祖忽必烈敕封正一道天师、全真道掌教宗师、真大道掌教宗师、太一道掌教宗师及玄教大宗师等五大道派宗师，分别授予其一定的宗教自治权。

元朝统一江南以后，元代道教管理范围中存在全真道、太一教、真大道及江南正一教、茅山上清派、阁皂宗、新兴的玄教等众多道派。道教亦从北方全真道一枝独大的局面转变为以南方龙虎山为核心的正一派与全真道相互制衡的发展态势。面临新的局面，元世祖对道教管理政策进行调整和重新制定。首先，元世祖以地域为界限划分出三个道教事务管理区域，由全真道掌教、龙虎山张天师和玄教宗师分别署理。随后，在中央行政机构中设立集贤院管理全国道教事务，又主要吸收全真道、龙虎山张天师和玄教三个道派参与管理道教事务。随着集贤院的设立，之前各个道派所拥有的宗教自治权也逐渐收归至朝廷，尤其是全真道曾在大蒙古国时期所获得的部分宗教管理权逐渐削减并被收归至中央政府。

如此，元世祖逐渐建立起比较系统而完整的道教管理机构和模式，为元朝统一后的道教管理奠定了政策基础。此后，元朝对道教的管理形成了在中央以集贤院为首主管全国道教事务的模式；在地方以三个道教事务管理区域为主，下设道教所为管理道官与道务的行政机构，并由全真道、龙虎山张天师和玄教三派的掌教宗师分别管理。这种道教管理的模式一直实行至元朝末年。

《清会典》中所见张天师

张维祺

内容摘要：明代天师不仅政治地位极高，备受宠信，且在整个道教内部也达到了权力的顶峰，社会影响力空前，但是进入清代后，随着统治者政治倾向和个人喜好的改变，天师的地位在短短的一百多年中，以极快的速度衰落，本文主要以清代《会典》和《实录》为线索，从中筛选出与天师有直接关联的条目与事件，来直观地展现出天师在有清一代的主要境遇。

关键词：清代　天师　兴衰　清会典

作者简介：张维祺，中国社会科学院研究生院宗教学系硕士研究生。

一　清代张天师之概况

清代是我国历史上最后一个封建王朝，清王朝具有非常典型的中央集权式封建王朝的特点，在今人看来，其所处的特殊历史时期以及少数民族入主中原等原因，使得清代在政治、经济、文化各方面都表现出了自己的特色。而作为中国文化重要基点之一的道教，在清代这种特定的历史条件下，也迎来了转折，尤其对于此前曾荣宠一时的道门领袖天师而言，这种转变恐怕也是从未预料到的。

自明朱元璋时起，天师一词就不再作为官方对龙虎山张氏一脉首领的称谓，而是改称大真人或正一真人，所以在清代的官方资料中的称谓也主要是正一真人、大真人或者张真人等类似的称呼，然本文在论述时仍多以天师一词指代，实因天师一词早已深入人心，无论官方如何改变，对道门和民间而言天师一词仍是惯用的称谓。

1. 初期之稳定

明末清初之际，国家动乱，所有曾经依附于政治发展的势力都在这一时期经历不同程度的考验与选择，此时，龙虎山天师一系通过对时局的把握，而选择重新效忠刚刚建立的清王朝，以保全其家族和教派，娄近垣所编《龙虎山志》中记载：

> 皇朝定鼎，贝勒固山略地江西。副总兵王德仁，疑真人（张应京）走福建，从隆武，潜兵将屠上清。未至二十里，真人迎谒道左。德仁诧曰："君犹在此耶，何缘预知我来?"至真人府，父清素真人携杖出迎，苍颜鹤发，翩翩有凌云之气。德仁遂下拜，称弟子①。

暂且不论这段文字是否存在虚构成分，但起码传达出了一个意思，即张天师已在此时准备投顺清王朝。这样的举措，对于皇朝初定的清政府来说，当然是十分欢迎的，因此在清代初期，对于张天师，清政府采取了一种相对中性的态度，一方面承认张天师的地位和作用，另一方面限制张天师的权力，并遏制其宗教扩张，这样的情况，也成为清初政府贯彻执行的基本理念。其中的几段史料或可互为佐证，一为娄近垣《龙虎山志》中写道：

> 世祖章皇帝顺治六年，以张应京袭封正一嗣教大真人。礼部题：为真人投诚，照例承袭优赏以广皇恩事，祠祭清吏司案呈到部。照得张真人历朝旧典，自唐宋元明皆有封赠。今真人张应京具表投诚，于本年正月二十五日入京，已奉旨赐宴，所有封典，应敕吏部查照旧例，铨授封号，给赐银印一颗。至于赏赉银缎，仍各给度牒，臣等未敢擅便。伏候圣裁。谨题。奉旨：依议。②

一为《圣祖实录》中的一段记载：

> （康熙二十二年）吏部题：正一真人张继宗疏请恩诏诰命及父母祭葬。查正一真人（亡）故，从无赐恤致祭之例，应不准行，其恩诏诰命应如所请。得旨：张继宗见号真人，即著照所袭衔名给予诰命。一切僧道原不可过于优崇，若一时优崇，日后渐加纵肆，或别致妄为。尔等识之。③

① （清）娄近垣：《龙虎山志》卷六，《藏外道书》第19册，巴蜀书社，1992，第474页。

② （清）娄近垣：《龙虎山志》卷六，《藏外道书》第19册，第192页。

③ 参见《圣祖实录》卷一一〇。

另一则为光绪年间所编《重修留侯世家张氏宗谱》中所写：

皇清定鼎，入贺。世祖章皇帝颁赐敕谕，谕曰："国家续天立极，光昭典礼，清静之教，亦所不废。尔祖张道陵博通五经，覃精玄教，治民疾病，俾不惑神怪。子孙嗣教，代有崇封。兹特命尔袭职，掌理道箓，统率族属，务使异端方术不得祸乱愚民。今朝纲整肃，百度惟贞，尔其申饬教规，遵行正道，其附山本教族属，贤愚不同，悉听纠察，此外不得干预。尔尤宜法祖奉道，谨德修行，身立模范，禁约该管员役，俾之一守法纪，毋致生事，庶不负朝廷优加盛典。尔其钦承之，故谕。"

查阅顺治、康熙两朝的记录，发现这两代帝王对于张天师的态度还是较为温和，较之前朝，对张天师本人的封赏也未见减少，每遇张天师来京朝觐，总有"宴真人张应京于真人府""赐真人张洪任等宴"① 这样的事件出现，并且据顺治、康熙两朝《实录》记载，这一时期张天师嗣教传承也依旧要上达天听。

此时正一道的发展较为平稳，虽无明代之盛荣，但是其依旧具有一定的政治影响力和社会影响力，势力虽有所削弱，并未由此而衰败。

2. 中期之变化

将清中期定位为雍正、乾隆、嘉庆三朝，一方面因为这一时期是清王朝由盛转衰的时期，另一方面这一时期也正是正一道出现巨大变化和转折的重要节点。关于雍正、乾隆二朝的正一道情况前人所述众多，所以本文只是略作阐述。

纵观整个清代，雍正皇帝对于道教，特别是对龙虎山一系是最为优渥的，对龙虎山多有赏赐。雍正皇帝对于龙虎山一系的这种态度，一方面是因为其本人对于道教的兴趣所致，另一个非常重要的原因则是雍正皇帝对清代著名道士娄近垣的宠信，甚至可以认为这种优待全因娄近垣一人。

乾隆皇帝一改其父之理念，甫一即位，即颁行政令，清釐僧道：

（乾隆元年）礼部遵旨详议，清釐僧道之法，莫善于给度牒，而给度牒之法，必尽令其恪守清净。请令顺天府、奉天府、直省督抚，转饬该地方官，于文

① 分别参见《世祖实录》卷四二、卷九八。

到三月内，将各戒僧、全真道士年貌籍贯、焚修处所，清查造册，取具印结，申送汇齐到部，发给度牒。转饬地方官当堂给发，各僧道收执，遇有事故追出汇缴。嗣后情愿出家之人，必请给度牒，方准簪剃受戒。如有借名影射及私行出家者，查出治罪。至于应付僧人，令地方官一体给与度牒，若不愿受戒者，即行勒令还俗。其中老迈残疾，既难受戒又难还俗者，查实给与度牒，看守寺庙，以终天年。又如深山僻壤不能远出受戒，及俗家并无可归者，亦姑给与度牒，仍另行注册，永不许招受生徒。至清微、正一道士，除龙虎山上清宫由真人给与印照，各直省清微灵宝道士仍给部照，毋庸给牒外，火居道士俱令还俗，其年老不能还俗者，亦暂给部照，永不许招受生徒。又尼僧亦应照僧道之例，愿还俗者听其还俗，不能还俗者亦暂给度牒，永不许招受年少生徒。嗣后妇女必年逾四十方准出家，年少者严行禁止。从之。①

从这一政令中不难看出，乾隆皇帝并非完全针对正一道，且对于龙虎山一系依旧保留一定的权力，允许其管理龙虎山上清宫道士，但是相对于天师曾经的权力，这也已经是又一次极大地缩减了。

而随之而来的儒臣梅瑴成的两次参奏，才使正一道有了实质性的衰落，关于此点，诸多前辈学人已详加探究，遂在此只略作引述：

（乾隆七年）鸿胪寺卿梅瑴成奏：正一真人张遇隆恭祝万寿，据礼部文称，随班行礼应列左都御史下、侍郎前。臣思真人乃道家之流，祈禳驱邪，时有小验，仍在不革可也，假以礼貌可也。乃竟入朝班，俨然与九卿并列，殊于观瞻有碍，应请敕部定议，不得必令入班行。得旨：此奏是，该部议奏。寻议应如所请，嗣后真人承袭谢恩，臣部带领引见，并遵三年来朝之例，准其入觐，照例筵宴，宴毕还山；倘在京适值百官朝贺之期，免其列班行礼。从之。②

（乾隆十二年）大学士等议覆：副都御史梅瑴成奏称，正一真人秩视二品，原属明代旧制，近复加至光禄大夫，题请袭封。伏思孔子至圣后裔承袭公爵，颜曾思孟以下不过博士，今张氏所袭竟与圣裔无别，请照提点演法之类给予品级，

① 参见《高宗实录》卷一六。

② 参见《高宗实录》卷一七四。

停其朝觐筵宴等语。查正一真人世居江西龙虎山，至宋始有封号，元加封天师，秩视一品；明初改正一嗣教真人，秩视二品。本朝仍明之旧，而《会典》不载品级，盖以类于巫史方外，原不得与诸臣同列。即康熙、雍正间曾荷褒封，亦用以祈求雨泽，非如前代崇尚其教，而必阶以极品也。至从前给一品封典，亦因无案可稽，但凭旧轴题给，原未可为定制，嗣后应不许援例假借题请给封。至所奏授为提点、演法之类，所见亦是。但道录司左正一系正六品，正一真人有统率道众之责，若授为提点演法，则亦系正六品。查太医院院使秩正五品，巫医本相类，请将正一真人亦授为正五品。其原用银印，即令缴部。嗣后缺出，应令该抚查其子孙应袭者，取具地方官印结，咨部袭补，照道官类注册。至朝觐筵宴，均如该副都御史所奏停止。从之。①

这样的大幅度的降品降秩与贬斥在整个中国宗教史上也是少见的，特别是在一个政局较为稳定的统一王朝中，则更为稀少，虽然在其后乾隆皇帝也曾稍提天师之品秩②，但那也只是一种单纯的象征意义，并且或有其他的政治原因掺杂其中。

嘉庆朝基本沿袭了乾隆时期的这种状况，并且由于第五十九代天师张钰派下属法官邹尚勤前往江南考选道童，填补光明殿道众缺额一事被地方官参奏，天师的政治地位再次被动摇。这里我们先不论张钰这一举动是否真的违反了当时考选道童的政策③，但其造成的结果却是明确的：

己卯谕。内阁。朕恭阅皇考高宗纯皇帝实录，内载乾隆十二年十二月大学士等议覆梅瑴成所奏，将正一真人改为正五品秩，缺出由该抚咨部袭补，照道官例注册，朝觐筵宴。均如所奏停止。奉□允行，正一真人系属方外，原不得与朝臣同列，嗣后仍照旧例，一应朝觐筵宴，概行停止。④

自此之后，关于天师的品秩朝制就没再发生变化，这条圣谕所示之内容也延续到清朝灭亡。

① 参见《高宗实录》卷三四〇。
② 参见《高宗实录》卷七六〇。
③ 详见王卡《清代天师道概述》；刘仲宇、吉宏忠《正一道教研究》第二辑，宗教文化出版社，2013。
④ 参见《仁宗实录》卷三五八。

3. 后期之沉寂

在嘉庆朝之后，正史中几乎无法再见到与天师有关的材料，这与前面所引的嘉庆圣谕有很大关系，而且，嘉庆朝之后，清政府国力衰退，且不久即遭受西方列强发动的鸦片战争，国家已无暇顾及天师之事。但是，天师在民间野史或私人记述中还偶有出现，通过这些材料也可一窥当时天师之境遇。如清末宣统年间胡思敬所撰《国闻备乘》，载有张元旭为恢复朝觐袭爵而被人骗钱的故事：

> 皇太后七旬万寿，新袭天师张元旭，有人诱之入京祝嘏，费二千金可得二品顶戴。如数予之。天师至京投文礼部，请随班祝嘏。礼部据旧案驳斥不许。同乡有好事者，谓礼臣所援不知何案，欲怂恿天师具呈再请云云①。

这段材料或有调侃、戏说之成分，但是清晰地传达给我们两个信息，一则清代后期天师的袭封、朝觐在事实上已完全停止，二则张天师对于恢复往日荣光也从未放弃过努力，但是因为各种各样的原因无法实现。

最终随着清王朝灭亡，民国建立，天师世家承袭千年的世袭封爵位也终于走到了尽头。

二 《清会典》中所见张天师

会典是记载一个朝代政典事例之书②。《清会典》，又称《大清五朝会典》，清康熙时初修，雍正、乾隆、嘉庆、光绪各朝叠加改纂，是研究清代典章制度的重要资料③。清代的典章制度已经相当完备，于某个群体或职位的制度涉及政治生活中的方方面面，有关天师的典章亦是如此。

1. 总览

（1）康熙朝会典。

康熙朝会典出现与张天师直接相关条目共十一处，涉及行政机构包括吏部、礼

① 胡思敬：《国闻备乘》卷1《张天师受骗》，转引自任继愈主编《中国道教史》，上海人民出版社，1990，第645~646页。

② 摘自《辞海》，上海辞书出版社，1990，第360页。

③ 摘自《辞海》，第1077页。

部、兵部及光禄寺，主要内容包括天师袭封、进表、印信、祈雨雪、设宴规格、车马驿使等情况。主要内容如下。

康熙会典－卷十三－吏部－验封清吏司－功臣世职－验封清吏司……真人土司承袭，咸综理之。功臣世职真人袭封附……凡正一嗣教大真人袭封，顺治六年定，由礼部具题，吏部覆议，准其承袭。

康熙会典－卷五十－礼部－仪制清吏司－进表笺仪——（顺治）八年定，元旦冬至……衍圣公、大真人每节各进表二通，笺一通。

康熙会典－卷五十四－礼部－仪制清吏司－印信——大真人，银印，直钮二台，方三寸一分，厚八分，九叠篆文。

康熙会典－卷七十一－礼部－祠祭清吏司－祈祷雨雪——（康熙）二十二年谕。祈祷雨泽，交与真人府法官，于灵佑宫设坛三日，又于黑龙庙设坛三日。俱劄顺天府遵行……（康熙）二十三年……真人府法官另于九莲宫设坛祈祷，斋戒禁例，俱照前行。

康熙会典－卷七十一－礼部－祠祭清吏司－教坊司承应——凡衍圣公、张真人朝贺到京，于礼部设宴，教坊司承应。

康熙会典－卷七十五－礼部－精膳清吏司－筵宴——衍圣公张真人朝见。顺治间定，衍圣公、张真人进表庆贺，或袭职来京，见朝后，在礼部赐宴一次。

康熙会典－卷七十七－礼部－精膳清吏司－下程路费——凡衍圣公、张真人来朝。顺治八年定。各给羊一只，鹅二只，酒六瓶，面二十斤，茶盐酱各二斤，黄蜡十枝。康熙元年议准，停给羊酒，余如旧。

康熙会典－卷一百三－兵部－车驾清吏司－驿传四－应付通例——（顺治）二年题准……衍圣公、张真人朝贺，及袭封赴京、回籍者，俱给勘合，夫五十名，马十五匹，水路船二只，近京百里内差，照前一品例支给内总兵等官，有军器，酌量拨车。衍圣公、张真人，带掌事，加驴一头、口粮一分；法师，加马一匹、廪给一分。如差官往还，止给马三匹，廪给不支。

康熙会典－卷一百三－兵部－车驾清吏司－驿传四－应付通例——（顺治）七年，题准应付则例……衍圣公、张真人，如有差官往回者，止给马二匹。

康熙会典－卷一百三－兵部－车驾清吏司－驿传四－应付通例——康熙十一年题准……衍圣公、张真人，朝贺入觐袭封，俱照此例应付。若带法师，加廪给一分、马一匹；掌事，加口粮一分、驴一头。

康熙会典－卷一百五十八－光禄寺——凡请安进贡……衍圣公、正一大真人……分送猪口鲜菜大官署供。鹅鸡鱼茶面珍馐署供。羊只羊肉、牛肉、牛乳、乳油、烧酒黄酒良酝署供。干鲜果品、腌菜干菜、黄蜡、油盐酱醋等物掌醢署供。俱照礼部来文办给。凡衍圣公、正一大真人朝觐赐宴，与外藩诸筵宴同。

总体来看，《康熙会典》所涉及的内容基本上揭示了天师仍旧有着较高的政治地位，前面我们认为此时天师在教门中的权力较有明一代已大幅度缩小，虽然只是把天师塑造成一个道门名义上的领袖，但是清政府还是在一定程度上保留了天师的品级待遇，礼制规格将其安排得也比较高，在会典中也常与儒家衍圣公列于一处，亦可见清政府的态度。

（2）雍正朝会典。

雍正朝会典出现与张天师直接相关条目共十处，涉及行政机构包括吏部、礼部、兵部，主要内容包括天师袭封、进表、印信、祈雨雪、设宴规格、车马驿使情况。雍正朝的内容与康熙朝没有大的变化，依旧延续了康熙时的旧例。主要内容如下。

雍正会典－卷十九－吏部－验封清吏司－正一嗣教——凡正一嗣教大真人袭封，顺治六年定，由礼部具题，吏部覆议，准其承袭。

雍正会典－卷六十七－礼部－仪制清吏司－进表笺——（顺治）八年定，

元旦冬至……衍圣公、大真人每节各进表二通，笺一通。

雍正会典－卷六十八－礼部－仪制清吏司－铸造宝印——大真人，银印，直钮二台，方三寸一分，厚八分，九叠篆文。

雍正会典－卷一百二－礼部－祠祭清吏司－祈祷雨雪——（康熙）二十二年谕。祈祷雨泽，交与真人府法官，于灵佑宫设坛三日，又于黑龙庙设坛三日。俱劄顺天府遵行……（康熙）二十三年……真人府法官另于九莲宫设坛祈祷，斋戒禁例，俱照前行。

雍正会典－卷一百三－礼部－祠祭清吏司－教坊司——凡衍圣公、张真人朝贺到京，于礼部设宴，教坊司承应。

雍正会典－卷一百七－礼部－精膳清吏司－筵宴——衍圣公张真人朝见。顺治间定，衍圣公、张真人进表庆贺，或袭职来京，见朝后，在礼部赐宴一次。

雍正会典－卷一百九－礼部－精膳清吏司－下程路费——凡嗣正一真人来朝。顺治八年定。各给羊一只，鹅二只，酒六瓶，面二十斤，茶盐酱各二斤，黄蜡十枝。康熙元年议准，停给羊酒，余如旧。

雍正会典－卷一百四十三－兵部－车驾清吏司－驿传三－应付通例上——衍圣公、正一真人朝贺，及袭封赴京、回籍者，俱给勘合，夫五十名，马十五匹，水路船二只，近京百里内差，照前一品例支给。内总兵等官，有军器，酌量拨车。衍圣公、正一真人，带掌事，加驴一头、口粮一分；法师，加马一匹、廪给一分。如差官往还，止给马三匹，廪给不支。

雍正会典－卷一百四十三－兵部－车驾清吏司－驿传三－应付通例上——（顺治）七年，题准……衍圣公、正一真人，如有差官往回者，止给马二匹。

雍正会典－卷一百四十三－兵部－车驾清吏司－驿传三－应付通例上——康

熙十一年题准……衍圣公、张真人，朝贺入觐袭封，俱照此例应付。若带法师，加廪给一分、马一匹；掌事，加口粮一分、驴一头。

（3）乾隆朝会典。

乾隆朝会典出现与张天师直接相关条目共三处，涉及行政机构包括吏部和礼部。内容虽然不多，但是这三条却足以说明天师在乾隆朝的窘境。主要内容如下。

乾隆会典则例－卷二十－吏部－考功清吏司－文禁（僧道度牒附）——（乾隆四年）又奏准各省地方官，遇有真人府法官传度散帖之事，不行拿究及混行详请咨部者，府州县官，罚俸一年，督抚司道，罚俸六月。至嗣教真人，如有差委法官前往各省开坛传度之处，咨部请示，礼部堂司官，混行咨准者，将该司官罚俸一年，堂官罚俸六月。

乾隆会典则例－卷九十二－礼部－祠祭清吏司－方伎——正一真人承袭。乾隆十二年，覆准江西张氏世居龙虎山，真人名号，非朝官卿尹之称，存其旧名，正所以别于流品。前因无案可稽，两遇覃恩，加至光禄大夫，封及三代，邀荣逾分，理应更正，嗣后，应不许援引、假藉、恳请、题给封典。至正一真人，有统率龙虎山上清宫道众之责，视提点演法稍优，按太医院使，秩正五品，医巫类本相等，应将正一真人亦授为正五品，从前所用银印，缴部换给。其真人承袭，由来已久，不过令其奉祀宫观，非若文武勋阶，为国家酬庸之典。爰及苗裔，以示显庸者可比。嗣后，有阙应补，仍由该抚察其子孙应袭者，取具地方官印结，咨部袭补，照道官例注册。至于朝觐，为述职大典，筵燕实惠下隆恩，未便令道流厕身其间，应请一概停止，以肃体制。

乾隆大清会典则例－卷九十五－礼部－主客清吏司－宾馆——地安门外，有原建正一真人公馆一所，计八十一间，整齐完固，已属闲旷，将此处充设贡使馆舍，其安定门旧馆仍缴还内务府。

不难看出，乾隆朝天师相关规制的变化是十分巨大的，一改之前对于天师相对包容、温和的态度，对其强行打压，这一时期通常也被认为是天师地位在清代最大的转折期，而之后几朝的情况基本延续了乾隆朝的规范。

（4）嘉庆朝会典。

嘉庆朝会典出现与张天师直接相关条目共九处，涉及行政机构包括吏部、礼部、兵部等，主要内容包括天师袭封、印信、设宴、车马驿使情况，并多与乾隆朝同，且施政理念并未发生变化。主要内容如下。

嘉庆会典－卷二十七－礼部－铸印局——正一真人印。铜质、直钮，清汉文，钟鼎篆，方二寸六分，厚六分五厘。

嘉庆会典－卷二十九－礼部－祠祭清吏司——又龙虎山上清宫正一真人袭职。该抚报部，由部题补给劄。设提点一人，提举一人，副理二人，赞教四人，知事十八人、缺出由正一真人保举报部给劄。正一真人五年一次来京，回籍时将起程日期报部。

嘉庆会典事例－卷九十－吏部七十七－处分例－僧道度牒——（乾隆四年）又奏准各省地方官，遇有真人府法官传徒散帖之事，不行拿究及混行详请咨部者，府州县官，罚俸一年，督抚司道，罚俸六月。至嗣教真人，如有差委法官前往各省开坛传度之处，咨部请示，礼部堂司官，混行咨准者，将该司官罚俸一年，堂官罚俸六月。

嘉庆会典事例－卷二百五十八－礼部二十六－铸印－铸造二——（嘉庆）九年奏准。正一真人系三品职秩，现用五品印信与品秩不符，换给三品印信。

嘉庆会典事例－卷三百九十－礼部一百五十八－方伎－正一真人事例——正一真人事例。乾隆四年议奏，嗣后该真人差委法员前往各省开坛传度之处，一概永行禁止。如有法员潜往各省考选道士、受箓传徒者，一经发觉，将违禁之法员严加治罪，该真人一并议处。十二年覆准。江西张氏，世居龙虎山，真人名号，非朝官卿尹之称，存其旧名，正所以别于流品。前因无案可稽，两遇覃恩加至光禄大夫，封及三代，邀荣逾分，理应更正，嗣后应不许援引假藉题给封典。至正一真人有统率龙虎山上清宫道众之责，视提点演法稍优，按太医院使秩正五品，医巫类本相等，应将正一真人亦授为正五品，从前所用银印缴部换给。其真人承袭，由来已久，不过令其奉祀宫观，非若文武勋阶，为国家酬庸之典，爰及苗裔，以示显庸者可比。嗣后有缺应补，仍由该抚察其子孙应袭者，取具地方官印结，咨部袭补，照道官例注册。至于朝觐为述职大典，筵燕实惠下隆恩，未便令道流厕身其间，应请一停止，以肃体制。三十一年谕。正一真人向系承袭一品，前据左副都御史梅瑴成奏请量加裁抑，经大学士会同该部议覆，降为五品第，念其宋元以来，承袭已久，世守道教，即遇有过愆，亦应抵其人以罪，不应议及其世袭，然旧例一品，班序未免太优，遽降五品，又未免过于贬损，著加恩视三品秩，永为例。五十四年谕。正一真人嗣后，著五年一次来京。嘉庆九年。奏准龙虎山正一真人，系三品职，其所用印信乃系五品，与现在品秩不符，应请旨准其换给三品印信，以符体制。

嘉庆会典事例－卷四百一－礼部一百六十九－朝贡－馆舍——地安门外，有原建正一真人公馆一所，计八十一间，整齐完固，已属闲旷，将此处充设贡使馆舍，其安定门旧馆仍缴还内务府。

嘉庆会典事例－卷四百二十－乐部十一－乐章－庆神欢——赐正一真人燕今停止。上清碧落之章。上清碧落诵黄庭，游德园，道成龙虎卫灵坛，法贻后嗣承天眷，来朝金缺颁嘉燕一解。论论论仙家术，最最最重是无为道德全，说说说著这骑凤与骖鸾，便便便家风殊苦县，恁恁恁役风雷掌握间，为为为黎民蠲灾沴，要要要炼心性，金丹久自还，再再再守清虚，云月常舒卷，愿愿愿圣天子福如川二解。

嘉庆会典事例－卷五百六十四－兵部一百三十八－邮政－给驿——衍圣公、正一真人朝贺，及袭封赴京、回籍者，俱给勘合，夫五十名，马十五匹，水路船二只，近京百里内差，照前一品例支给。内总兵等官，有军器，酌量拨车。衍圣公、正一真人，带掌事，加驴一头、口粮一分；法师，加马一匹、廪给一分。如差官往还，止给马三匹，廪给不支……（顺治）七年，题准……衍圣公、正一真人，如有差官往回者，止给马二匹……康熙十一年题准……衍圣公、张真人，朝贺入觐袭封，俱照此例应付。若带法师，加廪给一分、马一匹；掌事，加口粮一分、驴一头。

嘉庆会典事例－卷五百六十五－兵部一百三十九－邮政－给驿——乾隆三年谕……衍圣公、正一真人朝贺，及袭封赴京、回籍者，俱给勘合，夫五十名，马十五匹，水路船二只，近京百里内差，照前一品例支给。内总兵等官，有军器，酌量拨车。衍圣公、正一真人，带掌事，加驴一头、口粮一分；法师，加马一匹、廪给一分。如差官往还，止给马三匹，廪给不支……（乾隆）三十一年覆准……嗣后正一真人来朝，并随带法官，仍照旧例准其驰驿。

(5) 光绪朝会典。

光绪朝会典出现与张天师直接相关条目共九处，涉及行政机构包括吏部、礼部、兵部等，主要内容包括天师袭封、印信、设宴、车马驿使情况，并多与乾隆、嘉庆朝相同，且施政理念并未发生变化，并且其中道光年间的记载，应为清代天师最后一次出现于官方材料中。主要内容如下。

光绪会典－卷三十四－礼部－铸印局——正一真人印。铜质、直钮，清汉文钟鼎篆，方二寸六分，厚六分五厘。

光绪会典－卷三十六－礼部－祠祭清吏司二——又龙虎山上清宫正一真人袭职。该抚报部，由部题补给劄。设提点一人，提举一人，副理二人，赞教四人，知事十八人、缺出由正一真人保举报部给劄。

光绪会典事例－卷一百十二－吏部九十六－处分例－僧道度牒——乾隆四年奏准……遇有真人府法官传徒散帖之事，不行拿究及混行详请咨部者，府州县官，罚俸一年，督抚司道，罚俸六月。至嗣教真人，如有差委法官前往各省开坛传度之处，咨部请示，礼部堂司官，混行咨准者，将该司官罚俸一年，堂官罚俸六月……四十一年覆准……遇有真人府法官在彼开坛度牒等事，不行查禁，将州县官罚俸一年，府州罚俸六月，道员罚俸三月。

光绪会典事例－卷五百一－礼部二百十二－方伎－正一真人事例——正一真

人事例。乾隆四年议奏，嗣后该真人差委法员前往各省开坛传度之处，一概永行禁止。如有法员潜往各省考选道士、受箓传徒者，一经发觉，将违禁之法员严加治罪，该真人一并议处。十二年覆准。江西张氏，世居龙虎山，真人名号，非朝官卿尹之称，存其旧名，正所以别于流品。前因无案可稽，两遇覃恩加至光禄大夫，封及三代，邀荣逾分，理应更正，嗣后应不许援引假借题给封典。至正一真人有统率龙虎山上清宫道众之责，视提点演法稍优，按太医院使秩正五品，医巫类本相等，应将正一真人亦授为正五品，从前所用银印缴部换给。其真人承袭，由来已久，不过令其奉祀宫观，非若文武勋阶，为国家酬庸之典，爰及苗裔，以示显庸者可比。嗣后有缺应补，仍由该抚察其子孙应袭者，取具地方官印结，咨部袭补，照道官例注册。至于朝觐为述职大典，筵燕实惠下隆恩，未便令道流厕身其间，应请一停止，以肃体制。三十一年谕。正一真人向系承袭一品，前据左副都御史梅縠成奏请量加裁抑，经大学士会同该部议覆，降为五品第，念其宋元以来，承袭已久，世守道教，即遇有过愆，亦应抵其人以罪，不应议及其世袭，然旧例一品，班序未免太优，遽降五品，又未免过于贬损，著加恩视三品秩，永为例。五十四年谕。正一真人嗣后，著五年一次来京。嘉庆九年。奏准龙虎山正一真人，系三品秩，其所用印信乃系五品，与现在品秩不符，应请旨准其换给三品印信，以符体制。二十四年谕。正一真人，系属方外，原不得与朝臣同列，嗣后仍照旧例，一应朝觐筵燕，概行停止。道光元年谕。璷弼奏，正一真人张钰恳请来京叩谒一折，张钰前经停其朝觐，著不准来京。又定龙虎山上清宫，设提点一员正六品，提举一员从六品，副理二员、赞教四员均七品，知事十八员未入流。缺出，由正一真人于本山道众内拣选充补，如提点缺出，由提举以下各员挨次升补，均出具考语，报部，补放给劄，并于每届年终，造具各法官及道众年貌籍贯，清册报明该省督抚，咨部查核。如正一真人有私钤执照发给法官，及用空白劄付向各省考选道士，并容士民投充挂名等事，该法官及投充之人从重治罪。仍将正一真人职名咨送吏部议处。

光绪会典事例－卷五百十四－礼部二百二十五－朝贡－馆舍——地安门外，有原建正一真人公馆一所，计八十一间，整齐完固，已属闲旷，将此处充设贡使馆舍，其安定门旧馆仍缴还内务府。

光绪会典事例－卷五百三十四－乐部十一－乐章－部燕——赐正一真人燕今停止。上清碧落之章。上清碧落诵黄庭，游德园，道成龙虎卫灵坛，法贻后嗣承天眷，来朝金缺颁嘉燕一解。 论论论仙家术，最最最重是无为道德全，说说说著这骑凤与骖鸾，便便便家风殊苦县，恁恁恁役风雷掌握间，为为为为黎民蠲灾殄，要要要炼心性，金丹久自还，再再再守清虚，云月常舒卷，愿愿愿圣天子福如川二解。

光绪会典事例－卷六百九十八－兵部一百五十七－邮政－给驿——（顺治）二年题准……衍圣公、正一真人朝贺，及袭封赴京、回籍者，俱给勘合，夫五十名，马十五匹，水路船二只，近京百里内差，照前一品例支给。内总兵等官，有军器，酌量拨车。衍圣公、正一真人，带掌事，加驴一头、口粮一分；法师，加马一匹、廪给一分。如差官往还，止给马三匹，廪给不支……（顺治）七年，题准……衍圣公、正一真人，如有差官往回者，止给马二匹。……康熙十一年题准……衍圣公、张真人，朝贺入觐袭封，俱照此例应付。若带法师，加廪给一分、马一匹；掌事，加口粮一分、驴一头。

光绪会典事例－卷六百九十九－兵部一百五十八－邮政－给驿二——（乾隆）三十一年覆准……嗣后正一真人来朝，并随带法官，仍照旧例准其驰驿。

光绪会典事例－卷一千二百十九－内务府五十－杂例－管理僧道——（嘉庆）二十年议准。光明殿额设道众共四十八名，向例，遇有缺出，据掌印法官呈报，行文正一真人，拣选道众充补。前于嘉庆十二年陆续出有十八缺，送过四名，至今又出有十缺，查现有道众二十四名，虽与原额不符，核计尚敷应用。拟将从前所出道众二十四名缺裁撤，将现有之二十四名，作为额缺，遇有缺出，至三四名后，再行知保，送充补。

2. 对比

随着清政府对于张天师态度，各时期的制度也在发生着变化，本文就这些变化选取重点，做简单对比，词表主要以康熙朝制内容为对比参照物，并取适当事例，如下所示。

	康熙	雍正	乾隆	嘉庆	光绪
礼部	1 进表笺(每节各进表二通，笺一通)	同前	严控传度授箓。降品轶。停朝觐筵宴。收回在京正一真人公馆。无祈祷雨雪事	印信为铜印，降规格。换三品印信。五年一次来京，其余同	同嘉庆
	2 印信(银印)				
	3 有祈祷雨雪事				
	4 可朝觐有筵宴				
吏部	袭封:礼部题，吏部覆议	同前	地方官印结，咨部袭补，照道官例注册	抚报部，由部题补给劄	同嘉庆
兵部	进京朝觐后车驾使用规格与衍圣公同	—	—	—	朝觐进京已实际停止
光禄寺	进贡事，与外国使节同	—	—	—	—

从以上表格不难看出，天师的各方面规格确在逐步下降，即使是一些在《会典》中留存下来的未变条目，也已是处于名存实亡的状态。

3. 总结

《会典》所书的情形与我们印象中清代天师的际遇基本是吻合的，三个时期天师的地位在会典中被清晰地展现。而国家制度中的直观体现，也正是天师在整个国家系统中逐渐被边缘化的真实写照。

清代的天师世家完整地经历了一个由盛转衰的过程，从政治地位、宗教权力的弱化，到事实上的全面衰落，直到天师世袭制度的终结。至于衰落的具体原因，其中既有政治因素，也有教团内部发展的因素，更有当时儒生的推波助澜之举，确实较为复杂，不能一言以蔽之。

虽然清代天师在政治中逐渐势微，但是其在民间的影响力依旧存在，不过由于这方面的材料极其零散，且不易收集，一直不为世人所熟悉，只是我们现在所接受的关于天师的概念与印象，很大一部分是来自明清之际的民间社会，这其中有风俗，也有习惯，只是在我们的日常生活中许多的事情已深入人心，而不觉是一种宗教行为。

一个宗教若想维持其兴旺，势必要得到当权者的青睐，政治上的倾斜可以使宗教具有难以想象的发展速度，但是这也使得宗教成为政治生活的一部分，政治上的变化无一不对宗教施加着各种影响，但是对于一个宗教而言，既要与政治联系紧密，也要在市民阶层产生更大的影响。所以，居安而思危，应时代之需，对宗教改革创新，这也是每个宗教在其发展中必须面对的事情。

田野调查

中国民间宗教与佛教关系新探

李志鸿

内容摘要： 明末清初，罗祖教传入闽西，闽西佛教与罗祖教关系密切，晚清民国时期众多闽西高僧皈依罗祖教，视罗祖教为进入佛教的“方便法门”。罗祖教是创建、重兴闽西佛教道场的重要力量。当代闽西佛教众多寺庙也是由罗祖教经堂发展而来的。闽西佛教协会在宽容与默许中认可了罗祖教念诵《大乘五部六册》的活动。佛教与罗祖教原本并非正与邪的关系，而应该是源与流的关系。在法治化的社会，所谓正统宗教与民间宗教的观念都应该消失，而代之以传统宗教和新兴宗教的概念。

关键词： 罗祖教　民间宗教　佛教

作者简介： 李志鸿，中国社会科学院世界宗教研究所副研究员。

民间宗教与正统宗教虽然存在质的不同，但差异更多地表现在政治范畴，而不是宗教本身。就宗教意义而言，民间宗教与正统宗教之间没有隔着不可逾越的壕沟。①

改革开放以来，宗教信仰自由政策得以落实，中国民间宗教在广大乡村社会再次盛行。从历史的角度来看，当代民间宗教是对传统民间教派的继承。从现实的角度来看，庙宇的兴修，经卷的刊印、讲唱，斋醮仪式的展演，力争本教门的合法化，这些都是当代民间宗教复活的不同侧面。② 流行于赣南闽西的南传罗祖教，往往自称“大乘罗祖正教”“罗祖大乘门”“乘门佛弟子”。该派不以“普”字为号，流传有 78 字

① 马西沙：《中国民间宗教史·序言》，上海人民出版社，1992。

② 林国平：《民间宗教的复兴与当代中国社会——以福建为研究中心》，《世界宗教研究》2009 年第 4 期；尹虎彬：《河北民间后土信仰与口头叙事传统》，北京师范大学博士学位论文，2003；陈进国：《外儒内佛——新发现的皈根道（儒门）经卷及救劫劝善书概述》，《圆光佛学学报》2006 年第 10 期；濮文起：《当代中国民间宗教活动的某些特点——以河北、天津民间宗教现实活动为例》，《理论与现代化》2009 年第 2 期；李浩栽：《弘阳教研究》，中国社会科学院研究生院宗教系博士学位论文，未刊稿，2005 年；陈松青：《福建金幢教研究》，福建师范大学硕士学位论文，未刊稿，2006。

“字派”，迥异于江南斋教，堪为闽赣边界地区流传的罗祖教正宗。细考其传承谱系，该支罗祖教宣称以罗梦鸿为初祖，罗梦鸿的异姓弟子李心安为二祖，黄春雷为三祖。[①] 明末清初，罗祖教传入闽西，闽西佛教与罗祖教关系密切，晚清民国时期众多闽西高僧皈依罗祖教，视罗祖教为进入佛教的“方便法门”。罗祖教是创建、重兴闽西佛教道场的重要力量。当代闽西佛教众多寺庙也是由罗祖教经堂发展而来的。我们发现，深处闽西山区的佛教，其发展态势远远不如沿海地区的寺庙乐观。在闽西佛教界谋求大发展的情势下，依托当地广大民众的信仰需求而广泛存在的做佛事可以说是发展的一大路径。僧尼做佛事，与罗祖教做佛事，在宗教本质上并无差别。在对待罗祖教问题上，佛教协会也并非铁板一块，而是在宽容与默许中认可了罗祖教念诵《大乘五部六册》的活动。回想起历史上有众多剃度出家的僧人将最初自己信仰的罗祖教视为接引的“方便法门”，我们不得不发出这样的感慨：佛教与罗祖教原本并非正与邪的关系，而应该是源与流、草根与精英的关系。在法治化的社会，所谓正统宗教与民间宗教的观念都应该消失，而代之以传统宗教和新兴宗教的概念。

一　历史上佛教对中国民间宗教的影响

东汉末年弥勒观念传入中土，特别是西晋时代，西域人竺法护所译《弥勒下生经》等佛经广泛传布，事情才发生根本性的转机。在弥勒诸经中，大都描绘了光辉灿烂的彼岸世界：“谷食丰硕，人民炽盛”，“人心均平，皆同一意”，“无有差别”，弥勒佛三行法会，普度众生。这种虚幻境界，包含了人类追求美好世界的理想，与特定的西晋以后苦难动荡的现实生活发生鲜明的对照，不能不引起各阶层芸芸众生的强烈信仰，甚至启迪了部分不甘现世苦难的民众，为追求“无有差别”的宗教王国起而抗争。从西晋至隋代，沙门僧侣举旗造反称王者不胜枚举，而以“弥勒下生”为号召的弥勒教、大乘教也从佛教中衍化出来。北魏时代，冀州沙门法庆的大乘教宣扬“新佛出世”，发动起义。隋大业间，沙门向海明自称弥勒佛转世，揭竿造反。可见

① 关于闽西罗祖教调查研究可参看李志鸿《民国十三年〈大乘正教宗谱〉与闽赣边区罗祖教》［中国社科院世界宗教研究所编《宗教文化青年论坛（2010）》，社会科学文献出版社，2010］；《南传罗祖教初探》（《世界宗教研究》2010 年第 6 期）；《罗祖教与闽西客家文化》［苏庆华主编《汉学研究学刊》第三卷（2012），吉隆坡：马来亚大学中文系，2012］；《新见罗祖教〈五部六册〉宝卷及宣卷仪式》（《世界宗教研究》2013 年第 3 期）；《赣南闽西罗祖教抄本宝卷探析》（《世界宗教文化》2014 年第 6 期）。

弥勒教、大乘教都是由佛教异端分化出来的民间教派。①

与弥勒净土宗雷同的是弥陀净土宗。弥陀净土宗世俗化倾向十分明显，但从中真正分化出民间教派则是在南宋时代。南宋初年，浙江、江苏分别出现了两个弥陀净土宗世俗化教派：白云宗和白莲宗（即后来的白莲教）。白莲教在初创阶段仅是一个净业团社性质的组织，创教人江苏昆山沙门茅子元融会了天台宗与净土宗的教义与忏法，以四种果报吸引群众信仰。信教者吃斋念佛，却不必祝发修行，家居火宅，娶妻生子，与平民无异。因此迅速地赢得了大量信徒，“愚夫愚妇”，“皆乐其妄”。茅子元倡教不久，被当局以“食菜事魔”的罪名发配江州。白莲教当然不是摩尼教（摩尼教是一种受佛教、基督教等宗教影响很大的外来宗教，由波斯人摩尼创成于3世纪。隋唐时代由波斯传入中土，不久即遭禁断。唐安史之乱后，该教随回纥军队再次大规模进入中原地区，成为合法教派。唐会昌间，武宗灭法，摩尼教与佛教同遭毁禁，从此混迹于下层社会，秘密流传。五代母乙起事、北宋方腊起事都与摩尼教有关。故在宋代，当局视摩尼教为大敌）。南宋当局将白莲教与摩尼教混同的时间不长，大概发现白莲教对封建教化颇有补益，遂承认其为合法教派。元代，白莲教发展到了鼎盛时期，其势足与佛、道相埒。元政权除了在极短时间曾经禁断该教，基本采取认可、保护的政策。白莲教上层宗教领袖也采取与元政权依附合作态度。但该教传教过泛，以致多涉异端，而下层群众也数度利用其旗帜反抗元政权。元代末年，以弥勒教即香会为骨干的抗元起义揭开序幕，遂有大批的白莲教徒云集响应，加入其间。后世史家多混称之为白莲教起义。明初白莲教遭禁，彻底演变成民间秘密宗教。②

禅宗是唐、宋以后与净土宗共存的最大佛教教派，形成五家七宗，流派纷呈。由于其特点，格外受上层官僚及知识阶层青睐，它否定偶像、经忏，不顾规矩方圆，成为士大夫阶级闲适、解脱的工具和下层知识分子摆脱精神苦闷与专制高压统治的避世良方。理学的出现除了受丹道思想的影响外，亦得力于禅宗的影响，而禅宗本身又具备对抗理学的内在力量。明代，禅宗不但影响心学的兴起，同时影响也日益走向下层。明代中叶一支影响巨大的民间教派——罗祖教倡兴于世。罗祖教思想体系的核心就是禅宗教义。明清时代罗教及其各类异名同教活跃于华北、江南、西北十几个省份，并公然向白莲教宣战，意在取而代之，最终发展成为那一时代首屈一指的大教

① 马西沙：《中国民间宗教史·序言》，上海人民出版社，1992。
② 马西沙：《中国民间宗教史·序言》。

派。罗祖教的问世和发展，是禅宗思想在下层社会的一次大传播，是底层民众为摆脱现实苦难、追求精神解脱的一种新追求。[①]

罗祖教创教后，传播异常迅速，深得广大民众以及下层僧侣的信仰。虽然如此，历史上罗祖教往往被当局以及佛教界视为附佛外道。明万历十四年（1586）憨山德清来到山东时，见到民众皆尊信罗祖教而不知有佛教三宝，十分震惊：

> 十三年乙酉
>
> 予年四十。东人（指山东崂山附近地区）从来不知僧。予居山中。则黄氏族最大。诸子渐渐亲近。方今所云外道罗清者。乃山下之城阳人。外生长地。故其教遍行东方。绝不知有三宝。予居此。渐渐摄化。久之凡为彼师长者。率众来归。自此始知有佛法。乃予开创之始也。[②]

显然，正统佛教大师皆以罗祖教为附佛外道，明末四大名僧之一的莲池袾宏对罗祖教的《大乘五部六册》大加批驳："有罗姓人，造五部六册，号无为卷，愚者多从之，此讹也。彼所云无为者，不过将万行门悉皆废置，而不知万行即空，终日为而未尝为者，真无为也。彼口谈清虚，而心图利养，名无为而实有为耳。人见其杂引佛经，便谓亦是正道，不知假正助邪，诳吓聋瞽。凡我释子宜力攘之。"[③] 紫柏真可的大弟子密藏道开则以为，罗祖教虽然非白莲教，而为害甚于白莲教：

> 正德间，山东即墨县有运粮军人，姓罗名静者。早年持斋。一日，遇邪师授以法门口诀，静坐十三年，忽见东南一光，遂以为得道。妄引诸经语作证，说卷五部，曰苦功悟道、曰叹世无为、曰破邪显正钥匙、曰泰山巍巍不动，其一则余忘之矣。破邪卷有上下二册，故曰六册。
>
> 时有僧大宁者，亲承而师事之，而兰风又私淑而羽翼之，俾其教至今猖炽宇内。无从扑灭，曰无为、曰大乘、曰无念等，皆其教之名也。或三更静夜，咒诅盟誓，以密传口诀，或紧闭六门，握拳拄舌，默念默提，救拔当人以出苦海，或谓夫人眼视、耳听、手持、足行的现成是佛。大佛小佛、男佛女佛，所作所为，

---

① 马西沙：《中国民间宗教史·序言》。

② 《憨山老人自序年谱实录》"十三年乙酉"条。

③ 《莲池大师全集·正讹集》。

无非佛事，何分净染？何事取舍？何假修持？但临命终时，一丝不挂，即归家乡耳，如此则皆其教之法也。蚁屯鸨聚，唱偈和佛，邪淫混杂，贪昧卑污，莫可名状。而愚夫愚妇，率多乐于从事而恣其贪淫，虽禁之使不归向，有不可得。此其教虽非白莲，而为害殆有甚于白莲者乎！大宁复著有《孝义》二册、《归空记》、《法舟偈》。其徒寓江西南城县北。羊血渡者复著有《心经了义》、《金刚了义》等卷若干册，皆山歌野曲之文也。①

历史上，虽然官方以及佛教界不承认罗祖教的合法性，但是罗祖教徒始终以佛教徒自居，且不少罗祖教徒还剃度出家。

二　罗祖教辈分制与佛教临济宗宗谱

赣南闽西罗祖教民国13年《大乘正教宗谱》第一册，以及民国21年《大乘传灯宗谱》第一卷“世尊系派”均列有“西天东土历代佛祖传灯记”，将罗祖教视为临济宗鹅头宗派。细察中国佛教史，所谓鹅头宗派，应是鹅头禅师所传的临济宗支派。鹅头禅师是明代北京戒台寺知幻大师的别称。知幻大师，俗姓刘，名道孚，又称“鹅头禅师”。知幻大师圆寂于明景泰七年（1456）。② 今北京戒台寺尚存有明成化九年（1473）《敕建万寿大戒坛僧录司左讲经知幻大师行实碑》。该碑记载了知幻大师出家、学佛、传戒的一生。③ 鹅头禅师亦即知幻大师，所传临济宗支派在康熙癸未（1703）迅雷明喜禅师刊印的《淄门世谱》里有载：

临济派

又碧峰下第二世鹅头禅师，于北京西山建万寿戒坛，横出临济一枝（计二十四字）。派曰：清净道德，文成佛法。能仁智慧，本来自性。圆明行理，大通无学。④

① 《藏逸经书标目》“五部六册”条。

② 张云涛：《北京戒台寺石刻》，北京燕山出版社，2006，第31页。

③ 张云涛：《北京戒台寺石刻》，第146～147页。

④ 《续藏经》，第147册，台湾新文丰出版有限公司，1976，第681页。

《淄门世谱》虽然刊印于康熙癸未年（1703），然而细察北京戒台寺存明成化九年（1473）《敕建万寿大戒坛僧录司左讲经知幻大师行实碑》，以及明嘉靖四十四年（1565）《重修万寿寺捐资题名碑》，可知至迟至明代嘉靖四十四年（1565），鹅头禅师所传临济宗派已经传有本门字派。据《敕建万寿大戒坛僧录司左讲经知幻大师行实碑》所载，鹅头禅师“俗姓刘氏，讳道孚，字信庵，别号知幻”。[①] 碑文末尾有载：

> 大明成化九年岁在癸巳夏四月佛诞日
>
> 僧录司左觉义传戒坛主徒弟德默、右觉义传戒坛主德育、传戒坛主宗师德秀、住持德令等立石，历阳王用镌。[②]

碑阴又载：

> 钦依坛主传戒宗师
>
> 钦依坛主传戒宗师兼本寺住持沙门德秀
>
> 提典：德耀、德仪、德弟、德豆、德行、德琏、德守
>
> 前堂：德汉、悟通、德信、德潮——
>
> 首座：德舜、德前、文忆、文澴、文明、文耐、文合、文可、文淳、文广——成文、成荣、成贵、成随、成聪、成福——[③]

上载，德默、德育、德秀、德令显然属于“德字辈”，文忆、文明、文可等是“文字辈”，成文、成荣、成贵、成随等皆是“成字辈”。知幻大师，讳“道孚”显然是“道字辈”。戒台寺又存有明嘉靖四十四年（1565）《重修万寿寺捐资题名碑》，该碑碑阳列有嘉靖二十九年（1550）至嘉靖三十五年（1556）捐资人员名单，碑阴则是当时戒台寺的立碑人。在立碑人名单中，记载有戒台寺“续临济宗派”的二十四字“字派”：

> 大明嘉靖四十四年（1565）岁次乙丑孟夏吉日建

① 张云涛：《北京戒台寺石刻》，第147页。

② 张云涛：《北京戒台寺石刻》，第149页。

③ 张云涛：《北京戒台寺石刻》，第149页。

前堂：佛大、佛光

钦依坛主传戒宗师文海。续临济宗派：清净道德，文成佛法。能仁智慧，本来自性。圆明行理，大通无学。①

以上完全符合康熙癸未（1703）刊印之《淄门世谱》所载的“清净道德，文成佛法”字派次序。前所引《敕建万寿大戒坛僧录司左讲经知幻大师行实碑》成于明成化九年（1473），《重修万寿寺捐资题名碑》成于明嘉靖四十四年（1565），亦由此可知，至迟至明嘉靖四十四年（1565），鹅头禅师所传临济宗派已经传有“清净道德，文成佛法”二十四字“字派”。综上，联系前述清乾隆时期档案所载，以及民国13年重编《大乘正教宗谱》、民国21年《大乘传灯宗谱》所载闽西罗祖教所传辈分制所沿用的“字派”——清净道德文成，佛法能仁智慧，本来自性圆明——可知，罗祖教所传字派，与鹅头禅师即北京戒台寺知幻大师所传临济宗支派有密切关系。

三　晚清民国时期闽西高僧与罗祖教

随着罗祖教在闽西的传播，佛教与罗祖教的关系已经越发密切。简单地将罗祖教视为附佛外道，完全无视历史与现实中佛教与罗祖教之间的复杂关联，是不尊重历史事实的。

据民国13年重编《大乘正教宗谱》载，罗祖教第八世弟子（法字派）陈应德，建宁县人，于明万历四十二年甲寅（1614）肇基于N县招贤里刘家源德灵山经堂。第十世弟子（仁字派）朱道性，N县招贤里双溪口林家坳人，于顺治十七年庚子（1660）肇衍观音山。可见，这一支罗祖教进入N县始于明万历年间。此后，各山经堂传衍生息，在N县各地衍化出三十几个经堂，较著者有16个，并传入临近的石城、南丰、广昌、清流、明溪、建宁、将乐、泰宁、建阳、邵武诸县。该派枝繁叶茂，支系众多。N县公安机关于1950年展开“反动会道门”调查，发现罗祖教主要活动于城关小溪五谷庙、禾口升仙台、枫干排、大觉寺、安乐大峰山、泉上心灵山、湖村黎坊妙灵山、中沙福园山、方田崇生堂、香花山等二十几个庵堂和寺庙，计有教徒106人。同时并入县佛教协会。② 1953年N县佛教界召开庆祝“中国佛协正式成

① 张云涛：《北京戒台寺石刻》，第171页。

② 《N县公安志》第二篇“打击犯罪”第一章“打击反革命犯罪”第三节“取缔反动会道门”，1993年12月，第153~156页。

立”大会，福建省政府以及N县县政府皆有代表参加。当天下午诵释迦牟尼佛圣号，由“青年教徒学习会”发动肃清隐藏在佛教里的会道门运动，当场焚烧了《大乘五部六册》等经典十余部，准备彻底清除所有反动会道门流毒书籍和思想。[①]

晚清民国时期，闽西许多佛教庙宇的重建、中兴是由罗祖教徒完成的。一些罗祖教经堂通过加入官方的佛教协会，获取了合法身份。民国13年重编《大乘正教宗谱》第一册“金瓶峰经堂记”有载：

> 福宁东乡离城六十里钟坑，小地名灶马嵊，——今改名金瓶峰，开山建造，广募地方善士，崇祀金容世尊。为善事之倡首者，比丘善虚师也。由幼为优婆塞，受三皈五戒，授导善徒众多。欲承祖教，兴崇佛地，稍变宗风。是以民国壬戌年（1922），遍叩阀阅，敢祈随喜，捐锱铢于十方，作丛林于此地。——聊撰数言，以为千秋之记。

善虚法师，本是正统佛教徒，早已受三皈五戒，但是在1922年却“欲承祖教，兴崇佛地，稍变宗风”，广募善士，开创了闽西罗祖教“金瓶峰”经堂。民国13年重编《大乘正教宗谱》第四册“来显公世系传钟坑金瓶峰”载有善虚法师简介以及师承：“上慧公法嗣。二十二世，乘字派，乘良，住泉下里九积坑，姓王，名值仁，本里临田寺出家，礼贤旺为师，道号善虚。于民国辛酉年（1921）自创钟坑金瓶峰居住。法嗣，正清、正参、正通。”[②] 善虚法师本姓王，名值仁，住闽西N县泉下里九积坑，尝于本里临田寺出家，礼贤旺为师，道号善虚。皈依罗祖教后，成为二十二世乘字派罗祖教弟子，法名乘良。事实上，随着罗祖教在闽西的传播，善虚法师的皈依师临田寺贤旺法师随后也转信罗祖教，投师于闽西罗祖教“来显公世系传巫坊鹫灵山”经堂黄彻真法师门下，[③] 成为“来显公世系传邓坊南山庵”弟子。[④]

善虚法师开创金瓶峰经堂，还培养了众多法嗣，这些弟子皆兼传正统佛教与罗祖

---

① 参见《现代佛学》1953年第8期，第27页。

② 民国13年重编《大乘正教宗谱》第四册“来显公世系传钟坑金瓶峰”。

③ 民国13年重编《大乘正教宗谱》第三册“来显公世系传巫坊鹫灵山”载有黄彻真法师简介：“廿六世，彻字派，彻真，姓黄，名有栋，住泉下里巫坊，道光辛丑年三月十一日未时生，光绪廿三年十二月初七寅时殁。法嗣，黄光宗。”

④ 民国13年重编《大乘正教宗谱》第四册“来显公世系传邓坊南山庵”载有黄微兴（贤旺）的生平：“彻真公男法嗣，廿七世，微字派，微兴，姓黄，名光宗，字贤旺，住泉下里临田寺。同治庚午年八月初六日戌时生。”

教法派。例如，谢高发，属罗祖教廿三世正字派弟子，法名“正启”，同时出家临田寺，礼善虚为师，法名“宝聚”；吴泽潭，属罗祖教廿三世正字派弟子，法名“正参”，于金瓶峰出家，道号“宝髻”，礼善虚为师；朱运其，罗祖教廿三世正字派弟子，法名“正清”，由金瓶峰出家，道号“宝贵”，礼善虚为师；范崇叶，罗祖教廿三世正字派弟子，法名“正光”，由金瓶峰出家，礼善虚为师，道号“宝明”；邱定超，罗祖教廿四世学字派弟子，法名“学志”，由金瓶峰出家为僧，礼善虚为师，道号“坚恩”。① 在善虚法师诸弟子中，以宝清法师为最著者。就罗祖教字派而论，宝清法师属于二十三世正字派，法名“正通”：“来显公世系传钟坑金瓶峰。乘良公法嗣。二十三世，正字派。正通，住招贤里石寮，姓郑，名荣河，光绪己亥年（1899）生，道号宝清，礼善虚为师。”②

据N县佛教协会2008年编修的《N县佛教志》记载，宝清法师是民国闽西N县的著名人物：

> 宝清法师，俗姓郑，名荣河，1898年出生于水茜石寮。二十多岁时出家于湖村临田寺，后至福州鼓山受大戒。早年曾至光严寺协助宝山法师，并学习梵语，其后参道游学于南洋一带。回闽后到各地讲经说法，闻名于汀州八县，当时长汀县县长曾亲题“性相圆融”大匾相赠。民国23年（1934），宝清法师入湖村临田寺任住持，该寺兴旺一时。民国26～30年（1937～1941），法师缘融河龙福田寺，鼎力兴建该寺，得伍世春及周边信众相助，终告落成。从此，不少知名法师前来与宝清法师参学天台宗，福田寺僧尼不断增多。1950年11月，宝清法师圆寂，终年52岁。③

民国13年重编《大乘正教宗谱》关于宝清法师姓名、籍贯等的记载与《N县佛教志》大体一致。唯出生年月前者以为是1898年，后者以为是光绪己亥年，即1899年。在民国时期的闽西佛教界，宝清法师功绩有四：一则，协助宝山法师兴隆光严

① 民国13年重编《大乘正教宗谱》第四册“来显公世系传钟坑金瓶峰”。
② 民国13年重编《大乘正教宗谱》第四册“来显公世系传钟坑金瓶峰”。
③ N县佛教协会编《N县佛教志》，2008，第161页。

寺;[①] 二则，在闽西讲经说法，名重汀州八县；三则，住持湖村临田寺；四则，创建河龙福田寺，培养众多天台宗弟子。民国时期，N 县僧人讲经说法相当盛行。光严寺住持释宝山精研经典，兼通梵文，人称“儒僧”，定期开坛讲经，外地僧人亦远道前来听讲，座无虚席。法轮寺中亮、世福、见镛三位法师曾长期开办净土道场，远近闻名。见镛法师还被礼请至长汀弘法，后来其法徒后裔遍布汀州各县，影响深远。河龙福田寺宝清法师，行天台教观，开坛讲经时，听众十分踊跃。应邀至长汀讲经时，县长亲题“性相圆融”大匾相赠，从此闻名于汀州 8 县。[②]

民国 23 年（1934），宝清法师入湖村临田寺任住持。临田寺，位于湖村以北黎坊村水口。始建于明弘治十六年（1503），初建正殿和两间厢房，后因失火焚毁。明正德七年（1512），福州鼓山释尚兴禅师至此，联集周边七乡施主募资在原址重建。据旧县志载：清顺治十一年（1854）腊月，寺庙遭火焚毁。康熙元年（1662），湖村诸乡信士择现址再次重建。民国 23 年（1934），释宝清法师入寺住持，释坚崇掌管，每年六月十八为本寺罗汉会，四乡邻县的善男信女，络绎不绝来赴会，布施香资数以千计。[③]

宝清法师创建的福田寺，在河龙乡的牛鼻嵊，距离县城 34 公里。当时，常住僧尼有 40 多人，分别来自闽赣 6 县。民国 33 ~ 35 年（1944 ~ 1946），会静法师曾到福田寺向宝清法师学天台宗。会静法师后来成为闽西 N 县佛教协会会长、福建佛学院教务长。[④] 1950 年 11 月，宝清法师圆寂，坚太法师住持福田寺。1966 年，在“文革”运动中，福田寺被毁。1979 年，在中国佛协秘书圆彻法师的关心下，福田寺由普照法师重建。[⑤]

如上所述，临田寺与闽西罗祖教关系甚深。据县志记载，“康熙元年（1662），湖村诸乡信士择现址再次重建临田寺，背靠镜尾峰峦，前瞻三狮拱秀，正殿供奉三宝，殿侧排列二十四位诸天神像，下殿安祀十八尊罗汉，左设罗祖堂，右设西归厅，两侧厢房住僧尼，下廊辟放生池，寺周花墙环绕”。[⑥] 此次临田寺重建，“左设罗祖

① 宝山法师是民国时期闽西佛教界的重要人物，俗名陈大中，江西屏山人。民国初期住持光严寺，精研佛典，兼通梵文，人称“儒僧”。参见 N 县佛教协会编《N 县佛教志》，2008，第 160 页。

② N 县佛教协会编《N 县佛教志》，2008，第 149 页。

③ N 县佛教协会编《N 县佛教志》，2008，第 108 页。

④ N 县佛教协会编《N 县佛教志》，2008，第 173 页。

⑤ N 县佛教协会编《N 县佛教志》，2008，第 125 页。

⑥ N 县佛教协会编《N 县佛教志》，2008，第 108 页。

堂”，足见有罗祖教徒的参与。民国13年，罗祖教金瓶峰经堂善虚法师由于“扫塔祭祖，砍伐树木甚多”，与当地村民雷发照等发生争端，所幸有临田寺僧宝觉法师出具金瓶峰购买庵基、山场的契据，争端方休。事后，金瓶峰与雷氏宗族重立契约，引以为据。此事记载于民国13年重编《大乘正教宗谱》第一册金瓶峰经堂的“严坊水口塔图”之后：

> 严坊水口塔图。右塔图在严坊水口。立出编清结字人严坊雷发照等，为因本年三月间经金瓶峰僧善虚扫塔祭祖，砍伐树木甚多，照等出言，此山系光绪年间僧大映出卖雷宅照等众上为业，善虚知此言，即请甲董谢家炳向验契处。惜照等并无只字可考，难以追究。不料族兄弟发钊、发炳原向此山破柴。虚因雷宅无契，伪买凭证，理应投约向论。承念乡邻之情谊，庶以免雀角生隙。俟后临田寺僧宝觉闻知此事，云：此庵基及山场具有界限分明，所有契据于光绪廿九年七月间师叔祖贤旺请中约理论，即向雷祥焰众等即将僧大映出卖庵基并山场契据一应经中约手交还，现存临田寺经管。照等闻此情由，自知欠理，各各恳念前情，日后不争论该山所破之柴。愿将众等有山一片，地名白石前山，内有松树不少，即将抵偿，任凭虚等砍伐。日后庵基并山场，仍归僧宅永远管业。雷宅众等再不得生端异说并无寸土相连。恐口无凭，立出编清结字，交与僧宅存照。一批定雷宅后日倘有此据以为伪造，不得为据。民国十三年甲子岁六月日立出编清结字人雷发照、发钊、发炳。在场共中张泰云、张泰院。代笔人陈其祥。

起先，善虚法师因扫塔祭祖而砍伐树木，引起了雷氏宗族的不满。金瓶峰经堂苦于没有先前购买庵基、山场时的契据，只能坐视雷氏发钊、发炳兄弟以砍伐经堂周边树木作为报复。关键时期，临田寺宝觉法师寻出光绪廿九年（1903）七月间贤旺法师与雷氏族人订立的购买契据，雷氏族人无言以对，自知理亏，决定日后不再争论该山所破之柴，愿将本族山场“白石前山”上的松树作为抵偿，任凭善虚法师等砍伐，且日后庵基并山场，仍归僧宅永远管业。此次纠纷的解决，无疑是罗祖教与闽西佛教寺庙相互协助的结果——罗祖教金瓶峰经堂与临田寺俨然一家。

四 晚清民国时期罗祖教与闽西佛教道场的修复重建

清朝光绪年间，闽西罗祖教大盛，一些罗祖教法师不仅建立斋堂，劝人吃斋念佛，而且四方募化钱财，重修闽西佛教道场，成为传承、复兴佛教的重要力量。闽西的亘古岩禅寺，始建于明朝永乐年间，《N县佛教志》对亘古岩寺的介绍十分简要："亘古岩寺，又称永乐寺。坐落于中沙黄柏源村，距县城约20公里。该寺始建于宋淳熙年间，初名亘古岩。历史久远，几度兴废。至明永乐年间重建，易名'永乐寺'，延续至今。1966年'文革'期间被拆毁。"[①] 相较而言，民国13年重编《大乘正教宗谱》"永灵山记"则载之甚详：

> 此山即亘古岩也——迨明永乐十年壬辰岁，吴姓始辟其地，名曰"龙瑞岩"也。——又至光绪戊戌年，善道才入斯山——誓愿创建道场。如是，迁于岩左，开基建造梵堂，新塑三宝金身诸圣玉相，丙午复建观音堂以招优婆塞、优婆夷众，故取名曰："永灵山"。予思昔日，感罗公祖师开方便教接引群蒙，使我早入善路，后得披剃空门，受佛具足大戒，得获无量胜益，以此不忘其本也。[②]

亘古岩位于闽西永丰里三都（今中沙乡），本为吴姓的山场。明永乐十年（1412），吴姓宗族将之开辟为"龙瑞岩"。其时，有吴大禅师（吴智宽）在此苦行修真，果满功成，名闻远近。同治五年（1866），僧人耀成游方至此，重兴道场。光绪戊戌年（1898），善道法师进入亘古岩，将原本残破的佛寺翻建成罗祖教道场——"永灵山"。历史上，闽西罗祖教将亘古岩寺称为"性贤公世系传武昌永灵山"。善道法师，是罗祖教廿一世上字派弟子，陈崇焰公的法嗣，法名"上进"，本姓薛，名万生，出家后道号"善道"，原籍江西建昌府广昌县四川里叶前人。[③] 善道法师兼有正统佛教与罗祖教的法号，在闽西罗祖教看来，罗祖教是信众接受佛教的"方便教"，许多法师就是通过信仰罗祖教而后"披剃空门"，受"具足大戒"，成为正式佛弟子的。

实际上，闽西佛教界并不回避罗祖教对重兴闽西佛教道场的重要功绩。闽西N县定光寺，亦称"老佛庵"，是现今县佛教协会的所在地："老佛庵原在城东二里许。现址坐落在小溪边。该庵始建于唐乾符年间，原称崇福尼院，明改为崇福堂，清顺治戊戌年间，比丘自钦、广缘募捐重建，改名老佛庵，2002年大殿落成后称定光寺。——原住寺人员有丘元华、元生、元东、释德琼等人。——四楼为佛协会办公

① N县佛教协会编《N县佛教志》，2008，第136页。

② 民国13年重编《大乘正教宗谱》第一册《永灵山记》。

③ 民国13年重编《大乘正教宗谱》第四册《性贤公世系传武昌永灵山》。

室。——现有住寺人员12人，县佛协会会长任住持。”[①] 此为县佛教协会对定光寺历史的官方叙述。考之闽西罗祖教历史，晚清民国时期，老佛庵的重兴、扩建实际由闽西罗祖教祖师聂学传、阴悟觉、邱元华操持：

> 在福建宁化县城南小溪边福林山老佛庵。宋理宗间，坊人捐赀鼎建，立辰山戌向，恭祀释迦佛暨老佛、二佛，护国佑民。至元、明、清，历有踵修。右畔观音堂，前殿清光绪间住持聂学传、阴悟觉捐赀鼎建。殿后民国戊辰年住持邱元华捐赀鼎新独建。仍立辰山戌向，中祀观音大士，前殿改为西归厅。兹当修谱，请芳邻七十老人张彩文先生将该庵四至界限以及目前目后左右山水景致绘图付梓，以垂永远。
>
> 民国庚午岁孟秋月。住持邱元华谨识[②]

邱元华居士在闽西佛教界影响颇大，《N县佛教志》在叙述邱元华居士的事迹时，对其罗祖教徒身份并不隐晦：“民国初期老佛庵负责人邱元华居士，生卒不详，原系罗祖教徒。”[③] 晚清民国时期的罗祖教则将邱元华尊称为“清净门中第一彪炳人”：

> 元华净师行状。善士元华者，乃清净门中第一彪炳人也，世居宁化龙下里大长坊下坑。原名邱理高。——至光绪二十八年，华才二十有三，谨遵慈命，始投在城里下进坊小溪边福林山老佛庵，拜阴彻净师傅为徒，日习经典。谨遵罗祖师教——至今三十余载，犹无少惰——本庵右畔，鼎新建一观音堂。——民国十三年间，彻净师傅归真。三年之内，七七诵经扶灵守孝，俨如生父。还山之日，斋、僧，以及友谊、同门护送如云。此故敬元华，非敬彻净也。——民国十九年庚午之冬，蟾冈居士七十老人与之比邻素知其行，兹当修谱，故为之笔于左。
>
> 啸霞张馨焕敬赠[④]

原本破败的佛教道场经由罗祖教之手得以重兴，邱元华等罗祖教徒重修、扩建了老佛

① N县佛教协会编《N县佛教志》，2008，第54页。
② 民国21年重编《大乘传灯宗谱》卷一《老佛庵图》。
③ N县佛教协会编《N县佛教志》，2008，第182页。
④ 民国21年重编《大乘传灯宗谱》卷一《元华净师行状》。

庵，他们以清净为归，乐善好施，与正统佛教徒无异。在部分闽西佛教高僧大德看来，罗祖教是他们接触佛门的第一步，是永远不能忘的“本”：“予思昔日，感罗公祖师开方便教接引群蒙，使我早入善路，后得披剃空门，受佛具足大戒，得获无量胜益，以此不忘其本也。”①

五　虚云法师法脉与罗祖教

1. 虚云法师受戒师与罗祖教

福州鼓山涌泉寺是中国佛教重镇，自五代始，名扬八闽，影响遍及东南亚。晚清民国时期，闽西诸多罗祖教徒尝出家或受戒于鼓山。N县罗祖教徒李水金，乃“宁邑龙上上里陂田人氏，姓李，父荣项，母张氏”。自幼“合家皈依罗祖教”，至十七岁时，“竟往安乐大演堂姊夫处食斋。拜修悟德为师，取名彻金。学习《罗祖经》，兼取玄妙，访禅于本邑光岩寺宝传大师座下剃度，取名坚德”。此后，彻金“往鼓山受戒，蒙振光大和尚赐知客之权重。渡南洋各国。回鼓养性，居白云洞，四季完全得阅《藏经》要旨”。② 同治二年（1863），闽西罗祖教第廿五世，悟字派弟子，归化（今明溪县）人冯悟书出家鼓山为僧，受净规五戒，依法行持，后任福州怡山长庆寺（今福州西禅寺）方丈：“第廿五世，悟字派，学成公法嗣，悟书，姓冯，名书太，住归化西门城内，道光己丑年正月二十日未时生，同治二年往福省至鼓山为僧，受净规五戒，依法行持，务宜坚固妙道，慈悲和众，爱其师长，立心发志，进京都，六部奏旨，即请大藏经文回省怡山长庆禅寺，各文武衙门军民人等迎送接驾，后建造大藏经楼，后升大方丈，带众僧尼四众人等道场，千古永标，万世之名也。”③ 冯悟书之子冯佛保，原本是闽西罗祖教第廿六世，彻字派弟子，法名彻宝，此后亦往鼓山为僧，成为鼓山涌泉寺方丈，并往南洋槟城开创寺庙，名垂千古：

> 第廿六世，彻字派，书太公法男。彻宝，姓冯，名佛保，法号妙莲，住归化城

① 民国13年重编《大乘正教宗谱》第一册《永灵山记》。

② 民国21年重编《大乘传灯宗谱》卷一《彻金行略》。此《大乘传灯宗谱》为笔者于2015年春在闽西所得，乃闽西罗祖教于中华民国壬申年（1932年，民国21年）重新编撰的另一套宗谱，共五册，现存第一、二、三、五册，缺第四册。与民国13年重编《大乘正教宗谱》性质相同，为研究闽浙赣罗祖教的重要史料。

③ 民国21年重编《大乘传灯宗谱》卷三《道圆公世系传》。

内西门。道光丙午年十一月初五日巳时生。秉性温良恭和，洗涤尘劳，幸逢明师，广化向善，立心皈依佛道，发志至福省鼓山为僧，得受净规，其师能博览诸经，爱其师长，勤习课文，常悟禅机，可知般若岸波罗密地，而所谓本性也。慈悲者，可谓修道之根源也。内观其心，心无差念，能扫万法之本空，乃系无为妙道也，后蒙闽浙二省总督部堂奏准圣旨，即升全任福省鼓山涌泉寺方丈大和尚数十一载，募化十方良缘。又往南洋英国槟城劝缘化南洋人向善，在本国新建造极乐寺一所，兴扬佛法，十方丛林存谱，千古之名也。恭赠妙莲方丈大禅师法鉴，发弟曾兴荣拜撰。[①]

据研究，妙莲法师，为清末高僧。福建归化人，俗姓冯，名地华，别号云池。礼鼓山量公和尚出家，后任鼓山寺住持，其后远赴南洋行化，筹资重建寺宇，并助监院达本、觉空、古月诸师兴建雪峰、崇福、林阳各寺，又创建槟城极乐寺、漳州南山寺等。光绪三十年（1904），师请得龙藏二部，分别供奉于漳州南山寺、槟城极乐寺。近代高僧虚云和尚尝依妙莲和尚受具足戒，法名“德清”。[②] 考之历史，妙莲法师未往鼓山出家之前，当为罗祖教第廿六世，彻字派弟子。其在闽西罗祖教中的传承应该为：罗梦鸿—李心安—黄春雷—陈道真（南京人）—叶元祖（赣州安远人）—谢英和—沈龙湖—张超凡—余会真（清流张家坑人）—阴道圆（宁化县仁和坊人）—温悟宗（赣州石城人）—黎慧真（宁化县人）—江善光（清流县人）—徐廷标（宁化县人）—罗伍大（宁化县人）—罗重贤（宁化县人）—连圆道（宁化县人）—张德贵（宁化县人）—曾万秀（宁化县人）—李得成（宁化县人）—谢仕茂（宁化县淮土人）—陈禄显（宁化县南坑人）—张成羡（江右石邑桂竹坑人）—张学成（宁化寒竹畲人）—冯悟书（名书太，住归化西门城内）—冯彻宝（名佛保，法号妙莲，住归化城内西门）。[③] 毋庸置疑，冯佛保即后来出家鼓山的妙莲法师，与其父亲冯书太即后来的福州长庆寺方丈都曾信奉罗祖教。显而易见，闽西罗祖教与晚清、近现代佛教关系密切，已经难分彼此。

2. 虚云法师续衍法眼宗与罗祖教

民国时期，被誉为“中国末代禅师”的虚云大师一身肩挑五宗法脉，特别是由他续起久已断绝的法眼、云门、沩仰诸宗法脉，堪称中国禅宗发展史上的大事件。在法眼

---

① 民国21年重编《大乘传灯宗谱》卷三《道圆公世系传》。

② 纪华传：《明清鼓山曹洞宗文献研究》，社会科学文献出版社，2014，第28~29页。

③ 民国21年重编《大乘传灯宗谱》卷三《道圆公世系传》。

宗派的谱系上法眼师祖的选定、现代重续法眼法脉的因缘以及续起的法眼宗派宗风特色的阐扬等方面，虚云大师都是深思熟虑，有着完全自觉的认识，绝非一时之想。[①]

自1943年受本湛禅师之请，虚云大师重续法眼宗派，虚老自续祥符良度为法眼第八世，续传之派字为：

良虚本寂体无量，法界通融广含藏。
遍印森罗圆自在，塞空情器总真常。
惟斯圣德昭日月，慧灯普照洞阴阳。
传宗法眼六相义，光辉地久固天长。[②]

依素闻法师整理，自“本”字辈传承者有本湛青持禅师、本禅禅师、本性净慧禅师（1952年传于云门）、本智信清禅师（1957年传于云居山）四人；“寂”字辈传承者三人，即寂本慧青禅师（代本湛禅师传）、寂照慧瑛禅师（1946年代本湛禅师传）、寂照宏如禅师；“体”字辈弟子有体华光升禅师。[③] 当然，其间有所遗漏，可待增补，如“体”字辈弟子目前尚有龙岩天宫山圆通禅寺光胜禅师等。[④]

据研究，本湛法师亦是来自闽西，而且出身罗祖教下，[⑤] 他与妙莲禅师至少有着相似的经历，这应该是促成他寻访虚云禅师并向其求法的重要原因之一。本湛法师在闽西创八宝山，志弘法眼，他对续起的法眼宗风应该如何当有所了解，可惜文献无征。不过，从有限的资料来看，他是早有自己的志向了：第一，针对闽西当地罗祖教盛行的情形，他重视佛教教理教义的学习；第二，他注重僧人戒律的修持，对于出家受戒尤为重视，反对僧人参与罗祖教活动；第三，力行苦行，提倡净土念佛，组织莲社活动，引导在家信众归向正信。[⑥] 这也不难理解他为何奔赴广东南华寺面见虚云大师，于临济传承之外，特别请求续脉法眼了。[⑦]

---

① 参见马海燕《虚云大师续衍法眼一脉传承与宗风刍议》，2015年未刊论文。

② 《法眼宗派》，《虚云和尚全集》第8册，中州古籍出版社，2009，第170页。

③ 《虚云老和尚五宗传法偈》，《虚云和尚全集》第3册，第208、209页。

④ 参见马海燕《虚云大师续衍法眼一脉传承与宗风刍议》，2015年未刊论文。

⑤ 叶兵：《虚云和尚承嗣禅宗五家法脉的因缘》，《虚云和尚全集》第8册，第249页。

⑥ 叶兵：《虚云和尚承嗣禅宗五家法脉的因缘》，《虚云和尚全集》第8册，第249页。

⑦ 参见马海燕《虚云大师续衍法眼一脉传承与宗风刍议》，2015年未刊论文。

六　当代闽西佛教寺庙与罗祖教

历史上，罗祖教与闽西佛教关系密切，时至今日，闽西许多佛教寺庙是在原有罗祖教经堂基础上发展起来的。据N县佛教协会2008年编《N县佛教志》所载，建于唐贞观初年的安远灵峰寺为N县最早创建的寺庵。此后，各地佛寺数量日增，明代为51所，清初109所，民国初年121所。新中国成立后，曾出现两次建寺高峰，一次在1951年（161所）至1958年（210所），一次在1962年（217所）至1966年（293所）。但每次都经历大起大落，后来，仅残存12所。改革开放以来，重建寺院之风又盛，2000年张恩庭编《N县寺观》统计，当时寺院为115所。至2006年，经县佛教协会全面普查，包括新增、重建在内，全县寺院共127所。①

以上所载127座寺庙与罗祖教相关者，为数不少，其中以水茜乡为最。《N县佛教志》对水茜显灵寺有如下记载："显灵寺，坐落在水茜乡石寮村中。始建于明末清初，后毁，1944年重建，1966年拆除，1996年由台胞出资45万元重建砖混结构大雄宝殿、观音殿，还有僧房、厨房等附属建筑。"② 民国13年重编《大乘正教宗谱》则将"显灵山经堂"作如下描述：

> 显灵山经堂：显灵山乃是N县泉下里石寮乡是也，于嘉庆二年缘首邱亮明、邱易先、丘秉忠、邱兆祥、邱文辉、邱维城等诸公大发慈悲，募化十方善信建造——嘉庆十年孟冬月日吉旦。其经堂于同治甲子之春被寇焚毁，迨至于秋，邱朝爵、邱理芹、邱朝伙、邱朝佛、邱朝栋、邱理琪、邱兴照等善募十方，重新建造——崇祀《大乘罗祖真经》。③

不难看出，《N县佛教志》所载水茜显灵寺其实就是罗祖教"显灵山经堂"。水茜乡另有一观音山寺："观音山寺，坐落在水茜乡庙前村沙园下，距县城50公里。该寺始建于清乾隆十一年，几经修复，延续至1965年。'文革'期间被拆除。"④ 此"观

① N县佛教协会编《N县佛教志》，2008，第49页。

② N县佛教协会编《N县佛教志》，2008，第118页。

③ 民国13年重编《大乘正教宗谱》第一册《显灵山经堂记》。

④ N县佛教协会编《N县佛教志》，2008，第119页。

音山寺”即闽西罗祖教“观音山经堂”。民国13年重编《大乘正教宗谱》第二册载，闽西罗祖教第十世弟子，仁字派，朱道性，N县招贤里双溪口林家坳人，于顺治十七年庚子（1660）肇衍观音山经堂。据此，观音山经堂创建时间应该是顺治十七年。德林山寺，亦位于水茜乡：“德林山寺，又称法灵寺，坐落在水茜乡上谢刘家源，距县城40公里。该寺始建于明崇祯十五年，几经兴废，逐次恢复，一直延续至1965年。”① 民国13年重编《大乘正教宗谱》第二册载，闽西罗祖教第八世弟子，法字派，陈应德，建宁县人，于明万历四十二年甲寅（1614）肇基于N县招贤里刘家源德灵山经堂。据此，《N县佛教志》所载“德林山寺”即闽西罗祖教“德灵山经堂”，且德灵山经堂创建时间应该是明万历四十二年。

闽西N县城南村与上坪村交界处有一“白石庵”：“白石庵又称复灵庵，坐落于城南村与上坪村交界的复灵山田垄中，距城6公里。白石庵始建于清代，历经多次修复，1965年毁于社教。”② 民国13年重编《大乘正教宗谱》第一册“白石庄复灵山经堂记”则详载白石庵修建之始末：“白石庄复灵山经堂。此图坐落N县县东郊外，离城十五里白石庄。——有隐士曾悟镇于光绪九年募化十方重建，以作净室。告竣之日，取名复灵山。悟镇乃为开山之祖也。光绪二十七年辛丑岁仲春月之吉谷旦，佛弟子巫明一谨志。”不仅如此，闽西N县大圆山寺亦由罗祖教寺庙发展而来，《N县佛教志》对该寺是如此描述的：“大圆山寺，俗称上经堂，坐落于距中沙武昌村南3华里的公路附近，距县城约20公里。该寺始建于清顺治十一年，已有300多年历史。”③ 民国21年《大乘传灯宗谱》卷一《大圆山经堂记》亦将大圆山称为“上经堂”：“大圆山在宁化县永丰里，系上经堂，原是十世师祖阴道圆公化缘善翁乐助，肇基建造经堂。”④

N县城郊巫坊的福圆山则早在康熙十六年（1677）即由闽西罗祖教第十世祖师阴道圆肇基开创。⑤《N县佛教志》则以为：“福圆山寺坐落在城郊巫坊村山上。距县城区15公里。建于清同治一年，历经兴衰，至上世纪六十年代，寺毁人空。”⑥ 显然，罗祖教民国21年重编《大乘传灯宗谱》关于福圆山的记载更为细致。妙灵寺，

① N县佛教协会编《N县佛教志》，2008，第121页。
② N县佛教协会编《N县佛教志》，2008，第69页。
③ N县佛教协会编《N县佛教志》，2008，第136~137页。
④ 民国21年重编《大乘传灯宗谱》卷一《大圆山经堂记》。
⑤ 民国21年重编《大乘传灯宗谱》卷一《福圆山经堂记》。
⑥ N县佛教协会编《N县佛教志》，2008，第64页。

位于闽西N县曹坊乡滑石村，《N县佛教志》有载："妙灵寺位于曹坊乡滑石村，始建于明弘治八年，原为罗溪大塘尾聂姓族人所建家庙，旧址在今寺门左侧山窝里。后于万历初年焚毁，至万历四十六年，由大塘尾聂姓为首邀集黄坊黄姓、滑石温姓、水东张姓共同筹资重建于山下。清康熙五十五年，该寺再遭火劫，寺址沦为荒地。雍正七年，聂、黄、张三姓又邀滑石温姓及原住寺人邱焯云、刘臣亮等外出四处募化，于原址盖起佛堂及生活用房数间。乾隆十五年，四姓又拟扩建该寺房宇。"① 与福圆山寺类似，《大乘传灯宗谱》关于"妙灵山"亦即"妙灵寺"的记载也可补闽西佛教史之不足：

> 妙灵山，宁化滑石桥头，曾一忠开创。妙灵山记。妙灵山者乃平阳开一净室。自明代为吴真人而建也……此庵由来久矣，自明弘治丙戌年有斋一人李祖斋者，佣工水东乡，带有吴真人之神位……真人又托梦大塘尾聂姓有永兴公者，恳求竹园山下，建庵崇祀……清康熙年间而毁于火。雍正七年住持邱倬云募化重造，葺而新之。然未告竣。至乾隆年间，住持刘玉珠募化重修而补葺之……至于光绪五年有一斋人曾一忠，平生忠孝温良和性……又光绪六年化缘在右边建造观音堂，崇祀观音、大乘罗祖……时光绪廿六年岁次庚子孟冬月之吉。②

可以想见，历史与现实中，罗祖教已经与闽西佛教密切相关，罗祖教并非附佛外道，而是闽西佛教中不可或缺的部分。

七　当代闽西佛教协会与罗祖教

据闽西N县佛教协会会长说，N县是闽西佛教第一大县，但是佛教工作的开展却不容易。③ 在这样一个积极有为的佛教协会会长眼中，罗祖教似乎并非洪水猛兽："罗祖教是明朝罗祖师创教的。罗祖师是明朝的一个榜眼。原来本应该得到状元的，被石壁的张宗显抢去了。N县民间有'罗状元丢了，张宗显捡到'的说法。后来，罗状元在北京雾灵山创教了，号'悟空罗祖师'。罗祖教也可以说是佛教，也可以说

① N县佛教协会编《N县佛教志》，2008，第99页。

② 民国21年重编《大乘传灯宗谱》卷一《妙灵山经堂记》。

③ 2012年11月19日星期一，16:00~17:30笔者对N县佛教协会会长的访谈。

不像佛教。他是在家，吃斋，却不剃度的方便教。有《大乘经》六部，也叫六部经，祖经。N 县有很多人念，寺庙里的师傅也有很多人念，但是当家主持不能念。”[①] 将罗祖教的创教祖师罗梦鸿视为“罗状元”显然是一个误会。罗状元，即罗洪先（1504～1564），江西吉安府吉水人。罗洪先是王阳明学派的重要继承者。罗洪先在闽赣交界地区被视为“罗公祖师”。长汀县四都镇的归龙山即建有罗公祖师庙。罗公祖师异常灵验，有求必应。在闽西赣南有这样的说法：罗公祖师上半年保佑福建人，下半年保佑江西人。闽西一带将罗公祖师罗洪先与罗祖教祖师罗梦鸿混为一谈，堪为民间信仰文化中有趣的现象。

长期以来，以罗祖教徒为代表的闽西“斋公”“斋婆”以为人做佛事为生。为人做佛事，并非“斋公”“斋婆”的专利，其实也是闽西佛教寺庙的生存之道。对于罗祖教以及寺庙依靠做法事维持自身的发展，N 县佛教协会会长认为应该是可以理解并被允许的：“山区的寺庙要生存只能时做佛事，不做佛事没有经济来源。原有的寺庙的自养形式已经破坏了。寺庙的山林、田产都已经被收走了，我们要是不做佛事连生存都成问题。现在 N 县寺庙做佛事的很多。”[②] 在民间的佛事活动中，我们常常会发现僧尼与在家的“斋公”“斋婆”一道念经的现象。于是，对于佛教徒身份的认定成为宗教管理工作的一大问题。涉及这一问题，N 县佛教协会会长认为这不是佛教协会能够解决的，应该由公安部门解决。[③]

然而，并非所有的出家人都对罗祖教采取宽容的态度。现今闽西的一些佛教信徒仍然将罗祖教的诵经仪式视为“邪法”，这种观念不仅见之于历史上明末佛教高僧云栖袾宏、憨山德清、密藏道开等人对罗祖教的批判，更体现于当代闽西僧侣对罗祖教诵念仪式的讥评：“罗祖教给人做超度用《金刚经》。现在的县佛协，头头也是搞经忏出身的。原来佛协所在的庵主持的老尼姑据说最后不好死，就是因为生前搞经忏赚钱。前几天一些 QL 县的居士来我们这里，说 QL 的师傅也有很多人搞经忏赚钱，连县佛教协会头头也搞。他们不仅在寺庙里给你做经忏，还被请到家里去念经，赚钱。出家人只能在寺庙里念佛，怎么能到百姓人家里去念佛呢？这样做是不如法的。”[④]

---

① 2012 年 11 月 19 日星期一，16：00～17：30 笔者对 N 县佛教协会会长的访谈。

② 2012 年 11 月 19 日星期一，16：00～17：30 笔者对 N 县佛教协会会长的访谈。

③ 2012 年 11 月 19 日星期一，16：00～17：30 笔者对 N 县佛教协会会长的访谈。

④ 笔者于 2010 年 8 月 8 日星期日 18：00 对 N 县城东玉龙山寺住持的访谈。

结　语

可以说，从宗教实质来看，正统宗教与民间宗教确实没有隔着不可逾越的鸿沟。

明末清初，罗祖教传入闽西，闽西佛教与罗祖教关系密切，晚清民国时期众多闽西高僧曾皈依罗祖教，视罗祖教为进入佛教的“方便法门”。罗祖教是创建、重兴闽西佛教道场的重要力量。当代闽西佛教众多寺庙亦由罗祖教经堂发展而来。从与佛教协会会长的访谈中，我们发现，深处闽西山区的佛教，其发展态势远远不如沿海地区的寺庙乐观。在闽西佛教界谋求大发展的情势下，依托当地广大民众的信仰需求而广泛存在的做佛事可以说是发展的一大路径。僧尼做佛事，与罗祖教做佛事，在宗教本质上并无差别。在对待罗祖教问题上，佛教协会也并非铁板一块，而是在宽容与默许中认可了罗祖教念诵《大乘五部六册》的活动。回想起历史上有众多剃度出家的僧人将最初自己信仰的罗祖教视为接引的“方便法门”，我们不得不发出这样的感慨：佛教与罗祖教原本并非正与邪的关系，而应该是源与流、草根与精英的关系。在法治化的社会，所谓正统宗教与民间宗教的观念都应该消失，而代之以传统宗教和新兴宗教的概念。

明代全真龙门派的传承与分布*

张 方

内容摘要： 龙门派是全真道影响最大的支派，关于其形成时间和过程，目前尚缺乏关键史料证据，教内及学界的看法也难以统一。但是，这个宗派的存在和流行却是事实，从明代开始，在山西、陕西、山东、河南、江西、湖北、云南、北京等地均有依照“龙门派字谱”取名的全真道士在活动。从明代各地龙门派的派字来看，龙门派产生并非来自一个源头。在龙门派字谱出现的早期，一些丘祖法裔通过对丘处机的追溯来确定自己的辈字。后来，随着龙门字谱传播与影响日益增大，各地一些认同丘祖的道派又开始从不同的字辈依附到龙门派之中。这一过程在时间上是延续的、在空间上是多源的。因此，龙门派的复兴并不是依靠法脉的单线传承，龙门派字谱被广泛认同是其重要原因。龙门派字谱成为明代各地丘祖法裔的认同符号，在全真教内部师承混乱、认同淡化的情况下，起到了强化内部认同的作用。

关键词： 明代　全真道　“龙门派字谱”

作者简介： 张方，陕西省社会科学院宗教研究所副研究员。

龙门派是全真道影响最大的支派。其势力远超全真门下的其余诸派，情况与佛教禅宗的临济相似，故世有“龙门、临济半天下”之说。关于龙门派形成时间和过程，目前尚缺乏关键史料证据，教内及学界的看法也难以统一。但是，这个宗派的存在和流行却是事实，从明代开始，在山西、陕西、山东、河南、江西、湖北、云南、北京等地均有依照“龙门派字谱”取名的全真道士在活动。本文对这些明代龙门派的传承情况进行整理与比较，并依此来讨论全真龙门派的形成与传播过程。

* 本文为2017陕西省社会科学院青年项目“全真龙门派研究”成果。

一　几种龙门派传承记述及其存在问题

1.《金盖心灯》

龙门律宗是清代以来影响最为深远的龙门支派，其活动以江浙为中心，遍及南北，开创人王常月更是被誉为“龙门中兴之祖”。据清闵一得《金盖心灯》记载，龙门派第一代律师为丘处机弟子赵道坚。赵道坚之后有张德纯、陈通微、周玄朴、张静定、赵真嵩等人继承衣钵，七传至王常月时，龙门派始公开传戒。但是，这一记载很快就受到了质疑。陈教友《长春道教源流》中对龙门派的起源提出了不同看法。他认为龙门派乃是靳贞常、姜善信所创，龙门派之名并不因为丘处机隐修的陇州龙门洞，而是由于姜善信所建之龙门建极宫。[①] 陈教友的这一思路得到当今许多学者的认同。[②] 卿希泰、丁培仁、森由利亚、王志忠、莫妮卡等学者从不同方面对《金盖心灯》记载的早期龙门派历史进行了考订，发现赵道坚逝于西行途中，不可能创立龙门派，还有王常月之前的六代律师代际时间过长，有的一百多年传一代，太过匪夷所思。这样一来，《金盖心灯》记载的可靠性就很值得怀疑了，莫妮卡甚至推测这些记载是由“边缘”的南方全真道士为了融入北方正统教团而编造的。

随着《金盖心灯》的被普遍质疑，龙门律宗形成的历史真相变得扑朔迷离。目前能有史料与之印证的便只有王常月之后的律宗历史。王常月生于明万历时期，因此，龙门律宗的历史仅能确定到明代晚期，其在明代是如何传承与发展的，还有待新史料的发现。

2.《长春道教源流》

龙门派的“华山起源说”来自清末龙门派道士陈教友。陈教友所著《长春道教源流》引《广阳杂记》云：

---

① 陈教友：《长春道教源流》，《藏外道书》31 册，巴蜀书社，1990，第 113～114 页。

② 20 世纪 90 年代以来，中外学者开始对《金盖心灯》所载龙门派元明历史进行质疑。主要成果有森由利亚《全真龙门派系谱考》，道教文化研究会编《道教文化への展望》，平和出版社，1994；王志忠《龙门派源流考略》，《世界宗教研究》1997 年第 2 期；Monica Esposito，“TheLongmen School and its Controversial History during the Qing Dynasty”，John Lagerwey，*Religion and Chinese Society*，Chinese University of Hong Kong Press，2004，Vol. 2，pp. 621－698；丁培仁《〈金盖心灯〉卷一质疑》，《道家文化研究》第 23 辑，生活·读书·新知三联书店，2008。近年来，尹志华《清初全真道传戒新探》又对《金盖心灯》记载的清初王常月北京传戒提出了诸多疑点（赵卫东主编《全真道研究》第一辑，齐鲁书社，2011）；王卡《雍正皇帝与紫阳真人》一文就《金盖心灯》所记载雍正之前的天台山道教历史提出了质疑（《宗教学研究》2013 年第 1、2 期）。以上研究基本上否定了《金盖心灯》作为龙门派早期历史的可靠性。

> 孙宗武言，今世全真道人所谓龙门法派者，皆本之邱长春，其地则王刁山也。王刁山在华阴太华之东，奇峭次于华岳，开山之祖，乃王刁二师，故以人名山。邱长春曾主其席，演派至今遍天下也。其法派凡二十字，曰："道德通玄静，真常守太清。一阳来复本，合教永贞明。"今考王刁系宋初仙人，华山、龙门俱有王刁洞。孙宗武之言，闻之白云观王清正，清正闻之华山马真一，自当有据。长春曾主华山席，靳贞常当即长春弟子。所以称龙门派者，贞常弟子姜善信承世祖宠遇，建龙门建极宫，其后徒众日盛，创此法派，故云龙门也。世或谓长春曾居陇州之龙门，故号龙门派，恐非。①

按孙宗武所言，龙门派起源于华山王刁洞，为丘处机的弟子靳贞常与徒孙姜善信所创。但此说也有一个问题，就是靳贞常与姜善信的字辈均与龙门派字谱不合。而且，《广阳杂记》仅记载"真字辈有马真一者，世号颠仙，言其不死，今犹在辽东"，中间几百年的传承不明。关于马真一，康熙《山海关志》记载其学道华山。崇祯初年，居北镇庙，应袁崇焕之请，祈雨有应，在辽东一代颇有影响。② 孙宗武所言非虚，清初兴复白云观的王清正乃其嫡派，可见，此派对于清代全真道复兴做出了贡献。

3.《铁刹山志》

民国白永贞编纂的《铁刹山志》记载"丘长春的弟子任道安，起初在陕西的太华山隐居修行，后来云游到山东的青州府的西山，创建了白云观。是龙门派的第一代"。③ 后其法脉经郭德真、周通乾、司玄乐、李静一传至第六代刘真玉、宋真空、王真成三人。此派前六代均传承于青州府白云观，六代弟子宋真空与王真成二人道术精深，在齐鲁大地上颇有名望，事迹载于清代《马鞍山志》。而宋真空的弟子李常明为其派发展的重要人物。他离开了青州白云观，访道于山东各地，后来在即墨马山兴复庙宇，传承道派。据《泥丸道人李老师碑序》记载，"（李常明）修滨都宫于栖霞，造端阳于莱阳，起崇德于平度，建龙宫于新河、店口二处"。④ 在李常明的经营之下，马山道教日臻兴旺，成为清代山东境内著名的全真丛林。后来，李常明弟子郭守真又

① 陈教友：《长春道教源流》，《藏外道书》第31册，第114页。

② 康熙《山海关志》，载董耀会主编《秦皇岛历代志书校注》，中国审计出版社，2001，第125页。关于马真一的详细生平，参见汪桂平《明末道士马真一生平行实考》，《世界宗教研究》2014年第1期。

③ 白永贞编纂《铁刹山志》，辽宁人民出版社，2001，第384页。

④ 白永贞编纂《铁刹山志》，第309页。

将龙门派传入东北地区，郭守真的弟子分布于东北各地，堪称东北龙门派之祖。

《铁刹山志》关于龙门派记载与《金盖心灯》有同样的问题。其记述能有佐证史料的仅限于第六代真字辈以后，最多到明代后期。关于前五代记述，难有史料证实。而且，按其所言，第三代周通乾于隆庆八年（1574）到青州学道，此时据丘处机仙逝已三百多年，三百多年仅传三代，实属不可思议。

4. 康熙六十年《敕赐广福万寿宫兼理殷太师忠烈庙道宗源流碑记》

《敕赐广福万寿宫兼理殷太师忠烈庙道宗源流碑记》位于河南省卫辉市比干庙比干大殿中，康熙六十年（1721）立。此碑记述从元至清二十代管理比干庙的道士名录。其中明洪武年间，比干庙的第十代住持王道晋从龙门派字谱的第一代“道”字辈开始使用龙门派字谱，名录如下：

> 壹代祖：元升，元世祖皇帝敕封广福万寿宫赐号演化真人；贰代祖：道熙，号静应弘仁全德真人；叁代祖：志冲，赐号太乙修真保和真人；肆代祖：萧辅道，蒙哥皇帝福荫秉唆鲁古唐妃赐号广福真人；伍代祖：萧抱珍，忽必烈大王赐号微妙大师兼理忠烈太师庙；陆代祖：张善渊，己卯年正月蒙旨宣授道门提点右赐真靖大师；柒代祖：高昌龄，蒙旨宣授本宫首座保真祟德大师；捌代祖：萧全佑，戊戌年二月蒙皇后懿旨赐号承化纯一真人；玖代祖：王志坦，乙巳年五月蒙赐紫金冠纯真大师；拾代祖：王道晋，明太祖皇帝裁革封号立道纪司管理六邑道教事；拾壹代祖：李德泽，任道纪司管理六邑道教事；拾贰代祖：李通明，弘治九年，奉汝王旨醮祭景星祈天永命；拾叁代祖：谢玄思，任道纪司管理六邑道教事；拾肆代祖：闫静安，任道纪司奉王旨醮祭景星；拾伍代祖：张真宝，任道纪司，二祖陶真安分管景龙观仍理忠烈庙；拾陆代祖：周常永，潞简王替道，醮祭景星，祈天永命；拾柒代祖：萧守庆，醮祭景星，二祖李守宗；拾捌代祖：李太仁，部牒道士，祈天永命募缘重修忠烈太师庙；拾玖代师：李清白，整理本庙祭田，管理万寿宫分院城隍庙轮流香火事。大清康熙六十年岁次辛丑仲秋谷旦，贰拾代弟子掌院住持秦一溱。①

① 此碑现存于卫辉市比干庙比干大殿内。耿玉儒：《历史上比干庙的宗教管理》，《平原大学学报》1993年第1期；徐玉立：《从新发现太一道碑刻资料论太一道的衰亡》，《河南师范大学学报》1994年第3期。两文均曾对此碑资料做过介绍。

此碑碑阳为《殷太师忠烈公祀田记》，是比干庙住持道士为了维护庙内祀田而立。按此碑记载，卫辉府比干庙建于后魏元帝时，唐太宗祀以太牢，追谥忠烈公。明成化中，汲县知县卢信详请奏入祀典，祭田益广。至康熙三年（1664）时，比干庙祀田已达二十顷之多。但是后来，由于佃户典当与侵占，比干庙祀田日益萎缩。康熙六十年（1721），知县欧阳维藩清理查证，判还了所侵祀地。住持道士李清白为防祀田复遭侵占，立碑勒铭，以便有所考究。同时，为了表明其道派对比干庙庙产所有权，还在该碑碑阴刻上《敕赐广福万寿宫兼理殷太师忠烈庙道宗源流碑记》，将道教管理比干庙的历史追溯到了金元时期。此碑名中有“广福万寿宫兼理殷太师忠烈庙”，可见，此时比干庙应该是卫辉府广福万寿宫的下院。

卫辉是太一教的发源地，卫辉广福万寿宫乃太一教创始人萧抱珍居所，是元代太一教的传教大本营。按此碑所载，比干庙在金元时期为太一道住持管理。但是其所追溯的太一教传承历史却多有舛误。如太一教一代祖为萧抱珍，又名元升。此碑却记载广福万寿宫第一代祖为元升，第五代祖为萧抱珍，二者实为一人。碑中所载五祖萧抱珍当为太一教五祖萧居寿之误。此外，值得我们注意的是，此碑所追溯的太一教传承在八代祖萧全佑之后，即转入了全真道王志坦一系。王志坦，字公平，道号淳和，相州汤阴人，马丹阳之三传弟子，至元七年（1270）任全真掌教。王志坦乃相州汤阴人，曾主事相州神霄宫。相州与卫辉近邻，其门下法脉能够传入卫辉亦不足为奇。王志坦逝于至元九年（1272），此时太一五祖萧居寿还在职掌教门，太一教尚存。笔者推测，碑中记载广福万寿宫玖代祖为王志坦，当是进入太一广福万寿宫的王志坦法脉所追溯。元末太一教消亡之后，是由卫辉临近的全真教王志坦一系接管了太一祖庭广福万寿宫。

按碑文所示，王志坦之后，广福万寿宫的拾代祖为全真道士王道晋，此时已到了明洪武年间。王道晋为“明太祖皇帝裁革封号立道纪司管理六邑道教事”，这说明朱元璋曾裁革元代僧道封号的史实。王道晋担任了第一任卫辉府道纪司都纪，而广福万寿宫也是从王道晋开始按龙门派字谱传承道辈的。直至清康熙年间的掌院弟子秦一溱，这一支龙门派已在卫辉广福万寿宫传承了十一代。但是，关于此碑所记载的王道晋一系龙门派在明代的传承，同样缺乏相关史料佐证。笔者在比干庙明代碑刻中并没有发现有道士住持的痕迹。据顺治《卫辉府志》记载“万寿宫，在府之东，金天眷间建，名三清院。皇统间敕赐太乙广福万寿宫额，沿至明洪武初置道纪司于内，隆庆六年（1572）重修”。[①] 可见，明代广福万寿宫确实为卫辉府道纪司所在地，可惜广福万寿宫今已不存。另外，又见民国《获嘉县志》记载：

> 获嘉道教宗龙门派，以丘处机为宗，元至正间，旧处卫辉府广福万寿宫，前清康熙初年，其十一世道人康一焕始由卫辉府比干庙迁居获嘉县南大官庄玉帝庙。后十余年，复迁居城内城隍庙，宗支繁盛不下数十人。本县西关吕祖庙，同盟山武王庙皆为该派支流余裔，其祖茔尚在大官庄北地。民国初年，破除迷信，该教道士多被驱逐，庙中地土充公，庙宇改作机关，酌拨地少许，留一二人以延教脉，试将该教世数人数列表如下：第一世：康一焕，一人；第二世：周阳惠、任阳禄等，八人；第三世：杨来祥、李来柏等，六人；第四世：陈复恭、杨复性等，四人；第五世：陈本前、詹本吉等，六人；第六世：杜合梅、杨合棠等，六人；第七世：苏教方、苏教儒等，九人；第八世：韩永祥、高永杰等，十二人；第九世：苏圆璋、张圆吉等，五人；第十世：卢明旺、张明来等，十二人。[②]

获嘉县与卫辉相邻，元代时属卫辉路管辖，明清时期隶属卫辉府。按《广福万寿宫兼理殷太师忠烈庙道宗源流碑记》及《获嘉县志》所言，王道晋一系龙门派是在元末至正年间进驻广福万寿宫，康熙年间又传入了获嘉县。值得注意的是这支龙门派虽认同以丘处机为宗，但在述及其派传承时并没有将字谱的第一代“道”字辈追溯到金元时期丘处机的弟子，他们的龙门派字谱第一代“道”字辈是从明代开始传承的。

以上几种版本都是清代以来道教内部关于龙门派传承谱系的追溯，各种版本差异比较大。这说明直到清代顺治、康熙年间，龙门派内部尚未形成关于本派起源的统一认识。

二　全真龙门派的字谱与派名

近几年，随着各地道教碑石田野调查的开展，学者们发现在明代中期以后，陕

① 顺治《卫辉府志》卷七，载国家图书馆数字方志，第9页。

② 民国《获嘉县志》卷四，载国家图书馆数字方志。

西、山东、河南、湖北、江西、云南等地均有使用龙门派字辈的全真道士在活动[①]。值得注意的是在一些明代的史料中还发现了完整的龙门派字谱，这些材料对于研究龙门派问题尤为关键。如：

> 豫章三教逸民、邱长春真人门下第八派。邱真人门下宗派曰“道德通玄静，真常守太清，一阳来复本，合教永圆明”。此二十字为派者，乃真人在燕京东龙门山掌教时所立之派，后人称为龙门派者便是。[②]（《天仙正理直论注》）
>
> 道人问其姓名，（遨清静）曰：“吾乃丘长春十代孙，清净遨蓬头也。”问宅里，则东指北海上有石累累，为秦皇所驱不动而名牢山者，吾居在焉。于是知为异人，遂扫室焚香，涕泣百拜，称遨师，愿卒为弟子。师亦心喜之，悉教以还丹修炼之法，而更名为“一了”。盖长春道派二十字“道德通玄静，真常守太清，一阳来复本，合教永圆明”。遨十世为“清”，而道人十一世，故以“一”名。[③]（《李赤肚传》）

从上述材料来看，明代龙门派与其派字谱都是真实存在的，龙门派尊丘处机为祖师也是事实。但这些史料均没有提及“龙门派”之名，而是以“邱真人门下宗派”“长春道派”等丘处机的名号命名。2011 年，笔者在王屋山考察期间，发现天坛顶上立有一通嘉靖三年（1524）《天坛修造白斋道人张公太素行实之碑》，其碑阴载有完整的龙门派字谱，字谱上方还刻有“长春真人仙派传授图”字样。[④] 这是迄今所发现的时间最早的龙门派字谱，因此，特照原碑句读如下：

> 长春真人仙派传授图
>
> 道德通玄净，真常守太清，一阳微复本，合教永延明。

---

① 主要论文有张广保《明代全真教的宗系分化与派字谱的形成》、樊光春《明清时期西北地区全真道主要宗派梳理》、赵卫东主编《全真道研究》第一辑（齐鲁书社，2011）、王岗《明末清初云南本地的龙门派谱系》、梅莉《清初武当山全真龙门派的中兴与武当山宫观的复修》（近现代中国社会文化中的全真道国际学术研讨会论文，加州大学伯克利分校，2007）。

② 伍守阳撰、伍守虚注《天仙正理直论增注》，《藏外道书》第 5 册，巴蜀书社，1990，第 811 页。论书完成于明天启二年，《增注》完成于崇祯十二年。

③ 杨道宾：《李赤肚传》，潘之恒：《亘史钞》外纪《仙侣》卷四，《四库全书存目丛书》子部第 193 册，第 716 页。杨道宾生活于嘉靖万历时期，所记乃嘉靖三十五年之事。

④ 《天坛修造白斋道人张公太素行实之碑》，此碑现立于王屋山天坛顶总仙宫，碑文未有前人著录。

张公真常

道号无为子，蓟州人，生于大明洪武丙辰（1376）九月廿四日。少习韬略，从太宗皇帝北征有功，拜武略将军职。侍驾出入金门，历事三圣，朱紫赫然。未尝以骄傲加诸身，自念富贵若浮云耳，如身后何。宣德丙午（1426），具本恳辞，乞骸骨归林下，上允其请，以男忠袭爵。遂布衣蔬食，礼西山隆阳宫全真陈公风便为师，授以金液还丹之旨。晚归王屋山完真堂修炼，内外充备，于正统己巳（1449）十一月十六日仙化。景泰三年（1452），门人程守然等建灵宫于堂之艮方。有碑记载尤祥，此特撮其大概，以见授受之来源云。

程守然　张守默

陈太洪　范太阳　田太希　张太素

此碑所载字谱，与目前的龙门派字谱基本相合，唯有“微”“延”二字不同，应该为龙门派字谱的早期形式。与前几则材料相同，此碑中同样未出现“龙门派”字样，而是以“长春真人仙派”为名。因此笔者推测，早期的龙门派应该是以丘处机的名或号来命名的，龙门之名的出现可能稍晚，抑或是龙门派仅为丘祖法裔中的一支。此碑刻于嘉靖三年（1524），且其所记载的长春真人仙派的历史可以追溯到明宣德年间，属于罕见的早期的龙门派史料，对于我们研究明代龙门派的传承很有价值。

三　各地发现的明代龙门派派字传承

1. 北京地区

北京地区所发现的最早的龙门派是永乐、宣德年间北京房山隆阳宫陈风便一系的传承。这支龙门派大约在宣德年间进入全真祖庭白云观管理钵堂。随后发展到河南王屋山地区，其在陕西终南山一带亦有传播。这支龙门派从字谱的第七代“常”字辈开始传续龙门派字谱，并自称“长春真人仙派”。[①] 万历以后，在北京周边地区出现了一些龙门派道士的活动痕迹。如万历时期，北京房山东岳庙住持道士刘真元与弟子侯常年、刘常泰，[②] 北

① 参见拙文《房山隆阳宫与明代北方全真道》，《世界宗教研究》2013 年第 4 期。

② 北京图书馆金石组编《北京图书馆藏中国历代石刻拓本汇编》第 57 册，中州古籍出版社，1990，第 187 页。

京密云东岳庙道士胡阳震、赵来桢与道会司李一镇；[①] 崇祯年间，北京昌平狄公庙住持道人郝来仪与徒弟王复元；[②] 河北廊坊圣母庙的住持杨常经、臧守正。[③] 这些龙门派道士分布比较散，由于史料的缺乏，他们的传承来源并不太明确。另外，来自山东全真龙门派道士周玄贞因受到万历皇帝的重用也开始在北京地区传承龙门道派。周玄贞为山东五峰山洞真观的住持，曾参与《万历续道藏》编修。他在万历朝极受恩宠，不但奉旨开道场讲《道德经》，还为皇室修斋建醮，主持放灯施食典仪等。他在北京地区的法脉传承主要是在北京泡子河太清宫与护国永安宫。太清宫住持刘静祝以及护国永安宫住持韩静慎均为其弟子，其中韩静慎又传弟子宗真德、徒孙赵常存等[④]。

2. 山东地区

目前，在山东发现的最早的龙门派传承为山东青州修真宫。修真宫位于山东青州弥河镇上院村，始建年代已不可考。观内的龙门派传承始于正德年间，据观内现存最早的正德八年（1513）《重修修真宫碑》记载："县治西北二十里许有曰修真宫，其中三清殿、老君堂，此古迹。神宫之所，不知起于何时，建于何代，岁时久远，风雨震凌，墙垣坍塌，庙庭倾圮，神像剥蚀，不堪瞻仰。正德癸酉岁，羽士张守安时为本宫住持，为人清心寡欲，居养淡薄，晨昏香火，暮礼朝参，奉道至诚。兼充衡府家庙司香烛道士，乃发虔心，募缘修造，大兴土木，建正殿三楹，后殿三楹，神门三楹。"此碑碑阴题名共载有"守、太、清"辈字的道士二十余名。可见，张守安在修真宫传承的正是龙门道派。而且，张守安此时还兼充衡王府家庙司香烛道士，他的这一身份对于修真宫全真道的发展也是极为有利的。万历年间，修真宫龙门派住持道士李一从又对修真宫进行了两次重修。观内万历三十三年（1605）《重修碑记》中本宫道士的题名为龙门派"一、阳"两辈字的道士。明末，修真宫日渐倾圮，此时已经成为青州东岳庙住持的原修真宫道士苏阳臣回来重建修真宫殿宇。该碑题名又有"阳、来、复、本"等龙门派字辈道士十余名，且师承关系明确。由上统计，明代青州修真宫龙门派一共传承了"守、太、清、一、阳、来、复、本"八代。入清以后，

① 北京图书馆金石组编《北京图书馆藏中国历代石刻拓本汇编》第58册，中州古籍出版社，1990，第191页。

② 北京图书馆金石组编《北京图书馆藏中国历代石刻拓本汇编》第60册，中州古籍出版社，1990，第97页。

③ 北京图书馆金石组编《北京图书馆藏中国历代石刻拓本汇编》第60册，第12页。

④ 参见张方《万历皇室与周玄贞》，《全真道研究》（第四辑），齐鲁书社，2015。

此系龙门派传承不绝，至清嘉庆十二年（1807）时已传到第二十代“明”字辈。①

明代，青州铁鹤观亦为全真龙门派住持。据光绪《益都县图志》记载：“铁鹤观，在城南十三里时家店，明衡藩创建，万历间衡府仪宾时松等，铸铁鹤二，立龟背上，高丈许，故名。”铁鹤观今已不存，二铁鹤现存于山东青州博物馆。其中一支铁鹤上铸“大明万历拾贰年孟夏之吉。衡府承奉司承奉正东海张公讳成舍工价银拾两……建立观宇住持募化道人傅守志，师祖傅真界，师弟巩守智，同徒孙赵清山、萧清竹”。另一只铁鹤则铸“衡世子、妃吴氏、世孙、二子、三子，承奉王见、陈用，典膳郑永，典服李升，共发虔心施造……住持道人王太惠、郑太和、郝太干、宋太明，徒弟赵清山、萧清竹、文清梅，徒孙高一顺”。② 从这两只铁鹤上的铭文来看，明代铁鹤观的全真龙门派是从第六代“真”字辈至第十一代“一”字辈。而且铁鹤观与明衡王府关系极为密切，应该是衡王府的香火院。联系前文青州修真宫住持道士张守安兼为衡王府香火院司香烛道士可知，铁鹤观与修真宫有可能为同一支全真道。有了衡王府的支持，明代全真道在青州迅速发展开来。

另外，在青州府的云行山一代也出现了一支全真龙门派。云行山玉皇庙创建于明成化年间，万历年间，附近凤凰山道士马一仲来此创建了三教祠。万历二十四年（1596）《创建三教祠记碑》题名载有“道人李太住，徒弟陈清澄、宋清祥、程清香，孙王一存、高一全、马一仲、田一胜、孙一德，重孙阳头、阳来、阳可、阳先……”可见，马一仲在修建三教祠碑记上将本派的传承向上追溯到了自己的师祖李太住。因此，笔者推测这支龙门派至迟在嘉靖时期就活动于青州一代。万历三十七年（1609）《三教殿重修地基记碑》载有“一、阳、来”三个龙门派字辈。崇祯二年（1629）《重修玉皇庙碑》有“阳、来、复”三个字辈。后来，这支龙门派一直传承到民国时期的第二十三代“宗”字辈，延续不断传承了十五代之多。③

3. 山西地区

目前，已知的山西明代的龙门派主要流传于中部地区，其中最早的一支龙门派传承来自介休后土庙。明正德年间（1506～1521），介休后土庙道士从“德”字辈开始使用龙门派字谱，至清嘉庆时已传承到了“教”字辈，共传承了十六代之多。其次，

① 赵卫东：《山东道教碑刻集》（青州卷、昌乐卷），齐鲁书社，2010，第185～195页。另见赵卫东《青州全真修真宫考》，《宗教学研究》2008年第4期。

② 赵卫东：《山东道教碑刻集》（青州卷、昌乐卷），第306～307页。

③ 赵卫东：《山东道教碑刻集》（博山卷），齐鲁书社，2014。

在天顺元年（1457），太原的晋祠庙也住进了“通”字辈全真龙门道士，到清雍正十年（1732）时，晋祠的龙门派传承到了“一”字辈，共传续了九代。嘉靖年间（1522～1566），北虏犯晋，晋简王命军营于陆堡庄修土堡以防虏患。彼时因人力不敷，礼请全真道士宫常鸾募化十方钱粮，创建土堡一座，并在内建灵真观一座。至明末，灵真观道士在晋王府的支持下又传承了“守、太、清”三代道士。[①] 万历时期，在晋中寿阳县同时出现了两支龙门道派。一支是以道会司寿阳城隍庙为中心，逐渐开始向附近乡村一些民间信仰庙宇中扩展，为首的道士是道会司署印道士张通喜。这支龙门派后来还传播到了吕梁北武当山。在明代，他们共传承了“通、玄、净、真”四代。另外一支则是由华山的龙门派道士郭静中所传播的。郭静中于万历二十七年（1599）到达寿阳五峰山创建道场。其擅长祈雨，在明代后期的北方地区影响极大。入清以后，郭静中法裔有“来、复、本、合、教、永”等辈道士仍然在五峰山传承。

明代后期，晋南地区也有小规模的龙门派道士在活动。有嘉靖年间泽州修真观道士王常富及其徒刁首阳；[②] 万历年间，浮山县清微宫老君殿道士吴真玄及其弟子李常青、梁常贵，[③] 以及高平清梦观道士牛玄诚、李静存、刘静福等。[④]

4. 河南地区

目前，河南所发现的明代龙门派主要出现在王屋山地区。正统年间，北京白云观龙门派道士张常真归隐王屋山，其法裔到嘉靖年间时共传承了“守、太、清、一”四代。此外，在嘉靖年间，王屋山本山紫微宫也有一支龙门派传承，其以紫微宫住持刘静云为首，门下法裔有“真、常、守”辈道士百余人。这支龙门派在王屋山处于主导地位，势力庞大，传承不绝。至清同治年间，紫微宫已传至龙门派第二十代“明”字辈。此外，刘迅在南阳进行田野调查时，发现顺治年间玄妙观碑石所载的道士题名中有“德、玄、真、常、守、太、清、一”等龙门派字辈道士，由此看来，至迟在明代后期，南阳玄妙观也应该有全真龙门派在传承。[⑤]

5. 西北地区

关于西北地区的龙门派传承，樊光春《明清时期西北地区全真道主要宗派梳

---

① 王琳玉主编《三晋石刻大全》（榆次卷），三晋出版社，2012，第72、87页。

② 车国梁主编《三晋石刻大全》（沁水卷），三晋出版社，2010，第106页。

③ 张金科、姚锦玉、邢爱勤主编《三晋石刻大全》（浮山卷），三晋出版社，2012，第105页。

④ 常书铭主编《三晋石刻大全》（高平卷上），三晋出版社，2010，第198页。

⑤ 刘迅：《张将军瘗埋枯骨：清初南阳重建中全真道与清廷之合作》，陈鼓应主编《道家文化研究》第23辑，第330～364页。

理》一文中指出西北地区最早出现的龙门派为宣德元年（1426）由北京隆阳宫来到终南山的荣常存，其传徒郑守山等七人。又见隆庆六年（1572）楼观台碑石《义记感格记》记载“盖玉堂真阳霍氏子，晋之洪洞人……师事孙静诧”，为龙门派“静、真”两个字辈。龙门派名单大量出现于西北地区，是万历以后的事。万历元年至八年（1573～1580），华山出现“守、来、永”三个字辈。万历四年（1576），陕西陇县龙门洞出现“真、常、守”三个字辈。万历三十六年至康熙四十七年（1608～1708），陕西佳县白云观有“真、常、守、太、清、一、阳”等字辈。万历四十三年至康熙三十八年（1615～1699），甘肃平凉崆峒山出现“真、常、守、一、阳”等字辈。[①]

6. 湖北武当山

武当山现存的万历四十年（1612）《安奉五帅建醮之碑记》与万历四十三年（1615）《国醮碑记》题名中有观主李玄成及其门下“静”字辈弟子十余人。[②] 后来明末战乱，此系龙门派后裔张守性流落到山西晋中、吕梁一带，开创平遥栖真庵、汾阳石盘山玄天上帝庙，在当地影响很大。清初，此派又传续到了“太、清、一”三个龙门派字辈。又据康熙二十九年（1690）《重修复真观十方丛林碑》与《重修复真观暨神路碑记》两碑记载，明末清初，全真道人白玄福修建武当山复真观之事。从碑文来看，复真观道士的龙门派辈字为“玄”“静”“真”“常”“守”五代。[③]

7. 江西

明代内丹伍柳派活动于江西南昌一带，伍守阳在《天仙正理直论》自称“豫章三教逸民、邱长春真人门下第八派”，伍守虚对此语增注道：“邱真人门下宗派曰‘道德通玄静，真常守太清，一阳来复本，合教永圆明’此二十字”。关于伍守阳的龙门派传承谱系，申兆定《伍真人事实及授受源流略》记载伍守阳以上三代为张静虚、李真元、曹常化三人，为龙门派第五、六、七代。其第五代可溯至明宣宗、英宗的明初偏后时期。[④]

---

① 樊光春：《明清时期西北地区全真道主要宗派梳理》，赵卫东主编《全真道研究》第一辑，齐鲁书社，2011，第222～223页。

② 杨立志：《明代武当山全真道碑刻考略》，熊铁基、梁发主编《第二届全真道与老庄学国际学术研讨会论文集》，华中师范大学出版社，2013，第224页。

③ 梅莉：《清代武当山全真龙门派的中兴与武当山宫观的复修》，熊铁基、梁发主编《第一届全真道与老庄学国际学术研讨会论文集》，华中师范大学出版社，2009，第302页。

④ 伍守阳：《天仙正理直论》，《藏外道书》第5册，巴蜀书社，1990，第782～784页。另参见张广保《明代全真教的宗系分化与派字谱的形成》，赵卫东主编《全真道研究》第一辑，第216页。

8. 江苏茅山

茅山全真龙门派传承始于乾元观的阎希言。据王岗研究，全真道士阎希言于嘉靖年间弃家学道，法名复清。曾在武当山修道，万历元年离开武当山，游历江南。万历十四年（1586）至茅山，修复乾元观。阎希言在乾元观有弟子姜本实、舒本住，徒孙李彻度（合坤）、王合心，以及第四代弟子李教顺，第五代弟子钱永成、王永虚等。由此可见，从阎希言开始，茅山乾元观全真道派使用了龙门派“复”“本”“合”“教”“永”等字派，即龙门派的第十四到十八代。①

9. 云南

明代，在西南边陲的云南也出现了全真龙门派道士活动的踪迹。王岗通过对昆明虚凝庵碑石的调查与研究，推断云南昆明虚凝庵全真教龙门派传承起始于明正德、嘉靖年间，起始字辈为“真”字辈。此后龙门派在虚凝庵的传承一直没有中断，延续至20世纪初，共传承了“真、常、守、太、清、一、阳、来、复、本、合、教、永、圆、明”计十五代。② 此外，崇祯年间，云南晋宁玄天阁有道士霍守元、尹守清、曹太淳等人，也应该为龙门派道士。③

从上述罗列情况可以看出，龙门派在明代分布区域很广，各地区辈字之间差异也比较大。如隆阳宫龙门派第七代弟子张常真比武当山龙门派第四代弟子白玄福要早上二百多年。由此可见，明代各地开始使用龙门派字谱的时间以及起始辈字都有很大差异，龙门派在各地的兴起应该并非来自一个源头。

四 关于龙门派字谱形成与传播的讨论

关于龙门派字谱的形成时间，张广保在《明代全真教的宗派分化与派字谱的形成》一文中指出，金元时期全真教并无派字诗之类旨在确立宗派认同、标明传承辈分的谱系出现，全真各宗派字谱的出现应该在明代。④ 而明代的全真道士想要追认其派祖师，构建自己的传承谱系，必然要对法脉传承进行向上的溯源。当下流传最广的

① 王岗：《明代江南士绅精英与茅山全真道的兴起》，赵卫东主编《全真教研究》第二辑，齐鲁书社，2011，第28~42页。

② 王岗：《明末清初云南本地的龙门派谱系》，近现代中国社会文化中的全真道国际学术研讨会论文，加州大学伯克利分校，2007。

③ 北京图书馆金石组编《北京图书馆藏中国历代石刻拓本汇编》第58册，第147页。

④ 张广保：《明代全真教的宗派分化与派字谱的形成》，赵卫东主编《全真道研究》第一辑，第216页。

龙门派传承谱系为《金盖心灯》所构建的传承系统。但是，这一传承系统已受到学术界的普遍质疑。其所述的前六代祖师的真实性，难有史料证实。而且，此系早期传承在四百多年间仅传五代，平均每八十多年传承一代，令人难以置信。从上文中，我们也可以看到，明代在许多地区均发现了使用龙门派字辈的全真道士在活动。这些龙门支派具有浓厚的地方色彩，彼此之间并无密切联系，呈现出多源分散的特点。如陕西佳县白云观明万历三十六年（1608）“真”字辈，[①] 平均六十多年一代才能追溯到丘处机；山东马山顺治十六年（1659）李常明一系，[②] 也要平均六十多年一代；武当山万历四十二年（1614）的李玄成一系，[③] 要平均九十多年一代；而武当山康熙年间的白玄福一系，[④] 则要平均一百一十多年一代。还有本章提及的王屋山刘静云一系也要平均六十年一代，如若其是元代王屋山傅道宁一系法裔的话，傅道宁身为丘处机的五代弟子，本身就应该是“静”字辈道士了。这些龙门派传承的派字谱是直接从丘祖追溯下来的吗？很值得怀疑。同时，笔者也发现有一些龙门支派辈字传承的代际是在正常范围之内的。如正德八年（1513）山东修真宫的“守”字辈，[⑤] 追溯到丘处机需约四十年一代；嘉靖万历年间，茅山乾元观的阎希言为“复”字辈，[⑥] 平均需二十二年一代；还有前文所述的长春真人仙派，其在宣德年间为“常”字辈，此时距丘处机仙逝 200 年左右，平均约三十年传一代。

关于龙门派产生与传播的多源性，笔者认为，在龙门派字谱出现的早期，一些丘祖法裔通过对丘处机的追溯来确定自己的辈字。后来，随着龙门字谱传播与影响日益增大，各地一些认同丘祖的道派又开始从不同的字辈依附到龙门派之中。这一过程在时间上是延续的、在空间上是多源的。因此，龙门派的复兴并不是依靠法脉的单线传承，龙门派字谱被广泛认同是其重要原因。龙门派字谱就如传播的火种，将散落在各地的全真法裔一一点燃。在这一过程中，字谱成为各地丘祖法裔的认同符号，在全真教内部师承混乱、认同淡化的情况下，起到了强化内部认同的作用。

---

① 樊光春：《碑刻所见陕西佳县白云观全真道龙门派传承》，《道教文化研究》第 23 辑。

② 白永贞编纂《铁刹山志》，第 384 页。

③ 杨立志：《明代武当山全真道碑刻考略》，《第二届全真道与老庄学国际学术研讨会论文集》，华中师范大学出版社，2012。

④ 尹志华：《清初全真道初探》，赵卫东主编《全真道研究》第二辑，第 167 页。

⑤ 赵卫东主编《山东道教碑刻集》（青州、昌乐卷），第 185 页。

⑥ 王岗：《明代江南士绅精英与茅山全真道的兴起》，赵卫东主编《全真道研究》第二辑，第 30 页。

研究动态

如何描述道教

王宗昱

内容摘要： 诺顿出版社推出的世界宗教选读给我们提供了了解西方学者如何向大众介绍宗教的范例。本文就道教分册的选材和导读进行评论。编者选取了大量教外文献值得我们学习。这些教外文献描绘了道教的社会形象。编者选取的道教经典也和中国学者有很大区别。我们的确忽视了某些经典的重要性，从而对道教的描述和外国学者有根本的区别。编者选取的文学作品也接触到一些我们很少注意的问题。在描述道教的时候，我们要反映道教的多面性，突出宗教学研究特性，立足经典解读。

关键词： 宗教选读　教外文献　道教文学

作者简介： 王宗昱，北京大学哲学系教授。

2015 年，诺顿出版社推出了世界六大宗教的资料选读①。道教分册由哈佛大学罗柏松（James Robson）教授编辑。据说诺顿出版社的教材类书籍素有盛名。我固陋，尚待请教学界同人。这套书的封底自云该选读有五十年的效用。出于对这种自我期许的敬佩，我也试图了解他们如何编辑一部道教资料选读。这类书籍在国外汉学教育中的作用我并不知道，而且这套书的总主编写的导言是关于如何学习比较宗教学，自然超出了汉学领域。总主编的讨论也的确值得中国学者参与。我没有能力对其他分册（基督教、佛教、伊斯兰教、印度教、犹太教）的选编架构做出准确的把握。本文仅仅局限于参照罗柏松教授的选编内容，试图讨论我们如何建构道教描述的问题②。道教分册的主体是原始资料的选编。前面有总主编和分册主编写的序言。选编部分按照年代分为五个单元，每个单元有一个综述。每篇资料有一个简短的导读。全书超过 750 页，分量很大。

① Jack Miles, ed., *The Norton Anthology of World Religions*, W. W. Norton and Company, New York, 2015.

② 北京大学程乐松教授也开始阅读这本书，并且就如何描述道教的问题给了我很多启发。

一　道教资料的选取标准

首先给我冲击的是罗柏松教授选取资料的目录。道教分册选取的资料总计125[①]篇。第一篇是《墨子》的非儒篇，最后一篇是张继禹道长2001年发表的一篇关于道教与环境保护的文章。我把这些材料粗略地区分为两类。第一类当然是来自道教内的，有82篇经典[②]。第二类属于教门外的资料，有43篇。许多教内文献的篇幅较长，所以从全书内容的比例来说教内文献占的比重还应该增加。即便如此，我们还是会感到编者选入的教外文献数量很多了。教门外的资料因为时代不同会有明显的差别。因此，我不认为编者对于道藏外的资料有一个统一的却是呆板的标准[③]。《墨子》《韩非子》《论六家要旨》入选目的是帮助读者了解道教早期的社会形象。我认为编者选取了很多道藏外资料有利于为读者建立一个社会形象，而不是局限于道士教团的自我表述。该书选取了很多文学作品，来自曹植、李白、白居易等人的诗歌和宋代以后的《夷坚志》、《西游记》以及元杂剧里面的八仙故事。编者对于20世纪以来材料的选取更是别出心裁。文字内容和作者背景与1900年以前的资料对比大相径庭。我不便烦扰罗柏松教授，只好妄自揣度他的意图。把资料分为两大类固然出于我本人的能力有限。从帮助读者理解的角度出发，我认为他的道藏外资料选编目的在于勾画道教的社会形象。如果按照我们习惯的说法，这些资料反映了道教的社会影响。我更猜测编者是要告诉我们社会各个群体如何了解道教。或者用中性的话说，是描述道教和中国社会其他因素的关系。即使对于那些道藏内典型的本教文献，编者在导读里面也指出道教和其他宗教因素的混合性。这些道藏外文献固然有各自的宗旨和编者的特别的编纂意图，所以我的所谓“勾画社会形象”的概括的确是空洞的，或许也是一个比较恰当的理解方式。我认为，编者不满足于利用教内文献描述道教，这对于我们理解道教的方式有很大的启发。编者希望利用道教的影响、社会的评价、道教资源的共享乃至社会对于道教的批判等各方面的资料描述道教，有利于我们立体地认知道教。

以1900年以后的材料为例。这些材料的教外部分有反映政府立场的，有反映学

① 《庄子》和《淮南子》分别选取了3篇和2篇，我仅按照书名计算篇目数量。对曹植、李白等诗人也仅按作者计算数量。

② 一些出自教外人士写作的碑记也被我看作教内文献。

③ 《墨子》入选或许仅仅因为“道教”这个词首次出现在那里面。

者立场的，还有外国人的资料。在1900年以前的材料里也出现了日本和韩国的文献。我没有研究，姑且把他们当作道教的影响吧[①]。但是，1900年以后出现的外国文献却是非常复杂的。这些外国文献依照年代顺序如下：瑶族仪式画（来自泰国、越南、老挝），丁尼生（Tennyson，1809－1892）的《古代圣人》、王尔德的（Wilde，1854－1900）《中国圣人》，马丁·布伯（Martin Buber，1878－1965）的庄子述评，荣格的《太乙金华宗旨》序言，吉冈义丰的《道士的宫观生活》，乔治·哈里森（Harrison，1943～2001）的歌曲《内在的光》，卡普拉的《物理学之道》，马来西亚道教仪式，勒瑰恩（Le Guin，1929～）《道德经》译本的导论和后序，武当族（Wu tang clan）乐队歌手的文字。这11个文件在1900年以后的22个文件里占到了一半，来自文学家（丁尼生、王尔德）、神学家（马丁·布伯）、心理学家（荣格）、学者（吉冈义丰）的田野考察，乃至20世纪90年代的黑人现代音乐。这些文献在内容上也是多样的，有传统的萨满教类型的神附体，有学术型的考察或分析，有文学家一厢情愿的类比。我们也可以认为歌唱家的演绎是别具一格的神附体。这些现代文献反映了道教在世界其他文化中的表现形式。或者说罗柏松为英语读者找到了许多角度去理解道教和其他文化相互通约的因素。虽然比例没有超出一半，但是罗柏松的大胆选编给读者理解道教打开了一扇大门。这扇大门透进的光芒也可以照亮中国读者的视野。

1900年以后的材料会有这么大比例的教外乃至国外资源当然是和道教教团在1900年以后受到的打击有直接关系的，但是我们还是要努力理解编者面对的近代资源显然比此前历史文献要丰富得多、直观得多。编者选取此前历史文献的时候也努力要反映社会大背景，但是由于历史久远，没有近现代的近距离感觉，总不能摆脱既有的成见。如果说列举的那些材料和人物受到道教影响，大多数人会赞成；如果说用它们来介绍道教，赞成的人会很少。如果我们认真对照分析，罗柏松选取的历史上曹植、李白等人的作品和黑人乐队等的作品可以等量齐观。在今天，宗教资源的共享已经不计较民族、文化和界限。当然，如何看待吉冈义丰和卡普拉的作品也是一个值得探讨的问题。尤其吉冈教授作为日本研究道教现状的先驱，其对于日本汉学的影响不容忽视。他于1945年出版的《白云观の道教》[②] 一书记录了他在白云观实地考察的收获，保存了珍贵的历史文献。他的考察偏重客观描述记录，不做主观分析。卡普拉

① 例如《日本书纪》里面的尸解篇。

② 吉冈义丰：《白云观の道教》，北京新民印书馆，1945。

作为一个出身于现代物理科学的哲学家，他的讨论既有学术的严密性，也不无主观的理想主义。这两个出身现代教育背景的材料被罗柏松选取作为指导读者理解道教的读物，他的意图我还不能理解。不过，这类学者的研究难道和金元之际那些出身儒生的学者乃至遁入道门的儒生书写的道教碑记有什么本质区别吗①？

或许这本选读里最让我们惊讶的是收编了1953年上海市副市长在电台发表的广播讲话《为什么要取缔反动会道门?》。我从全书的编选意图揣测编者希望告诉我们道教在20世纪新时代的处境。例如他在年表里记录了1929年国民政府取缔迷信的法规。编者在导读文字里综述了20世纪中国人新生的宗教和迷信的二分法。那些在宫观里修行的全真道士属于宗教，而和民间信仰密不可分的正一道往往被划入迷信之列。在20世纪50年代打击会道门的运动之后，没有宫观作依托的民间道士日益受到政府打压。在这个长期的宗教认知和政治运动中，中国人逐渐形成了新的道教定义②。编者对1900年以前的描述告诉了我们道教的发展和民间社会有密切的联系，而对1900年以后的描述则告诉我们道教的悲惨命运也是因为和民间社会的密切联系。

二　如何选取道教内文献

我在浏览罗柏松教授的选编过程中有意地注意了他不同于中国学者的视角以及结论。我当然也看到他对于中国学者的研究有深入的了解。从表面上看，罗柏松教授对于道教内文献的选取和中国学者没有根本的区别，而且反映出中外学者在道教研究方面的共同性。例如，我们对道教文献的努力半个世纪以来基本侧重在北宋以前。这本选编有整整400页的篇幅介绍汉代初期至唐朝末年的道教。这一段的介绍主要依赖道藏内经典的解读。对于宋代以后北方道教的新因素特别是宫观教团的介绍偏弱。前后两个阶段的资料和偏重与中国学者有类似的地方。当然，罗柏松教授大量利用了教外文献来描述后期道教，还是勾画了一个完整的道教面貌。在这方面中国学者的确是要向他学习的，尽管2000年以来中国内地的全真道研究很发达。如果说金元时期的道教研究目前仍然笼罩在陈垣先生的光环之下，罗柏松更向前踏进一步，大量吸收了社

① 如果根据陈垣使用的材料及其结论，我们可以说金元全真教既是被儒生改造了的道教，也是被儒生描述出来的道教。

② James Robson, *Daoism*, p. 707.

会史资料。他不仅收集了许多碑刻、小说，还选入了地方志材料①。

虽然历史学的成就对道教研究的推动在过去的一百年里面是根本性的，不过从陈国符教授以后的道教研究主体是建立在经典研究基础上的。罗柏松教授的选读就是利用了半个世纪以来汉学家们的艰苦努力形成的大型汉语文献英文资料库。这次拜读选编时候惭愧对于那些二十年前就接触到的汉学翻译集②从来没有感觉。对他们的努力我们在下一节探讨。本节讨论外国汉学家在选取道教经典方面和我们有什么区别。

首先要指出，这套宗教选读丛书针对的读者并非汉学专业的学生。这套丛书的总序言里面指出这些材料甚至适合第一次接触这些宗教的读者。这并不意味着它是通俗读物。可以说它是普及性的，但是经过了专业的编辑处理。丛书的总序言讨论的是如何面对不同宗教甚至对它们做比较研究。分册序言则根据该宗教做总体阐述。罗柏松的序言题目是“丢失过又找回的道教”。至少道教这一册的选取内容是出于汉学家的翻译，是汉学家研究的成果。大部分翻译本来的目的是提供给汉学师生使用或进一步研究的。该丛书每一篇文献前面有某些词语的读音标准。它是普及读物，但是可以作为专业学习的入门书。如果不考虑它在美国的使用范围，我认为它是适合全球各地的大学生了解世界几大宗教的基本读物。它甚至适合翻译成各种文字以便于扩大读者群，却并不因为还原为某个宗教的本土语言而降低它的普及水平，也不会降低它的专业水平。如果道教分册出版中文本加以注解③，也可以成为中国大学生了解本土宗教的很好的入门书。我还要指出，即使在中国，它也可以作为宗教学专业学生的入门教材。甚至可以说，由于中国学者在某些经典方面的欠缺，中英文结合阅读不失为一个很好的解读中文原典的好方法。英文本的很多翻译者对于原典的翻译和措辞花费了很多精力，值得中国师生——特别是老师——学习。因此，这本道教选读既适合外专业读者浏览，也适合宗教学专业乃至道教研究生深度阅读。从这些优点看来，我对该书封底出版商做出的五十年承诺有了深切的理解。这样的选读值得中国学者和出版商学习。

于是，我们就进入了正题：选取哪些道教经典建构面对读者的系统呢？选编的两汉南北朝时期的教内文献篇目如下：《太平经》、《老子铭》、《老子变化经》、《化胡经》、《老子想尔注》、《大道家令戒》、《玄都律文》、《黄庭内景经》、《太上灵宝五符序》、《黄帝九鼎神丹经》、《抱朴子》、《神仙传》、《老君说一百八十戒》、《洞渊神咒

① James Robson, *Daoism*, p. 631.

② 例如 1996 年出版的 *Religions of China in Practice* 一书，罗柏松从里面选取了五篇译文。

③ 英文翻译等同注解本，相当于很多中文古籍的今注今译。

经》、《真诰》、《周氏冥通记》、《皇天上清金阙帝君灵书紫文上经》、《金阙帝君三元真一经》、《度人经》、《明真斋》、《陆先生道门科略》、《洞玄灵宝五感文》、《太上老君开天经》、《道学传》、《三天内解经》、《大塚讼章》（选自《赤松子章历》）。这些经典在中国学者的研究中都可以看到，不过由于我不能检索到电子期刊以外的论文，因此不能准确地评价中国学者对于这些文献的研究深度。就目前能够检索到的电子期刊论文来说，我们还有很多篇目缺乏深入研究，更没有利用这些文献来构造道教的体系。首先要指出我们的很多论文对这些经典的引用数量是很大的，但是专题研究却很少。这说明我们比起外国同行在深入研究方面做得不够，自然对这些经典的利用方式也不同。我们必须反省那种没有资料批判就主观建构资料之间关系的引用方式，因为那样得出的结论不能成立。其次，我们对于一些篇目给予的重视不够。它们是：《老子变化经》、《玄都律文》、《黄帝九鼎神丹经》、《老君说一百八十戒》、《明真斋》、《太上老君开天经》、《三天内解经》、《大塚讼章》（选自《赤松子章历》）。我当然承认外国学者自然和我们有不同的角度，但是我们要理解他们如何利用这些材料构建道教系统，而我们缺失了什么因素。本土学者可能更看重道藏内的《老君变化无极经》，而外国学者或许跟随索安（Anna Seidel）教授的开创研究而延续了对敦煌本《老子变化经》的研究。《老子铭》、《老子变化经》和《三天内解经》都宣传了老子的神话，而中国学者主要是依靠《老子铭》，这显然是不足的。连同对于《老子道德经》的导读，罗柏松基本表达了西方学者对于老子的区别于中国学者的主张，而且给了读者明确的信息。在中国，老子的形象不仅在中国哲学史学界还停留在半个世纪以前的结论，在道教研究界更没有形成一个对太上老君的明确的认识。中国学者对于老子其人其书的认识落后于索安开始的神学研究，也落后于日本学者的历史学研究[①]。所谓落后是说我们长期没有进展。《玄都律文》是一部很早的文献，《玄门大义》《三洞奉道科戒营始》都引用它。《三洞珠囊》援引了它的第十六卷，说明目前留下的只是很少的部分。罗柏松选取它的章表制度部分，强调道教通过文书建立行政系统以便和天宫行政系统沟通。这当然是外国人很感兴趣的问题，也是他们感到和自己的宗教区别很大的方面。有外国学者评论中国历史上有一个“文书帝国”，或者说中国和其他东方国家有那么庞大的经典文书积累[②]。对于道教乃至中国的行政文书系

---

① 参见刘韶军《日本现代老子研究》，福建人民出版社，2006。中国学者刘国钧在1935年古史辨运动中发表过《老子神话考略》（《金陵学报》第4卷第2期）。

② 参见R. Orsi主编的 *The Cambridge Companion to Religious Studies* 一书导论部分。

统的研究方面，西方学者并没有天然优势。我们的困难是道教学界对于历史学界的文书研究吸收不够。出身哲学系的道教学者缺乏对历史学知识的了解。尽管丸山宏教授的论文早已经翻译了中文本[①]，但是我们对道教上章制度的研究进展是缓慢的。丸山宏和倪克生以《大塚讼章》开拓的研究课题[②]还有极大的空间。

上章制度还是偏重于道教的外观形象。罗柏松在这方面花费了大量的篇幅，例如《女青鬼律》《老君说一百八十戒》等经典。我们还应该仔细阅读反省。此外，罗柏松也选取了内修方面的经典，希望读者了解道教徒的精神世界。精神世界的问题自然是出身哲学的中国道教学者的擅长。不过，我还是认为可以对照西方学者的视角。前面列出的《皇天上清金阙帝君灵书紫文上经》和《金阙帝君三元真一经》显然属于这类经典，而中国学者很少把它们当作内修的典型篇章。这自然属于中外学者的不同看法，或者是罗柏松本人选择了有现成翻译的篇章。不过，上清系统的内修经典很多，如何选择建构道教描述是一个有待探讨的问题。罗柏松选择了《周氏冥通记》的长篇文字。他显然有意要把一个通过自杀追求成仙的信徒作为典型代表推到全世界的读者面前，帮助他们认识中国的道教。《周氏冥通记》在中国更多的研究成果是在语言学和文学领域。在道教研究方面，我们对它的利用很少。任继愈、卿希泰分别主编的《中国道教史》都使用它讨论当时当地不同宗教之间的关系，没有讨论到周子良的精神世界。罗柏松的答案尝试提示我们要接触到道教信徒的精神世界，而不能停留在类似中国哲学史学科那种归纳法。我们目前对于上清派的研究最重要的成果就是概括黄庭内景的体内神系统。

三　对道教经典的解读

这部道教选读在罗柏松手里给了世界各地读者全新的形象，表现了罗柏松教授的独出心裁，值得全世界的同行学习。我还没有能力批评他的缺点，现在要指出的是罗柏松充分地利用了西方几代汉学家研究的成果。读者从书后的材料出处可以看到历代汉学家的贡献，特别是看到以柏夷教授为代表的道教学者最近三十年来的辛勤工作。我从这些人的工作引申出两个小论题。

① 丸山宏：《正一道的上章礼仪》，张泽洪译，《宗教学研究》1992 年第 1 期。

② *The Great Petition for Sepulchral Plaints*, translated by P. Nickerson, in *Early Daoist Scriptures* by Stephen Bokenkamp, University of California Press, 1999.

首先，我从这部道教选读认识到，经典解读仍然还是描述道教的主要手段。从20世纪30年代到60年代，道教研究主要是地方史的一个小题目。1949年，陈国符教授的《道藏源流考》开辟了道教经典解读的新模式。当时中国大陆道教的研究仍然属于地方史领域，而且处在阶级斗争史学的环境下。不过，道教经典的解读在日本学者的引领下产生了长盛不衰的局面。施舟人教授的新式索引为人们使用道藏经提供了方便，极大地推动了这个趋势。施舟人教授也开创了对道教的实地考察。目前实地考察模式在道教研究领域有很多学者的工作值得同行借鉴。大陆学者21世纪以来对于全真教的研究似乎又恢复了历史学的倾向，但是《道藏辑要》的研究项目说明经典解读仍然有大量的工作值得做。罗柏松的工作提示我们要注意最近三十年的经典解读解决的许多问题是历史学的，不是宗教学的。我们的道教历史解决的问题多数是道教的历史脉络，而对于教义制度方面还有很多空白。

其次，经典解读可能仍然是道教研究的主要形式。目前的道教研究有多种形式。有实地观摩，类如在湖南的研究项目；有田野材料收集，例如赵卫东主持的碑刻集；有新兴的档案研究，例如法国远东学院的《北京内城寺庙碑刻志》；有结合新科技的项目，例如将历代道书电子化。由于中国大陆的宗教学附属于哲学学科，所以道教研究还比较多地受到哲学史研究的影响。因此，经典解读在未来很长一段时间里都将是宗教学科训练学生的主要模式，也是道教研究能够长期生存的基础。从世界同行的工作看，道教经典解读仍然是前沿学者的重要工作，例如谢世维①和刘屹②。谢世维对于道教与佛教经典关系的看法有着全新的主张，值得同行借鉴。神塚淑子对于道教经典模仿佛教的新论题超越了过去的旧观念③。

四　文学作品的价值

这部选读有不少文学作品，有些作品是教外人士的，例如曹植、李白；有些是出自教内的，例如《神仙感遇传》等。第一节已经举出20世纪外国文学的篇目，很值得讨论，只是我缺少相关知识。王尔德乃至流行音乐的作品为读者了解道教打开了新

① 谢世维：《天界之文》，台北：商务印书馆，2010；《大梵弥罗》，台北：商务印书馆，2013。

② 刘屹：《敦煌道经与中古道教》，甘肃教育出版社，2013。

③〔日〕神塚淑子：《灵宝经里的本生谈》，《道文化国际学术研讨会论文集》，高雄：昶景文化事业有限公司，2006。

的空间，很有现代性。旧文学不是这样。现代道教学者对于教内道教文学作品价值的理解可能还是比较狭隘的。我们主要利用它们构建道教历史，还没有找到办法考察它们对于当时的大众的社会作用。不过，诺顿出版社世界宗教选读的总主编指出这套丛书就是要超越时空的界限，把一个可以公共享用的宗教推介给读者①。一种文化穿越空间的同时，它的时间要素或许失去价值，或许不要重要了。这是罗柏松和总主编的智慧，或许是无意中为我们提供了一个灵感。至少我多年来为本科生讲授道教史和道教经典都是排斥文学作品的。现在我认识到至少本科生的宗教学课程应该努力利用文学艺术作品表现宗教。这部选读还收入了很多图片，我还没有能力作评价，虽然这些图片很有直观效果。我也没有能力评价其他几册选读的文学篇章。佛教分册和道教分册一样都选编了《西游记》的章节。佛教分册的编者指出：在文学作品里，和尚、尼姑并非英雄人物。他们懒惰、好色、酗酒。这是艺术化的结果还是的确反映了他们在社会上的真实面目倒是一个值得研究的问题。他还举出印度文学作品里的例子②。他在介绍《西游记》概要的时候对唐僧使用了调笑的笔触。他的做法使我对于文学作品的宗教学意义产生了更多的好奇和不解。罗柏松的笔触没有这么开放。我认为他还是希望不要离开规范的宗教形象太远。不过，还是感谢他给了我很多启发，也希望能依循他的做法向前推进。

罗柏松选入的作品哪些可以被看作文学作品呢？例如《神仙传》《神仙感遇传》《墉城集仙录》这三部书，究竟是它们的文学性浓厚，还是史料特征更强烈，如何看待历代的仙传，这些都是很值得探讨的论题。我们的第一部仙传是《列仙传》，显然是文学虚构，或者来自传说，至少历史比较久远。《神仙传》里面的很多人物没有那么久远的历史积累，而是出于魏晋时代新的道教运动的背景。它的背景并不深厚广泛，可以看作那些追求修道成仙的道士们的楷模。唐朝以后的仙传比前世有了巨大的演变。首先是唐代以后中国进入新的造神时代。我们今天都能感到唐代以后的神灵似乎取代了中国早期的神。以门神为例，秦琼、赵云等门神显然是新的神话产物，而神荼、郁垒早已成为陈迹。其次，唐代以后的神灵比《神仙传》有了更广泛的民众基础。再次，唐代以后的神灵信仰与《列仙传》有了本质的不同。以道教为例，谪仙的观念不仅表现了神话人物的大众性，而且人神相遇的形式有着划时代的意义。这方

① James Robson, *Daoism*, xix.

② Donald S. Lopez, *Buddhism*, p. 561.

面的典型当然是吕洞宾的许多故事。人神相遇是一个成果较少的课题。刘屹教授早在2003年研究了《老君音诵诫经》里面老君对寇谦之降旨的例子①，指出了中国天命观念的演变。当然，太上老君这个神太伟大了，所以太特殊了。《周氏冥通记》和《紫阳真人传》都是人神相遇的典型模式。在后代的仙传里面出现了新的形式。神仙往往是以俗人的身份出现的。俗人或者不是求道的人也会遇到神仙。罗柏松就这类题材选择的作品是《神仙感遇传》里面的李筌故事。罗柏松在导读文字指出这是“仙和人之间秘传的代表”②。李筌故事是和《阴符经》的流传有关系的。在当代的中国学术界，李筌比骊山老母重要，因为人们看重《阴符经》的历史。骊山老母对于文学界比较重要。因此，宗教学者不看重骊山老母向李筌传法的意义。罗柏松比我们有见识。将来我们建构一个宗教文学选读的时候应该考虑到罗柏松的研究。我认为李筌故事还不够典型，李筌是一个求道的人。道教文学或者佛教文学在唐朝是否已经发展出一个仙人向俗人传法的模式？李丰楙教授对六朝文学的讨论已经涉及这个问题③。我更看重罗柏松选入的《汉钟离度脱蓝采和》。在这个故事里，蓝采和是一个俗人。钟离权骂他“愚眉肉眼，不识贫道”。这个情节更合乎宋代以后神仙接引俗人的普遍模式。这个模式的宗教学意义也更为重要。这类戏剧故事把古代只有帝王才有资格享用的宗教经验普及化了。古代帝王只可能靠着天命得到朱雀灵龟的传书，六朝时代也只有潜心修道的人才有可能得到神仙的恩赐。宋代以后的故事里神仙可以随机接引民众。以前只有靠天命和洞天福地等时空条件才能享受的宗教经验普及成为每一个俗人都可以无条件得到的。这是中国宗教的一个巨大的演变。文学作品对于我们理解这个演变过程有非常重要的作用。

罗柏松选编的道教文学作品唐代以前偏重教内，宋代以后偏重教外。这当然是由于中国宋代以后市民社会的发展给了俗文学以丰厚的土壤，所以也为我们了解道教的社会形象提供了丰富的资源。在这方面，中国的道教学者有很多需要向文学史领域的学者学习。例如前面举出的李筌和八仙的文学作品就是需要宗教学者提炼出区别于文学体裁的宗教学论题。罗柏松还选编了几篇文学作品，例如《三山福地志》《北游记》《聊斋志异》等，值得我们探讨。在对《聊斋志异》的导读里，编者指出道士的形象是多面性的。他们和术士、儒生没有截然的区别，而且会和鬼魅妖兽往来。我们

① 刘屹：《寇谦之与南方道教的关系》，《中国中古史研究》2003年第2期。

② James Robson, *Daoism*, p. 426.

③ 李丰楙：《仙境与游历》，中华书局，2001。

习惯于从复杂的文献中提炼纯粹的道士形象，而容易忽略现实存在的道士常常和概念中的道士相悖。罗柏松揭示的是社会大众眼中的道士，或者是要告诉我们道士如何在社会上生存。我也试图理解罗柏松的开导。从我对《聊斋志异》的理解，可以选取不同的故事来诠释罗柏松的总结。例如《画皮》里面的道士，他是一个比较狭义的道士，自认法术浅薄，不能起死回生。《小谢》里面的道士帮助两个鬼借尸还魂。《向杲》里面的道士住在山神祠，还可以到村子里乞食。似乎《仙人岛》里面的人物比较合乎我们惯常的道士定义。前面几个道士更像是术士。我在此并非要定义什么是道士。高万桑教授对于道教如何改造地方巫师的研究是一个帮助我们理解道士形象和道教生存形态的典范之作[①]。罗柏松教授选取的文学材料帮助我们理解道教在民间存在的多面性。他或许强调的是道教生存的土壤，高万桑则指出了道教在多样化的地方文化制度化、标准化方面发挥的作用。

① 高万桑：《清代江南地区的城隍庙、张天师及道教官僚体系》，《清史研究》2010 年第 1 期。

追思与反思　问学与问道

——谨以此文纪念王卡同仁

孙　波

内容摘要：宗教有其超越性，即精神性，它既有超出社会制度又有超自己形式的品格，因为它以安顿人们的心灵为其终极鹄的，而其他目的皆为“后起附加”。但它不能独为“万世法”，因为它只是一个社会与人生的调整性原则。在韦檀多哲学中，宗教与科学之二元则为一形上之“力”或“知觉性”（“心灵”“自我”“大梵”）收摄之，成其一元之二元或多元的至上原则，此一内学之境界通过瑜伽或宗教修为的经验可得，其道理简至，曰“静则生明”，“明”即知觉性之高境。“大道教”之上似应预设一“大道家”，以期在形上层面（玄理）融合儒、释并通及韦檀多哲学，于此，调整性原则与规范性原则相结合，且互为表里、体用，以确立构成性原则，此即所谓“精神道”。

关键词：精神性　心灵（理）经验　静则生明　大道家　精神道

作者简介：孙波，原中国社会科学院世界宗教研究所所长助理。

王卡溘逝，令人意外且使人不能平静。良久低回，他的音容笑貌，他的大嗓门儿和爽朗的笑声，在我眼前和耳畔浮动着、蕴藉着，弥散不去。这噩耗让人心痛，这震动使人脑筋一片空白，而只余叹息，叹息又只二字——可惜！西方哲学家康德在他的《实用人类学》一文中曾说过：人到20岁时才能学得生活的“技巧”，到40岁时才能具备处世的“精明”，到60岁时才能获得人生的“智慧”。这智慧就是要脱去以往的幼稚，开始理性的自由的生活了。惜乎古人生命之长度多未及古稀者，所以古罗马哲学家西塞罗无奈地说：“一个人现在初次学会了如何正确地对待生活，却不得不逝去，这是多么可惜呵！”说到王卡的可惜，至少有三个方面：一，这是道教室、宗教所乃至整个道教学术与文化界的严重损失；二，他在退休以后，至少还有15年乃至

20年的好光景，这应是人文学者的“黄金时代”；三，他一定有不少好的想法和新的目标，也未及实现了。

王卡作为一名学者有其纯粹性的意味。如果让他去干别的行当，他可能会无甚兴趣，甚至要他搞点儿什么关乎乐子的事儿，他也不会喜欢。他爱读书，爱争论，并对学术前沿的见闻始终保持很大的热情。我在他的追思会上谈到我们的关系，说是“亲和”而不“腻糊”，意思是我们彼此虽然印象良好却不是“铁哥们儿”那种，这其中之原因就是他年纪比我小且又不长于饮酒，因此往一起凑的愿望就不是那么强烈。现在，若果盖棺论定，我愿意称他为“书虫”，这是在他搞敦煌文献时给我留下的深刻印象。于今，王卡已猝然离去，我的心里反倒涌起一些话头要与他讨论，可惜——也只能是自说自话了。

二

王卡的博士论文答辩，我曾作为服务人员参与旁听。答辩委员会的成员有任继愈先生，王卡的导师哲学所的王明先生，北大哲学系的汤一介先生，此外还有两三位老先生，地点就在现科研处的办公室。整个答辩的过程进行得大致比较顺利，但有一个问题稍起波折，这就是王卡在论文中似乎较强调了“为统治阶级服务”这一观点，当时有一位老先生提出了不同的意见，认为此提法颇有牵强，王卡一时略有语塞，还是任继愈先生接过了话头，支持了王卡的论文。过了若干年，我有时回想起那场面，心想很难说那时候是谁支持了谁，因为王卡在精神气质上不是一个“斗争哲学”的灵魂，因此也可以把“为统治阶级服务”这一结论当作一个“句套子”，是那个时代的“八股”。“八股”废去了，表示时代进步了。于此又有一个小问题，王卡把他这部论文献给了在20世纪90年代出版的《中国道教史》，倘使此书再版，文中的那些带有强烈时代印记的观点要不要调整呢？如果不变，表明时代无甚进步；设使改动，而人又不在了。

其实，为谁“服务”的问题，是20多年以前学术界绕不过去的一道坎儿，并由这道坎儿划分敌、我、友，判定“正动”与“反动”，故学者们写文章时首先要鼓荡起这么一种革命的“斗争气”。即便当时从印度已回来十余年的徐梵澄先生也不得不如此，仿佛他也落入了什么“机轮”，那文字迟疑地好像是从别人的口中说出似的，如谈到商羯罗，他说：“在他的主观意识里，也许他没有对任何阶级服任何务的概念；但就客观情形而论，他是为统治阶级服务的。然这里略在政治上有其差别，政治上的统治，操于刹帝利之手，是一班土邦之王，专从事作战及邦交等事。而婆罗门阶级，自许为古人所谓‘帝王之师’。换言之，在物质生活的统治下——而这权力在于再下二阶级，商人和农人——另是自古便建立了一神权统治，其权力操于婆罗门阶级。婆罗门是听命于神，则是印度自来衰弱的原因。正如我国春秋时有说：‘国之将亡，听于神。’商羯罗当然是无时无地不为本阶级服务。但他将传统的阶级观念打破了，要将他的学说推及下层群众……婆罗门妄自尊大，也是世界上少有的典型。”①“也许”“但就”，其中有几许商量的口吻；“当然”，这似是形式地说；而“打破了”“推及”，这才是问题的实质。商羯罗要来一个大调和和大统一，使得不同种姓人都得到一点信仰上的安宁，这就要回到从《黎俱韦陀》到《薄伽梵歌》时代的经典，即谓四种姓皆出自“大梵”之神体（purusa 亦称“原人”或“巨人”）。

检索徐先生的其他文字，“也许”“但就”“当然”之类话头，未尝见之。窃疑此为冯至先生的语气，他要把关，以免老友犯错。然在徐先生本人，却只谈“人性”“人道”，不谈“阶级性”“阶级道”，因为在他来看，只有人性和人道才是本源性的东西，而其他只是“后起附加”。“人性”“人道”在印度韦檀多那一套学问中也即“神性”或“精神性”，盖缘个体“自我”与大梵“自我”同一，虽形不同而性不异。“形不同”，是说出自不同之体位，头、臂、肢、足；“性不异”，是说皆为神圣“有体”之一分，缺一分即不全即非神圣。所以徐先生取玄奘之译，不说四种姓而说四族姓。而“族姓”之人，意味着以其天赋的气质和能力成就适合于自身的行业，这“行业”之果实又不是为了自己，而是为了奉献给“神圣者”，并由“奉献”而得解脱，解脱了的灵魂复归于大“梵”，而其本身亦是大“梵”。这么，在这一灵性运动中，族姓的身份被化约掉了，只保存了精神的“平等性”。徐梵澄先生说：“平等性而出于精神性，其义独卓。”② 或许我们会不以为然，认为这个民族好像是吃了“鸦片烟”，至今尚未缓过劲儿来。然而我们应跳出物质的和制度的层面，注及她的超上维度，也许我们会从中得到深刻的启发。印度哲学家拉达克里希南说：“心灵的经验是印度丰富的文化史的基础。它是一种神秘主义，但不是在含有运用任何神秘力

① 《世界宗教资料》1993 年第 2 期。

② 〔印度〕室利·阿罗频多：《薄伽梵歌论》，商务印书馆，2003，第 321 页。

量上的神秘主义，仅仅是主张人类本性的陶冶，导致心灵的成就。”[①] “本性的陶冶”“心灵的成就”，对人的精神面貌来说，就是教养；于社会的风气而言，就是良序美俗。这里，阶级性与制度性仍被看作“后起附加”，只强调了人性、人道在。阿罗频多也说：“在人生中成就上帝，是人的人道。”[②] “上帝”即“精神性”“超上性”。[③]于是乎人格神也被化约掉了。

其实，任何一个大的宗教皆有或皆应有这一“超上维度”，即努力突破自己，寻找对话者、会通者，道教概莫能外。我们知道，各宗教都起信于民间，“然后在大众中平面式地广泛传播，点亮个体灵魂，就如马拉松火炬依次传递……”[④]。但民间与上层并没有什么不可逾越的鸿沟，可以说它们就是一体化的社会，而非一正极与一负极的决然对立。在历史中宗教步入了上层社会，这是再普通不过的事儿了，一方面可以说，它们受到了统治者的“青睐”和扶助；另一方面可以说，它们“打破了”阶级观念的隔阂，把自己的“心灵经验”（宗教的功能皆由实用心理学表现）“推及”上层。之所以能够如此，是因为无论作为统治者还是被统治者的个人，内中经验必有相同处或相通处，这是人性、人道之使然。当年丘处机率十八弟子往西域雪山觐见元太祖，劝其“止杀”，其直接目的是为了中原生民的福祉，如果非说是为了元人统治的便利，也未尝不可，只是“间接”，并且又是一个“后起附加”。我（作为非信教人士）以为，宗教的目的端在安顿人的心灵，而安顿了的心灵必表现出友善与和平的教养，这才是问题的关键。盖“教养”能营造出精神性或高等知觉性的氛围，这是所有圣人皆所期待的“民胞物与”的社会环境。这么，连有形的宗教也被化约掉了，反过来说，有形的宗教也超出自己，进入了“精神道”。这里，我冒昧地对一教言作一小调整，即是“全民有教养，中国有希望”。于此再做一个引申，说宗教为“全民有教养”而“服务”，这话不应该有错儿。至少，作为一种精神力量，在我国，它是全民族向上之大过程的一个侧面。

二

王卡爱争论，争论时不免激言，激言不免片面，但片面有时也不碍挑起人的思

① 转引自德·恰托巴底亚耶《印度哲学》，黄宝生译，商务印书馆，1980，第199页。

② 室利·阿罗频多：《神圣人生论》上册，徐梵澄译，商务印书馆，2011，第39页。

③ 室利·阿罗频多：《神圣人生论》上册，徐梵澄译，第40页。

④ 徐梵澄：《孔学古微》，李文彬译，华东师范大学出版社，2015，第45页。

索，至少作为问题应予回答。若干年前，有一次我们讨论到康德，我说起日本学者安倍能成把康德哲学比喻为“蓄水池”，古典学术从此入，现代学术从此出，这是很形象的一个画面。他老弟当时大声说：“谁不是蓄水池？老子也是蓄水池！”我亦一时语塞，以为他的话不无道理，也许大哲们都是蓄水池吧，不过效用大小不同就是了。然而，“效用”，这是一经验性的说法，“大小不同”，这是一量化性的比较，皆非概念性的语言。其实，是不是“蓄水池”，这要看它是否能成为“万世法”，这“万世法”也可以表之为一历史观念，即人生与社会的总原则。此观念不是历史的产物，而是我们强加于历史之上的，它“是前提而不是结论，没有这个前提的引导，我们就无从理解历史。正犹如没有范畴，我们就无从理解物质世界”。[①] 历史是人类的实践行为，是自然性与道德性、必然与自由结合为一体的过程，这么，历史的两重意义就被籀绎出来了，“第一、它是根据一个合理的而又可以为人所理解的计划而展开的（合规律性）；第二、它又是朝着一个为理性所裁可的目标前进的。（合目的性）”[②] 此番意思，阿罗频多也有同调，“第一、在其知觉性中已有其自体一完全‘形式’，正在此缓缓地将其展开（合规律性）；第二、有一先见的‘真理’，服从一前定的‘意志’，实践者一原本的形成性的‘自见’（合目的性）。”[③] 康德之“理性”，阿罗频多之“先见的‘真理’”“形成性的‘自见’”，皆是一“全德”概念，即儒家之“仁体”。而老子之“道”与“德”，不是在人生之“根柢”这一维度上讲的，虽然，这是一宗绝大的智慧，不可或缺，但只适合作一调整性原则。

究竟，老子哲学宇宙论的意味多，道德论的意味少，故不足以建构人生本体论。能之者，儒家，康德，阿罗频多。儒家千言万语不离其宗，由博返约，曰“去私欲，存天理”；康德谓实践理性高于知识理性，只有道德可立宗教；阿罗频多则把自己的大著径直名为《神圣人生论》。是人生，就应是积极的人生，也就是说你得做点儿什么才行，因为“大自然”（Providence）赋予了你这种能力（认识、德行和审美），通过做点儿什么，发展自己的自然禀赋从而实现自然的目的，康德指出这也是自然在实现自己的目的，于此可以得出“人是目的”也是“自然的手段”的结论。阿罗频多则把“自然的手段”称为“神圣工具”。依世俗义，“目的”为体，“手段”或“工具”为用；依超上义，二者体用一如，即体即用，即用即体。徐先生说，印度民族

① 何兆武：《康德也懂历史吗?》，《读书》1992 年第 8 期。

② 何兆武：《康德也懂历史吗?》，《读书》1992 年第 8 期。

③ 室利·阿罗频多：《神圣人生论》上册，徐梵澄译，第 123 页。

滞后久矣，“自佛陀时代以来流行的空论和幻论，逐渐地侵蚀和削弱了这民族的创造力与生命力，而且使衰老的心态潜入了其民族的心理肌体……可以说腐败深入到社会的心脏，颓废潜入生活的各行各业。即使有些充满希望的事业后面也都跟着破坏性的失败主义情绪”（《肇论》序）。现今这状况难说有多大改变，这皆与其消极的人生观有着莫大的关系。阿罗频多曾遗憾希腊人多顾及了智性的外求，遗忘了自己“神秘道”的母体（《玄理参同》），迟早会迷失方向；同时批评了印度人多纠结于心灵的内求，抛却了人生和社会的事业（《社会进化论》），至今仍生气不振。阿罗频多则扬举“行业瑜伽”精神，“以《薄伽梵歌》为经，以诸《奥义书》为纬”（徐梵澄语）。什么意思呢？即倒转旧韦檀多学之“体用”关系，以“用”即实践为“体”为“经”，积极进取，在世间成就真元自体（梵）。此等入世态度，正与我国之“天行健，君子以自强不息”的大《易》精神相符。

阿罗频多的精神道乃入世道，他批评所有的出世道忘却了“人生的价值问题”。出世道者坚持的当然是个体性原则，但这原则却不能给自己以原则性的效力，用阿氏的说法，他们承认超上“玄默”支持此世界，然自己却无为于其中。如僧佉，虽秉持“有”的理想，但因为离弃了世界，所以不得任何“规定性”，而“没有规定性的‘纯有’就等于无”（黑格尔语）。“是这种‘精神’对‘物质’的反叛”，致使“一古老民族中生命力的消亡”。[①] 其实，这超上“玄默”即大梵超上之三原则“真”“智”“乐”，其本就可看作一有为的“图型”，“真”表体，“智”表用（能力、知觉性），“乐”表目的（游戏）。出世道者泯“智”而保留“真”与“乐”，所得只能是一负极的“涅槃”，了无价值与意义。阿罗频多“以用为体”，这是变宇宙本论为人生本体论，而只有人生本体的张开，才能够保住宇宙本体不为“空”不为“幻”。其实，二本体又可看作一事，一事以一字表之，在孔子曰“仁”，即一宇宙大生命的种子。这超上大“仁”是一至上原则，韦檀多之超上三原则皆摄，我们平时所说的“仁、义、礼、智、信、勇”，则是它的次一等原则。大“仁”也包含“乐”吗？“乐”即“阿难陀”，然此非生理界与“苦”相对待之“乐”，而是精神上的大“悦乐”。徐先生说，此等境界“只可求之于孔子之‘仁’中，可谓二千五百余年前，孔子已勘破之秘密。但未此以为教……要上到体会宇宙万事万物皆寓乎一大‘仁’，则

① 室利·阿罗频多：《神圣人生论》上册，徐梵澄译，第26页。

‘阿难陀’出现”。[①] 这么说，孔子当然也是一个大“蓄水池”了，不过徐先生的比喻更加优美，他说：“孔子正好处在中国文化史上的一个连接点上，在他之前是大演绎，在他之后是大归纳。譬如一匹漂亮的丝绸束结于中间，所有的丝络都汇聚于此，又以此为起点，完好地发舒出去。”[②] 牟宗三先生也有同义，其云：“孔子独辟精神领域以立本源正是开再度和谐之关键。故道之本统只能断自孔子，前乎孔子是预备，后乎孔子是其阐发与曲折之实现。”[③] 一言以蔽之，“论博大为万世法，终无过于孔子”。[④]

三

在王卡的追思会上，他的夫人小尹谈到王卡近期对量子力学颇有着迷。这让我想起不多日前在《南方周末》（2017 年 7 月 6 日）看到过的一篇稿子（《“真气”漩涡中的朱清时》），此外还有在《环球时报》上的“商榷”文。我不知道王卡君有什么样的看法，是否同其一唱？因为量子力学的这种整体性特征，早已在东方宗教中找到了知音和支持者。我不妨撷取中国科技大学前校长的发言片段来稍加讨论：

> 真气应该是与意识同范畴的东西。
>
> 古人却用真气并发现了经络。
>
> 约翰·贝尔的话：“假设量子力学被发现不遵从精确的形式体系，假设这种形式体系超越了实用目的，我们发现有一种挥之不去的力量坚定地指向主题之外，引向观察者的心灵，引向佛经圣典，引向上帝，甚至唯一的引力，这难道不是非常有趣的么？”
>
> 佛学的业报观念，就是用来证明要遵守道德，要有敬畏心。中国几千年佛学说的这个业报，事实上是很多人的底线。现代人认为这是迷信，这个道德底线就没有了。

---

① 徐梵澄：《玄理参同》，阿罗频多学院，1973，第 314、315 页。

② 徐梵澄：《孔学古微》，李文彬译，第 46 页。

③ 牟宗三：《心体与性体》上册，上海古籍出版社，1999，第 90 页。

④ 《徐梵澄文集》第 8 卷，上海三联书店、华东师范大学出版社、中国社会科学出版社，2006，第 302 页。

所谓“真气”，似可以量子的“团粒性”来形容，虽不能描述然却是指向实在性，而终与意识的非实在性有别，前者占据空间，后者占据时间，这是传统哲学史之二元论的解释。如果我们以玄学或精神哲学的眼光观之，则时间与空间同源，源自何者？源自一真实之“力”（一基本力、纯粹本质），在韦檀多哲学中也叫作“知觉性”。阿罗频多指出：我们认识（心思）这世界，实则是“知觉有体”（大“梵”）在伸展上看它的自体，主观地看则作“时间”，客观地看则为“空间”，“‘时间’（知觉性）是一流动底伸展”（因果性），“‘空间’（知觉性）是一固定底伸展”（交互性），此构成知觉性纯粹运动的“图形”，即时为“经”而空为“纬”。[①] 经与纬当然会有交集，因为它们是坐标轴即“力”或“知觉性”的原则的十字打开，一纵一横，一体一用，表宇宙生命之大全。力、知觉性是“一”，通过时与空的运动，表现出“多”。反过来说，不论在物理空间中之大小和在自然时间中之久暂，皆应以力或知觉性的原则收摄，因为这原则有高于我们寻常“心思”（二元论）的一维，这便是“超心思”原则。“‘超心思’以之拥抱而且统一‘时间’之持续与‘空间’之划分”[②] 即它在自体中包含一切点（时间）、一切处（空间），所以“‘空间’亦可自呈现为一主观底不可分的伸展——不下于‘时间’之为主观底”。[③] 这么，主与客、意识与物质的对立消泯，复归于一超上之“主”，我们把它叫作“心灵”、“性灵”或“自我”。而量子力学的证明，哪里有大哲来得那么干净利落，如《原子中的幽灵》一书说道：“意识或精神在决定何种可利用的结局会实际实现中有一种选择权。”[④] 这尚是一种“揣测”，实则这一确然是不证自明的，因为人有天赋的超感性的能力，亦即“自由”，用康德式的口吻说出就是：你能够，因此你应该！至于这“天赋的”乃天道之事，为“不可知者”，不可知者非未知者，是信仰（心灵）对象（证悟）而非知识（头脑）对象（证实）。不然，真如那圣多玛式的探索——他要亲手去触摸耶稣手上的伤痕，即要以人智去窥测神智。

“用真气发现了经络”，实则这是一“静则生明”的道理，乃属深邃的心理学，老子取譬说曰“玄鉴”。我们知道，阴阳生象，象与形不同，抽象，即是说它既不同于虚又不同于实（庞朴语），与康德之“图形”说也同，可为“知性直观”（牟宗三

① 室利·阿罗频多：《神圣人生论》上册，第137、138页。

② 室利·阿罗频多：《神圣人生论》上册，第139页。

③ 室利·阿罗频多：《神圣人生论》上册，第139页。

④ 戴维斯布朗合编《原子中的幽灵》，易心洁译，湖南科学技术出版社，1996，第29页。

译为“智的直觉”或曰“神智”）所把握。陆子曾有“夜间燕坐，室中有光”的经验，但他不以为奇，徐先生说：“这是视神经感觉上的变异。大致这类异相出现，表示修为功夫已深，亦恰是歧路或邪道之开端，只合任其过去，绝不可执着。”① 所谓“知性直观”，非“智”乃“明”，在韦檀多那一套学问中，属于高等或超上知觉性；而中等知觉性属“智”，对应我们的“心思”体；低等知觉性则属“晦”，对应我们的“情命”体。徐先生解老子“道十”有精彩的论述：

> “天门启阖，能为雌乎？明白四达，能毋以知乎？”——四句一贯，乃心理境界之事……“为雌”者，谓心思不取主动而守被动。“以知”者，用智也。“明白四达”，以明也。明与智，同为知觉性境界，然明大而智小。明胜于智。古之学道者，求博大之明，非局限之智。及其“明白四达”矣，有时恍然大悟，或灵感奔注。此境有如“天门”之开，万象辉煌，妙美毕露。时则当听其自然而绝不用心智于其间，居被动而任此明之四达广被。及至私心起，智用出，则灵感寂，明悟晦，而“天门”阖矣。②

“私心起，智用出”，反过来可说“智用出”便是“私心起”，不论其目的为何者，因为心理（灵）经验是内中之事，知觉性境界之事，非是向外的智性索求，其以静为本，果若思智扰攘不休，遂步入歧途，反而会戕害了我们的身体健康。

贝尔的这句话，“有一种挥之不去的力量坚定地指向主题之外，引向佛教经典，引向上帝，甚至唯一的引力”。这个“主题”应指物理科学或自然现象，阿罗频多把它称为“这世界之相形”，他说：“在彼方，这世界之相形，如一幅小画在一不可量的背景上。”③ 欧阳竟无则说为“目前小境”。这意思是说，我们人类对大千世界的认识，只能是“大梵”或“上帝”的一小汇。量子“力量”能够超出这“小画”“小境”之局限，说明了两方面的问题：一是“不但有诸物理底真实是超识感的”，二是“更有诸识是超物理的”。这是因为我们的“微妙根存于微妙体中，为微妙观照与经验的工具”④。这“微妙观照”，在中国哲学中则曰“见‘几’”。而量子力学的表述

① 徐梵澄：《陆王学述》，上海远东出版社，1994，第59页。
② 《老子臆解》，第14页。
③ 室利·阿罗频多：《神圣人生论》上册，徐梵澄译，第19页。
④ 室利·阿罗频多：《神圣人生论》上册，徐梵澄译，第20页。

则比较肤浅："'外在'世界的存在不是独立的，而是无法摆脱地与我们对它的感知纠缠在一起。"(《原子中的幽灵》前言)说"引向佛教经典，引向上帝，甚至唯一的引力"，是言引向真理，佛教、上帝在这里只可作至上符号理解，我们要寻求的是这符号背后的"真实"，这"真实"就是至上原则——"力""知觉性""精神"。此"精神"不是与"物质"对举的精神，而是双摄寻常二元为一元的绝对者，为一"宇宙大生命的充满与润泽"者（牟宗三语），为一"不可知者""神圣者"。末段引文，"佛学的业报观念，就是用来证明要遵守道德，要有敬畏心"，此句用意不错，但于哲学好像有点儿外行，因为科学需要经验的证明，而道德则无须，道德是信念、信仰之事，遵守的是"信证"，这是一"律令"——你应该！况且，"业报"之事，如果通过经验的归纳而得，似乎也并不那么必然，也就是说，很难合于"普遍的适用性"的标准，故归于信念、信仰一维为好。因为信念、信仰是真正的"无限"（黑格尔认为是"质的无限"），而科学探索的无限却是未知然可知的无限（"量的无限"），虽然，宗教与科学在追求无限性这一点上是相通的，但路向不同，表之一纵（情心 heart）一横（思心 mind）。在各种宗教中，似乎是道教最有追求宇宙奥秘的兴趣，先是汲汲于外丹，在与佛教的辩论中每每守颓，后来又潜心于内丹，才算真正立稳鼎炉一足。徐先生说道教这一转捩是"由外转内的思想运动"①。

四

王卡君提出一个"大道教"的概念，似可。因为道教的出身是"杂而多端"，而民间宗教则可认为是这种出身的变形，它们与道教之性格的亲缘性更多一些。当初任继愈先生把民间宗教研究纳入道教室，就是考虑到它们相似性的缘故。我在这里想说的是，我们为什么不能提一个"大道家"的概念呢？这概念既考虑到向下的（即民间社会）的整合，又照顾到了向上的（即形而上学）的会通。所谓"会通"，乃指寻求"心同理同"之境，此非玄理也即精神之理不办。中国古代三玄，《周易》《老子》《庄子》，道家占其二，因之大可自信地确立其统同之大宗。徐先生有《玄理参同》一册，正论诸家思想会通之事。

王卡指出，孔子说的"未知生，焉知死！"不是教人不要知死，只管生便够，而

① 徐梵澄：《玄理参同》，第70页。

是暗许生、死是一体，如同昼、夜。这是“原始反终”的道理，大《易》甚明。后儒解释此“一体”为“本体”，本体即“太极”，统之以阴阳，阴阳统之以昼、夜、幽、明、刚、柔、生、死等。本体即是“一”，庄子所谓“通于一，万事毕”者，也即“道”。庄子善言生死，其假托孔子之言，说：“仲尼曰：生死亦大矣，而不得与之变；虽天地覆坠，亦将不与之遗。审乎无假，而不与物迁。命物之化，而守其宗也。”（《德充符》）“不得与之变”者，“不与之遗”者，“不与物迁”者，曰“常”曰“不动”曰“永远”，即“一”之谓。其（Being）“命物之化”（Becoming），也即“参天地之化育”，而“守其宗”，亦曰“在其自己”（康德之“物自体”），自己即宗即本体。同时，庄子又暗通佛家：“朝彻而后能见独，见独而后能无今古，无古今而后能入于不死不生。”（《大宗师》）徐先生说：“所谓‘不死不生’，合于佛法之超出生死，是解脱道。”[①] 虽然，佛法的“超出”有“舍弃”义，但也不碍作积极的理解，因为人类还未脱出自己的情命习性或曰“无明”的束缚，所以由出世精神而达成的人生圆成，对于我们而言，就永远是一光明的震动和警醒，而吾民族也从来都是把高僧高道看作与孔孟和宋诸子一般无二的圣贤。正是在这一意义上，阿罗频多说：“出世道更有大功于人生。”[②]

还有一个问题，即佛道二家的最高概念，“无”与“空”。依庞朴先生的说法，“道”是纯无，“一”是纯有，纯有非具体或规定性的“有”，而是抽象的“有”[③]。这样，“无”便是“有”的负极表述，但不碍道家仍是“有宗”。佛家当然也分空宗（般若学）、有宗（唯识学），然般若学乃属其共法，与道家之“无”相当，只是推及更远，连“无”的概念也“空”掉了。佛家不否认现相，不过认为现相背后的最高依据为“空”，而现相只是如“火焰”不断地缘起倏灭罢了。古希腊哲学家赫拉克利特就把宇宙万有比喻为“火”，火焰在总体上保持不失，但每一时分都在不停地生灭，也即是说此火焰非彼火焰。正如他另一名言：“在踏入同一条河流的时候，一个人所遇到的水流是不相同的。”换句话说：“一个人不能两次踏入同一条河流。”他们说的都是同一个意思，故得出结论说：世界没有本体，没有真元，在其后只有一永恒的“虚无”，或一绝对的“空”，或一原始的“非有体”。阿罗频多批评道：“……倘若火焰之形只由恒常底变易而存在，毋宁说这是芯柱之本质，变换为火舌之本质，可

① 徐梵澄：《玄理参同》，第78页。

② 室利·阿罗频多：《神圣人生论》上册，第26页。

③ 庞朴：《中国文化十一讲》，中华书局，2008，第39页。

是必有其间为共通的存在原则，这么变换其自体，而‘火’的原则常是同一，常是产生同样底能力之结果，常是保持同样底度量。”① 承认现相，承认宇宙之“多”，便是不否定有一“是为意志”（Becoming），即“用”的原则，亦如尼采然。然而，世界上没有无“体”之“用”，也没有无“用”之“体”，也就是说二者是“自反关系”（refiexive relation），亦即常语曰之“即用即体、即体即用”的关系，所以《奥义书》中说“意志能力即是大梵”，佛教将这“意志能力”看作“法”［达摩（Dharma）］即宇宙原则。总之，必得寻求一变化的“本因”为其保持者，此正如我们欲要行走而脚下的土地必得岿然不动一样。阿罗频多总结道：“佛陀自己对这问题保持了缄默；他的‘涅槃’的目标，是现相底存在之否定，但不必是任何种存在之否定。”② 于是乎，佛陀之“空”的究竟义，便回到了老子的“无”，而与“有”不能脱离若何干系了，“这，除了是永恒底‘本体’外还是什么?”③。

“无”与“空”作为最高概念，它是多种词性的生成者，除了名词之外，它还有形容词与动词义。说形容词，无为“虚”，空为“如”；说动词，无为“舍弃”，空为“去执”。这动词义极为重要，它确立人生本体论，即为宇宙本体论赋予了价值与意义，此乃“是为意志”或“用”的原则。“舍弃”，舍弃什么？“去执”，去执什么？不是这世界与人生，而是我们的私欲。所谓“私欲”，是过乎“天理”所要求的情欲，尝如宋儒反复言说的“存天理，去人欲”之义。徐先生指出，“舍弃”“去执”之真义，最能与印度圣经《薄伽梵歌》之精神符契，他说《薄伽梵歌》之教义，“合于儒”“应乎释”“通乎道”（译者序）。“合于”，有源头不同义；“应乎”，有两立对举义；“通乎”，似亲缘最多。说到佛教，与韦檀多学“本为一物，不曰合同；前引后承，姑谓之应”。④ 概念名相，精神气质，皆从其来也，不论。说到儒家，乃内圣外王之学，即外在建立功业，内在成圣成贤，这正是对《薄伽梵歌》故事中的主人公英雄阿琼那的人生要求。阿琼那战阵忧伤，几欲退却，其师克释拿鼓励其弃除杂念，勇往克敌。克敌乃复国，复国乃正义之战，而正义之战亦无私之战，因为胜利属于“大梵”“天道”。如何“无私”？孔子谓绝四，一曰毋我，毋我而毋意、毋必、毋固随之，三者绝而毋我亦随之，此义克释拿与阿琼那反复陈说。实则整个故事无布

---

① 徐梵澄：《玄理参同》，第154、155页。

② 徐梵澄：《玄理参同》，第173页。

③ 徐梵澄：《玄理参同》，第145页。

④ 徐梵澄：《玄理参同》，第145页。

阵、攻防、进退、胜败之场面的描写，而是以师生二人的对话贯穿之，因此在心理经验上则与道家更为亲近。观其最相合者，曰为无为，事无事。说“为无为”，绝不是无所作并混迹人生，如程颐所指的“自了汉”者，而是“不动于欲念，不滞于物境，不着以私利，不贪于得果，不眷于行事，不扰于灵府，以是而有为于世，即所谓为无为也，终至于有为无为，两皆无执焉。”[①] 而其求道之方：去甚，去泰，去奢；致虚守静；为学日益，为道日损，损之又损，以至于无为；慈，俭，不敢为天下先……凡此，在《薄伽梵歌》中数数见之。此种秉性在韦檀多学则被称为“萨埵性”，为婆罗门族姓所擅，徐先生对此性特加青睐，以为其中大有尊严性与高贵性彰灼焉！他以之评价颜回，说：“从外部来看，他具备完好的儒家德行；然而他内中，却是简朴至极的道家。”[②] 这境界广大无边且风云际会，我们可把它称为“精神道”。

结　语

颜回被称为“复圣”，此表一神圣人格的圆成，而这圆成也是构成性的。这里想说明的是：构成性原则的实现，是需要规范性与调整性之二原则交互运行的，如鸟之两翼、车之两轮。此可说，要在乎又要超乎儒、道二家，因为超上之心理（灵）经验在各家并没有什么不同。有学者发问：“有没有人类宗教？伊斯兰教、基督教、犹太教有没有融合的可能？”[③] 这疑问大概用徐先生的回答较易明了：他老人家也在问，我们上古时代的圣人如尧舜，他们究竟读些什么书呢？这一谜团仿佛只有在颜子身上可以解开，他或他们“似乎只要保持‘与天地精神相往来’（庄子），知识（心灵经验）便可以自为显现（明）。（在这境界中）所有宗教的外部分别全都消失了”。[④] 能见“外部分别的消失”者，在古印度被称为“见士”；而“自为显现”之“明”，亦是“同体为一”之境。如此说来，具有外部形式的宗教，是“后起附加”。因此，超出宗教就是没有什么不可能的了。只是“人类宗教”当换作“人类精神”更好，因为前者有集成义，而后者却是生成义。这后者是“心灵”“种子（仁）”“自我”“道”“太极”“大梵”“上帝”，是“一”，是“由人而圣而希天”之道。正如《薄

① 徐梵澄：《玄理参同》，第145页。
② 徐梵澄：《孔学古微》，李文彬译，第151页。
③ 陈家琪：《哲学与哲学意义上的事实》，《社会科学报》2017年6月29日。
④ 徐梵澄：《孔学古微》，李文彬译，第151页。

伽梵歌·译者序》开篇警策，有云："世间，一人也；古今，一理也，至道又奚其二？江汉朝宗与海，人类进化必有所诣，九流百家必有所归，奚其归？曰：归之道！如何诣？曰：内觉！""道"即"精神道"，"内觉"即"由外转内的精神运动"。44年前，只身前往南印度一海隅的徐先生就畅想着吾民族之文化事业的未来愿景，他说："目前为俱收并蓄时代，将来似可望'精神道'大发扬，二者（宗教与哲学）双超。"[①] 这事业任重而道远，似非有"大道家"不办！而"大道家"又可以诠释为"大道之全体"或"大家之道"，这不是文字游戏，而是"精神道"之应然义。

拉杂多言，仍未达意。然脉络可鉴，王卡君必能明之。结末，轻叩在天之灵：点头耶？摇首耶？我知道王卡君对徐先生是极其服膺的，并于其不平凡的人生经历曾感慨不已。只是，这一话题我们未尝展开——可惜！

① 徐梵澄：《玄理参同》，第257页。

《中国本土宗教研究》征稿函

近三十年来，中国的宗教学研究逐渐走上快速发展之路，在研究领域、研究方法方面有很大的进展，关于中国本土宗教的研究也在不断深入，资深学者有新的成果，年轻学者也提出了很多有价值的新观点。鉴于中国宗教学专门期刊的数量有限，我们决定编辑出版这本《中国本土宗教研究》，向全世界的中国宗教研究学者约稿。

《中国本土宗教研究》由中国社会科学院道教与民间宗教研究室主办，定位是反映当下领域研究最新成果的论集。基于鼓励学术创新的原则，在保证论文研究水平的前提下，不对研究方法和对象做限制，不做字数要求，不持特定学术立场，不设栏目。为了保证学术质量，论文将接受匿名审稿。另外，目前刊物仅接受中文稿件。来稿注释体例以《中国本土宗教研究》（第一辑）为准。

为了提高编辑效率，请来稿统一发送 Word 电子版，并在电子邮件的“主题”一栏注明“《中国本土宗教研究》投稿”。超过四个月没有收到反馈意见可以转投他处。

编辑部联系方式：

投稿邮箱：localreligions@163.com　wanghaoyue@cass.org.cn

地址：北京市东城区建国门内大街5号中国社会科学院世界宗教研究所道教研究室

《中国本土宗教研究》编委会

图书在版编目(CIP)数据

中国本土宗教研究. 第一辑 / 王卡，汪桂平主编
. --北京：社会科学文献出版社，2018.1
ISBN 978-7-5201-1758-6

Ⅰ.①中… Ⅱ.①王… ②汪… Ⅲ.①宗教-中国-文集 Ⅳ.①B929.2-53

中国版本图书馆 CIP 数据核字（2017）第 273165 号

中国本土宗教研究（第一辑）

主　　编 / 王　卡　汪桂平

出 版 人 / 谢寿光
项目统筹 / 袁清湘
责任编辑 / 袁清湘

出　　版 / 社会科学文献出版社·独立编辑工作室（010）59367202
地址：北京市北三环中路甲 29 号院华龙大厦　邮编：100029
网址：www.ssap.com.cn
发　　行 / 市场营销中心（010）59367081　59367018
印　　装 / 三河市尚艺印装有限公司

规　　格 / 开 本：787mm×1092mm　1/16
印 张：22.75　字 数：408 千字
版　　次 / 2018 年 1 月第 1 版　2018 年 1 月第 1 次印刷
书　　号 / ISBN 978-7-5201-1758-6
定　　价 / 89.00 元

本书如有印装质量问题，请与读者服务中心（010-59367028）联系